KB270500

VISUAL
MEETINGS
비주얼 미팅
한번 해보자.
마침 누가 매직 마커를
놓고 갔네.

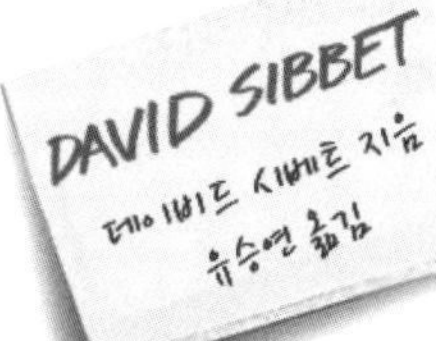

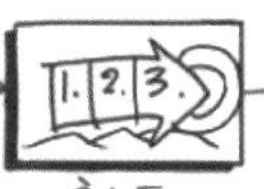

DAVID SIBBET
데이비드 시베트 지음
유승연 옮김

에이콘

내 아들 딸과 손자 손녀, 친자식 같은 우리 그로브 팀원들,
나의 시인 아내 수잔에게 가르침을 받고 있는 젊은이들,
그리고 언젠가 가르침을 받게 될 모든 젊은이들에게
이 책을 바칩니다.

데이비드 시베트^{David Sibbet}

그로브 컨설턴트 인터내셔널^{Grove Consultants International}(이하 그로브)의 회장이자 설립자다. 1977년 설립된 이래 그로브는 세계 각지에서 전략 및 비전 수립, 창의성 증진, 미래형 인력, 리더십 개발, 대규모 체계 변화 프로세스 등을 주도해왔다. 1980년대 애플 컴퓨터^{Apple Computer}의 성장에 관여했고 내셔널 세미컨덕터^{National Semiconductor}가 전환기를 맞은 1990년엔 변화 관리 팀(혁신 경영으로 새로운 가치와 성과를 창출하기 위해서는 변화 과정에 대한 체계적인 관리가 요구된다. 이때 필요한 것이 바로 변화 관리^{Change management}와 성과 관리^{Performance management}다. 성과 관리가 혁신으로 얻게 되는 성과를 공정한 평가와 보상으로 잘 연결시킴으로써 지속적 혁신을 가능케 하는 것이라면, 변화 관리란 혁신의 초기 단계부터 변화가 기업 성과를 향상시키는 방향으로 진행되도록 관리함으로써 변화에 의해 조직 구성원이 받는 악영향을 최소화하고자 하는 노력을 의미한다(네이버 지식백과/커뮤니케이션북스). - 옮긴이)의 조력자 역할을 했으며, HP와 애질런트 테크놀로지^{Agilent Technologies}에서도 수년간 일하며 그룹 및 분과 단위의 전략적 비전 수립 세션을 이끌었다. 또한 리더십 프로그램의 개발을 도왔으며, 신규 사업이나 혁신 프로젝트를 위한 그로브 스토리 맵^{Grove Storymap}을 디자인했다. 데이비드와 그로브는 1994년 폐쇄되기까지 수백 년간 군사기지로 이용되었던 샌프란시스코 프레시디오의 국립공원 전환 프로젝트에서 지역사회 비전 수립 과정과 계획 수립 모임^{planning fairs}의 활동을 도왔다. 군 부대 건물들을 그대로 보존하고 활용해 임대 수익을 내는 독특한 방식은 그러한 모임의 산물 중 하나인데, 그 결과 그가 설립해 책임자를 맡고 있는 헤드랜즈 예술센터^{Headlands Center for the Arts}나 작업 공간을 빌리고 있는 소로 지속성 센터^{Thoreau Center for Sustainability}(지역 내 비영리 단체에게 작업 공간을 빌려주는 역할을 함 - 옮긴이)가 공원 안에 자리잡고 있으니 실로 그는 이 공원과 오랜 인연을 맺어온 셈이다.

회사나 정부뿐만이 아닌 재단이나 비영리 단체, 학교, 전문직 협회 등의 일에도 다방면으로 관여해왔다. 또한 수년에 걸쳐 각종 이사회/직원 수련회나 전략 세션, 사회 변화를 위한 단체 간 프로젝트 등의 디자인과 진행을 도왔다.

그로브 시각적 계획 수립 시스템Grove's Visual Planning Systems과 드렉슬러/시베트/포레스터 협력집단 성과 시스템Drexler/Sibbet/Forrester Team Performance System, 시베트/르사제 지속적 조직 모델Sibbet/LeSaget Sustainable Organization Model, 그로브 전략적 비전 수립 프로세스Grove's Strategic Visioning Process 및 관련 그래픽 템플릿, 그로브 퍼실리테이션 시리즈Grove's Facilitation Series 등과 같은 그로브의 광범위한 프로세스 컨설팅 도구 및 안내서 시리즈 중 상당수가 그의 손을 거쳐 탄생했다. 2007년, 조직 개발 네트워크Organizational Development Network는 데이비드와 그로브의 조직 개발 분야에 대한 창의적 기여를 인정해 멤버십 어워드Membership Award를 수여했다.

노스웨스턴 대학Northwestern University에서 언론학 석사 학위를 받았으며, 옥시덴탈 칼리지Occidental College에서 영문학 학사 학위를 받았다. 1965년에 코로 공공 업무 펠로십Coro Fellowship in Public Affairs을 받아 로스앤젤레스에서 대도시의 사회 문제에 관해 공부했다. 1970년대엔 코로 재단Coro Foundation에서 상임 이사 및 트레이닝 담당자로 8년간 일하며 젊은 지도자들을 위한 경험 기반 교육 프로그램을 디자인했다. 1977년에는 자신의 조직 컨설팅 회사를 창업했다. 멘로파크 미래 연구소Institute for the Future in Menlo Park의 오랜 협력자이고, 샌프란시스코 글로벌 비즈니스 네트워크Global Business Network in San Francisco의 회원이며, 조직 개발 네트워크Organizational Development Network와 국제 퍼실리테이터 협회International Association of Facilitators의 오랜 회원이자, 하트랜드 서클 선구자 네트워크Heartland Circle's Thought Leader Network의 회원이다. 또한 아르곤 커뮤니티 가든Argonne Community Garden의 회장이고, 현재 코로 재단 이사회의 일원이다. 샌프란시스코에서 시인이자 교사인 배우자 수잔과 함께 살고 있다.

그에 대해 더 궁금한 것이 있다면, www.grove.com이나 www.davidsibbet.com을 참고하라.

옮긴이 소개

유승연 (nowhere27@snu.ac.kr)

포스텍POSTECH에서 컴퓨터공학과 생명과학을 복수전공한 뒤 서울대학교 의과대학 의학전문대학원에 진학했다. 현재 서울대학교 병원 인턴으로 재직 중이다.

‘팀원들이 팀장의 의중이 무엇인지를 알아 맞춰가는 스무고개 놀이’
‘일주일간의 연구 진전 경과를 교수님께 보고하고 질책당하는 자리’
‘이 목표를 달성하는 것이 우리 조직에 어떤 의미인지 잘 이해하지 못하는 이들에 대한 무한 반복 설명 시간’
‘책임감이 있어 보이거나 가장 목맬 것 같은 사람을 눈치껏 도출하기 위한 마지막 조별 모임’

회의 혹은 미팅이라는 말을 들었을 때 여러분이 떠올릴 법한 이미지는 위와 크게 다르지 않을 것이다. 이러한 상황에서 이 책의 저자인 데이비드 시베트는 그림, 포스트잇, 아이디어 맵으로 대표되는 시각적 매체를 활용함으로써 더욱 신나고 즐거운 데다가 생산적이기까지 한 회의를 만들 수 있다고 주장한다. 필요한 것은 세련된 디자인 감각도, 빼어난 손재주도 아닌 흰 종이과 보드 마커뿐이다. 오히려 빼어나지 않기에, 보기 좋게 만들어가는 과정을 함께할 수 있기에 청중의 시선을 잡아끌 수 있고 자발적 참여를 유도할 수 있다는 것이다. 세계 각지에서 수십 년간 비주얼 미팅 전도사로 활약해온 저자의 경험담은 여러분이 어떤 상황에서든 적용해볼 만한 여지를 찾을 수 있을 만큼 충분히 다채롭고도 유용하다.

　이 분야에 문외한인 입장에서, 심지어 숙련된 번역가도 아닌 입장에서 번역을 맡게 된 점에 대해서는 독자 여러분께 송구스럽게 생각하는 바다. 하지만 그런 입장이었기에 내 스스로에게 이 책의 내용을 온전히 납득시키기 위해서라도 최선을 다할 수밖에 없었고, 이것이 나와 마찬가지로 이 분야에 대한 배경지식이 전무한 독자 여러분께는 이점으로 작용할 수도 있지 않을까 감히 생각해본다. 이렇게 훌륭하고 재미있는 책을 번역할 기회를 주신 에이콘출판사 권성준 사장님과 김희정 부사장님께 이 자리를 빌려 깊이 감사드리고 싶다. 부족한 역자 때문에 너무나도 많이 고생하고 수고해주신 오원영 편집자님께는 아무리 감사의 인사를 드려도 지나침이 없을 것만 같다. 에이콘출판사와 연을 맺게 해주신 고재필 선배님, 그리고 이 책을 번역할 당시엔 남자친구였다가 이제는 남편이 된 내 평생의 동반자에게도 감사의 마음을 전한다.

차례

들어가며
비주얼 미팅의 위력   15

I. 일단 상상해보자
회의가 정말로 신나는 데다가 생산적일 수 있다면?   29

1. 시각화엔 IQ +80만큼의 효과가 있다 / 에너지, 지능, 창의력 일깨우기   31
2. 누구나 그림 언어를 알고 있다 / 펜으로 하는 바디 랭귀지   47
3. 비주얼 미팅 입문을 위한 쉬운 방법 네 가지 / 개인적 시각화, 냅킨과 플립 차트,
   그래픽 템플릿, 다른 사람들이 그림 그리게 하기   67

II. 집단 참여 유도 및 신뢰 구축
시각적 듣기가 그토록 흥미로운 (그리고 손쉬운!) 이유   83

4. 사람들을 참여시키기 / 그림을 상호작용에 활용하기   85
5. 파워포인트 없이 프레젠테이션하기 / 간단한 그림과 그래픽 템플릿   101
6. 그림을 활용한 컨설팅 및 판매 / 고객의 관심사를 그려내라   113
7. 직접 다룰 수 있는 정보 형태의 활용 / 포스트잇과 점 투표   121
8. 화상과 상호작용의 활용 / 콜라주와 그림 카드 사용하기   129

III. 시각적 사고를 위한 그림과 도폼

아이디어의 시각화 및 핵심 패턴 탐색

아이디어의 시각화 및 핵심 패턴 탐색 · 139

9. 그룹 그래픽스 / 벽에 기록하기 위한 일곱 가지 방법 · 141

10. 문제 해결 / 난관에서 벗어나기 & 막다른 길 빠져나오기 · 165

11. 스토리보드 기법과 아이디어 맵 기법 / 혁신가들과 디자이너들의 작업 방식 · 179

12. 시각적 계획 수립 / 그래픽 템플릿을 통한 전체상 조망 · 189

13. 다수의 회의 & 차트 전시회 / 시간과 공간을 초월한 의미 파악 · 207

14. 디지털 기록 / 시각적 문서화를 통한 회의의 확장 · 217

15. 원격 시각화 / 인터넷 회의에 태블릿 활용하기 · 223

IV. 계획 실행을 위한 그림과 도폼

팀, 프로젝트, 결과 성취를 위한 시각 자료

팀, 프로젝트, 결과 성취를 위한 시각 자료 · 229

16. 팀의 성과 뒷받침하기 / 목표, 역할, 활동 계획에 대한 시각화 · 231

17. 의사결정 회의 / 합의 도달 및 합의사항에 대한 집단의 헌신 확보 · 239

18. 프로젝트 관리 회의 / 그림으로 진행 상황 나타내기 · 243

19. 혁신과 변화 촉진하기 / 프로토타입의 활용 · 249

20. 트레이닝과 워크숍 / 액션 러닝의 활용 · 257

V. 이 모두가 한데 어우러지는 모습을 지켜보기

비주얼 미팅에 완전히 빠져버린 사람들을 위한 도구 모음　263

21. 시각적 역량으로의 길 / 여러분이 이끄는 집단으로부터 배워라　265

22. 이젠 미래가 보인다! / 회의에서의 진정한 혁명의 씨앗　273

23. 참고 자료 및 관련 단체　283

찾아보기　299

제가 맞게 기록했나요?
그래! 이 사람이 무슨 이야기를 하는지 알겠어!
비주얼 미팅의 위력
전체상 인식
참여
제품

들어가며
비주얼 미팅의 위력

회의를 좀 더 잘 진행해보고 싶다는 바람이 있는가? 회의가 생산적인 것은 물론이고 재미까지 있게끔 만들고 싶다는 생각은? 당신이 속한 조직이 혁신적 사고를 요구하며 구성원들을 압박하고 있지는 않은가? 이는 실무 분야에서 회의를 주관하는 이들이 직면한 도전 과제 중 일부에 지나지 않는다. 이와 같은 요구가 있기에 나는 비주얼 미팅법^{practice of visual meetings}, 즉 세계 각지에서 매우 훌륭한 회의를 이끌어온 지난 38년의 내 결과물을 여러분과 공유하고자 하는 것이다.

하지만 그것만이 내가 이 책을 쓰기로 한 이유는 아니다. 정중한 의견 교환^{Civil discourse}이라는 미덕이 오늘날 민주국가에서 그 빛을 잃고, 충돌과 권위주의가 매력적인 대안으로 떠오름에 따라 사람들이 점점 더 이분법적이고 단절된 양상을 띠고 있는 작금의 현실에 나는 깊은 우려를 느낀다. 또한 나는 사람들이 직장이나 교실에서 느끼는 압박감에 대해 염려하게 된다. 경제적, 환경적 변화의 복잡성과 범위에 대응하는 일은 우리의 능력으론 버거운 성질의 것이 되고 있다. 출장 예산은 보잘것없거나 아예 없게, 실제적 대화와 상호 관계는 나날이 적게 하는 식으로 이뤄지는 조직 운영비용 절감은 의사소통의 질을 위협하고 있다. 앞으로 함께 살펴보겠지만, 나는 비주얼 미팅이라는 것이 이와 같은 현실에 대한 직접적 대응 방안이 될 수 있으리라 생각한다.

시각적 언어란 무엇이며 비주얼 미팅이란 무엇인가

논의를 전개하기에 앞서, '비주얼 미팅'이라는 것이 무엇인지 이해하는 것이 중요하다. 지난 35년간 나는 실리콘밸리를 포함한 캘리포니아 주 샌프란시스코 베이 에어리어에서 시작해 오늘날엔 전 세계로 전파된, 의사소통을 통한 '잠재적 창의력의 발산^{Creative upwelling}'의 현장에 동참해왔다. 우리 시각화 기법 전문가^{visual practitioner}들의 방법론은 건축가와 디자이너들의 작업 방식으로부터 영감을 얻은 것이며, 오늘날엔 소

우리 시각화 기법 전문가들의 방법론은
건축가와 디자이너들의 작업 방식으로
부터 영감을 얻은 것이며, 오늘날엔 소
셜 미디어의 힘을 빌려 자연계의 조직
방식에서 또한 지혜를 얻고 있다.

셜 미디어의 힘을 빌려 자연계의 조직 방식에서 또한 지혜를 얻고 있다. 우리들 중 조직 내에 이러한 관습을 정착시키고자 하는 이들은 그간 사람들의 협업을 위한 새로운 방식을 개발하느라 여념이 없었다. 우리는 사람들이 힘을 합쳐 함께 일할 때 더 많은 일을 해낼 수 있다는 것을 안다. 목적의식과 동기를 갖춘 이들에게 있어, 더 나은 도구와 방식은 나날이 드높아지는 역동성과 변화의 수위에 대처하기 위한 좋은 수단이 된다. 나는 이 책의 모든 단원을 통해 여러 도구와 방법들을 여러분과 공유하고자 한다. 이들 중 다수는 매우 간단하고도 위력적이란 사실을 직접 확인할 수 있을 것이다.

단체로 더 똑똑해질 방법은 없을까?

펫처 연구소Fetzer Institute 산하 집단 지성 이니셔티브Collective Wisdom Initiative의 핵심 지도자이자 저술가인 앨런 브리스킨Alan Briskin은 당면한 상황의 복잡성을 우리가 더 이상 감당할 수 없게 되었다는 사실에 대한 깨달음이 우리의 협동 및 상호 존중 능력을 약화시키는 것이라고 주장했다. 사람들은 업무 상황 또는 회의 중에 혼란에 직면할 경우, 단순 명료한 설명에 매달리거나 상대의 말을 듣지 않는 편협한 태도를 고수함으로써 도피하려 한다는 것이다.

시각적 언어Visual Language와 시각적 듣기Visual Listening가 이러한 류의 문제들에 대한 희망적인 대응책이란 사실을 보여주고자 함이 내가 이 책을 쓰게 된 주된 동기다. 앞으로 살펴보게 되겠지만, 시각화는 그룹 구성원들이 어떤 문제에 대해 나름대로 머릿속에 세운 모델들이 부적합하거나 상충함에 따라 야기되는 혼란에 대한 강력한 해결책이다. 이러한 모델이 주어진 과업을 완수하기 위한 방법이나 팀의 협동 방안, 의사 결정 방법, 체계화 방법, 학습 방법 등에 대한 각자의 의견을 포함할 경우, 시각화를 통한 혼란의 해결은 매우 중요한 사안이 된다. 서로 간의 차이를 극복하기 위해 회의에 소모되는 막대한 시간을 생각하면 말이다.

앞으로 여러분에게 납득시키기 위해 내가 노력하려는 부분이지만, 어떤 체계에 대해, 그리고 만물이 함께 어우러져 작동하는 방식에 대해 우리들이 이해하고 있는 바의 상당 부분은 이미지와 이야기, 또는 경험에 기반한 비유의 형태로 나타난다. 우리의 사고 방식을 개선하려면, 이와 같이 우리가 생각하는 바를 우리 자신과 다른 이들에게 표현하기 위해 사용되는 방법들에 대한 관심이 요구된다. 이러한 측면에서,

혼란의 여지 없이 비유를 구사할 수 있게 해줄 뿐만 아니라 새로운 비유를 함께 만들어가는 창조의 장으로서 기능하는 비주얼 미팅은 매우 생산적인 회의 방식이라 할 수 있다.

효과적인 회의를 위한 공구 세트

많은 이들에게 있어 회의란 불가피한 고통이며, 욕먹어도 마땅하다 싶은 생각이 종종 드는 대상이다. 하지만 회의를 효과적으로 이끌어가는 일은 분명 가능하다. 그것도 단순히 효과적이기만 한 것이 아닌, 비범한 성과로의 돌파구 역할을 하는 그런 회의를 만들 수 있는 것이다. 우리 주위에서 쉽게 찾아볼 수 있으면서도 매우 위력적인 도구들이 존재한다. 시각화와 관련된 그 도구들을 공유하는 것이 이 책의 주된 목적이다.

시각적으로 의사소통하는 선천적 능력 이러한 도구들 중 가장 위력적인 것은 그릴 수 있는 선천적 능력이다. 믿든 안 믿든 여러분의 자유지만, 이 능력은 여러분의 육체에 내장되어 있다. 여기서 내가 말하는 '그리기'란 몸짓을 나타낼 때 하는 것처럼 간단하고도 표현력 있는 성질의 것이다. 몸짓 없이 말하는 상황을 상상이라도 해본 적 있는가? 그만큼 이는 자연스러운 것이다. 사람들은 심지어 전화 통화 중에도 몸짓을 하지 않는가! 사실 몸짓과 허공에 그림을 그리는 능력은 아이들이 구어에 유창해지기 전부터 발달한다. 이 책에서 여러분은 이 자연스러운 의사소통법을 종이 위에, 또는 태블릿 컴퓨터상에서 구사하는 간단한 방법들을 배울 것이다. 마커를 쥐고 줄을 긋는 몇 가지 요령만 숙지하면 된다. 오늘날 디지털 매체가 시각 자료를 얼마나 유연하게 받아들일 수 있는지를 생각해보면, 언어를 떠나 이 검증된 효과적 의사소통 방식으로 돌아가는 것엔 문자 그대로 아무런 문제가 없다고 할 수 있다.

포스트잇 등의 대화형 미디어 두 번째 유형의 도구는 대화형 미디어다. 이를 상징하기 위해 책 제목에 '포스트잇'을 넣었다. 3M이 발명한 포스트잇은 오늘날 수많은 제조사들에 의해 다양한 종류의 색상, 형태, 크기로 판매되고 있다. 포스트잇은 그림 카드와 마인드 맵 소프트웨어, 또는 여러분이 작은 블록처럼 이리저리 옮길 수 있는 여타 형태의 미디어와는 사촌 관계다. 한 형태로 결합시켰다가 다시 다른 형태로 결합시킬 수 있는 작은 정보 덩어리들을 활용하는 것은 영화 및 비디오 디자이너들의 작업 방식, 즉 작은 스케치들을 이리저리 짜맞추어 여러 스토리보드를 만들며 다양한 가능성을 고려하는 일과 동일한 성질의 것이다. 내가 하고 싶은 말은, 디자인 이외의 여러 목적을 갖는 다양한 분야의 회의에서도 이런 식으로 작업할 수 있다는 것이다. 인간은 소통을 사랑하는 존재이며, 여러 정보를 직접 접할 수 있도록 하는 배려는 사람들의 열성적 참여로 이어진다.

아이디어 맵 나는 세 번째 유형의 도구를 '아이디어 맵idea map'이라 부른다. 이는 그래픽 템플릿과 워크시트에 삽입되어 집단의 시각적 사고를 돕는 비유적 그림graphic metaphor을 의미한다. 발명가들은 예나 지금이나 일기장에 도표와 도안을 끄적이고 있고, 엔지니어와 디자이너들은 화이트보드와 그림 수첩을 활용한다. 하지만 엔지니어나 디자이너가 아니더라도 아이디어 맵의 덕을 볼 수 있다. 아이디어 맵은 백지에서부터 잘 짜여진 그래픽 템플릿이나 집단의 생각 또는 계획을 시각화할 수 있도록 도와주는 전문 소프트웨어에 이르기까지 광범위한 미디어에 적용할 수 있는 탄력적인 접근 방식이다.

비주얼 미팅의 위력

이러한 작업 방식에 대한 나의 자신감은 내가 처음으로 매직 마커를 쥐고 집단 대상의 시각적 퍼실리테이션facilitation(그룹의 구성원들이 효과적인 기법과 절차에 따라 적극적으로 참여하고 상호작용을 촉진해 목적을 달성하도록 돕는 활동 – 옮긴이)을 시행하기 시작했던 날부터 체험해온 세 가지 현상에 근거한다.

1. **참여** 자신이 말한 내용이 상호적으로 그림 형태로 기록됨에 따라 다른 이들에게 경청되고 인정받을 때, 사람들은 열성적으로 회의에 참여하게 된다.
2. **큰 그림에서 생각하기** 그룹 구성원들이 비교 및 패턴 탐색, 아이디어 매핑을 가능케 하는 큰 그림 형식으로 생각할 수 있게 되면, 그룹 전체가 훨씬 똑똑해진다.

3. **집단 기억력** 기억할 만한 미디어를 만듦으로써, 한 집단의 생산성을 좌우하는 요소인 집단 기억력과 작업 시 기존 합의사항을 염두에 두는 정도^{followthrough}를 크게 증대시킬 수 있다.

사실 위와 같은 이유에서 시각화 기법은 오래 전부터 디자이너들 사이에서 각광받아왔다. 그런데 왜 비즈니스 분야에선 이제 와서야 시각화 혁명이 일어나고 있는 것일까? 거기엔 여러 가지 이유가 있다고 생각된다. 그중 하나로 도구와 관련된 문제를 들 수 있다.

지난 수십 년간 우리는 새로운 컴퓨터 도구들을 익히는 데에 실로 엄청난 공을 들여야 했는데, 이들은 상당 기간 동안 시각 자료를 제대로 처리하지 못했다. 하지만 이젠 그렇지 않다! 데스크톱 컴퓨터와 개인용 컴퓨터가 그래픽 제작을 용이하게 함에 따라 일련의 돌파구가 마련되었다. 드로우 프로그램^{Draw programs}이나 페인트 프로그램^{Paint programs}(페인트 프로그램과 드로잉 프로그램은 2차원적 도형 처리 프로그램의 두 범주다. 전자는 픽셀의 집합으로 도형을 만드는 반면, 후자는 원이나 사각형, 선 등을 객체로 취급함으로써 이들의 조합으로 그림을 구성한다(네이버 용어사전 수정 발췌). – 옮긴이), 레이아웃 소프트웨어, 그래픽을 지원하는 스프레드시트, 또는 프레젠테이션 프로그램 등과 같은 디자인 도구들을 디자이너들만이 아니라 모든 직종의 종사자들이 사용할 수 있게 된 것이다.

뒤이어 나온 레이저 프린터에 힘입어 이러한 도구들의 작업 결과를 높은 품질로 출력할 수 있게 되었으며, 오늘날엔 많은 레이저 프린터들이 컬러까지 지원한다. 디지털 카메라는 손으로 그린 차트나 시각 자료를 컴퓨터에 저장해 공유할 수 있도록 해준다. 놀랍도록 융통성 있는 태블릿이나 최근에 등장한 터치스크린 벽은 이미지를 이용한 직접 상호작용을 가능케 한다. 아이패드는 도구 측면에서 시각화 혁명의 정점이라 할 수 있을 것이다.

변화 주도 인자에 대응하기

비주얼 미팅에 대한 관심이 가속화되고 있는 두 번째 이유는 좀 더 흥미롭고 생산적인 회의에 대한 필요가 많은 경우 요구 수준에 이르기까지 드높아지고 있기 때문이다. 내가 의뢰인들과 접하게 되는 변화 주도 인자

변화 주도 인자

- ☐ 모든 사람들이 더 적은 비용으로 더욱 재빠르게 일하도록 요구받고 있다.

- ☐ 많은 팀과 조직들이 기능과 위치, 문화 장벽을 초월해 함께 일해야 한다. 직접 만나지도 못한 채로⋯

- ☐ 너무나도 방대한 정보가 존재하고, 이를 사람들에게 이해시키는 일은 갈수록 어려워지고 있다.

- ☐ 결과를 요구하는 압력 때문에, 회의에서의 방향 설정과 지속적 합의 이행이 극히 중요해진다.

- ☐ 많은 문제들이 체계 수준에서의 도전 과제이기에, 사람들은 좀 더 장기간에 걸쳐 전체상을 고려할 것을 요구받게 되었다.

- ☐ 급속한 변화에 대응해 모든 이들이 일이 돌아가는 방식에 대한 심리적 모델(Mental models)을 자주 바꿔야 한다.

- ☐ 좋은 직원을 끌어들이고 유지하는 일이 갈수록 핵심 과제로 떠오르고 있는데, 이는 특히 베이비붐 세대의 은퇴가 시작됨에 따라 더욱 두드러진 양상을 띠고 있다.

- ☐ 사건의 복잡성과 속도가 증대됨에 따라, 서로 간의 차이와 변화에 대한 몰인내와 저항이 가속화되고 있다.

비주얼 미팅의 잠재적 수혜자

팀장

인사 담당자

작업 반장

세일즈맨

컨설턴트

교사

교육훈련 담당자

사회활동가

모임의 장

전문직 종사자

&

그 밖에도 집단과 창의적으로

일하고 싶은 사람이라면 누구나

Drivers of change의 목록을 만들어봤다. 앞 페이지의 오른쪽을 보고 여러분이 경험하고 있는 것들을 체크해보라.

이 책을 쓰며 나는 여러분 중 대다수가 이러한 압박을 느끼고 있으며, 전문 퍼실리테이터가 아님에도 효과적 회의 진행을 요구받는 처지에 있다고 가정했다. 여러분은 직원 회의나 프로젝트 회의를 잘 이끌고픈 팀장 혹은 제일선의 매니저일 수도 있다. 아니면 직원 계발을 담당하는 인사 담당자 또는 교육훈련 담당자일 수도 있다. 나는 솔루션 판매와 지속적 인간관계에 대한 압박감에 시달리며 영업 과정에 관련된 크고 작은 회의를 가져야 하는 세일즈맨들을 상상했다. 나는 예산과 방향 설정, 품질을 책임지는 기능 관리자functional manager들을 떠올렸다. 또한 나는 사회적 필요와 지역사회의 안건에 대응하기 위해 일하는 정부 및 비영리 조직 종사자들을 생각했다. 교사들 또한 내가 설명하는 접근 방식을 활용할 수 있으리라 믿는다.

얼마나 많은 시간과 노력이 회의에 얽매이게 되는지를 생각해보면, 회의를 보다 효율적으로 진행함으로써 얼마나 많은 가치가 발생할 수 있는지 그 진가를 인정하게 될 것이다. 여러분이 모든 이들의 혁신과 창의력을 이용할 수만 있다면, 단언컨대 여러분은 조직 내의 진정한 승자로 여겨질 것이다.

시각적 언어의 위력

효과적 도구들을 익히고 비주얼 미팅에 적용하는 것은 이 책 전체를 관통하는 하나의 흐름이다. 다른 줄기는 시각적 언어에 대한 것으로, 여러분이 시각적으로 사고하고 일하기 시작했을 때 시각적 언어가 여러분의 두뇌에 미치는 영향에 관한 내용이다. 지난 38년 동안 나는 나날이 증가하고 있는 시각화 기법 전문가들과 함께 '두뇌' 측면에서의 시각적 언어를, 즉 시각적 언어가 인간의 인지와 사고에, 회의 참석자들의 두뇌에, 그리고 우리 시각화 전문가들의 삶에 미치는 영향을 탐구해왔다. 대부분의 경우 우리는 커다란 종이와 매직 마커를 사용하며, 기술자 및 연구자 집단이 우리를 따라잡기를 기다려왔다. 그리고 그들은 마침내 따라잡았다. 이제 학습 및 인지 지능 분야의 연구자들은 인간이 정보를 굉장히 다른 방식으로 처리하며, 시각적 사고가 그중 많은 부분을 차지한다는 사실을 안다. 우리의 뇌는 시각적 정보 처리를 위해 엄청나게 발전된 것으로 보인다. 일각에선 우리 뇌의 세포들 중 80% 정도까지 관여한다고 말할 정도다.

이 현상을 오랫동안 추적해온 내 좋은 친구 밥 혼Bob Horn(본명은 로버트 혼Robert E. Horn)은 1990년대에 『시각적 언어Visual Language: Global Communication for the 21st Century』라는 제목의 책을 썼다. 이 책에서 그는 시각적 언어를 '텍스트와 그래픽의 긴밀한 통합'이라 묘사한다. 그는 이것이 비교적 최근에 이뤄진 발전의 산물이라고 본다. 역사적으로, 문서는 단어로 이뤄졌고 도해는 그림으로 이뤄졌다. 하지만 우리 시각화 전문가들이 만들어내고 있는 정보 도표와 지도와 일종의 벽화들은 이러한 법칙을 따르지 않는다. 이러한 통합은 인터넷이나 게임, 현대적인 광고 또는 신호체계 등에 점점 더 많이 등장하고 있다. 시각적 언어는 직접적으로 텍스트와 그래픽의 경계를 넘어 우리가 아는 것을 통합하고, 이들 간의 시너지를 추구하고자 한다. 이는 전혀 다른 차원으로의 사고를 요하는 일이다.

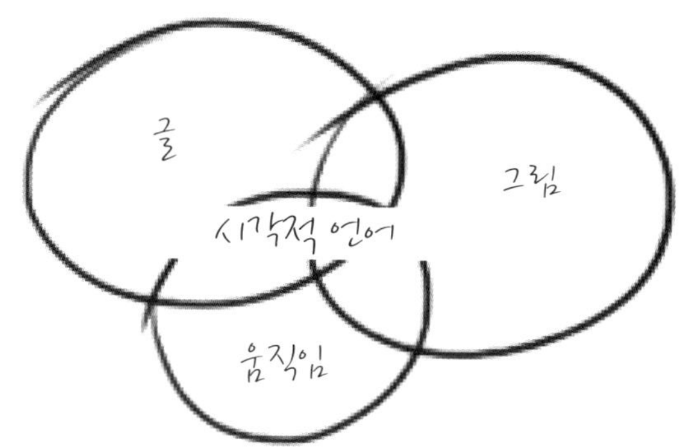

시각화에 의해 해결될 수 있는 중요한 문제들

내 경험상, 이미지와 시각적 비유를 활용하는 작업 방식은 우리의 인지 및 사고와 관련된 다수의 중요한 문제에 대한 직접적 해결책으로 작용할 수 있는 특성을 갖는다.

- 회의에 대한 시각적 기록은 구어 기반 커뮤니케이션만으로는 불가능한 방식으로, 누가 의견을 냈는지와 그것이 어떻게 이해되었는지를 즉각적으로 알려준다.
- 시각을 동원하는 작업 방식은 상호작용과 물리적 움직임을 동원하는 시각적(우뇌)·언어적(좌뇌) 방식을 모두 포괄하는 지극히 통합적인 성질의 작업이다.
- 그래픽을 사용하면 상충되는 정보들을 한 화면상에 보여줄 수 있어, 구어에 의해 강화되는 이분법적 사고로부터 비교적 자유로워질 수 있다.
- 비유적 그림을 사용함으로써 사람들은 자신이 대상을 이해하는 방식에 대해 직접적으로 이야기할 수 있다.
- 시각적 이미지의 활용은 사람들의 상상의 영역을 여는 효과가 있어, 희망이나 꿈, 목적의식 또는 비전 등의 개념에 한층 가까워질 수 있다.
- 정보를 일기장 페이지나 벽에 늘어놓으면 개별 단어나 상징뿐 아니라 전반적 상호 연결 관계와 구성까지 파악할 수 있다.

시각적 언어는 여느 언어와 마찬가지로 사람들이 이를 만들어내어 구사함으로써 생겨나고 있다. 이는 전 세계적으로 글만으론 표현하기 어려운 복잡한 아이디어들을 다루고자 하는 사람들의 필요에 의해 태어나는 중이다.

밥 혼
『시각적 언어』 중에서

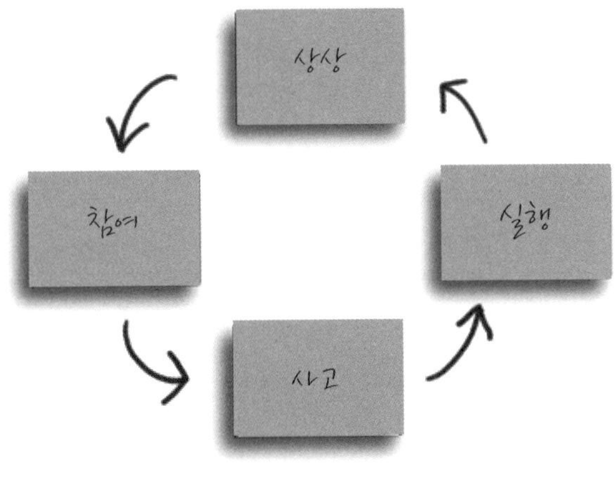

집단 학습 과정

1장에서 보다 자세히 설명될 이 모델은 한 인간 또는 집단에게 깊이 내재된, 그들이 함께해야 할 일에 관한 학습 방식의 패턴을 반영한다.

- 구어를 시각적 표현으로 전환하는 작업은 모든 이들로 하여금 양쪽에 존재하는 패턴에 주의를 기울이게 만든다.

우리 모두가 소비하는 시각적 미디어의 양이 증가하고 있으며 컴퓨터나 책, 잡지, 영화와의 상호작용 중 상당 부분이 시각 자료에 의해 매개되고 있다는 사실을 고려해보면, 비주얼 미팅이 더 효과적이란 주장을 새삼스레 해야 한다는 자체가 참 놀라운 일이다. 하지만 우리가 그토록 다량의 미디어를 소비하고 있음에도 불구하고, 우리는 그것을 구어처럼 상호적으로 활용할 수 있는 방법에 대해 이제 막 이해하기 시작하는 단계에 놓여 있다. 부디 이 책이 이와 같은 새로운 발전에 얼마나 무궁무진한 기회가 내재되어 있는가에 대한 여러분의 인식을 일깨우는 계기가 되길 바란다.

『비주얼 미팅』의 탄생

와일리 앤 선즈^{Wiley & Sons}의 편집자 리처드 내러모어^{Richard Narramore}는 내가 이 책을 쓰게 된 직접적 원인이 된 사람으로, 그는 나를 찾아내어 집단을 위한 시각적 사고 안내서를 써줄 것을 부탁한 사람이다. 그는 댄 로암^{Dan Roam}의 『생각을 쇼^{SHOW}하라: 아이디어를 시각화하는 6가지 방법』을 문제 해결과 전략 수립을 위한 간단한 시각 자료의 활용을 주장한 훌륭한 책이라 느꼈다. 낸시 두아르떼^{Nancy Duarte}의 『slide:ology 슬라이드올로지: 위대한 프레젠테이션을 만드는 예술과 과학』은 프레젠테이션 소프트웨어를 효과적으로 사용하기 위한 모든 방법들을 설명하고 있다. 하지만 개인이 아닌 팀이, 회의라는 특수한 상황에 사용할 수 있는 방법에 관한 책은 나와 있었던가? 리처드는 나와 내 회사인 그로브 컨설턴트 인터내셔널^{Grove Consultants International}(이하 그로브)이 1970년대 중반부터 집단 대상 그래픽 퍼실리테이션과 시각적 사고 분야를 개척해왔다는 사실을 알고 있었다. 사실 우리는 이러한 일을 하는 업종을 창조하는 데 있어 중심적 위치에 있어 왔다. 우리에게 훈련을 받았거나 한때 우리와 일했던 이들 중 다수가 비주얼 미팅을 이끄는 회사를 개업한 것이다.

지난 세월 동안 나는 이 분야의 전업 시각화 전문가들을 위한 많은 책을 집필해왔다. 리처드는 내게 이러한 작업 방식을 보다 다양한 독자들과 공유할 의사가 있는지 물어봤다. 지금이 과거 그 어느 때보다도 직업 세계가 당면한 엄청난 도전에 대처하기 위해 혁신과 재탄생을 필요로 하는 시기라 생각하기에, 나는 그의 제안을 기쁘게 받아들였다.

1부: 일단 상상해보자

이 책은 비주얼 미팅에 관련된 핵심적 개념과 실천법을 제시함에 있어, 사람들이 아이디어의 실행 과정에서 실제로 일하는 방식을 반영하는 일련의 단계를 따른다. 이는 상상IMAGINING, 참여ENGAGING, 사고THINKING, 실행ENACTING이라는 단계를 나타내는 이 책 표지의 도표에 잘 드러나 있다. 이 책의 장들은 이 과정에 맞춰 구성되어 있어, 각 단계의 실행 방안이 순차적으로 각 장에서 다뤄진다.

이 책을 최대한 가치 있게 활용하려면, 비주얼 미팅을 시작했을 때 여러분이 얻을 수 있는 바에 대해 먼저 상상하며 큰 그림을 그려보는 것이 좋다. 나는 우리의 관점이, 좀 더 쉬운 말로는 우리가 속해 있는 곳이 우리가 배우고 인지하는 바에 영향을 미친다고 주장하고자 한다. 배움은 목적의식의 불꽃과 함께 시작된다. 첫 파트인 1부에서는 '일단 상상해보자: 회의가 정말로 신나는 데다가 생산적일 수 있다면?'은 여러분이 어떤 일을 할 수 있게 될지 상상하도록 도와줄 것이다. 이 장은 애플을 비롯한 여타 회사들이 어떻게 회의에 시각화 기법을 활용하게 되었는가에 관한 이야기로 시작한다. 또한 이 장은 시각적 듣기를 돕는 데 사용되는 간단한 그림을 그릴 수 있는 사람들의 선천적 능력을 일깨우는 과정에서 나와 그로브 사람들이 겪은 경험담을 한데 모아 보여줄 것이다.

모든 이들이 이미 그림 언어Graphic language를 알고 있다는 내 주장에 일단 수긍하게 되면, 이 책의 나머지 상당 부분은 여러분을 위한 선물 바구니와 같을 것이다. 흥미롭게도, 많은 이들은 내가 말하는 그림을 사실적인 데생 같은 것이라 착각하고는 자신은 그림을 잘 그리지 못하니 의사소통에 그림을 사용하지 않겠노라 일찌감치 다짐해버린다. 하지만 비주얼 미팅을 위한 그림은 그런 것과는 전혀 다른 종류의 것으로, 몇 가지 요령만 숙지하고 있으면 누구나 만들어낼 수 있는 단순한 성질의 것이다. 수천 명을 가르쳐온 우리가 보장하는 사실이다. 개인적인 노트 필기와 소규모 집단 차원에서 시작할 수 있는 간단한 몇몇 방법들을 보여주겠다.

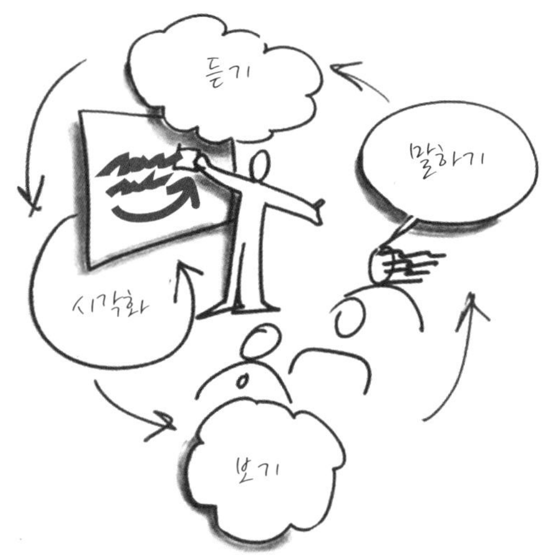

사람들은 자신이 이야기한 아이디어가 그 즉시 눈 앞에 그려지는 것을 보며 회의에 보다 적극적으로 참여하게 된다. 이것이 상호적 시각화의 놀라운 위력이다.

2부: 집단 참여 유도 및 신뢰 구축

일단 비주얼 미팅이 가능하다는 사실을 상상할 수 있게 되면, 여러분과 여러분이 속한 그룹이 해야 할 다음 일은 직접 여기에 빠져드는 것이다. 참여Engagement란 곧 관여Participation를 의미한다. 책에 '참여'한다는 것은 본문 옆의 사이드바 상자 안에 나와 있는 몇몇 연습문제들을 풀어보는 것을 의미할 것이다. 또한 집단을 '참여'시킨다는 것은 함께 일하는 모든 단계에 걸쳐 사람들을 관여시키는 법을 배우는 것을 의미할 것이다. 나는 사람들이 개방적이고 수용적인, 마치 농구 골대 링과 같아 잘 디자인된 커뮤니케이션을 던져 넣으면 만사형통인 그러한 존재라곤 생각하지 않는다. 사람들은 자기만의 생각과 관심사로 가득 차 있으며, 변화를 내켜 하지 않는다. 따라서 참여 유도의 기술은 상대의 말을 경청하고 친밀한 관계를 쌓는 것으로 시작한다. 상호적 시각화가 이를 해내는 방식은 실로 인상적이라고 할 수 있다. 이를 이해하는 것이 2부, '집단 참여 유도 및 신뢰 구축: 시각적 듣기가 그토록 흥미로운 (그리고 손쉬운!) 이유'의 중심 내용이다. 여기서 우리는 즉시 활용할 수 있는 대화형 필기법과 포스트잇 등의 대화형 미디어를 자세히 살펴볼 것이다. 또한 이러한 작업 방식이 영업 상황에서 상호 신뢰 관계를 쌓는 데에 얼마나 위력적인지 공유하고자 한다.

3부: 시각적 사고를 위한 그림과 도표

참여와 관심이 충분히 고취된 상태에서, 여러분과 여러분의 집단은 대상을 파악하는 한편 함께 만들어낸 모든 정보로부터 적절한 이해 패턴을 찾고자 할 것이다. 3부의 제목은 '시각적 사고를 위한 그림과 도표: 아이디어의 시각화 및 핵심 패턴 탐색'이다. 여기서 그리는 것은 시각적 작업 방식에 힘입어 통찰과 이해의 새 장이 열리는 상황이다. 그리고 3부에서 내가 전달하고픈 메시지는 복잡한 기계나 거대 조직 등과 같이 서로 연결된 많은 부속으로 이뤄진 무언가를 고찰함에 있어 보다 큰 패턴을 이해하기 위해서는 어떤 형태로든 시각화가 필요하다는 점이다. 이는 일부 분야에서 '시스템적 사고systems thinking'라는 이름으로 불린다. 피터 센게Peter Senge는 이 능력이 진정한 학습 조직learning organization(조직 구성원에 의해 지식이 창출되고 이에 기초해 조직 혁신이 이루어지며 조직의 환경 적응력과 경쟁력이 증대되어 나가는 조직을 말한다(네이버 지식백과/

행정학사전). – 옮긴이)의 '제5경영 원리'라 주장하며 학습 조직에 관한 자신의 책 제목을 『제5경영The Fifth Discipline』(2014년에 『학습하는 조직』이라는 제목으로 새 번역서가 출간됨 – 옮긴이)이라 이름지었다. 집단이 큰 그림을 이해하고 있으면 계획 수립이나 마인드 맵 작성, 디자인, 훈련 등이 모두 잘 이뤄질 수 있다. 나는 전문 퍼실리테이터가 굳이 되지 않아도 이러한 효과를 얻을 수 있는 방법을 보여주고자 한다. 필요한 도구가 조금 있긴 하지만, 모두 손쉽게 구할 수 있는 것들이다. 여러분이 또한 발견하게 될 사실은, 이 단계에서 나오는 진정한 위력이 여러분의 집단에게 그들만의 방식으로 대상을 이해시키는 데 있다는 점이다. 마인드 맵과 다이어그램을 만드는 행위는 그 자체로서 일종의 사고 활동이며, 만들어진 결과물의 질보다 중요한 것은 그것을 만드는 과정을 사람들이 직접 겪었다는 사실이다. 이러한 작업 방식은 사람들이 외부로부터 주어진 아이디어보다는(심지어 전문가의 의견일지라도) 그들의 집단 내에서 나온 아이디어를 좀 더 쉽게 받아들이고 실현시킨다는 새로운 연구 결과를 반영하는 것이기도 하다.

4부: 계획 실행을 위한 그림과 도표

회의로부터 결과를 얻고자 한다면 아이디어를 행동에 옮기는 것은 매우 중요한 일이다. 4부, '실행을 위한 그림과 도표: 팀, 프로젝트, 결과 성취를 위한 시각 자료'에선 팀의 발족 및 의사결정, 프로젝트 진행 상황 추적 및 방향 제시, 변화 과정 주도 등에 대한 비주얼 미팅의 활용 방안을 다룰 것이다. 쉽게 습득할 수 있는 많은 도구들이 여러분이 평상 시 해야 하는 모든 업무에 큰 변화를 가져올 수 있다. 우리는 로드맵Roadmaps, 그로브 스토리 맵Grove Storymaps 등을 제작하거나 누가 어떤 일을 언제 할지 보여주는 여타 시각화 기법을 실행하는 것이 집단에게 있어 앞으로 수행할 활동들에 대한 실질적 예행 연습과 같다는 사실을 발견했다. 활동 계획을 시각화하고 공유하는 것은 생각으로부터 행동으로 움직이는 중요한 과정의 한 단계라 할 수 있다.

5부: 이 모두가 한데 어우러지는 모습을 지켜보기

대미를 장식하는 5부, '이 모두가 한데 어우러지는 모습을 지켜보기: 비주얼 미팅에 완전히 빠져버린 사

람들을 위한 도구 모음'은 시각적 기법 전문가가 되기 위한 역량으로의 통상적 경로를 직접적으로 다룬다. 나는 디지털 미디어와 인터넷의 맥락에서 이 모든 시각적 기법들이 어디를 향하고 있는가에 대한 나의 현재 비전을 공유하고자 한다. 이 책의 마지막 장인 23장에선 더 많은 것을 배우고픈 여러분들을 위해 본문에서 언급된 참고 자료들을 검토할 것이다. 여기엔 추가적인 정보와 아이디어들을 담고 있는 몇몇 웹사이트들에 대한 안내가 포함되어 있다.

나의 희망과 꿈

수십 년에 걸쳐 비주얼 미팅을 이끄는 일이 너무나도 재미있고 성공적이었기에, 나는 여러분이 이 선천적이고도 보편적인 의사소통법을 일부나마 되찾을 수 있게 되는 날을 꿈꾼다. 지난 세월 동안 나는 사람들이 제아무리 매우 단순하더라도 손으로 그린 그림에 상당한 매혹을 느낀다는 인상을 받아왔다. 그리고 이러한 매혹은 나이 차와 문화를 거스르는 듯하다.

주로 사용하는 언어에 시각적 사고가 내포되어 있는 문화권도 있다. 중국어와 일본어, 한국어, 그 밖에도 여러 다른 아시아 언어에서 사용되는 글자들은 사람들이 서로 다른 방언의 장벽을 뛰어넘어 의사소통할 수 있도록 만들어진 작은 그림에서 유래했다. 우리 그로브 사람들, 그리고 우리와 함께 하는 시각화 기법 전문가들은 그간 힘을 합쳐 조직 단위 작업을 위한 현대적 형태의 한자를 재창조하기도 했다. 하지만 한자와는 달리, 이 책에서 묘사되는 그림 언어는 의도적으로 글과 그림을 합친 종류의 것이다. 오늘날의 세계에서 글과 그림은 도표, 포스트잇, 또는 아이디어 맵 등 종류를 불문하고 동일한 시각적 체계상에 공존한다. 이는 우리 모두가 진가를 깨달아가고 있는 중인 멀티미디어 커뮤니케이션에 의해 상당 부분 지원되고 증폭된 발전 경향이다.

나는 여러분이 이 책을 읽으며 시각적으로 일하기 위한 수단으로서 깜짝 놀랄 만한 첨단 기술이 아닌, 간단한 도구만을 갖춘 사람들이라도 쓸 수 있을 단순하고도 위력적인 도구들에 주목할 수 있게 되기를 바란다. 많은 이들에게 있어, 새롭고 유쾌한 작업 방식하에서 창의성과 생산성이 양자택일할 수밖에 없는 양극단이 아닌 동반자라는 사실을 깨닫는 것은 참으로 놀랄 만한 경험이다. 또한 서로의 말에 귀를 기울이고 함께 힘을 합쳐 자신들의 뜻있는 비유를 탐구하며 새로운 통합과 복잡성의 수준에서 기능하는 성공의 이미지에 다가가라는 가르침을 얻은 이들이 서로 간의 차이를 초월해 협력하는 법을 배우는 것을 목격하는 것은 매우 희망적인 경험이다.

　여러분이 어렸을 적 경험했던 그 모든 창의적 표현들을 포기해야 하는 데 대한 회한을 단 한 번이라도 느껴본 적이 있다면, 그것을 되찾을 수 있음은 물론이고 그것이 현존하는 가장 강력한 회의 기법 중 몇몇을 사용하는 데 도움이 된다는 사실을 발견하고 희열을 느낄 것이다.

1. 일단 상상해보자

회의가 정말로 신나는 데다가 생산적일 수 있다면?

1: 일단 상상해보자

1부는 여러분이 비주얼 미팅을 얼마나 다방면으로 활용할 수 있는지, 그리고 어떻게 해야 성공적으로 입문할 수 있을지 상상해볼 수 있도록 비주얼 미팅에 대한 고차원적 개요를 제공한다. 여기에서 제기될 주제들은 책 전체에 걸쳐 재등장할 기본 개념이며, 이후엔 그 기본 개념을 바탕으로 여러분이 어떤 일들을 할 수 있는지 설명할 것이다.

1장: 시각화엔 IQ +80만큼의 효과가 있다

애플 사에서 의제 관리 및 경력 관리, 비전 수립, 대화 지원을 위해 시각적 전략 수립법을 발명한 이야기, 관점이라는 것이 그토록 중요한 이유, 학습 주기의 개요 및 시각 자료가 각 단계에 미치는 영향, 시각적 기법이 이뤄낼 수 있는 일들의 산 증거인 국제 시각화 기법 전문가 포럼(International Forum of Visual Practitioners)

2장: 누구나 그림 언어를 알고 있다

바디랭귀지의 자연스러운 결과물로서의 그림, 그림 연습 시작하는 법, 그리는 능력을 일깨우기 위한 준비운동, 종이 붙이는 법, 기본 도형과 그림 문자, 기본 서식에 대한 생각

3장: 비주얼 미팅 입문을 위한 쉬운 방법 네 가지

개인적 노트 필기와 사고를 위한 시각화 기법, 비공식적 상황에서 플립 차트(flip chart)와 냅킨 사용하기, 간단한 그래픽 템플릿 사용하기, 다른 사람들이 그림을 그리게 하기

1. 시각화엔 IQ +80만큼의 효과가 있다
에너지, 지능, 창의력 일깨우기

우리 시대의 가장 창의력 넘치는 기업 중 한 곳인 애플 사에서 실제로 일어난 이야기를 통해, 여러분이 속한 집단에서 적극적으로 시각화 기법을 사용하면 어떤 일이 가능한지 상상해보는 것으로 비주얼 미팅에 대한 이해를 시작해보자. 1985년, 나는 애플 유니버시티(애플의 사내 연수 기관. 실제 대학처럼 전업 강사들에 의해 다양한 강좌를 제공하는 것으로 유명하다. - 옮긴이)의 원형이라 할 수 있는 리더십 체험 프로그램[Leadership Experience]을 디자인하고 진행하는 팀에 속해 있었다. 애플 제품의 그래픽적 본질에 착안해, 우리는 사람들이 쉽게 따라 할 수 있는 여러 전략을 적용했다.

애플 리더십 원정대

따스했던 1985년의 어느 여름날, 당시 애플 컴퓨터라 불리던 회사에 소속된 35명의 젊은 리더들을 태운 버스가 실리콘밸리 남단의 해변 휴양지 파야로 던스에 멈춰섰다. 버스에서 내린 이들은 하나같이 '여정 그 자체가 보상이다[The journey is the reward].'라는 글귀가 프린트된 티셔츠를 입고 있었다. 안내인들은 등산복 차림이었다. 투박한 본관 건물 안에서 참가자들을 기다리고 있었던 것은, 하얀 나일론 낙하산이 씌워져 얼핏 보면 산처럼 보이는 두 개의 거대한 비품 더미나 한쪽 벽을 차지한 아홉 개의 화면을 제외하면 텅 빈 것이나 다름없는 방이었다. 어둑어둑한 그곳에서 모든 참가자들은 바닥에 앉아 기다리라는 지시를 받았다. 1주일짜리 리더십 프로그램(애플 리더십 원정대[Apple Leadership Expedition])이 곧 시작되려 하고 있었다. IBM의 PC 사업은 가히 폭발적인 기세였다. 최초의 진정한 그래픽 컴퓨터를 무기 삼아 전장에 뛰어들려 하는 중이었던 애플은 중간급 관리자들의 도전 정신과 리더십 발휘를 필요로 했다. 우리는 그들이 이 기회를 시각화할 수 있도록 하는 데에 주안점을 맞췄으며, 전체 프로그램이 이러한 의도를 전달하도록 만전을 기했다.

갑자기 아홉 개의 화면이 번쩍하고 켜지며, 가슴이 울릴 만큼 웅장한 돌비 사운드에 실린 짐 위태커[Jim]

Whittake의 목소리가 들려왔다. 짐 위태커는 세계에서 두 번째로 높은 산인 K2를 정복한 최초의 미국인이며, 여성을 포함한 등반대의 리더로서는 세계 최초였다. "이것은 우리의 역사적 등반에 관한 이야기입니다." 우리를 다른 세계, 네팔의 고원으로 보내줄 테마곡이 맥동하는 가운데 들려온 위태커의 첫 마디는 이러했다. 15분간 펼쳐진 멀티미디어 쇼는 향후 1주일간 다룰 주제, 즉 리더십이란 탐험이자 집단 차원의 일이며 진취성·대담성·창의성을 필요로 한다는 점을 집중적으로 부각시켰다.

우리의 디자인 팀은 수 주간 도로시 라게이Dorothy Largay가 이끄는 애플 내부 인사 팀과 함께 이 행사를 준비했다. 애플의 창의성과 추진력과 젊음을 감안하면, 이 모임은 매우 특별한 것이어야 하며 참가자들의 능력을 극한까지 끌어낼 수 있어야 한다고 우리는 생각했다. 이 모든 것은 회사 생활에 대한 그들의 관점이 주어진 주문과 요구에 부응하기만 하는 것이 아닌, 전면에 나서서 새로운 시장의 불확실성에 맞서는 것으로 바뀌어야만 한다는 전제에 따라 결정되었다. 우리는 그들 내부의 심리적 모델, 즉 그들의 관점을 변화시켜야만 했다.

리더십 체험 프로그램Leadership Experience의 이름을 리더십 원정대Leadership Expedition로 바꾸고 K2 등정 이야기로 막을 연 것은 시작에 불과했다. 우리는 물리적·시각적 환경을 통해 한 주 내내 가능성의 이미지를 부각시킴으로써 이러한 사고의 틀을 공고히 했다. 이는 관객들이 가진 사고의 틀을 바꾸기 위해 형상화와 시각화를 동원해온 연극의 방법론으로부터 얻은 아이디어였다. 오프닝 쇼가 끝난 뒤의 첫 과제는 이러한 정신에 입각한 것이었다. "낙하산 아래에 비품들이 마련되어 있습니다. 여러분의 첫 번째 과제는 바로 이곳에 여러분의 베이스캠프를 짓는 일입니다."

그룹 그래픽스

내가 애플의 의뢰를 받게 된 것은, 당시 우리 회사가 주력 아이템으로 잡고 있었던 '그룹 그래픽스Group Graphics'라는 이름의 색다른 비주얼 미팅 보조 기법 덕분이었다. 그룹 그래픽스는 시각적 의사소통을 통한 상호적 작업 방식으로, 건축가나 디자이너들이 디자인 세션에서 일하는 방식으로부터 영감을 얻어 만들어졌으나 일반적 회의에도 적용 가능한 기법이었다. 처음 이런 식으로 일하기 시작한 1972년 이래로 나는 사고와 집단 작업을 변혁시키는 시각화의 위력에 심취해 있었다. 나는 집단이 대화형 이미지를 구어와 마찬가지로 유쾌하고도 융통성 있게 활용하기 위한 가능한 모든 방법들을 실험해봤다.

수석 컨설턴트인 래니 라일리Ranny Riley에게 애플 프로젝트에 참여해줄 것을 요청받았을 때 나는 너무나도 기뻤다. 그리하여 바로 내가 이러한 시각적 환경 조성을 주도한 것이다. 나는 디자인 팀의 작업을, 또한 참가자들과 함께한 개방적이고 상호적인 회의를 시각적으로 보조했으며, 그림 일정표, 형상적 이미지, 그리고 참가자들에게 주요한 깨달음의 장이 될 몇몇 핵심적 비전 수립 활동을 통해 참가자들이 지향성을 잃지 않고 프로그램에 임하도록 도왔다. 이와 같은 요소에 특히 초점을 맞춰 이야기를 계속해보자.

회의를 위한 그래픽 사용자 인터페이스

나는 당시 애플이 컴퓨터용으로 개발하고 있던 것만큼이나 쓰기 쉽고 매력적인 '그래픽 사용자 인터페이스'를 구축해 이 워크숍에 활용하는 아이디어에 고무되었다. 그렇게 우리가 만들어낸 것은 마치 시각 예술 작품의 프레임과 같이 작동했다. 그것은 현재 진행되고 있는 일을 올바르게 이해하는 방향으로 감상자를 이끄는 역할을 하되, 그 자신이 그림을 채우진 않았다. 이 프레임들은 경우에 따라 비유 그 자체이기도, 또는 실질적인 그래픽 템플릿이나 뼈대이기도 했다. 우리는 참가자들 스스로가 가능한 한 많이 물리적이고 시각적인 일을 함으로써 이곳에서 배운 바를 체화시키기를 원했다.

참가자들에게 조별로 베이스캠프를 짓도록 함으로써, 우리는 일찌감치 참여 단계로 접어들었다(2부에서 이러한 종류의 아이디어에 대해 다른 제안사항들을 곁들여 좀 더 자세히 설명할 것이다). '캠프'의 구축이 완료되고 모든 이들이 이른 저녁 식사 시간을 갖게 되자마자, 래니는 내가 회의실 벽에 설치한 거대한 그림 일정표를 이용해 향후 1주일에 대한 안내 시간을 가졌다. 나는 평범한 마스킹 테이프로 산맥을 만들고, 하루하루 제 각각의 행사를 나타내는 조그만 그림들을 등산로를 따라 붙여 각 조의 베이스캠프를 형상화했다. 등산로는 궁극적으로 정상으로 이어져 있는데, 그곳에 우리는 이번 탐험의 중요 목적을 분명히 드러내는 문구를 박아두었다. 리더십 문화를 정착시킴으로써, '애플에서 놀라운 일을 일으키자.'는 대형 일정표상의 그림은 참가자들에게 나눠준 유인물상의 그것과 일치했다.

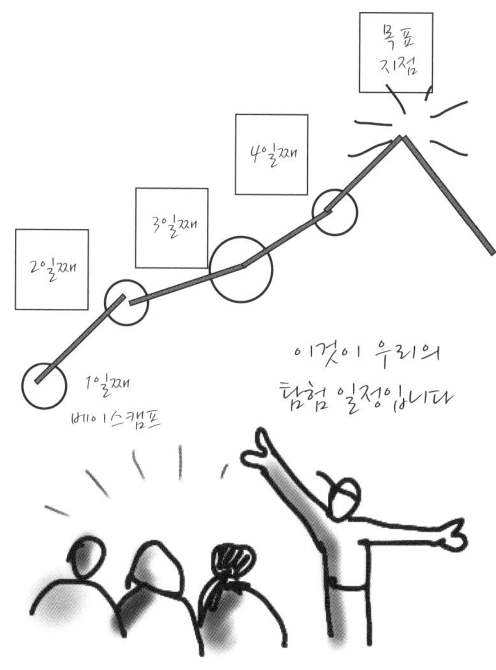

그림 일정표

애플 리더십 체험 프로그램에서 우리는 벽 위에 마스킹 테이프와 하루하루를 나타내는 조그만 그림들을 이용해 등산로처럼 보이는 거대한 일정표를 제작했다.

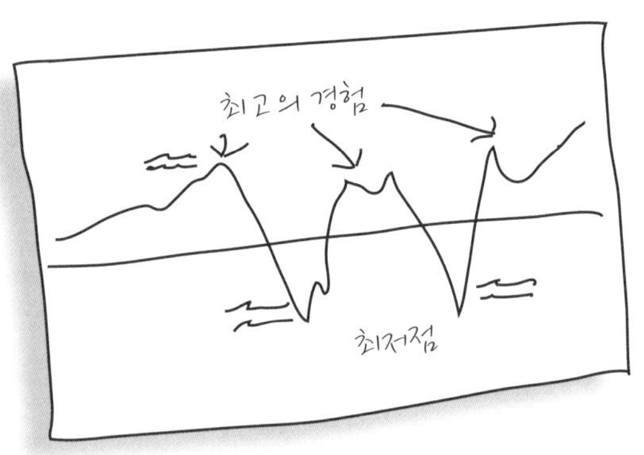

1. 종이 위에 수평선을 하나 긋고, 연도를 표시한다.

2. 직관을 동원해, 첫 직장 생활을 시작했던 때로부터의 경력 부침을 선으로 나타낸다.

3. 처음으로 돌아가서 골짜기와 봉우리마다 이름을 붙인다.

4. 완성된 그림을 파트너와 공유하고, 각자 깨달은 바를 논의한다.

이 오리엔테이션은 리더십 원정대의 일정 전반에 걸친 시각적 보조를 위해 우리가 준비한 것 중 단지 시작에 불과했다. 이 밖에 우리가 마련해둔 시각적 요소로는 다음과 같은 것들이 있었다.

- 여태까지의 경력을 시각화하기
- 논의 내용을 그림으로 기록하기
- 플립 차트(괘도) 그리는 법에 대한 간단한 강의
- 각자 일터로 돌아갔을 때의 소속 팀을 위한 비전 준비하기
- 각자의 비전을 발표하고 비평하기
- 끝맺음의 의미로 이번 프로그램에 대한 슬라이드쇼 제작하기

이 과정 중 특별히 그림 그리는 재주를 요하는 것은 하나도 없었으나, 참가자들로 하여금 이미지를 사용함으로써 적절히 주의를 집중하도록 이끄는 데엔 충분했다. 간단한 화상imagery과 비유가 어떻게 그토록 강력한 영향을 미칠 수 있는 것일까? 하나씩 자세히 뜯어보며 비밀을 파헤쳐보자.

봉우리와 골짜기 그리기

리더십 원정대의 두 번째 날, 모든 참가자들은 자신의 경력을 다른 관점에서 조망해보는 시간을 가졌다. 우리는 참가자들에게 '봉우리&골짜기 도표peak and valley diagram'라는 간단한 그림 형식을 이용해 각자가 여태까지 밟아온 경력을 나타내보도록 했다. 우선 종이 한 장을 준비해 수평선을 하나 긋고, 이를 인생의 좋을 때와 나쁠 때를 나타내는 기준으로 삼는다. 그리고 처음 일을 시작했을 때부터 지금까지의 경력 변천사를 선으로 쭉 표시한 뒤 나타나는 봉우리와 골짜기에 이름을 붙이는 것이다(옆에 있는 그리는 법을 참고하라.). 이는 미술적 재능이 전혀 없어도 할 수 있는 일이다. 우리는 2인 1조로 서로에게 자신의 경력 이야기를 해주며 이 그림을 공유하도록 했다. 나는 그날의 장 루이 가세Jean Louis Gassee를 여전히 기억한다. 애플의 마케팅 부서를 이끌고 있던 그 멋진 프랑스 남자는 파야로 던스 빌딩 전면의 현관에 앉아 티셔츠 차림의

파트너, 애플의 유능하고도 대담한 CFO 데비 콜맨^{Debbie Coleman}과 함께 우리가 내준 과제를 수행하고 있었다. 두 사람의 극명히 대조되는 성격에도 불구하고, 이 경험은 두 사람이 이후 재임 기간 대부분에 걸쳐 협력자로 지내게 된 계기가 되었다.

이 역사 그리기 시간은 이후 내가 관여한 총 여덟 번의 리더십 원정대에 모두 포함되었으며, 우리에게 훈련받아 뒤를 이은 애플 팀에 의해 주관된 수십 회의 프로그램에서도 마찬가지였다. 참가자들은 너나 할 것 없이 자신의 인생에서 일련의 연관 관계를 발견했고, 그로부터 연쇄적으로 넘쳐흐르는 통찰을 경험했다. 이 시간을 계기로, 그들은 하향세를 겪던 시기나 그들이 직면했던 도전 과제들이 종종 상향세 또는 최고조의 시기와 직접적인 연관이 있었음을 발견할 수 있었다. 그리고 나를 언제나 매혹시켰던 사실은, 그들의 인생이 직선적 성장사가 아닌 봉우리와 골짜기를 모두 갖는 이야기라는 지극히 단순한 관점의 변화로부터 이러한 통찰이 촉발된다는 점이었다. 인생에 대한 시각적 표현 틀을 바꾼 것만으로 그들의 인생관 변화를 이끌어낸 것이다! 이는 시각적 언어가 외견상의 모순을 해결하는 방식을 보여주는 좋은 예이기도 하다. 좋을 때와 나쁠 때를 서로 연결되지 않은 별개의 사건으로 놓고 본다면 인생이 일견 굉장히 모순된 것처럼 느껴지겠지만, 전체 인생을 봉우리와 골짜기로 이뤄진 일직선으로 표현해보면 인생이란 것이 서로 깊이 얽혀 있는 사건들의 연속된 흐름이란 사실이 명백해지는 것이다. 여러분도 한번 시간을 내어 해보라!

비전 이야기

리더십 원정대의 하이라이트라고 할 수 있는 부분은 모든 참가자들로 하여금 프로그램이 끝난 뒤 일터로 돌아갔을 때의 자기 팀을 위한 비전을 수립하고 이를 팀원들과 나누는 일에 헌신토록 하는 순서였다. 이는 다음과 같은 단계로 진행되었다.

1. 마틴 루터 킹 박사^{Dr. Martin Luther King}의 '나는 꿈이 있습니다^{I Have a Dream}' 연설을 들으며 영감을 얻은 뒤, 흡인력 있는 비전의 특징을 파악한다.

인생이 직선적 성장사가 아닌 봉우리와 골짜기를 모두 갖는 이야기라는 지극히 단순한 관점의 변화로부터 이러한 통찰이 촉발된다는 점에 나는 언제나 매혹을 느꼈다.

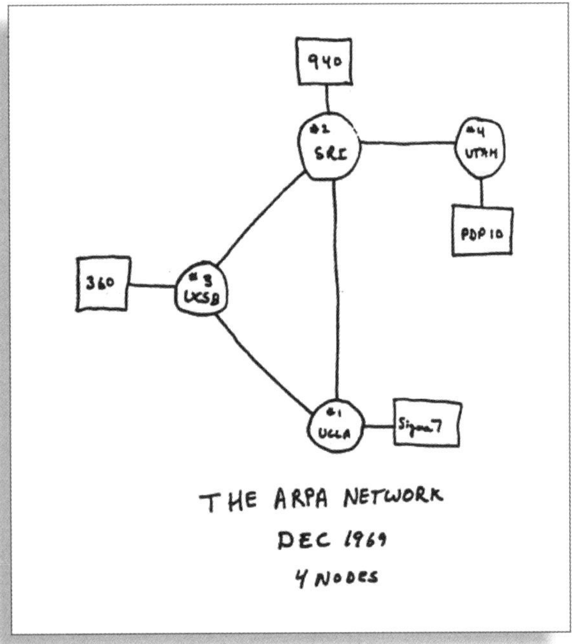

웹을 나타낸 최초의 그림

인터넷을 나타낸 이 최초의 그림은 도식적 사고의 예로서, 각
부분이 공간적인 배열 형태로 연결되어 있는 것을 볼 수 있다.
제 아무리 간단한 시스템이라도 작동 방식을 이해하고자 한다
면 시각화가 필요하다.

2. 각자의 팀을 위한 비전을 영화 형식으로 기술하고, 주요 요소들을 나타내는 스토리보드를 제작한다.

3. 진행 팀은 참가자들에게 간단한 상형문자를 이용해 플립 차트 그리는 법을 간략히 가르친다(다음 장에서 살
펴볼 내용이다.).

4. 각 참가자들은 자신의 실제 팀 역할을 할 소수 인원 앞에서 자신의 비전을 발표한다. 원한다면 플립 차트를
사용해 원활한 전달을 돕는다.

5. 무엇이 가장 흥미로웠으며, 또 어떤 부분에서 확신이 없어 보였는지에 관한 가짜 팀 멤버들의 날카로운 지
적을 받음으로써 자신의 비전을 좀 더 가다듬는다.

6. 각 참가자들의 비전 발표 현장을 녹화해, 해산 시에 나눠준다.

공동 준거 체계의 구축

리더십 원정대 내내 우리는 이야기 전달과 비전 제시에 특히 뛰어난 특별 연사들을 초청했다. 이 중 특히
자극제가 될 만했던 것은 아타리^{Atari}와 제록스^{Xerox}를 거쳐 애플로 건너온 선구적 사상가 앨런 케이^{Alan Kay}의
개회 프레젠테이션이었다. 최초의 개인용 랩톱 컴퓨터 다이너북^{Dynabook}을 구상하기도 했던 그는 우리 입
장에서 볼 때 이 프로그램의 참가자들이 지향해야 할 리더상의 살아있는 예라 할 수 있었다. 사실 화상과
시각적 사고에 대한 그의 관점은 애플 선임연구원으로서의 그의 위치와 맞물려 애플의 미래에 직접적인
영향을 미치고 있었다. 정규 교육을 받은 분자 생물학자로서, 또한 뛰어난 기량의 음악가이자 진짜 발명
가로서, 그의 관심 범위와 창의성은 실로 특출한 것이었다. 모든 이들이 그에게 주목했다. 참가자들은 우
리가 준비해놓은 모든 것들이 모두 무엇을 위한 것이고, 어떤 결과를 거둘 수 있는지에 대해 어느 정도 감
을 잡고 싶었을 것이다(이 책을 읽고 있는 여러분 또한 그러하리라 생각한다.).

"앞으로 만들어나갈 종류의 시스템에 우리는 아직 근접해 있지 못합니다." 앨런이 곧바로 운을 뗐다.
그는 현대의 컴퓨터를 직접적으로는 일련의 도구를 통해 작동하며 간접적으로는 에이전트 프로그램^{Agents}
과 네트워크를 통해 작동하는 증폭기에 빗대어 묘사했다(소셜 네트워킹의 개념이 등장하기 한참 전의 일이다.).
"이것은 보는 이의 환상을 직접적으로 다룰 수 있는 아키텍처^{Architecture}입니다."

우리는 환각 속에 산다

"우리 모두는 스스로가 고안해낸 환각 속에 살고 있습니다." 앨런은 이렇게 주장했다. 인간은 자신이 아는 바를 자신이 관찰하고 있는 것 위에 투영하기 마련이라고 그는 설명했다. 우리는 '끊임없이 재생산되는 꿈'을 꾸고 있는 것이다. 이러한 이유로 "관점엔 IQ 점수 80만큼의 가치가 있는 것"이라고 그는 결론을 내렸다. 이 말을 통해 그가 의미하는 바는, 여러분이 사물을 보는 방식이(말 그대로 '보는' 것 말이다.) 그것으로부터 여러분이 얼마만큼의 정보와 통찰을 얻어낼 수 있는가에, 또한 여러분이 얼마나 영리해질 수 있는가에 직접적으로 영향을 미친다는 것이다. 그것도 IQ 점수 80만큼이라 상징화될 수 있을 만큼 매우 큰 영향 말이다. 이때 앨런이 IQ 점수로 비유를 든 것은 그저 IQ가 지적 능력의 한 상징이어서일 뿐이지, IQ 테스트가 오늘날 알려져 있는 모든 다양한 형태의 지적 능력에 대한 진정한 척도임을 주장하려 한 것은 아니라고 나는 확신하고 있다. 하지만 시각화가 여러분을, 나아가서는 집단 전체를 영리하게 만들어준다는 게 사실일까? 나의 경험과 연구 결과를 바탕으로 말하자면, 답은 '그렇다.'는 쪽이다.

> 관점엔 IQ 점수 80만큼의 가치가 있다.
>
> 앨런 케이

우리의 관점과 과제 지향이 시각적 사고를 인도한다

뉴 햄프셔 대학University of New Hampshire 산하 데이터 시각화 연구실Data Vizualization Research Lab의 책임자인 콜린 웨어Colin Ware의 연구 결과는 앨런의 주장을 뒷받침한다. 웨어와 그의 동료들은 '시선 추적기'라는 장비를 개발해, 이것을 머리에 착용한 피실험자가 복잡한 정보의 장에서 어떻게 패턴을 감지하는지 정확히 관찰할 수 있었다. 연구진은 피실험자에게 「포춘Fortune」지 선정 500대 기업을 나타내는 점들로 이뤄진 행렬을 보여주며, 동일한 이사회 멤버를 매개로 연결된 두 회사를 찾아내도록 했다. 한 점을 클릭하면 그 회사의 이사진 명단이 나타난다. 이보다 어려운 과제를 받은 참가자들의 경우엔 운송 부문 회사 중 가장 많이 금융 분야 회사들과 연결된 회사를 찾아내어야 했다.

웨어와 그의 연구 팀은 모든 피실험자들이 주어진 과제를 처리함에 있어 공통적인 과정을 겪는다는 사실을 발견했다(이는 이 책의 내용 전개 과정과 상당 부분 부합한다.).

1. 우선 해결해야 할 문제를 떠올리며 과제를 확실히 인지한다.

2. 여러 점들을 클릭해보며 패턴을 찾는다.

3. 정보 덩어리들을 머릿속에 저장한다.

4. 그리고 연결 관계의 패턴을 발견한다.

연구진은 사람들이 한 번에 유지할 수 있는 시각 기억의 한계는 두 개 혹은 세 개의 정보 덩어리 정도라서, 과제를 해결하기 위해선 많이 클릭하고 탐색해야 한다는 사실을 발견했다(실제로 동작하는 디스플레이를 두는 것이 시각적 사고에 그토록 효과적인 이유가 여기에 있다.). 피실험자들은 일반적으로 초당 3회 정도 꼴로 눈을 움직이고 있었다. 패턴 발견에 성공하는 것은 그들의 하향적 과제 지향을 시각적 탐색으로부터 오는 상향적 자극과 연결시킨 결과였다.

웨어는 우리의 과제 지향이 우리가 사물을 보는 방식을 말 그대로 이끌어간다는 확신을 가졌다. 연결되는 패턴을 탐색하는 과정에서 우리는 대뇌 피질의 층을 거슬러 오른다. 패턴 발견의 가장 기초적 단계는 수직선이나 수평선, 대각선, 점 등의 기본적인 시각 자료를 인식하는 것이다. 그다음 단계는 등고선과 선을 인지하며 경계와 유사성을 찾는 것이다. 이제 선과 형태 모두를 본다. 그리곤 이러한 패턴들이 주어진 과제의 요점에 관계가 있는지 여부를 평가한다. 아마도 이보다 더 고차원적 단계에선 가치 평가 같은 것을 하기 시작할 것이다.

웨어의 연구는 회의에서의 내 경험을 뒷받침한다. 사람들은 여러 가지 방법으로 자신이 추구하는 바를 본다. 명시적인 것이든 상상 속에 존재하는 것이든, 우선 목적과 결과를 염두에 두고 일에 착수한 뒤에야 해결책을 모색하기 위한 탐험 및 조사 단계로 넘어간다. 시각적 공간에서 이는 훑어보기^{Scanning}를 수반하는 일이다. 제 각각의 정보 덩어리를 저장하고 군집화^{clustering}하는 과정에서 패턴이 보이기 시작하고, 마침내 패턴을 찾아내면 행동 단계로 넘어가는 것이다.

우리의 과제 지향(이라고 쓰고 '관점'이라고 읽는다.)은 우리가 사물을 보는 방식을 말 그대로 이끌어간다. 많은 경우 우리는 우리가 바라는 것을 본다.

시각화는 집단을 더 영리하게 만든다

시각과 관점의 중요성은 집단과 회의에도 적용된다. 만약 회의 참가자들이 하나의 공통된 목적을 공유하고 있다면, 더 효과적으로 일할 수 있다. 집단 구성원들이 각자의 서로 다른 사고 패턴을 확인할 수 있다면, 그들은 더 영리해질 것이다. 만약 그들이 함께 떠올려낸 아이디어들을 기억할 수 있다면, 그 집단의 생산성은 더 높아질 것이다.

이 책의 표지에 있는 작은 시각적 모델은 집단이 무엇이 가능한지 상상하는 단계에서 행동 단계로 이행하는 과정을 묘사하고 있다. 혹자는 이를 학습 주기Learning cycle라 부를 것이다. 또한 이는 웨어의 연구가 보여주는 바와 같이, 인간의 시각적 사고 과정에 나타나는 패턴이기도 하다. 각 단계에는 시각화 작업이 수반된다. 한 단계씩 차례로 살펴보며 각 단계마다 어떤 일이 가능한지 알아보자.

회의는 우리의 상상 속에서 시작된다

집단의 그 어떤 학습 과정이든 간에 첫 번째 단계는 어느 정도의 목적의식을 갖는 것이다. 이는 상상 속에서 벌어지는 일이다. 사람들은 어떤 회의에 참여할 때, 항상 이 회의가 무엇을 위한 것이어야 할지 상상하려 노력한다. 이는 회의 이전에 시작되는 현상이며, 이메일이나 다른 형태의 의사소통 수단에 의해 촉진된다. 이 단계에서 사람들은 그 모임을 통해 어떤 일이 일어날 수 있을지에 대한 개인적 상상의 나래를 펼치며, 경우에 따라선 그 모임에 얼마만큼을 투자하는 것이 좋을지 가늠해보기도 한다. 우리의 과업이 무엇일지에 대해 우리가 상상하는 바가 곧 우리의 인지 체계를 규정한다.

이러한 대화를 사람들이 함께 나눌 수 있도록 하면 매우 유익한데, 적절한 화상은 이를 위한 좋은 수단이 된다. 이는 누구나 회의의 목적을 투영해볼 수 있는 시각 공간을 제공한다. 바쁠 때 특히 유용할 것이다. 만약 사람들이 혼란을 느끼거나 생산적인 회의가 될 것이란 상상을 그다지 하지 못한다면, 알찬 회의를 이끌어가기란 훨씬 힘들 것이다.

목적을 상상하는 것은 머릿속 사적인 영역에서 일어나는 일이다. 거기서 여러분은 그림이나 단어, 감정

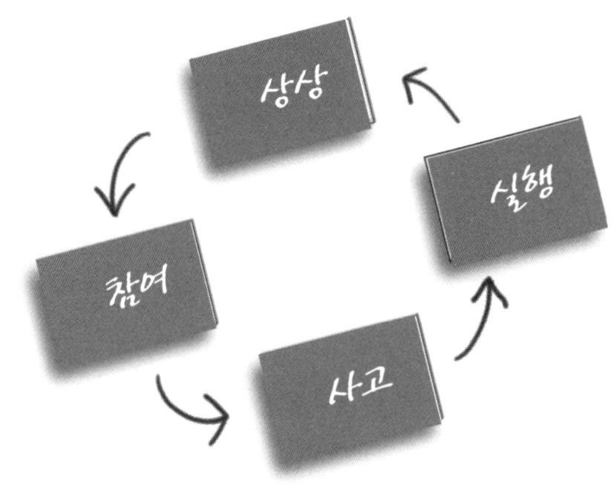

학습 주기

새로운 개념을 습득하는 과정에서 집단과 개인은 예측 가능한 주기를 따라 움직인다. 학습은 과제에 대한 초점과 목적을 염두에 둔 상상으로 시작해 탐험과 참여의 단계를 지나 사고와 패턴 탐색으로, 그리고 마지막으로 결정과 실행 및 적용 단계로 이어진다. 이 단계들은 인간의 인지작용을 구성하는 직관 · 느낌 · 사고 · 감지 모두를 통합한다.

간단한 시각화가 회의 참가자들의 회의 목적에 대한 이해를 돕는 데 그토록 중요하게 작용할 수 있다는 것은 참 놀라운 일이다. 아래는 여러분이 실천할 수 있는 몇 가지 일들의 예다.

1. 눈길을 끄는 제목과 간단한 그림으로 구성된 포스터를 복도에 붙여 놓아 사람들이 회의실에 들어오기 전부터 회의에 대한 기대감으로 들뜨도록 만든다.

2. 커다란 종이를 준비해 참가자들이 그림 출석 체크를 하도록 하고, 곧 시작될 회의에서 가장 부각될 쟁점이나 긴박한 의문이 무엇이라 생각하는지 나타내도록 한다.

3. 회의의 이름을 큰 현수막 같은 것에 새겨 회의 동안 걸어둔다. 이름이 회의의 목적을 가리킨다면 이상적일 것이다.

4. 회의 일정을 그림으로 나타내어 걸어둠으로써 모든 참가자들이 일정에 맞춰 회의에 임할 수 있도록 한다.

5. 다음 해에 성취하고자 희망하는 결과를 나타낸 그림 점수판을 만들어 회의 내내 회의실 높이 걸어둔다.

혹은 이들의 조합을 이용해 거의 모든 것을 자유롭게 떠올릴 수 있다. 우리의 뇌는 홀로데크holodeck의 축소판과 같아서, 고도로 풍부한 표현이 가능하다. 경험해본 일이나 노출된 적 있는 것이 아니면 어느 정도 표현에 제약이 있긴 하지만, 우리에겐 기억을 재조합해 전적으로 상상의 산물인 새로운 패턴을 창조할 수 있는 능력이 있기에 큰 문제는 되지 않는다.

내 경험상, 회의의 목적과 목표를 시각화하는 것은 효과적인 회의를 만들기 위해 여러분이 할 수 있는 가장 유용한 일 중 하나다. 사람들이 기대하는 바와 바라는 결과에 대해 일찍감치 이야기하도록 유도하는 것은 더더욱 효과적이다. 사람들은 자유롭게 자신이 원하는 것을 무엇이든 상상할 수 있으며, 실제로 종종 그렇게 하기 때문에 여기에 시간을 할애하는 것은 집단의 지혜를 한곳에 모으기 위한 첫 번째 단계가 된다. 생각을 통제할 수는 없지만, 인도하는 것은 가능하다. 바로 이러한 이유로 비주얼 미팅에 대한 각자의 실제 경험과 연결 짓거나, 실제 있었던 이야기나 그림 등을 사용해 상상력을 촉진시키는 게 그토록 중요한 것이다. 앞에서 이야기한 애플 리더십 프로그램의 경우를 생각해보면, 회의실 장식이나 그래픽 일정표와 같은 시각 자료들 모두가 참가자들의 상상을 유도하는 틀로서 기능했음을 알 수 있다.

자신이 주관할 회의를 앞둔 한 동료가 내게 그 회의를 어떻게 준비할 것인지 설명해준 적이 있다. 그녀는 분필로 만든 매우 추상적인 패턴을 활용해 내게 그 모임의 목적을 설명해주었다. 그녀는 그 패턴을 회의 시작과 함께 참가자들에게 보여주며, 무엇이 보이는지 함께 이야기를 나눠보자고 제안했다. 회의가 시작되자마자 흥미로운 이야기들이 쏟아져 나왔음은 물론이다.

한번은 다른 동료와 함께 미 육군 장성들과의 회의를 이끈 적이 있었는데, 우리는 다양한 흥미로운 사진들을 바닥에 흩뿌려 놓고 참가자들에게 어떤 이유에서든 가장 눈길이 가는 사진을 집어들 것을 주문하는 것으로 회의를 시작했다. 그리고 우리를 포함한 전원은 원을 이루고 서서 자기 소개를 하고, 자신이 고른 사진에서 무엇을 떠올렸는지에 관한 이야기를 나눴다. 이 경우 역시, 사람들이 여태까진 아마 인정받지 못했을 자신의 생각을 공유하기 시작하자마자 활기 넘치는 회의가 되었다. 우리의 상상력은 물론이거니와, 알고 보면 의식이라는 것 역시도 참으로 신비로운 성질의 것이며, 종종 우리가 알고 있는 많은 것들과 연결되어 있다. 간단한 화상이 이를 끌어낼 수 있다.

그다음엔 참여해 탐구한다

회의의 실체적 부분은 사람들이 서로와 실질적으로 관계를 맺고 어떤 일이든 함께 해결하고자 힘을 합칠 때 시작된다. 이는 새로운 정보와 아이디어들을 이리저리 들춰보며 탐구하는 과정을 수반한다. 사실 어떠한 정보도 주어지지 않은 상태에선 그 누구라도 상황의 연결 관계를 파악하거나 패턴을 발견할 순 없는 것이다!

이러한 이유로 많은 회의들은 모든 참가자들이 화제에 대해 유사한 수준으로 익숙해지도록 만들기 위한 프레젠테이션과 개괄로 시작된다. 하지만 사람의 마음이란 그렇게 순순히 움직여지는 것이 아니다. 창의적이고 창조적인 사고를 고취시키기 위해선 정보 그 이상의 것을 제공할 필요가 있다. 다시 말해, 사람들이 주의를 집중하고, 희열을 느끼며, 정보나 관찰 사실 등 필요한 것이라면 무엇이든 공유하는 일에 실질적으로 참여하도록 이끌 수 있어야 한다는 것이다. 이 단계는 참가자들을 움직이게 하고, 직접적으로 관여케 하는 일이 전부를 차지한다.

미국에서 가장 도전적인 교육 이론가 중 한 사람이었던 존 듀이[John Dewey]는 발견에 기반을 둔 교육 방식이 최대치의 학습 성과를 거둘 것이라 믿었다. 8년간에 걸쳐 공공 업무 부문의 젊은 지도자들을 위한 발견 기반 교육 프로그램을 고안하고 이끌어본 결과, 나 또한 같은 믿음을 갖게 되었다.

분명히 단언할 수 있는 사실은, 이야기하며 스스로를 표현할 기회를 참가자들에게 주는 한편 커다란 종이에 그들이 하는 말을 쓰고 그림으로써 여러분이 그들의 이야기를 정말로 듣고 있다는 사실을 보여주면 회의에 대한 그들의 관심과 참여도가 급증한다는 것이다. 이러한 유형의 그림 필기법은 예외 없이 효력을 발휘하기에 널리 퍼지고 있다. 이 방법은 딱히 글씨를 예쁘게 쓰거나 그림을 잘 그려야만 효과적인 것이 아니며, 중요한 것은 누군가가 자신의 말에 귀를 기울이는 경험을 선사한다는 점이라고 나는 확신한다. 어쩌면 사람들은 그들이 드러내는 것보다도 훨씬 인정에 굶주려 있는 것이 아닐까. 이 사실을 이해했다면, 여러분은 이 책의 가장 중요한 메시지 중 하나를 앞으로도 계속 염두에 둔 채 일할 수 있을 것이다.

이 주제에 관해 내가 처음으로 쓴 책의 제목은 『당신이 무슨 말을 하는지 보여요! 그룹 그래픽스 실전 가이드북 See What You Mean! A Workbook Guide to Group Graphics』이었다. 이 흔한 문구는 대상을 시각적으로 이해하게 된

분명히 단언할 수 있는 사실은 여러분이 참가자들의 이야기를 경청하기 시작하자마자, 특히 그들이 하는 말을 쓰고 그리며 그들의 말에 귀를 기울이면 회의에 대한 그들의 관심과 참여도가 급증한다는 것이다.

다는 것에 대해 사람들이 떠올리는 느낌, 즉 대상과 접해 관계를 맺고 능동적으로 참여하게 되는 그 느낌을 나타낸다. 이는 한 집단의 초기 단계에서 성취할 수 있는 가장 중요한 결과다.

시각적 패턴 탐색은 상당한 사고 활동이다

활용할 수 있는 정보가 충분하다고 느껴지면, 회의 참가자들은 각자의 목적에 관련된 핵심적 패턴을 찾아내는 데 초점을 맞추기 시작한다. 혹자는 이를 분석 단계 혹은 상황 파악 단계라 부를 것이다. 사고란 대상을 설명하는 연관 관계를 탐색하고, 문제를 해결하며, 원리를 밝혀내고, 결정을 위한 기준을 수립하는 과정이다. 각자가 기대하는 바에 대한 의견을 모으는 동안 "상자 밖으로 나와 생각해보자."는 이야기가 나오는 회의에 참여해본 적이 많을 것이다. 이 상자란 곧 우리의 마음이 정보를 대함에 있어 항상 같은 길을 따르게 만드는 바퀴 자국과 같은 것이다. 하지만 비주얼 미팅을 통해 일하기 시작하면, 디스플레이나 지도, 도표를 만들고 그림으로 기록하는 등의 모든 작업이 우리가 볼 수 있는 것과 볼 수 없는 것 모두를 다양한 방향으로 변화시킨다는 사실을 발견하게 될 것이다. 이러한 도구가 없다면, 고도로 복잡한 주제에 대한 집단의 사고는 크게 제약될 것이다.

시각적 패턴이 여러분의 사고를 얼마나 촉진할 수 있는지 알고 싶을 때 해볼 수 있는 간단한 실험이 있다. 다음 페이지에 여러분이 쉽게 따라 할 수 있는 콩 실험을 설명해두었다. 대략 접시에 콩을 올려놓고, 피실험자에게 아주 잠깐 동안 접시를 볼 시간을 준 뒤 콩을 몇 개나 셀 수 있는지 보는 식의 실험이다. 대부분의 사람들은 여섯 개나 일곱 개를 넘어가면 정확히 세지 못하지만, 콩이 어떤 시각적 패턴을 따라 놓여져 있으면 이야기가 달라진다. 이러한 결과를 보고 나면 정보를 전시하듯 진열하는 것이 두세 개 이상의 복잡한 것들을 고려하기 위한 필수적이고도 강력한 도구라는 사실이 납득될 것이다.

나는 이른바 '시스템 차원의 사고'라는 것이 시각화 없인 불가능하다는 내 경험으로부터 그 사실을 납득할 수 있었다. 10장에서 이를 자세히 다룰 것인데, 일단 지금은 상식적인 수준에서 생각해보자. 이를테면 어떤 레스토랑의 운영 과정이나 여러분의 사업을 발전시킬 방안, 혹은 어떤 마케팅 문제의 해결책 등과 같이 한 번에 전체를 체험할 수 없는 대상을 이해하고자 한다면, 여러분은 서로 다른 상황에서 터득한 각각의 정보 조각들을 연결할 수 있어야 한다. 이들이 어떻게 연결될 수 있으며 어떤 식으로 연관되어 있는지에 대해 생각해보고 싶다면, 늘어놓고 살펴볼 필요가 있을 것이다. 이는 전적으로 여러분의 두뇌 속에서, 상상 속에서 해도 상관없는 일이지만, 이를 나눔으로써 전체 집단이 동일한 아이디어를 공유하도록 하고 싶다면 결국 일종의 시각적 전시물을 만들게 될 것이다.

　이러한 발상은 내게 이제 너무나도 명백한 사실이라, 때때로 나는 왜 사람들이 남이 정리해 발표하는 내용을 듣는 것을 유용한 학습법이라 생각하는지가 잘 이해되지 않는다. 나라면 차라리 사람들을 디스플레이 제작에 참여시킴으로써, 그들 스스로가 정보에 내재된 패턴을 발견할 수 있도록 하겠다. 그런 식으로 배운 내용은 오래 기억에 남는다. 바로 이것이 시각적 사고의 본질이다. 교사들이 어떤 개념을 설명할 때 칠판에 중간 단계를 기입하며 논의를 전개하는 것 또한 이러한 이유에서다.

비전을 행동에 옮기기

대부분의 회의에 있어 가장 중요한 것은 그 회의가 일을 진행시키고 결과를 얻는 데 기여하도록 이끌어가야 한다는 것이다. 이 단계에 접어들면 시각화는 활동이 시간에 따라 어떻게 진행되는지 보기 위한 길잡이로서 중요한 역할을 하게 된다. 로드맵Roadmaps이나 행동 지침Game plans, 대시보드Dashboards, 프로세스 맵Progress maps, 케이스cases 등은 모두 시간에 따라 진행되는 활동을 보여주며 계획 이행에 관한 고려를 도와주는 시각화의 예다. 나는 시각화를 통한 계획 실행이 시뮬레이션의 위력을 활용할 수 있는 방안이라 생각한다. 앞서 살펴본 골짜기&봉우리 도표가 인생에 대한 새로운 관점을 제시함으로써 통찰을 촉발했듯이, 시각화는 계획 이행 과정에 대한 개념적 원형을 제공함으로써 원활한 계획 실행을 도울 수 있다. 이러한 유형의 시각화에 요구되는 도구와 기법 역시 그림 그리는 능력이 아닌, 지도와 도표를 제작하는 일련의 과정이다. 만약 한 집단이 행동에 돌입할 준비가 된 시점에서 활동 계획 수립에 참여할 수 있다면, 그 팀이 주인의식을 갖고 계획 완수에 만전을 기할 확률은 그저 주어진 실행 계획을 받은 경우보다 몇 배나 더 높다. 15장에서 20

콩 세기 실험

인간의 두뇌가 복잡한 내용을 다루는 방식을 알아보기 위해 콩 한 접시로 할 수 있는 간단한 실험을 수행해보자.

1. 콩 네다섯 개 정도를 무작위로 접시 위에 올려두고, 접시를 높게 들어 피실험자에게 보이지 않게 한다.

2. 접시를 아래로 내렸다가 잽싸게 들어올려, 피실험자에게 접시를 한 번 힐끗 볼 기회를 준다. 콩 네다섯 개 정도면 어떤 사람이든 콩이 총 몇 개 있는지 즉시 알 것이다.

3. 이제 여덟 개 내지 아홉 개 정도의 콩을 접시 위에 올리고 실험을 하면, 사람마다 제각각 다른 대답이 나올 것이다. 누구는 일곱 개라 대답할 것이고, 또 다른 누군가는 여덟 개, 아니면 그 이상이라 대답하는 식이다. 인간의 뇌는 한 번에 6~7비트 이상의 정보를 처리할 수 없다.

4. 이젠 콩을 몇 덩어리로 나누어 놓는다. 이를테면 한 덩어리당 콩 네 개씩으로 말이다. 그렇게 하면 피실험자는 16개나 20개의 콩을 둬도 한 번에 개수를 맞출 것이다. 개요를 두고 각 단계마다 5~7개의 카테고리를 두는 관례는 이러한 시각 인지의 특성에 기인한 것이다.

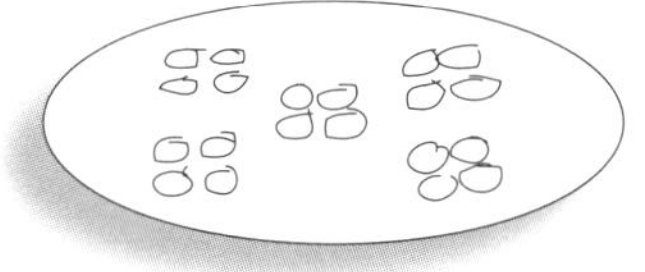

장에 걸쳐 의사결정과 프로젝트 관리, 활동 계획 수립, 그리고 여타 형태의 계획 이행을 위한 시각적 도구들을 살펴볼 것이다.

도표는 어떤 일의 진행 과정을 추적할 수 있는 수단을 제공한다. 우리가 진행한 그래픽 퍼실리테이션graphic facilitation 워크숍에 참여했던 벡텔Bechtel Corporation의 한 엔지니어가 있었는데, 워크숍 동안 그는 이 페이지 옆에 그려진 것과 비슷한 프로젝트 활동 계획도를 만드는 체험을 했다. 그는 잔뜩 들뜬 채로 회사에 돌아가선, 매주마다 직접 그린 작은 그림을 복사해 팀원들에게 나눠준 뒤 형광펜을 사용해 어느 부분이 완료되었는지 보여주었다. 그의 그림은 매우 단순하고 세련되지 않은 것이었지만, 바로 그 이유로 인해 여타 의사소통 수단보다 더욱 효과를 발휘했다. 마치 자선기금 모금 시 종종 사용되는 온도계 그림과 같은 역할을 한 것이다!

계획의 실행에 있어 가장 중요한 것은 사람들로 하여금 어떤 일을 하기로 합의했는지 기억하도록 하는 것과, 그 기억을 되살릴 문서들을 다시 찾아볼 수 있도록 하는 것이다. 인터랙션 어소시에이츠Interaction Associates에서 집단을 위한 그림 기록법을 처음 배웠을 때, 내가 흥미를 느꼈던 것은 그곳 사람들이 플립 차트를 '집단 기억 장치'라 부르는 점이었다. 그들의 주장에 의하면, 그리고 나 또한 경험으로 말미암아 동의하는 바에 따르면 한 집단은 자신들의 작업이 기록된 것을 볼 때 그 일이 유효한 것이었다는 믿음이 커지는 것을 느끼며, 기록된 차트를 집단 기억 장치로 활용하게 된다. 우리가 회의에서 어떤 일을 하기로 약속했는지 기억하는 것은 이행 단계에 있어 매우 중요한 요소이기에, 기억 유지 정도를 향상시키기 위한 어떤 투자든 간에 더 높은 생산성으로 직접 이어진다는 것이 내 생각이다.

현대 컴퓨터의 또 다른 전설적 선구자 중 한 사람인 더글러스 엥겔바트Douglas C. Englebart(마우스, 윈도우, 하이퍼텍스트를 발명함)는 1970년대에 스탠포드 연구소Stanford Research Institute에서 연구 팀을 이끌며 인간 지성을 향상시킬 방안을 모색했다. 그 팀의 일원이었던 제프 볼Geoff Ball은 명시적 집단 기억Explicit Group Memory에 관한 짤막한 미발표 논문을 남겼다. 이 논문에서 그는, 그와 다른 팀원들이 탐구한 모든 아이디어들 중 집단 공동의 작업 디스플레이를 두는 것이 가장 극명한 효과를 나타냈다고 보고했다. 그들은 공용 컴퓨터 디스플레이가 미래인들의 필수 도구가 되리라 믿었다. 나는 디스플레이란 것이 어떤 형태든 사람들에게 보여

주기 위한 전시 틀의 역할을 할 수 있다면 상관없는 것으로 받아들였으며, 이로써 어째서 칠판이 교사에게 비장의 무기가 되는지를 제프의 논문을 통해 이해할 수 있었다.

빨리 감기

2008년 여름, 한 무리의 사람들이 시카고의 밀레니엄 파크^{Millennium Park}가 내려다보이는 건물에 모였다. 이는 매년 열리는 국제 시각화 기법 전문가 포럼^{International Forum of Visual Practitioners}의 15회 모임이었다. 이들은 시각화 작업, 즉 말 그대로 벽에 글씨를 쓰거나 그리는 일을 업으로 삼은 이들이었다. 이들 중 어떤 이들은 회의 및 발표 내용을 시각적으로 기록하는 그래픽 리코더였다. 다른 이들은 그래픽 템플릿과 화이트보드, 대화형 시각 미디어로 무장하고 사람들 앞에 서서 전략 및 혁신 세션을 이끄는 그래픽 퍼실리테이터^{graphic facilitator}였다. 일자리를 옮겨 자신의 기술을 실시간으로 듣기와 창조에 활용 중인 기존의 디자이너나 일러스트레이터들도 있었고, 교실에서 상호적으로 그래픽을 활용하고 있는 교사들도 있었다. 이제 갓 첫발을 들여놓은 코치나 컨설턴트들도 있었다.

    이러한 작업 방식의 선구자 중 한 사람으로서, 나는 '변화 관리를 위한 시각적 사고의 활용'이라는 세션에 참석해 참가자들을 도왔다. 내 세션을 포함해 모든 세션에선 애플에서의 나날 이래 현재 이 분야에서 어떤 일들이 벌어지고 있는지에 대한 상징 지도를 제공했다. 지금 하는 이야기들은, 우리의 작업 방식이 적어도 공연 예술의 어머니인 음악만큼이나 광범위하고 다각적이란 사실을 여러분이 발견하길 바라는 의미에서 하는 것이다. 여러분이 지금 당장 실천할 수 있는 간단한 일들이 아주 큰 영향을 미칠 수 있으며, 시각적 언어는 어느 정도의 연습을 거쳐 음성 언어의 수준으로 확장될 수 있다.

- 몇몇 세션에서 그룹 대화를 돕기 위해 사진이나 어떤 이미지를 불러일으키는 삽화를 활용하는 방안을 탐구했다. 한 세션에선 창조적 리더십 센터^{Center for Creative Leadership}의 비주얼 익스플로러 키트^{Visual Explorer kit}를 살

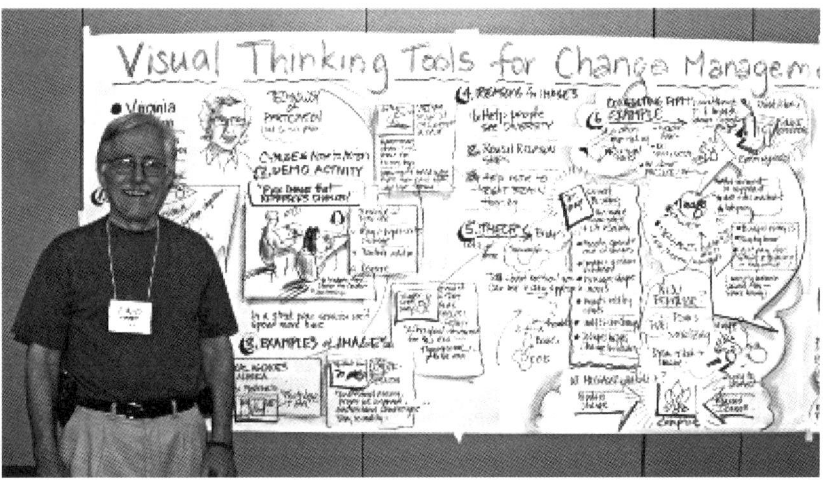

국제 시각화 기법 전문가 포럼에서의 기록
그래픽 리코딩(Graphic recording)이란 사람들이 말하는 동안 그림을 활용해 필기하는 것을 말한다. 사진에 나온 그림은 내가 버지니아 해밀턴(Virginia Hamilton)의 변화 관리에 관한 강연을 기록한 것이다.

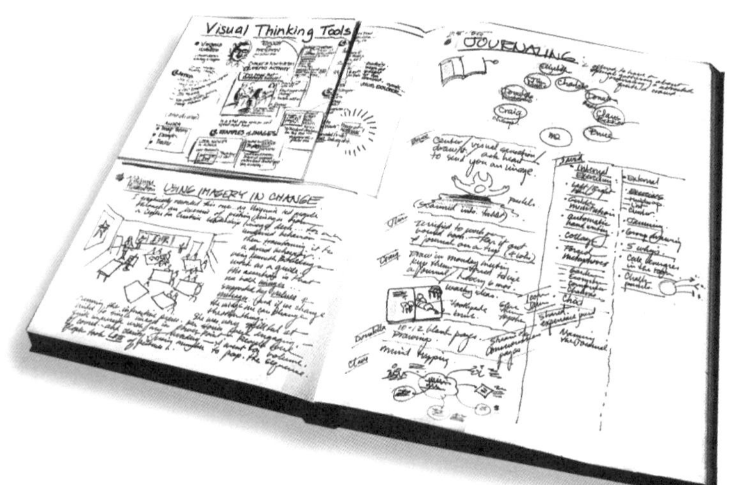

개인 노트 필기

이것은 국제 시각화 기법 전문가 포럼의 일기 쓰기 워크숍 동안 내가 쓴 것이다.

펴봤다.

- 덴마크에서 온 비거 픽처Bigger Picture 사의 올레 큐비스트 소렌슨Ole Qvist Sorenson은 자사의 시각적 방법론을 통해 여러 회사의 지속성 계획 수립과 유럽 전역에 걸친 부문간 회의를 지원했다. 그는 특별한 시각화 전문가 그룹을 채용해 2009년 가을에 열린 코펜하겐 환경 정상회담Copenhagen environmental summit의 시각화에 참여했다.
- 캘리포니아 노동력 개발 연구원California Workforce Development Institute의 대표인 버지니아 해밀턴Virginia Hamilton은 그림자 문제shadow problem와 정책을 설정하려는 공공 부문 집단 간의 갈등을 탐구하는 데에 이미지를 활용한 그녀의 경험을 함께 나누었다(그녀의 세션을 내가 기록한 결과물을 앞 페이지에 수록했다.).
- 존 워드John Ward는 운동감각성 모델링kinesthetic modeling에 관한 워크숍을 진행했다. 이는 계획 수립이나 다른 문제 해결 과정에서 점토와 모델링을 활용하는 것이다.
- 레지나 롤랜드Regina Rowland와 토미 나가이로스Tomi Nagai-Rothe, 줄리 게이스케Julie Geisike는 다문화 간 작업을 위한 시각화를 주제로 세션을 진행했다.
- 가상 회의에서의 시각화를 설명할 때, 여러 사람들이 직접 사용 중인 태블릿 컴퓨터를 가져와서 시연해 보였다.
- 나는 일기 쓰기에 관한 또 다른 세션을 통해 각자의 인생 여정을 반추하기 위한 일련의 시각화 및 쓰기 전략을 소개했다.

여태껏 비주얼 미팅이나 그래픽 퍼실리테이션, 스케치 노트, 시각적 기록, 이매지니어링Imagineering, 스토리보드, 시각적 듣기, 그룹 그래픽스, 그래픽 템플릿, 마인드 맵, 아이디어 맵 등의 용어를 들어본 적이 없더라도 좌절하지 말라. 혁명이 추진력을 얻기까지는 시간이 걸리는 법이기 때문이다. 수년에 걸쳐 퍼져나간 뒤에야 우리 눈에 보이도록 폭발하는 것이다.

2. 누구나 그림 언어를 알고 있다
펜으로 하는 바디 랭귀지

잠시 뒤 여러분은 아주 짜릿한 경험을 하게 될 것이다. 이는 여러분의 아주 어린 시절로 돌아가서 자신의 미술 재능에 대해 내렸던 결정을 되돌아보는 일에 달려 있다. 수년간 나는 워크숍에 참여한 이들에게 스스로가 그림을 잘 그린다고 생각하는 사람이 얼마나 되는지 질문을 던져왔다. 대개 20퍼센트 또는 그 미만의 사람들만이 손을 든다. 손을 들지 않은 이들 중 절반 가까이는 초등학교 2학년 이래로 그림을 그려 본 적이 없다고 응답한다. 여러분이 이런 축에 속하거나 스스로 그림을 잘 못 그린다고 믿고 있다면, 장담컨대 여러분은 이 책에서 다룰 그림과는 다른 종류의 것을 생각하고 있다. 예컨대 이 책에서 이야기하는 '그림'이란 말처럼 생긴 말 그림을 그릴 수 있는가 하는 문제와는 하등 상관이 없다는 이야기다. 이번 장이 제 역할을 한다면, 여러분은 어린 시절의 결정을 재고하게 되는 한편, 그림 친화적 인간으로 되돌아가기 위해 무슨 일을 해야 하는지 알게 될 것이다.

회의에서 사용되는 종류의 그림은 사진처럼 보이는 그림 같은 것이 아닌, 간단하고 보편적인 아이콘이나 몸짓에 뿌리를 둔 것이다. 만약 내가 여러분 앞에서 "몸짓 취하는 데에 별 문제는 없으시죠?"라고 질문한다면 여러분은 자연스레 손을 들어볼 것이다. 이때 여러분이 손에 펜을 들고 있고 벽 근처에 서 있다면, 내 눈에 여러분은 직선처럼 보일 것이다.

몸짓은 인간의 최초 언어 중 하나다

이 주제에 관한 내 첫 책은 『그래픽 퍼실리테이션: 시각적 듣기의 위력으로 집단 프로세스 변화시키기 Graphic Facilitation: Transforming Group Process with the Power of Visual Listening』였다. 다음은 전문 그래픽 리코더 Graphic recorder (활발한 토론을 유도하기 위해 회의실 벽면에 창의적인 삽화를 그리는 사람. 이들이 그린 삽화는 '그래픽 리코딩'이라 부른다. - 옮긴이)나 퍼실리테이터가 되고자 하는 이들을 위해 쓴 부분이다.

형용사

Graph · ic

1. 그림[회화, 조각]의
2. 눈 앞에 보는 것 같은, 생생한, 여실한
3. 그래픽 아트의

동의어 GRAPHIC, VIVID, PICTURESQUE, PICTORIAL은 단어에 분명한 시각적 인상을 주는 것을 의미. GRAPHIC은 명확하고 생동감 있는 심상을 불러일으키는 느낌을 강조함

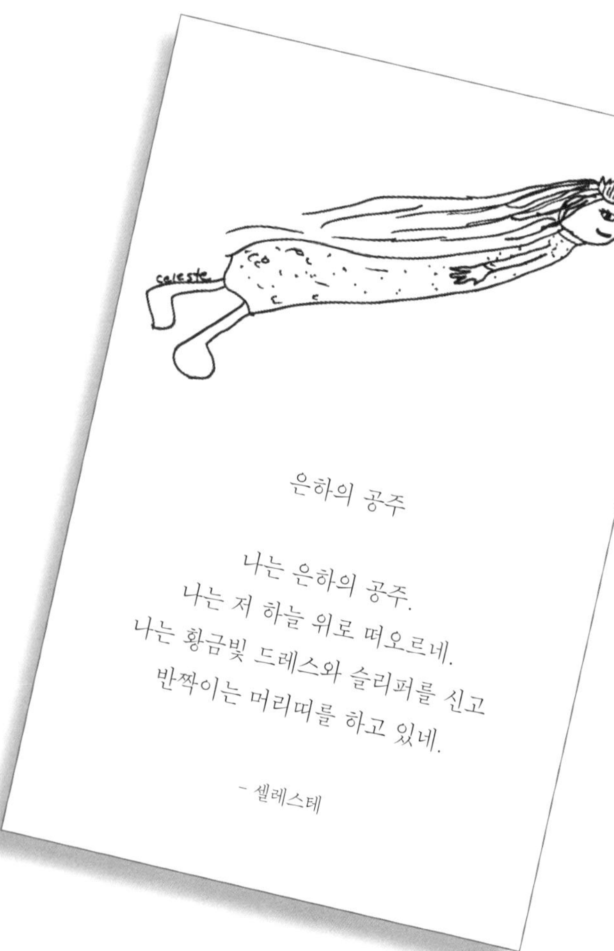

샌프란시스코에 사는 3학년 학생이 캘리포니아 학교 시인 모임(California Poets in the Schools)의 후원 하에 열린 세션에서 만든 작품이다.

'아기와 부모는 서로의 말을 이해할 수 있게 되기 한참 전부터 몸짓으로 의사소통한다. 우리는 가리키기, 손 흔들기, 붙잡기, 쥐기, 손 뻗기나 심지어 춤조차도 아주 어릴 때 시작한다. 표정 그 자체도 생생한 의사 표현이다. 인간의 얼굴엔 찌푸리기나 웃기, 또는 놀라움, 무관심, 걱정, 고도의 집중을 보이는 등의 모든 상태가 드러나며, 아기들은 이들 각각을 알아보는 법을 배운다. 사람이 감정을 표현하는 법은 보편적인 성질의 것이다. 웃음은 통한다! 바디 랭귀지는 평생에 걸쳐 이어진다. 비록 문화나 사람에 따라 대화에 손과 몸을 사용하는 정도에 차이는 존재하지만, 모든 사람은 몸짓의 시각적 상징을 통해 상호 소통한다. 여러분이 모르는 언어를 사용하는 나라에 방문해본 경험이 있다면 한번 떠올려보라. 아마 그때 여러분은 표정과 바디 랭귀지에 상당히 치중했을 것이다.'

대부분의 아이들은 그리기를 좋아한다

내 아내는 샌프란시스코 지역의 유치원생부터 12학년까지의 아이들에게 시를 가르치는 교사다. 그녀는 비교적 낮은 학년의 아이들을 좋아해서, 그녀의 학생들 중엔 아직 제대로 쓰는 법도 모르는 아이들도 많다. 하지만 그들 모두 그림 그리는 법은 아는 것 같다. 지난 수년간 그녀가 아이들이 쓴 시를 엮어 책을 만드는 것을 지켜보며, 나는 아이들의 그린 그림과 그 그림에 대해 쓴 시의 생생한 위력에 감탄해왔다. 여기 가져온 셀레스테Celeste란 아이의 작품은 아이들이 스스로를 표현하며 느끼는 마법의 순간을 잘 포착했다. 하지만 3학년이나 4학년쯤이 되면 그림에 변화가 찾아온다. 남자아이들은 작은 차와 기계들을 그리기 시작한다. 여자아이들이 그린 공주님은 잘게 곱슬진 머리칼을 나타내기 시작한다. 어째선지 사실적으로 그림을 그리는 것이 중요해지고, 그러지 않을 바엔 아예 상관없게 된다. 아마 그림 언어Graphic Language를 능숙하게 다룰 줄 아는지 물어보는 시험은 아무데도 없는 모양이다. 그러니 무시되는 거겠지… 물론 점점 많은 학교들이 유년기 창의성 표현의 중요성을 인식해 예외적 행보를 취하고 있는 것은 사실이다. 하지만 이는 일반적인 경우는 아니다.

만화가들이 2학년생처럼 그림 그리는 이유

많은 만화가들은 일부러 자신의 그림체를 천진난만하고 세련되지 않게 가다듬는다. 내가 종종 라이트 테이블 위에 놓인 내 아내의 책에서 볼 수 있는 것과 같이 말이다. 대부분의 인지 과학자들은 대뇌 피질이 구조적으로 내장된 패턴 인식 기능을 갖춘 기관이란 점에 동의한다. 그렇다면 인간의 뇌가 명확히 인식 가능한 그림보다는 살짝 애매모호한 그림에 의해 가장 활성화될 것이라고 추측하는 것이 논리적일 수 있다. 대부분의 사실적인 클립 아트가 그토록 지루한 이유가 여기에 있다고 나는 생각한다. 너무나도 빨리 알아볼 수 있기 때문이다. 내가 이 책에서 사용하고 있는 작은 그림과 만화들은 그것이 의미하는 바가 무엇인지 파악하는 과정에서 참여를 요구하기에 훨씬 더 흥미를 자극하게 된다.

앞에서 언급했던 내 친구 밥 혼[Bob Horn]은 1980년에 내 초기 워크숍 중 하나에 참여한 뒤 간단한 작은 그림이 더 관심을 끌기에 좋다는 전제를 완벽히 받아들였다. 그는 특별히 사실적으로 그림 그리는 재능을 갖고 있진 않지만, 단순하고 기발한 그림을 대담히 그릴 줄 아는 사람이다. 그의 기행록은 정말 멋지다! 그는 그리는 행위가 보기의 형태임을, 즉 행위자의 기억력과 이해력을 크게 증폭시키는 관찰의 한 유형임을 안다. 그는 또한 약간의 재간을 부려 그림을 그려낼 정도의 배짱만 있다면 충분히 청중의 관심을 한 몸에 받을 수 있다는 사실을 안다.

마음껏 그리기의 즐거움을 발견하라

원래 성인이 새로운 것을 습득하는 방식은 어린아이의 그것과 동일하다. 즉, 우선은 갖고 놀아본 뒤에 그 결과로부터 무슨 일이 벌어지고 있는지를 파악하는 것이다. 이것이 시행착오를 통한 학습의 본질이다. 발명가와 혁신가들은 시행착오를 포용하고 장려한다. 이는 이 책에서 상상, 참여, 사고, 실행이란 이름으로 설명된 일련의 과정이다. 학교에서의 경험에 의해 다소 상상력이 제약된 느낌이라면, 아이들과 잠시 즐거운 시간을 보내며 표현의 자유를 갖는다는 것이 어떤 것인지를 떠올려보라. '선 긋기'란 이름의 신나는 그림 놀이가 있다. 우선 아이에게 어떤 것이든 그려보게 한다. 아이가 다 그리고 나면 이제 여러분의 차례다. 아이의 그림에 어떤 형태든 상관없이 선을 하나 긋는다. 그다음엔 아이가 긋고, 다

선 긋기

어린 친구와 함께 해보라.

1. 흰 종이와 마커 또는 펜을 준비한다. 상대에게 어떤 종류의 선이든 그려보라고 설명한다.
2. 상대가 펜을 떼면 이제 여러분이 맘대로 선을 긋는다.
3. 다시 상대가 아무 선이나 긋는다.
4. 새로 시작하고 싶어질 때까지 계속한다.

시 여러분이 긋는다. 속도가 점점 걷잡을 수 없이 빨라질 것이다. 이는 선입견으로부터 벗어날 수 있는 훌륭한 실험이다.

빈 스케치북에 연습하기

그림 그리는 능력 되찾기를 시작하기 위한 실용적인 방법은 미술용품점에서 줄 없는 빈 스케치북을 하나 구입하는 것이다. 빈 페이지는 실험 정신과 유희의 장이 된다. 쉽게 다룰 수 있는 연필이나 펜, 또는 색칠용품이 있다면 한층 더 즐거워질 것이다. 여러분의 스케치북에 하는 낙서엔 아무도 신경을 쓰지 않을 것이니, 연습하기에 최적의 조건이라 할 수 있다. 마음껏 실수하라. 계속 가지고 놀아라. 이번 장에 소개된 연습 과제들을 따라 해보는 것이 좋은 시작 방법이 될 것이다.

시각을 동원해 일하기 시작하기 위한 한 가지 자연스러운 방법은 회의 동안 여러분만의 그림 회의 노트를 작성하는 것이다. 빈 일기장을 갖고 시각적 상상을 연습하기 위해 할 수 있는 몇 가지 일들을 다음 페이지에 소개한다.

훌륭한 초보용 일기 쓰기 활동

- **좌석 배치도 그리기**: 다음 회의에 들어가서 직접 해보길 바란다. 사람들이 모여 앉는 테이블을 천장 위에서 내려다본 모습으로 그리고, 사람들이 앉은 자리마다 작은 원을 그린 뒤 각자 소개할 때마다 원 안에 이름을 채워 넣는다. 이 간단한 활동만으로 한 회의의 내용과 참석자들의 이름을 기억하는 능력이 얼마나 증진되는지 깨닫고 놀라게 될 것이다.
- **글머리 기호 그리기 연습**: 여러 종류의 글머리 기호를 그려보라. 이 페이지에도 몇 가지 종류를 표시해두었으니 참고하라. 둥근 모양, 네모 모양, 별표 모양, 별 모양 등을 만들고 꾸준히 사용하라.
- **선과 테두리 활용하기**: 새끼 손가락을 연습장의 바깥 모서리를 따라 댄 채로 펜을 쥐어라. 그리고 손을 굳게 쥔 채로 천천히 펜을 아래로 당겨보라. 놀라울 정도로 곧은 일직선이 그려지는 것을 확인할 수 있을 것이다. 구불구불한 선과 점선도 그려보라. 글을 쓰며 서로 다른 부분엔 상자를 씌워 구분하라.

- **작은 사람 그려보기**: 사람을 그리는 방법엔 정말 여러 가지가 있다. 이 책에 그려진 여러 형태의 사람 그리는 법을 참고하고, 여러분 스스로도 한 번 만들어보라.
- **말풍선 활용하기**: 만화가들은 꼬리가 달린 작은 원을 이용해 대사를 나타내고, 구름 모양으론 생각을 나타낸다. 회의 중에 듣게 된 내용에 대해 든 생각을 기록할 때 구름 모양 말풍선 안에 넣거나, 노트의 여백에 써서 나중에 다시 찾아볼 수 있도록 하라.
- **다양한 형식으로 필기하기**: 한 번은 목록 형식으로 해보고, 다음 번엔 덩어리 형태나 도표 형태로 해보라. 다량의 정보를 몇 개의 그룹으로 나누고, 각 그룹마다 테두리를 표시하라.

핵심은 다양한 레이아웃을 실험하고 시도하는 것이다. 이런 식으로 정보를 갖고 노는 연습은 여러분의 표현력에 날개를 달아주는 효과가 있어, 나중에 이와 관련된 훈련을 더 쉽게 받을 수 있을 것이다. 3장에선 중요한 일들을 심사숙고하기 위한 자신과의 회의 과정에서 활용할 수 있는 좀 더 고난도의 연습 과제들을 만나볼 수 있다.

모든 그림은 기본 도형으로부터 만들어진다

시각적 집단 작업법을 처음 깨달은 1970년대에 나는 기본적 요소를 이해하는 일에 매혹되어 있었다. 피아노 연주자로서, 나는 8음계야말로 서로 다른 국경과 문화를 초월해 연주하는 음악가들의 능력을 진정으로 증진시킨 발명 중 하나라 생각했다. 8음계는 음을 체계화하는 유일한 방법은 아니지만, 매우 융통성 있는 방법이라 할 수 있다. 여기에 검은 건반이 더해짐으로써, 8음계 방식의 건반은 엄청난 실험과 즉흥 연주의 장이 되었다. 나는 시각적 언어 또한 이와 같이 유연한 매체가 될 수 있음을 알았다.

당시 내가 연구하고 있던 내용이 이 문제에 관한 내 첫 고민에 영향을 미쳤다. 그때 나는 과정에 대해 생각하는 다양한 방법을 연구하고 있었는데, 그중 한 방법으로 '가장 단순하고 근본적인 요소가 무엇인지' 물은 뒤 점점 복잡한 것으로 진행하는 방식이 있었던 것이다. 아마 시각적으로 할 수 있는 가장 단순한 일이라면 종이에 펜을 살포시 떨어뜨려 점을 하

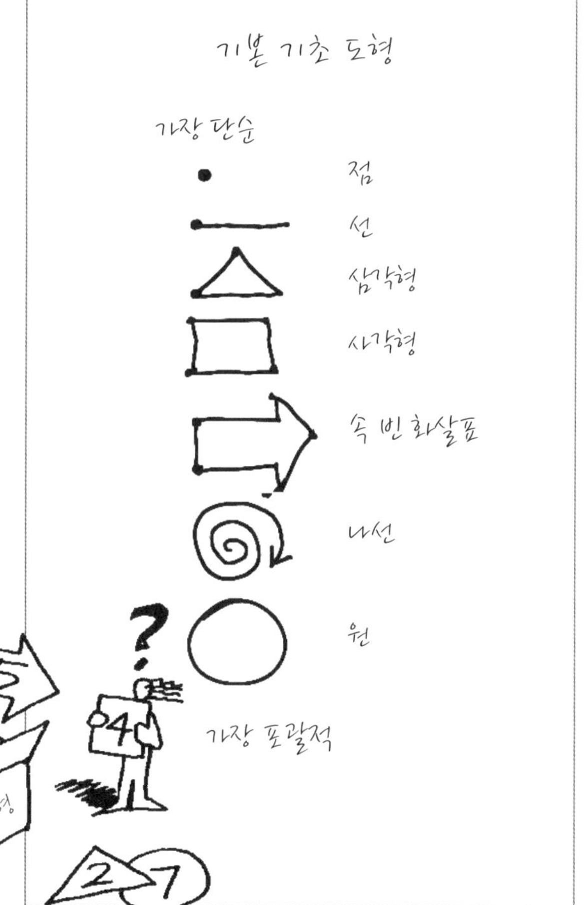

나 찍는 것이 아닐까. 그다음으로 단순한 건 펜을 움직여 선을 만드는 일, 그리고 선의 방향을 바꿔 삼각형과 같은 도형을 만드는 일일 것이다. 도형의 형태를 가다듬어 깔끔한 정사각형이나 직사각형을 만드는 일은 그다음으로 어려운 일이 될 것이고, 그러고 나서 사각형과 삼각형을 합치면 내가 '속 빈 화살표'라 이름 붙인 도형을 만들 수 있다. 약간의 연습을 통해 이 화살표를 나선형으로 만들 수 있고, 궁극적으론 꼬리에 꼬리를 물게 만듦으로써 원을 얻을 수 있다. 이제 원은 가장 그리기 어려운 도형이 아닌, 가장 포괄적인 것으로 보였다. 나는 이 일곱 개의 기본 도형을 도표 제작과 도해 제작을 위한 구성 요소로 삼았다. 어떤 형태의 그림이든 이 일곱 개의 도형으로 그릴 수 있었다.

나와 같은 방식으로 그림 그리는 법을 아이들에게 가르치고 있었던 모나 브룩스Mona Brookes란 이름의 미술 교사를 만났을 때 나는 정말 기뻤다. 그녀는 그림 그리는 과정 자체를 강조하는 대신, 모든 형태를 '점', '구름', '각', '상자', '선' 등의 몇몇 그룹으로 나누고 아이들에게 각 그룹을 구별하는 법을 가르쳤다. 그녀가 관찰한 바에 따르면, 이들 중 하나 혹은 둘의 그림을 그려보도록 하면 아이들은 무엇을 볼 때든 그 기본 도형들을 찾아내는 법을 터득한다. 그리고 얼마

떨어짐선(Drop Lines)

1. 종이 위에서 펜을 가볍게 쥐고, 종이에 새끼 손가락을 댄다.

2. 무거운 바위의 이미지를 분명히 떠올리며 선을 아래로 떨어뜨린다. 몸을 구부려 떨어지는 손을 따라간다.

3. 다음에 이 행위를 반복할 땐 어딘가 꼼지락거리는 등의 삐끗하는 움직임이 발생하진 않는지 유의하며, 떨어지는 행동 이외의 것이 되지 않도록 한다.

수평선(Horizon Lines)

1. 눈 앞의 종이가 바다 또는 평야가 내려다 보이는 창문이라 상상한다.

2. 수평선을 떠올린다.

3. 종이를 가로질러 수평선의 작은 부분을 그린다.

4. 반복한다. 몇 개는 눈을 감고 그려본다. 구불구불한 것도 몇 개 그려본다.

던짐선(Throw Lines)

1. 원하는 시작 지점에 펜을 갖다 댄다.

2. 원하는 끝점을 찾는다.

3. 시선을 옮기지 않은 채, 선을 문자 그대로 끝점을 향해 '던진다'. 몸이 따라가도록 한다.

4. 결과물을 관찰한다. 반복하며 목표물까지 일직선이 그려지도록 주의한다.

틀(Frames)

모든 틀은 떨어짐선과 수평선의 조합이다.

1. 왼쪽에 떨어짐선을 그린다. 다시 중심을 잡는다. 아래쪽을 따라 수평선을 그린다.

2. 위로 이동해 수평선 그리기를 반복한다.

3. 오른쪽 떨어짐선을 그린다.

4. 틀 안에 다시 작은 크기의 틀을 그려본다. 모든 떨어짐선은 중력의 방향을 따라 일렬이어야 한다.

삼각형과 속 빈 화살표

수평선과 떨어짐선과 던짐선을 조합한다.

1. 원하는 방향을 따라 기초선을 그린다.

2. 기초선에서 90도 꺾어 내려가는 떨어짐선을 그려 삼각형의 밑변을 완성한다.

3. 윗 꼭지점으로 던짐선을 그리고, 거기서 다시 밑변의 반대 꼭지점으로 던지고, 자루 쪽으로 떨어진다.

4. 근육에 기억된 동작을 바탕으로 첫 번째 화살표와 평행한 다른 화살표를 그려본다.

사람의 팔은 천연 컴퍼스다. 어깨와 팔의 연결 부위를 중심으로 쉽게 원을 그릴 수 있다.

1. 팔을 둥글게 돌리며 어깨를 푼다. 눈을 감고 해 보라.

2. 종이에 중심을 잡는다. 시야의 초점을 풀고 '젓는 다'는 느낌으로 종이 위에 원을 그린다. 원의 형태 가 적당히 잡힐 때까지 반복한다.

3. 더 작은 크기로 반복한다. 반대 방향으로도 돌려 본다.

여러분의 상상력을 동원해 기본 팔 젓기에 추가 동작을 첨가할 수 있다.

1. 팔로 원을 그리며 어깨에 젓는 느낌을 주입한다.

2. 큰 원으로 시작했다면, 원을 그리며 스스로에게 " 더 작게"라고 말한다. 그러면 점점 쪼그라들며 나 선이 될 것이다.

3. 작은 원으로 시작했다면, 스스로에게 "더 크게"라 고 말한다. 그러면 나선으로 부풀어 오를 것이다.

1. 중심을 잡고 서서, 그리고 싶은 곡선이 종이에 그려 진 모습을 상상한다.

2. 곡선을 던지듯 그린다.

3. 근육의 기억을 바탕으로 똑같은 선을 다시 그려 본다.

리본과 힘 화살표

리본과 동적인 움직임을 나타내는 힘 화살표를 위한 평행한 곡선을 그리려면 근육의 기억을 활용하면 된다.

1. 그리고 싶은 곡선의 모습을 상상하고, 던지듯 그린다.

2. 근육의 기억을 활용해 즉시 반복한다.

3. 화살표를 그리려면 우선 삼각꼴을 그리고, 근육의 기억을 바탕으로 시작한 위치로 선을 긋는다. 원래 선과 동일한 길을 따라갈 것이다.

필요 물품

벽 작업을 위한 기본적인 물품들은 쉽게 구할 수 있다. 대형 플로터용 종이 두루마리는 미술용품점과 사무용품점에서 구입할 수 있다. 마스킹 테이프와 흰 테이프 또한 미술용품점에서 판매한다. 큰 종이를 자를 때는 박스 커터를 이용하라. 벽에 자국을 안 남기려면 수성 마커가 최고다. 보다 구체적인 정보는 다음 페이지를 참고하라.

지나지 않아 아이들은 꽤 능숙하게 그림을 그릴 수 있게 된다.

여러분의 몸은 그림 언어를 알고 있다

나는 사람들을 커다란 종이 앞에 세워 놓고 기본 도형들을 그리는 것이 어떤 느낌인지 직접 느껴보게끔 하는 식으로 사람들에게 그리는 법을 가르치기 시작했다. 이는 궁극적으로 여섯 종류의 동작 각각을 가르치는 일이 되었는데, 지금 우리는 이것들을 '기본 팔 젓기^{Basic strokes}'라 부르고 있다. 교육 과정에서 우리는 신체적으로 이것이 어떻게 행해지는지 보여준 뒤, 사람들이 직접 종이에 대고 해볼 기회를 준다. 종종 그들의 눈을 감게 함으로써 이 동작들이 얼마나 자연스러운 것인지 느낄 수 있도록 한다. 이 과제는 모든 사람들로 하여금 몸짓의 연장선상으로서의 그림의 본질에 다시 눈뜨게끔 한다. 이는 애플 리더십 체험 프로그램의 참가자들과 함께 했던 과제이기도 한데, 이를 통해 참가자들은 자신만의 비전 프레젠테이션을 만들 채비를 갖출 수 있었다.

보다 대규모의 회의에서 큰 종이 사용하기

큰 종이를 갖고 일하면 훨씬 더 융통적이고 효과적인 시각적 작업이 가능하다. 이는 그림 그리는 능력을 회복하기 위한 연습 때만이 아니라, 실제 회의 시에도 적용되는 이야기다. 큰 종이는 능동적인 기록과 포스트잇 사용과 아이디어 매핑을 보조하는 매우 유용한 장치다. 여기서 내가 말하는 큰 종이란 넓이 90~120cm에 길이 4.8~7.3m 정도쯤 되는 것을 의미한다(만약 여러분이 화이트보드를 활용하고 있으며 평소에 화이트보드의 내용을 디지털 사진으로 보존하고 있다면, 굳이 종이를 사용할 필요는 없다.). 큰 종이를 사용하자면 우리는 두 가지의 도전에 직면한다. 첫 번째는 어디서 종이를 구해야 할 것인가이며, 두 번째는 어떻게 벽에 고정시켜야 할 것인가다. 페이지 옆의 상자에 큰 종이를 구할 수 있는 몇 가지 방법을 수록했다.

큰 종이 붙이는 법

보여줌으로써 가장 쉽게 설명할 수 있을 것이다! 다음 페이지의 그림은 종이를 붙이는 사람의 모습을 보

큰 종이의 이점

☐ 전체 디스플레이를 새 벽으로 옮기거나 계속 붙여두기에 좋다.

☐ 큰 화면에 제시되어야 사람들이 제시되는 정보에 몰두할 수 있다.

☐ 팀원들과 함께 포스트잇을 정리하는 식으로 회의를 진행하고 싶을 때 큰 종이가 있으면 융통성 있게 진행할 수 있다.

☐ 논의 동안 범주명이나 여타 정보를 기입할 수 있다.

☐ 보관하고 싶으면 말아두면 된다.

큰 종이 구하는 법

☐ 신문사에서 구할 수 있는 신문 용지 한 통의 끝 부분(때때로 무료)

☐ 푸줏간에서 고기 포장용으로 쓰는 두꺼운 방습지(가장 저렴)

☐ 플로터 용지(가격은 다소 비싸지만, 가벼우며 붙이기 좋음). 흡수성 단계별로 한 통당 90cm 또는 120cm 넓이로 판매한다. 흡수성은 낮을수록 좋다. 큰 크기의 재활용 용지를 손쉽게 구하는 법은 아직 없지만, 여러분이 구한 종이 자체를 재활용할 수는 있다. 매 회의 때마다 큰 종이를 사용하는 것이 환경 문제를 초래할 수 있다고 생각하는가? 비효율적인 회의에 의해 발생하는 탄소 배출량과 큰 종이 디스플레이를 사용함으로써 향상되는 생산성을 고려하면, 큰 종이를 사용하는 편이 그나마 낫다고 본다.

똑바르고 평평하게 걸자

1. 10cm 길이의 테이프 한 조 각을 한 손에 쥐고, 반대쪽 손엔 종이와 테이프를 쥔 다. 좌측 상단 모서리에 45 도 각도로 테이프를 붙여 고 정시킨다.

2. 말린 종이를 1.2m만큼 펴고, 종이 말이를 살 짝 벽에 대고 쥔 채 고 정한다. 너무 세게 당기 면 앞에서 붙인 테이프 가 떨어질 수 있으니 주 의한다.

3. 종이 윗부분이 천장과 바 닥과 평행하도록 눈대중으 로 맞춘다. 몸을 이용해 종 이를 벽에 밀착시킨다. 두 번째 테이프 조각을 잘라낸 다. 종이를 팽팽하게 고른 뒤 테이프를 붙인다.

4. 종이를 펼치고, 고 정하고, 테이프를 자르고, 종이를 팽 팽하게 가다듬고, 테이프를 붙이는 과정을 계속 반복 한다.

5. 오른쪽 모서리에 테 이프를 붙이고, 종 이 말이를 벽에 댄 채 고정한다. 커터를 꺼낸다. 커터는 항상 주변 사람에게 맡겨 놓도록 한다.

8. 좌측 상단 모서리 와 왼쪽 면을 조 절해 종이 전체가 평평하고 똑바르 도록 한다.

7. 중앙에서부터 오른쪽을 향 해 종이의 주름을 펴나가다 가 오른쪽 모서리에 테이프 를 붙인다. 마찬가지로 중 앙에서부터 각 모서리 방향 으로 주름을 펴고, 테이프 를 붙인다.

6. 종이 말이를 자를 위치보다 5~8cm 정 도 더 바깥쪽에서 쥐고, 오른쪽으로 살 짝 잡아당겨 종이가 팽팽하게 펴지도 록 한 뒤 왼손으로 종이를 자른다. 처 음엔 위쪽으로 자르고, 그다음에 천천 히 아래로 자른다. 자르는 동안 계속 종이에 힘을 가하도록 한다.

큰 종이 붙이기 팁

☐ 위쪽을 먼저 테이프로 고정한 뒤 시계 방향으로 작업하라.

☐ 종이를 잘 펴서 아래에 기포가 생기지 않도록 한다.

☐ 종이를 자를 땐 박스 커터나 나이프를 사용하라 (기내 반입은 불가능한 것들이다.). 가위를 사 용할 경우엔, 벽에 붙이기 전에 바닥에서 종이 를 자르도록 한다.

☐ 아티스트 테이프(마스킹 테이프와 유사하게 그 림을 그리면서 색을 입히고 싶지 않은 곳에 붙 이는 테이프 – 옮긴이)나 마스킹 테이프를 사 용하라.

☐ 벽에 테이프를 붙여도 되는지 확인하라. 그렇지 않을 경우엔 종이를 고정할 수 있는 일종의 패 널이나 이젤 같은 것을 준비하도록 한다.

☐ 솜털이 보송보송한 호텔의 공기벽이나 스티커 방지 코팅이 된 벽의 경우엔 몰딩(벽 · 문 등의 윗부분에 돌 · 목재 등을 띠처럼 댄 장식 – 옮긴 이) 부분에 테이프를 붙이면 된다.

이 페이지는 『그래픽 퍼실리테이션: 시각적 듣기의 위력 으로 집단 프로세스 변화시키기(Graphic Facilitation: Transforming Group Process with the Power of Visual Listening)』(그로브, 2006)에서 발췌한 것이다. 이 책은 전 문 그래픽 퍼실리테이터가 되고자 하는 모든 이들을 위한 심 화서다.

여주고 있으며, 각 단계별로 번호가 표시되어 있다. 수년간의 경험을 통해 나는 꾸준히 효과를 나타내는 몇 가지 팁을 발견했다.

여러 명이 함께한다면 종이 붙이기 자체는 크게 어려운 일이 아니니, '집단 활력 증진 프로젝트'의 일환으로 포스트잇을 붙이기 위한 디스플레이 공간을 만들어볼 수 있다. 각자의 의견을 포스트잇에 적어 한데 모은 뒤 함께 살펴보는 것은 모두의 참여를 고취시키기 위한 훌륭한 방법이다. 큰 템플릿을 걸어놓고 옮겨가며 사용하는 것 또한 마찬가지다. 이번 장을 다 읽은 뒤 벽에 종이 한 장을 붙이거나 플립 차트를 걸어놓고, 기본 팔 젓기 동작을 연습해보라. 눈을 감고 움직이다 보면 인간에게 얼마만큼이나 중력과 주위 환경에 대한 방향성이 내재되어 있는가를 체감할 수 있을 것이다. 그리고 그 기본 동작들이 얼마나 단순한 것인지 깨닫게 될 것이다. 이들을 조합하다 보면 이 일련의 행위가 마치 음악처럼 느껴지기 시작하며, 그 무궁무진한 가능성에 눈뜨게 될 것이다.

표의문자, 상형문자, 그리고 기초 도형

앞서 설명한 기본 팔 젓기와 기초 도형들은 무엇에 관한 그림이든 구성할 수 있는 기초 요소가 된다. 이 작은 그림들 중 일부는 실제 사물처럼 보이도록 만들어졌으며, '상형문자pictographs'라 불린다. 반면 철저히 상징적인 것들도 있는데, 이들은 '표의문자ideographs'라 불린다. 표의문자는 개념을 표현하는 작은 그림들이다. 이 책이 제시하는 아이디어들을 활용하기 위해 이런 문자들을 아주 많이 알 필요는 없지만, 몇 개 정도는 기억해두는 편이 유용할 것이다. 우선 다음 페이지에서 사람 그리는 법과 컴퓨터 그리는 법을 보여줄 것이다. 한번 써보면 주변 사람들이 감탄할 것이다!

다음 페이지의 그림을 보라. 맨 위에 별 모양 인간을 그리는 순서가 나와 있는 것이 보일 것이다. 순서도표의 맨 오른쪽 끝엔 팔 젓기 순서를 나타냈다. 각자 낙서하는 기분으로 연습해보라. 팔을 깡마르거나 통통하게 만들어도 보고, 몸 크기도 다양하게 만들어보라. 그러다 보면 결국 스스로 보기에 가장 만족스러운 형태를 찾을 수 있을 것이다.

별 모양 인간

컴퓨터

그냥 저기 나와 있는
순서대로 던짐선을 그으면
되는 것 같네

맞아,
바로 그거야!

건물

별 모양 이외의 수많은 다른 형태로 사람을 그리는 것도 가능하다. 이는 별 모양 기본 패턴은 유지한 채 각 꼭지점에 변형을 가할 수 있기에 가능한 결과다. 이 책의 여러 페이지에 등장하는 사람 그림 중엔 손발이나 머리카락을 가진 것도 있고, 그 밖의 다른 것들이 달린 경우도 있다.

어떤 상형문자나 표의문자든 간에 내재된 그리기 패턴의 변화 없이 변형이 가능하다면 기초 도형으로서 기능할 수 있다. 매년 열리는 국제 시각화 기법 전문가 포럼에서 우리는 시각적 어휘력을 증진시키기 위해 이러한 유형의 도형들을 개발하는 게임을 한다. 이는 여러분 또한 할 수 있는 일이다. 비주얼 미팅을 진행하고자 한다면, 시각화하고픈 단어들의 목록을 작성해보라. 그리고 재빨리 각 단어들을 나타내는 조그만 그림을 스케치해보라. 가능한 한 재빠르게 해야 한다. 한 단어당 여러 개의 그림을 그려봐도 좋다.

그리고 나서 그림들을 보며 스스로에게 물어보라. "이 개념의 본질을 가리키는 형태는 무엇일까?" 그 형태가 곧 기초 도형의 기초를 이룰 것이다.

형태의 의미

다양한 그림들을 다루는 과정에서, 나는 그 그림이 어떤 신뢰 가능한 의미를 갖는지 여부에 매료되었다. 기본 팔 젓기 동작은 인간으로서 우리가 타고난 형태로부터 자연스레 발하는 것이기에 보편적이라 할 수 있다. 거기에 일반적인 의미 또한 존재할 수 있을까?

구어의 경우 의미는 여러 요소에 의해 좌우되는 변수다. 어떤 단어가 문장 내에서 차지하는 위치로부터 우리는 그것이 주어인지, 동사인지, 또는 목적어인지 알 수 있다. 일반적 정의는 통상적 의미를 파악하기 위한 어느 정도의 실마리로 작용한다. 하지만 통상적 의미의 기저에는 해당 단어에 대한 개인적 경험에 기인한 보다 깊은 뜻이 존재한다. 언어 전문가들은 이를 '내포connotation'라 부르는데, 좀 더 쉬운 말로 풀어 설명하자면 단어에 부가된 2차적 의미를 뜻한다. 이는 그 상징과 우리 간의 개인적 관계라 할 수 있다.

캘리포니아 대학교 버클리 캠퍼스UC Berkeley의 인지과학 및 언어학 교수이자 저술가인 조지 레이코프 ^{George Lakoff}는 인공지능과 인지 이론에 대한 오랜 연구 끝에, 단어의 의미는 문법 규칙이 아닌 우리의 어린 적 경험에 기반하고 있는 것이란 결론을 내렸다. 문법 규칙과 좀 더 사회적인 정의는 우리가 경험에 의해 체득한 의미 위에 쌓인다. 이러한 가정을 갖고 기본 도형을 보며 기본 팔 젓기 동작을 수행할 때 어떤 느낌인지 떠올려보노라면, 문화에 의해 규정된 상징적 의미보다 더 심오한 의미 패턴이 드러나기 시작한다. 이는 동작을 수행하는 느낌에 내재된 의미다.

그림 그리는 경험은 의미에의 단서를 제공한다

- 점은 '이 곳을 보라. 나는 남들과 다르다.'는 의미다.
- 선은 '연결하라.' 또는 '분리하라.'는 의미다. 선은 관계를 나타낸다. 굵은 선은 더 강한 관계라는 느낌을 주며, 그릴 때에도 더 많은 에너지를 요구한다. 반면 점선은 비교적 약한 느낌을 준다.
- 삼각형^{angle}은 '활발한 변화'를 의미한다. 던짐선을 그릴 때 여러분은 방향을 바꾼다. 각을 인지하려면 여러분의 대뇌 피질 뉴런이 활성화되어야 한다. 한 점을 둘러싼 삼각 화살표는 폭발적 변화를 나타낸다. 삼각형의 델타 기호는 실제로 화학에서 변화를 의미한다.
- 정사각형과 직사각형은 '격식을 갖춘 조직화'를 의미한다. 사각형을 그릴 때는 꾸준히 평행선 그리기를 반복해야 한다. 사각형은 건물이나 조직 기능을 나타내기 위한 최적의 상징이다. 정사각형은 격자상에 구축된 모든 사물의 패턴이나 일반적 데이터 디스플레이의 기본도를 구성한다.
- 삼각형과 사각형의 조합인 속 빈 화살표는 두 기호의 의미를 합친 '활발한 조직화'를 의미한다. 프로젝트에 사용하기 참 좋은 기호가 아닌가!
- 나선은 '동적인 화합'을 의미한다. 나선을 좀 더

단어의 의미는 문법 규칙이 아닌 우리의 경험에 기반한다.

원형으로 만들수록 통일의 의미가 강해진다. 반면 토네이도처럼 그리면 동적 속성이 더욱 강조된다.

- **원은 전 세계적으로 '통합'을 의미한다.** 기본 팔 젓기 동작으로 원을 그리다 보면 모든 것을 한데 모으는 느낌을 받을 수 있다.

시각화 작업을 위한 기본 형식

형태의 의미와 시각적 언어의 기본 요소에 관한 모든 의문들에 관해 고민 중이었던 어느 날, 나는 시각적 언어가 핵심 차원의 측면에서 구어와 다르다는 사실을 문득 깨달았다. 시각적 언어는 공간적으로 존재할 수 있어, 2차원 지도나 도표가 될 수 있는 것이다.

그때까지 나는 사람들이 회의에서 시각화를 수행하는 방법의 사례들을 수집해왔으며, 그 결과로 행렬, 개요, 도표, 구조도, 순서도, 프로젝트 계획, 지도, 막대 그래프, 원 그래프, 선 그래프, 분산도 등의 방대한 컬렉션을 갖게 되었다. 그것들을 모두 보노라면 매우 혼란스러웠다. 나는 그 양식들에서 나타나는 그림 요소의 공간적 배치 양상에 어떠한 기본 패턴, 즉 '형식'이 내재되어 있지 않을까 생각했다. 마치 모든 사물의 형태에 대해 기본 도형이 그러하듯이 말이다.

기본 도형은 매우 즉각적이고 논리적으로 파악할 수 있는 성질의 것이었기에 나는 기본 형식 또한 그러하지 않을까 생각했고, 놀랍게도 그러하다는 사실을 발견했다. 이것이 9장에서 자세히 설명할 그룹 그래픽스 키보드^{Group Graphics Keyboard}의 시초였다. 이는 시각적 사고의 기초라 할 수 있는데, 지금 시점에선 논리 전개의 맥락에서 한번 살펴보도록 하자.

그림을 산물이 아닌 과정으로 인지하라

내 연구 결과는 구조와 외양보다는 에너지의 흐름과 움직임 쪽이 더 본질적이란 점을 시사했다. 그래서 나는 그림을 볼 때 그것을 과정으로 인지함으로써 더 큰 차원의 형식에서 어떤 규칙을 발견할 수 있지 않을까 생각했다. 실제로 그러했다!

가장 단순한 형태의 그림은 종이 위에 점 하나만이 찍혀 있는 것이다. 점은 '이 곳을 보라.'는 의미이므로, 나는 이것이 **포스터**POSTERS의 기능에 대한 훌륭한 기본 설명이 된다고 생각했다. 사람들을 주목하게 만드는 기능 말이다. 포스터는 다른 무엇과도 차별화되는 하나의 간명하고도 효과적인 이미지를 사용함으로써 그 목적을 이룬다. 마치 흰 종이 위에서 두드러지는 점 하나가 그러하듯이 말이다. 플립 차트 위에 그려진 작은 그림 하나로 포스터 효과를 낼 수 있다.

리스트List는 기본적 구성의 차원에서 선의 성질을 띤다. 리스트를 작성하는 것은 곧 정보를 한 줄로 나열하는 행위인 것이다. 이는 가장 사용하기 쉬운 형식이라 할 수 있다. 한 항목 뒤에 다른 항목을 쓰는 식이니 말이다. 담화 또한 선형성을 띠기에, 담화 내용의 기록엔 자연스레 리스트 형식이 사용된다.

클러스터Cluster는 페이지 위에 공간을 만든다. 내가 클러스터와 삼각형 간의 공통점을 발견한 것은, 사람들이 페이지상에 흩어진 정보 덩어리들을 대할 때 예외 없이 각각을 비교하고 나름의 관점을 얻는 방식을 취한다는 사실을 깨달았을 때였다. 이는 사람들이 포스트잇을 갖고 하는 일과 동일하다.

격자Grid는 좀 더 복잡한 단계의 것으로, 여러 분류 기준의 비교를 필요로 한다. 격자는 명백히 정사각형이나 직사각형 계열의 기본 도형과 관련되어 있으며, 리스트나 클러스터보다 훨씬 더 엄밀하고 제한된 형식이다. 이 대목까지 가장 단순한 것에서 복잡한 것으로 기본 형식의 논리가 전개되는 것을 보며 나는 매우 흥분되는 것을 느꼈다. 좀 더 단순한 형식이 더 복잡한 형식으로 심화 발전되는 그 양상은 마치 자연의 그것과 같지 않은가!

다이어그램Diagram은 마인드 맵이나 조직도와 같이 정보 덩어리들이 가지 뻗은 형태로 연결되어 있는 형식이다. 다이어그램이란 단어는 원래 일반적인 '도표'를 의미하기도 하기에 이 책에선 이 기본 형식만을 가리킬 때 '다이어그램'으로, 다른 유형의 형식들까지 포괄하는 일반적 의미로 사용될 때는 '도표'로 각각

글, 도형, 그림의 통합

구분해 나타내었다. 속 빈 화살표는 사각형과 삼각형을 '연결'한 것이었다. 이런 식으로 관련 짓는 것은 다소 논리 비약이긴 하지만, 감수하기로 했다.

그림Drawing이란 형식이 감상자가 이미 알고 있는 사실과 그림 속 선분들 간의 상호작용을 유발함으로써 마치 나선과 같은 동적인 효과를 낼 수 있다는 사실을 내가 깨닫기까지 수년의 시간이 걸렸다. 그림이 상징하는 바를 일단 이해하게 되면, 거기에 우리의 경험을 투사함으로써 생명을 부여할 수 있다.

만다라Mandala는 모든 것을 중심점 기준으로 정리하는 도표 이미지로, 정보의 통일성을 나타낸다. 만다라란 '원형archetype' 또는 절대적 상징을 뜻하는 산스크리트어로, 실로 원이야말로 이 의미에 가장 근접한 형상이라 할 수 있을 것이다. 만다라는 단연 다루기 가장 어려운 형식이며, 통합이 어떤 식으로 이뤄지는지 이해하기 위해선 정보의 모든 측면을 고려해야 하므로 시각적으로 이해하기에 가장 복잡하다.

물론 만다라는 멀리서 보면 포스터처럼 보여 두드러지는 경향이 있다! 나는 이것이 도에서 시를 지나 다시 좀 더 높은 도가 되는 느낌의 멋진 대칭이라 생각했다.

형식과 그림 요소 결합하기

내 경험에 의하면 시각적 언어 구사에 있어 기본적으로 선택해야 할 사항은 여러분의 디스플레이를 구성하고 사람들에게 모든 것이 어떻게 연결되는지 보여주기 위한 큰 틀과 형식일 것이다. 이 책에 설명된 다수의 도구와 방법 또한 그 부분을 다루고 있다. 일단 기본 형식이 결정되면(어떤 내용이든 종이에 쓸 땐 앞에서 설명한 일곱 가지 기본 형식 중 하나를 택해야 할 것이다.), 남은 과제는 그 형식 안에 단어와 그림, 숫자를 뜻이 통하도록 적절히 배치하는 것이다. 회의에 참여한 다른 이들과 함께 말이다. 이는 글과 그림이 긴밀히 결합된 새로운 세계다. 이는 보드 게임이나 컴퓨터 게임, 또는 레고 블록의 기본 배치이기도 하다. 사실, 사물이 움직이고 상호작용하는 과정에서 드러나는 보다 큰 차원의 관계 형식에 의해 작은 요소들이 통합되는 것은 자연이 거시적 차원에서 조직화되는 방식이다. 엑스플레인^{Xplane}의 설립자인 데이브 그레이$^{Dave\ Gray}$는 시각화 작업의 이러한 특성을 매우 중요시하는 인물로, 현재 그는 서니 브라운$^{Sunni\ Brown}$과 함께 『게임스토밍^{Gamestorming}』이란 제목의 시각화 관련서를 저술 중이다(『게임스토밍: 팀의 운명을 바꾸는 성과 창출의 기술』이란 제목의 한국어판 도서가 2010년 12월 10일에 발간됨 – 옮긴이).

그러니 이 책의 목적은 여러분에게 사실적인 그림 그리기를 위한 어떤 특별한 기술을 가르쳐주거나 숙련된 디자이너가 되는 법을 가르치는 것이 아닌, 몇몇 지극히 자연스러운 작업 방식을 되찾기 위한 시각적 언어 도구의 사용법을 가르치는 것이다. 또한 즐기며 서서히 발전해 작업물에 다양한 변형을 가하는 과정, 즉 간단히 말하자면 디자이너들의 작업 방식을 따르는 것이 다른 그 어떤 수단보다도 여러분의 회의를 즐겁고도 생산적인 것으로 거듭나게 할 수 있음을 역설하는 것이다.

3. 비주얼 미팅 입문을 위한 쉬운 방법 네 가지
개인적 시각화, 냅킨과 플립 차트, 그래픽 템플릿,
다른 사람들이 그림 그리게 하기

처음부터 바로 비주얼 미팅을 성공적으로 이끌 수 있는 여러 쉬운 방법이 존재한다. 이번 장에는 개인적으로 해보거나 팀원들에게 제안할 수 있는 다양한 유형의 예제들을 수록했다. 후자의 경우 여러분이 팀장이 아니라도 상관없는 것들이다. 중요한 것은 처음부터 즐거움을 느끼고, 시각을 동원해 일하는 것이 얼마나 생산적이고 창의적인가에 대한 확고한 느낌을 갖는 것이다. 이는 시각적 작업 방식을 통해 어떤 일들이 가능한지에 대한 여러분의 상상력에 불을 지피기 위한 가장 빠른 방법이다.

1. **개인적 시각화:** 비주얼 미팅에 입문하기 위한 가장 적합한 방법은 일단 혼자서 빈 스케치북이나 일기장에 뭔가 해보는 것이다. 시각적 일하기에 푹 빠진 대부분의 사람들은 항상 공책을 갖고 다니며 참석하는 모임과 원격 회의의 내용을 글과 그림을 동원해 기록한다(창의력을 발휘하는 데 뛰어난 대부분의 사람들 또한 그러하다.). 이렇게 계속 노트 필기를 하다 보면 그림을 그리거나 글을 쓰는 데 있어 발생하는 어떤 제약도 극복할 수 있게 될 것이다. 스스로에 대한 실망을 느끼게 될 수도 있지만, 일기를 씀으로써 자신과의 회의를 갖는 것은 정말 잃을 것이 없는 연습법이다.

2. **일대일 회의:** 그다음으로 좋은 입문 방법은 식당이나 사무실에서 갖는 일대일 회의를 연습 기회로 삼는 것이다.

3. **그래픽 템플릿:** 또 다른 초간단 입문법은 그래픽 템플릿을 사용하는 것이다. 그래픽 템플릿이란 대개 시각적 작업을 위한 탁상용 혹은 벽 크기의 대형 작업용지worksheets를 가리키는 데 사용되는 용어다. 여러분이 복사해 즉시 사용할 수 있도록 뒤에서 몇몇 검증된 필수 그래픽 템플릿을 보여줄 것이다.

종이는 뇌의 인터페이스다.

폴 사포
미래학자

4. 다른 사람에게 그림 부탁하기: 입문을 위한 최후의 수단이자 매우 효과적인 방법은 다른 사람에게 그림 그리는 부분을 맡기는 것이다. 사람들의 즉각적 참여를 유도하는 데 효과적인 많은 비법들을 함께 나누고자 한다.

개인적 시각화

2장에서 우리는 그림을 그리고 상형문자나 표의문자를 고안하며 노는 데에 일기장을 사용하는 내용을 살펴봤다. 여러분은 이것을 낙서하기라 생각할 수 있는데, 사실 낙서야말로 굴레를 벗어나 좀 더 시각적으로 표현력 넘치는 사람이 되기 위한 훌륭한 수단 중 하나다. 첨단 기술 발전에 대한 안목을 갖춘 미래 예측 전문가 폴 사포^{Paul Saffo}는 "종이는 뇌의 인터페이스다."란 말을 즐겨 사용한다(그는 활발히 일기를 쓰는 사람이기도 하다.). 그리고 그것은 내가 발견한 사실이기도 하다. 종이는 나 자신과 나의 생각을 볼 수 있는 방법을 제공하는, 다시 말해 내면의 목소리와 만날 수 있게 해주는 수단이다. 또한 종이는 무엇을 떠올리고 있든 간에 마음껏 그리거나 쓰기 위한 아주 편리한 수단이다. 이는 다른 사람이 하는 말을 기록하고자 할 때에 좋은 기술이다. 설혹 그림이 단순하더라도 말이다.

준비운동

다음은 그간의 경험을 통해 상당한 효과를 본 준비운동 몇 가지다.

- **얼굴 낙서:** 빈 페이지 위에 이것저것 마음대로 끄적인 뒤, 뒷장으로 넘겨 얼굴 같은 형태가 보이면 작은 눈과 입을 그린다. 동물이나 다른 형태의 무언가가 보일 수도 있다. 이 활동을 통해 우리는 인간이 얼마나 패턴 탐색에 자신의 이해하는 바를 투사하는가에 대한 인식을 쌓을 수 있을 것이다.
- **무의식적 그림 그리기:** 빈 페이지를 펴고 곧바로 아무것이나 그리기 시작한다. 그렇게 시작된 그림을 특정한 방향으로 발전시키려는 시도 없이 되는 대로 변형을 가하며 발전시킨다. 일단 자신을 되는 대로의 흐름에 맡길 수만 있다면 이는 아주 쉽고 재미난 놀이가 되지만, 여러분 중엔 그렇게 하지 못하고 제약을 느끼며 실수하지는 않을지 두려워하는 사람도 있을 것이다. 그냥 저질러라! 흠볼 사람 따위는 존재하지 않는

다. 모든 시행착오엔 이유가 있다는 마음가짐을 갖고, 여러분의 그림에게 말을 걸어보라. 마음속 깊숙한 곳에서 여러분이 무엇을 바라보고 있는지 보여달라고.

- **마인드 맵 제작:** 정보를 표현하는 방식 중 인기 있는 것 중 하나인 마인드 맵Mind Map은 중심 아이디어로부터 시작해 거기서 핵심적 아이디어들을 파생시켜나가는 식으로 만들어진다. 파생에 파생을 거듭하며 자신이 생각하는 연관 관계를 확장시켜 나가는 것이다. 내 아내는 때때로 이러한 방식으로 시 짓기를 시작하곤 한다. 단어들을 그저 커다란 파생 네트워크 안에서 연관 지은 뒤에 시를 쓰는 것이다. 나는 이번 장에서 하고 싶은 모든 이야기들을 궁리해내는 데에 이 방법을 사용했다.

- **무의식적 글쓰기:** 이는 그림을 그리는 대신에 글을 쓴다는 점만 제외하면, 앞에서 이야기한 무의식적 그림 그리기와 유사하다. 질문을 쓴 뒤에 생각하지 않고 즉시 답을 쓰는 방식으로 하면 더 쉬울 수도 있다. 자신이 누군가와 이야기하는 중이라고 가정하고, 여러분이 그 사람에게 할 질문과 그 사람이 말했음직한 대답을 차례로 써내려 가는 것이라 상상하면 도움이 될 것이다. 생각이 떠올랐을 때 멈추지 않도록 유의하며 계속하다 보면 놀라운 일이 벌어질 것이다. 한번 직접 해보길 바란다.

- **흔적 그리기:** 빈 스케치북의 한 면에 그림을 그린 뒤에 뒷면을 보면, 앞면에 그려진 그림이 희미하게 비쳐 보일 것이다. 이 희미한 흔적으로부터 무언가가 연상될 때까지 계속 주시하다가, 떠오른 것을 다음 장에 그

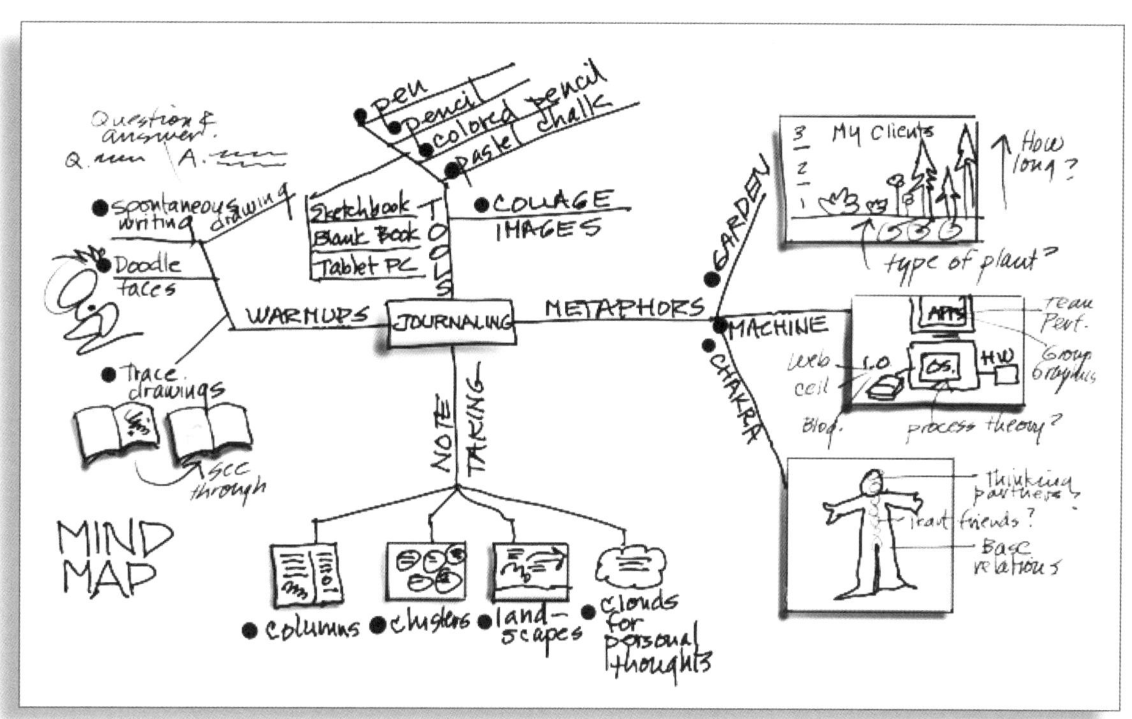

일기 마인드 맵

이 마인드 맵은 이번 장을 구상하는 데에 사용된 것이다. 내가 제시하고자 한 개념들을 받아들이기 위해 본문을 읽는 것과 이 마인드 맵을 보는 것을 비교하면, 각각에 수반되는 사고 과정상에 어느 정도 차이가 존재함을 느낄 수 있다.

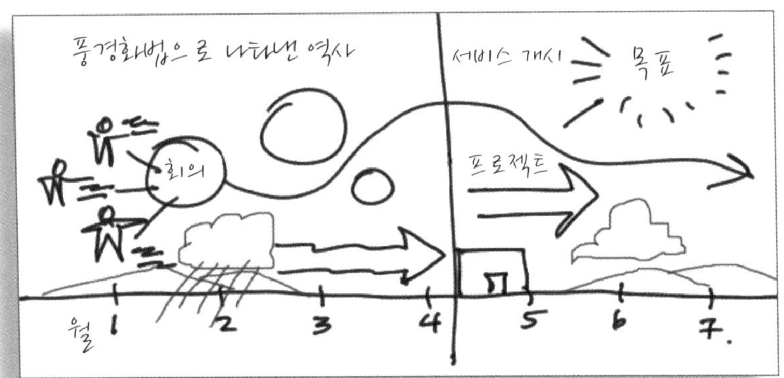

풍경화법을 통한 역사의 시각화

프로젝트의 진행 과정 또는 시간에 따른 스토리를 가진 어떤 것이든 심사숙고함에 있어 봉우리&골짜기 그림보다 좀 더 정교한 표현 방식을 원한다면, 전체 역사를 하나의 풍경화 형태로 나타낼 수 있다.

린다. 이런 식으로 3~4페이지 정도를 반복한 뒤 이미지가 변화하는 양상을 살펴본다. 이는 마치 눈을 뜬 채 꿈을 꾸는 것과 같다.

- **노트 필기:** 시각적 언어로 노트 필기를 하는 것 또한 매우 유용한 연습법이다. 의식적으로 다양한 형식을 필기에 활용해봄으로써, 여러분이 듣고 이해하는 바가 여러분의 의도나 형식에 대한 감각에 의해 좌우된다는 사실을 인지하게 될 수 있을 것이다. 이 책에서 소개되는 많은 구성법은 노트 필기에 활용될 수 있으며, 그중 몇몇은 초보 단계의 연습용으로 지금 당장 활용될 수 있는 매우 유용한 성질의 것이다.

- **풍경화법:** 이 페이지에 있는 그림과 같은 일정 기록은 여러분의 일정표를 풍경화 형식으로 나타낸 것으로, 풍경 속 다양한 높낮이와 정보 간에 대략적인 상관관계를 부여한 것이다. 실생활의 일이나 물리적 대상, 또는 언급된 사람들은 땅 위에 나타낼 수 있다. 개념과 아이디어는 공중에 뜬 풍선이나 거품 속에 표시한다. 프로젝트와 문제 해결 방안은 하늘 위를 나는 비행기처럼 보일 수 있다. 목표와 비전은 제일 높은 곳에 뜬 해와 같은 위치에 둔다.

- **잡지식 칼럼법:** 한 페이지를 절반으로 나누어 각 줄에 필기한다. 글로 기록하다가 사람들이 하는 말에 내포된 어떠한 이미지를 포착한 순간엔 재빨리 간략한 그림을 그린다. 너무 깔끔하고 정교할 필요 없이,

그저 그 그림을 보고 어떤 이미지였는지 기억해낼 수 있을 만큼이면 된다. 나는 이 형식이 잡지식의 기록법이라 생각한다. 이는 블로그 등의 온라인 매체에서 채택하는 레이아웃과 매우 유사한, 글과 그림이 기본적으로

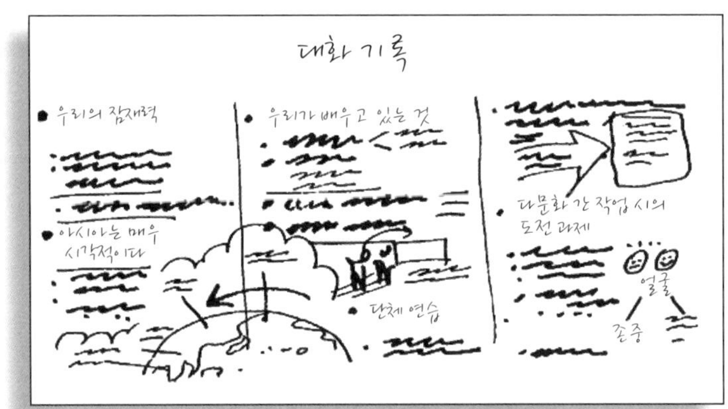

통합된 형태다.

- **클러스터**: 일기나 스케치북을 사용해, 여러분이 듣고 있는 내용을 리스트 형식이 아닌 유사한 내용끼리 묶인 정보 덩어리의 형태로 기록한다. 각 정보를 일정 간격씩 떼어놓고 기록하다가, 하나로 묶여야 할 것들을 발견하면 분할선을 긋거나 구름 모양으로 바깥 테두리를 그리는 식으로 경계를 더한다. 나는 이러한 형태의 그림을 '팝콘' 그림이라 부른다. 각 클러스터에 같은 글자체로 작은 표제를 달거나, 매우 시각적인 정보의 경우엔 작은 아이콘이나 그림으로 표현하는 식으로 다양하게 연습할 수 있다.

비유적 그림

비유란 여러분이 모를 수 있는 무언가를 여러분이 아는 것에 빗대어 설명하는 방식이다. 여러분의 작업 환경을 서커스에 비유하거나, 팀 활동을 목표라는 이름의 시시각각 변하는 퍽을 갖고 하는 하키 경기라 느껴 본 적 있는가? 여러분이 생각하는 바와 한 집단이 사고하는 바의 상당 부분은 비유적이다. 최근 「하버드 비즈니스 리뷰^{Harvard Business Review}」에 실린 한 기사는 전략적 사고의 80%가 비유 활동이라 주장했다. 이를테면 우리는 우리의 사업이 돌아가는 방식을 사우스웨스트 항공^{Southwest Airlines}(운영 방식을 통해 세계 최고의 저가 항공사로 성장한 경영 혁신의 대표적 사례로 꼽힌다. – 옮긴이)과 비교해 어떻게 해야 우리 또한 그들처럼, 또는 어쩌면 그들 이상으로 사업 과정상의 혁신을 일으킬 수 있을지에 대해 고민한다.

내가 가장 좋아하는 비유 연습 두 가지를 소개하니, 연습용이나 개인적 생각 정리용으로 스케치북에 각자 해보길 바란다. 명심해야 할 것은 비유란 여러분이 그것을 이해해야만 효과를 발휘한다는 사실이다. 그렇지 않다면 여러분이 모르는 대상을 이해하기 위해 또 다른 모르는 대상을 끌어오는 격이므로, 모르는 것이 배로 늘어나는 셈이다. 여기서 나온 이야기들은 뒤에서 집단 차원의 아이디어 맵 제작에 비유를 사용하는 법을 논할 때보다 자세히 다룰 것이다. 지금은 그저 갖고 놀며 각자 영감을 얻는 정도로도 충분할 것이다.

- **사업을 정원에 비유하기**: 다양한 의뢰인들이나 사업상의 관계를 식물로 나타냄으로써 여러분의 사업이

내 일을 정원에 비유하기

여러분의 고객이 제각각의 수확량을 나타내는 식물이라 상상해보라. 꽃은 누구인가? 열매를 맺는 것은?

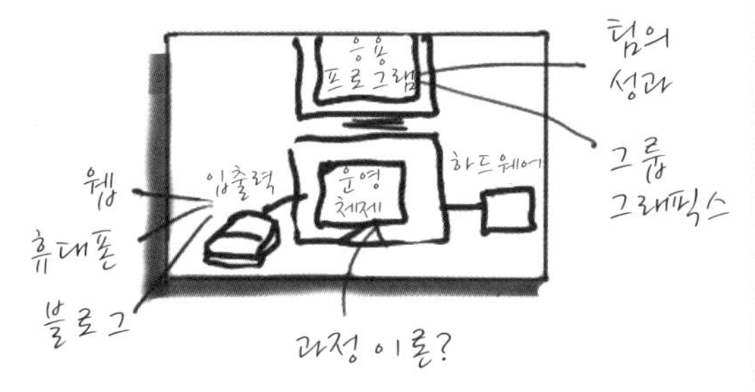

내 일을 컴퓨터에 비유하기

여러분의 운영체제는 무엇인가? 여러분이 실행시키고 있는 응용프로그램은?

『The Back of the Napkin』

댄 로암(Dan Roam)의 『The Back of the Napkin: Solving Problems and Selling Ideas with Pictures』는 어떻게 간단한 그림이 문제 해결과 아이디어 어필을 위한 온갖 마술을 일으키는지 보여주는 훌륭한 책이다. 확장판 또한 출시되었다(국내 번역서 제목은 『생각을 쇼(SHOW)하라: 아이디어를 시각화하는 6가지 방법』(21세기북스, 2009)이다. – 옮긴이).

나 일을 그림으로 표현해보라. 이들 중 가장 유익한 것들을 파악해 다양한 크기의 과일 나무로 나타내라. 개중엔 이미지를 위한 장식용 관계도 있을 것이고, 나무라기보다는 마치 채소처럼 오래 지속되지 않는 짧은 관계도 있을 것이다. 모든 주요 관계에 대한 묘사가 끝날 때까지 계속 그려본 뒤, 그림에서 드러나는 패턴에 관해 생각해보라. 좀 더 면밀하게 분석해보고 싶다면, 나무의 높이로 각 관계를 몇 년간 지속해왔는지 나타내라.

- **사업을 컴퓨터에 비유하기:** 여러분의 업무나 회사를 컴퓨터 시스템에 비유해보자. 우선 '운영체제$^{Operating System}$', 즉 그 컴퓨터의 작동을 가능케 하는 핵심적인 개념이 무엇인지 파악해보라(법? 매출? 디자인?). 그 컴퓨터에선 어떤 응용프로그램이 돌아가고 있는지 생각해보라. 이는 여러분이 제공하는 서비스나 수단 중 이름이 붙는 것들을 의미할 것이다. 그 컴퓨터는 어떤 입력^{input}, 즉 마케팅에 자원을 투입해 어떠한 출력^{output}, 즉 영업 성과를 내는가?

냅킨과 플립 차트

일단 펜을 집어 들고 스스로를 표현할 의지를 갖췄다면, 일대일 상황에서 이를 실천함으로써 비주얼 미팅의 사교적 위력을 실감할 수 있다. 이는 처음으로 판촉 전화를 걸거나 사람들에게서 새로운 아이디어를 구할 때, 또는 새 프로젝트를 논의하기 위한 회의나 의뢰인과의 첫 통화 등의 상황에 매우 유용한 방법이다. 여러분이 시각화 작업을 대화의 일부로 활용하려는 의지가 있을 때 이러한 유형의 허물 없는 의견 교환은 진정으로 생기를 띠게 된다.

개인적인 일기와 마찬가지로, 펜을 놀려 여러분의 아이디어를 스케치하거나 다른 사람이 하는 말을 기록함으로써 관심과 이해를 고양할 수 있는 몇 가지 방법이 있다.

- **성공의 모습을 그려보기:** 어떤 프로젝트나 과정의 초기엔 스폰서 혹은 여러분을 앞으로 일어날 일에 대해 안내할 첫 인도자와 만나게 될 가능성이 매우 높다. 이때야말로 펜을 꺼내 들고 "우리가 이 일을 완수해 큰 성공을 거둔 상황이 어떤 모습일지 한번 간단히 그림으로 그려봅시다."라는 말을 꺼내기 적당한 순

간이다. 상대가 여러분이 무엇을 그리는지 볼 수 있도록 자리를 옮겨 앉은 뒤, 여기 나온 것과 같이 종이 가장자리를 따라 후광 같은 테두리를 그린다. 그리고 둘이 함께 항목을 파악해 나가며 리스트 혹은 클러스터 형태로 기록하는 것이다. 후광 테두리와 그 안의 빈 공간은 사람의 대화가 즉시 미래와 상상을 지향케 하는 역할을 할 것이다.

- **어떤 일의 발생을 어떻게 방지할 수 있을지 그려보기:** 한 반도체 회사에서 매우 회의적인 엔지니어 그룹과의 전략 회의를 이끌어야 했던 적이 있었다. 그들에게 주어진 과제는 그들의 직무를 재고찰하는 한편 스스로를 쇄신하는 것이었다. 이는 위로부터 내려온 지시였고, 그들은 완강히 저항하고 있었다. 명시된 결과와 회의 의제를 검토하는 과정에서 이를 곧바로 감지할 수 있었다. 그리하여 곧바로 의제로 넘어가는 대신, 나는 한발 물러나 플립 차트에 원을 하나 그려 보았다. 그리곤 원을 가리키는 몇 개의 속 빈 화살표를 그렸다(그냥 선 화살표여도 상관없을 것이다.). 그리고 뒤돌아선 후 이렇게 말했다. "시작하기 전에, 이 회의에서 그 어떤 생산적인 일도 벌어지지 않도록 할 수 있는 모든 방법들에 관한 이야기를 좀 나눠봅시다." 나는 무표정한 얼굴로 대답을 기다렸다. "회의 뒤 일자리에 돌아가서 회의 이야기를 하지 않으면 되지 않을까 싶은데요." 누군가가 말했다. 나는 즉시 그 이야기를 플립 차트에 기록했다. "또 다른 방법은 없을까요?" 나는 그들에게 생각할 시간을 길게 주지 않았고, 얼마 지나지 않아 우리는 웃음 가득한 분위기 속에서 여덟 개에서 열 개 정도의 방법을 찾아냈다. 그들은 내가 아무것도 모르면서 설치는 뜨내기가 아니란 사실을 깨달았고, 그 회의는 꽤 성공적으로 끝났다.

- **비눗방울 브레인스토밍:** 인간의 뇌는 종이 위에 나열된 두세 개의 항목을 자동으로 연관 지으려 하는 경향이 있다. 프로젝트나 회의를 시작할 때, 성공적인 결과를 구성하는 모든 자잘한 요소들을 그저 파악해보는 정도로도 도움이 된다. 이때 이들을 리스트보다는 비눗방울 모양으로 나타내면, 뇌의 비교적 사고가 즉시 활성화되어 계획에 관한 대화를 나누기 위한 만반의 채비를 갖추게 된다. 각 항목들은 어떤 특정 순서로 나열될 필요 없이, 그저 읽을 수 있기만 하면 된다.

- **회의 설계 도표 만들기:** 2장에서 살펴본 기본 도형은 회의 계획을 도표로 나타내기 위한 최상의 도구다. 원을 사용해 실제 회의와 참가자 소그룹들을 나타내라. 제작되어야 하는 문서는 사각형으로 표현하라. 속

빈 화살표는 회의 이외의 완수되어야 하는 프로젝트를 나타낼 수 있다. 이들을 결과를 담은 크고 작은 원으로 한데 묶어 시간대에 따라 배열하고, 글머리 기호를 사용해 여러분이 해야 할 다양한 일들을 기록하라. 이와 같이 격식에 얽매이지 않은 형태의 스케치는 사고를 이끄는 원동력을 제공하는 유용한 수단이다.

- **찬성반대 도표:** 매우 간단한 그림이 어떠한 결정을 내림에 있어 혼란을 느끼고 있거나 확신이 없는 이에게 정말로 큰 도움이 될 수 있다. 종이 위에 T자를 큼지막하게 그리고, T의 한쪽 팔에는 '찬성', 반대쪽 팔에는 '반대'라고 이름 붙여라. 그리고 결정해야 할 사항을 찬성하는 자신과 반대하는 자신 모두의 생각을 양측에 각각 열거하라. 정보를 이와 같이 형식화함으로써 결정 과정을 신중하게 수행할 수 있으며, 선택의 대상(여러분 자신이 될 수도 있고, 다른 누군가일 수도 있다.)으로 하여금 상황을 좀 더 전체적 관점에서 고려하도록 기회를 줄 수 있다. 또한 나란히 배치된 두 개의 리스트는 마치 양팔 저울과 같은 시각적 도구로 기능한다. 이 형식을 사용하면 둘 중 어느 쪽이 더 채우기 쉬운지 즉시 알아차릴 수 있어서, 그 자체로도 어느 방향의 결정을 내려야 할지에 대한 단서가 될 것이다.

이 책의 2부는 보다 대규모의 회의를 진행함에 있어 상호작용을 통해 참가자들의 충분한 관심과 참여를 고취시키는 부분에 집중할 것이고, 3부와 4부에선 보다 대규모의 시각화를 수행하기 위한 간단한 방법들을 다룰 것이다. 여태까지 살펴본 간단한 기초 연습들은 대규모의 회의에서 또한 유용한 역할을 하게 됨을 명심하라. 그림을 사용하는 시각화에선 마치 음악에서 그러하듯이, 간단한 기본 구성 요소가 다른 모든 것을 이루는 기초가 되며 가장 유용한 요소로서 기능한다. 플립 차트상에 사람들의 이름을 포함한 간단한 활동 목록을 만드는 것은 지금 당장 활용하기에 손색없을 만큼 적절하고 효과적인 시각화 기법이다.

간단한 그래픽 템플릿

비주얼 미팅법의 활용이 전파됨에 따라 미리 디자인된 그래픽 템플릿, 즉 벽에 붙이는 대형 작업 용지의 사용 또한 널리 정착되었다. 이 간략히 구조화된 틀은 대화의 초점을 맞추는 데에 정말 유용하다. 앞서 제시한 일기 쓰기와 일대일 작업을 위한 연습 중 일부는 본질적으로 템플릿에 지나지 않는다. 1장에서 살펴

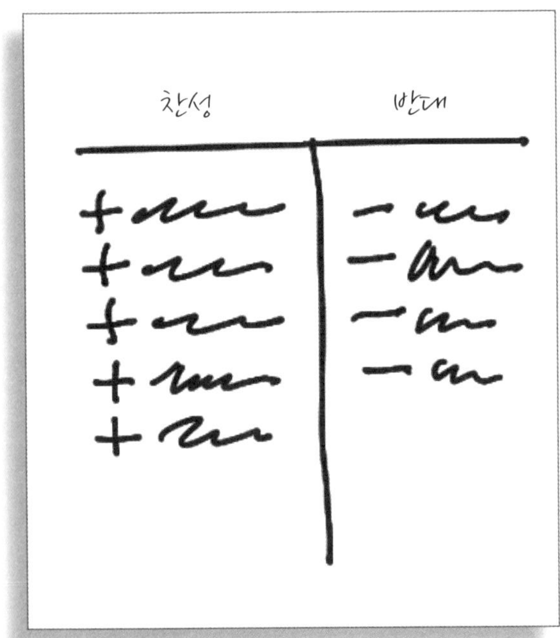

찬성반대 도표
때로는 가장 단순한 템플릿이 가장 큰 위력을 발휘한다. 이 T자형 도표는 결정해야 할 사안을 살펴볼 때 장단점 리스트와 같은 여러 가지 용도로 활용될 수 있다. 이는 또한 세력장 분석을 수행하는 데에도 활용될 수 있는데, 변화를 지지하는 세력과 저항하는 세력을 파악하는 용도다.

본 봉우리&골짜기 도표는 매우 간단한 템플릿의 예다. T 도표라고도 불리는 찬성 반대 도표나 풍경화 그림 또한 마찬가지다.

비주얼 미팅에서 성과를 얻기 시작할 수 있는 한 가지 방법은 회의 전에 간단한 템플릿을 제작해, 사람들이 회의 동안 이 템플릿을 포스트잇으로 채우거나 회의 내용을 그 위에 직접 기록하도록 하는 것이다. 이 내용을 싱가포르에서 한 무리의 인적자원 훈련가들에게 가르칠 일이 있었는데, 그들 중에는 교육이 끝나자마자 열릴 대규모 단체 학습 모임의 진행을 맡은 여성 훈련가가 있었다. 그녀는 모든 참가자들이 각자 변화에 대해 배운 바를 고찰하도록 이끌고 싶어 했다. 나는 그녀에게 간단한 템플릿을 만들어 그녀의 핵심 질문을 나열하고, 사람들이 포스트잇으로 정보를 추가할 자리를 제공하라고 조언했다. 그 템플릿의 흑백 버전은 이 페이지에 수록했다. 원본은 풀 컬러였으며, 매우 영감을 불러일으키는 성질의 것이었다. 이후 그녀는 내게 그것이 아주 큰 도움이 되었다고 보고했다.

논의 지표로서의 간단한 템플릿은 다음과 같은 유형의 회의에 즉시 활용될 수 있다.

- **브레인스토밍:** 몇 개의 간단한 질문을 제시하고 참가자들에게 그 질문에 관한 정보를 모으도록 하는 회의
- **회의 일정 계획:** 논의해야 할 항목으로 결과, 참가자, 향후 예상되는 활동, 안건 등이 있다.
- **학습에 대한 반성:** 워크숍이나 교육 또는 외부 행사[off-site]의 둘째 날 아침은 사람들이 전날 무엇을 배웠는지에 관한 이야기를 나누는 것으로 시작된다. 첫날 배운 다양한 것들에 관한 의견을 모을 공간이 마련된 템플릿을 만드는 것은 요약을 위한 좋은 방법이다.
- **고객 또는 의뢰인의 요구:** 영업이나 컨설팅 분야에 종사 중인 사람이라면 알고 싶은 몇몇 항목들을 담은 템플릿을 개발할 수 있다. 포함될 수 있는 항목들로는 바라는 결과, 이 분야에서의 경험, 도구, 연관된 사람들, 도전 과제 등이 있다.

이 주제는 정말 다양하게 변주될 수 있다. 고객과 만나기 전에 논의해야 할 항목들을 미리 점검하고, 논

집단 복습용 대형 템플릿

싱가폴 공무원 대학(Civil Service College in Singapore)의 수석 학습 디자이너 웬디 웡(Wendy Wong)에 의해 만들어진 이 간단한 템플릿은 대규모 조직 학습 컨퍼런스에 참가한 이들이 교육 후 가질 수 있는 추가적 의문에 관해 생각해 보는 일을 도왔다. 그저 포스트잇을 붙일 수 있는 네 종류의 공간을 만든 것이 그녀가 한 일의 전부였지만, 이는 매우 성공적인 첫 모임이었다. 여기 수록된 것은 그녀가 디지털 카메라로 찍은 사진이다.

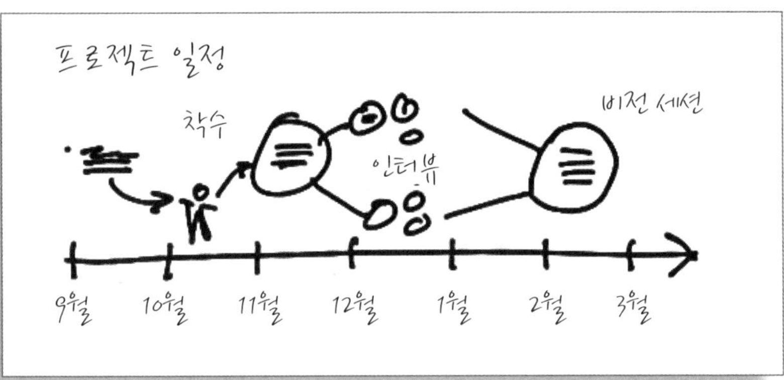

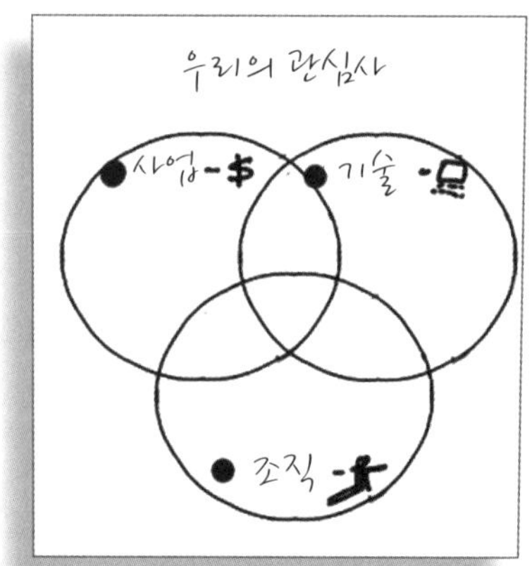

벤 다이어그램

벤 다이어그램은 다양한 인자들이 상호작용하는 방식에 대한 관심을 유도한다. 사실 벤 다이어그램은 수학의 한 줄기인 집합론에 대한 보조 수단으로 활용되고 있다.

타임 라인

간단한 타임 라인은 모든 이들로 하여금 하나의 프로젝트를 전체적으로 고려할 수 있게 해주며, 당장 직면한 과제를 넘어 상상의 나래를 펼치게 해준다.

의 항목에 대한 그래픽 템플릿을 제작하며, 이를 논의의 초점을 맞추는 데에 활용하라. 이러한 작업 방식의 한 가지 이점은 주제를 다루는 데 있어 직선적으로 접근할 필요가 없다는 것이다. 그래픽 템플릿을 사용하면 생각나는 대로 메모를 끄적이거나 적절한 곳에 포스트잇을 붙이며 여러 주제들을 자유자재로 넘나들 수 있다. 또한 그래픽 템플릿의 사용은 대화를 진전시키는 효과가 있는데, 이는 사람들이 한 부분이 채워지기 시작하면 자동적으로 다른 부분을 채우고 싶어 하기 때문이다.

간단한 템플릿 더 살펴보기

매우 자주 등장하기 때문에 여러분의 도구 상자에 넣어두면 좋을 몇몇 다른 유형의 간단한 템플릿들을 알아보자. 이들은 정보의 배열 방식에 있어 좀 더 구조를 갖춘 편이다.

- **타임 라인**: 타임 라인Time Lines, 즉 수직선 형태의 일정표는 집단 작업에 사용할 수 있는 가장 간단한 유형의 템플릿 중 하나다. 타임 라인은 논의되는 전체 시간 범위를 직접 눈으로 볼 수 있게 함으로써 대화에 변화를 가져오는 놀라운 도구다. 이는 어떤 프로젝트를 검토할 때나 팀의 역사를 설명할 때, 1년 활동 계획을 수립할 때, 그 밖에도 시간이 수반되는 거의 대부분의 일에 동원될 수 있다. 타임 라인의 제목이 논의의 목적을 명확히 나타내도록 하고(예: 우리 팀의 역사) 시간의 척도를 분명히 하면(시간, 일, 개월, 년?), 회의가 시작되자마자 급진전되는 것을 경험할 수 있을 것이다. 포스트잇을 사용하면 모든 사람의 참여를 고취시킬 수 있다.
- **벤 다이어그램**: 무리 지어진 정보가 담긴 차트를 가볍게 구조화하는 방식 중 하나로 겹쳐진 원을 사용하는 것을 들 수 있다. 이를 기술적 용어로 벤 다이어그램Venn Diagrams이라 부르며, 수학에서 널리 사용되는 시각적 표현 기법 중 하나다. 하지만 이러한 지식 없이도 한 원 안에 묶이는 정보와 다른 원으로 빠지는 정보, 그리

고 공통 부분에 들어가는 정보를 파악할 수 있게 되는 것이 얼마나 가치 있는 일인지 알 수 있다. 이 페이지에 수록된 벤 다이어그램은 집단 내에서 이뤄지는 흔한 대화 유형을 나타낸 것이다.

- **네 상자 모델:** 네 상자 모델Four-Box Models을 활용하지 않는 컨설턴트가 있긴 할까? 네 상자 모델은 그토록 단순하면서도 위력적이기에

유용하다. 네 상자 모델은 이분법적 사고로부터 사람들을 즉시 탈출시켜 일련의 깨달음을 제시한다. 네 상자 모델은 두 종류의 변수를 취한 뒤 서로에 대해 대응시킴으로써 네 개의 가능한 경우를 도출한다. 이는 서로 다른 서너 종류의 그럴듯한 미래 상황을 묘사하고자 하는 시나리오 플래닝 시에, 또는 우선순위 파악이나 체계적 분석 등에 활용된다.

특히 유용한 몇 가지 형식을 이 페이지에 나타냈다. 첫 번째 것은 간단한 우선순위 격자다. 두 번째 것은 어떤 시장을 공략해야 할지 고려하기 위해 마케팅 분야에서 흔히 사용되는 격자 모델이다. 세 번째 것은 조직에서 학습이 이뤄지는 네 가지 유형을 나타낸 것이다. 네 상자 모델의 템플릿은 간단히 상자와 레이블 정도만 있어도 충분하지만, 세 번째 예에 나와 있는 것과 같이 눈길을 잡아끌 수 있는 작은 그림을 추가해도 좋다. 이들은 비주얼 미팅을 이끄는 어떤 단계에 있든 간에 꾸준히 유용하게 작용할 근본적 형식의 훌륭한 예다.

- **타임 블록 일정표:** 언제나 회의를 계획할 때 사용할 수 있는 시간의 제약이 따르는 법이다. 회의에 앞서, 종이 한 장에 사용할 수 있는 전체 시간을 기입한 뒤 1시간 또는 30분에 해당하는 블

네 상자 모델

이 간단한 구조물은 두 개의 변수를 비교함으로써 항상 흥미로운 대화와 통찰을 촉발시키는 역할을 한다. 거의 모든 컨설턴트들이 이를 늘 사용한다.

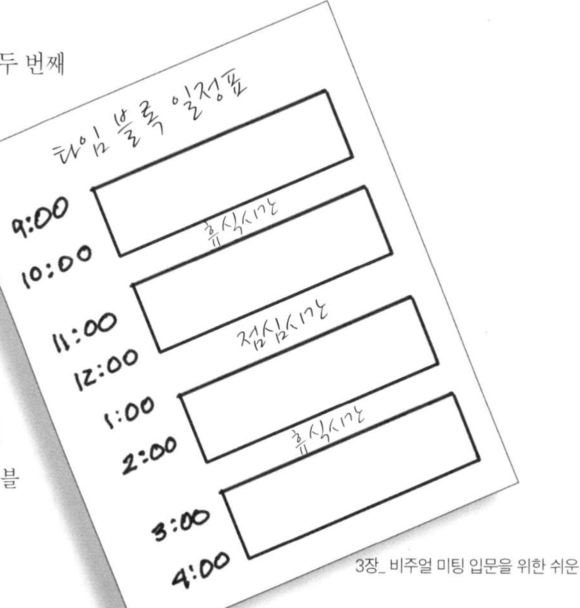

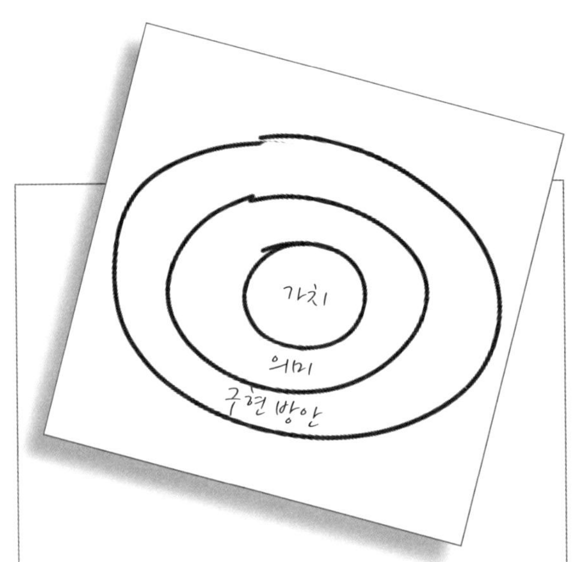

당신의 목표를 겨냥하라

자사의 가치에 관한 진지한 토론의 장이 열리길 원했던 한 의뢰인이 있었다. 나는 그 회사의 가치관이 축약된 여섯 개의 단어 각각이 중심에 위치한 여섯 개의 과녁을 만들었다. 우리의 과제는 사람들에게 이들이 의미하는 바와 이들을 행동에 옮기기 위한 방안을 인지시키는 것이었다. 그리하여 각 과녁의 제일 안쪽 고리는 해당 가치의 정의를, 그 바깥쪽의 고리는 사업의 다양한 부문에서 그 가치가 어떻게 발현될 것인가에 대한 사례를 위해 할당되었다. 이 디스플레이에 힘입어 참가자들은 세 시간 동안에 걸쳐 아주 열띤 대화를 나눌 수 있었다. 참가자들은 자연스레 모든 과녁을 채우고 싶어 했다. 또한 그들은 그들이 가장 관심을 갖는 곳에 가장 많은 글이 쓰여짐을 확인할 수 있었다.

록을 이용해 시간의 길이를 시각적으로 나타내보라. 이를 통해 각 의제에 얼마만큼의 시간을 사용할 것인지 가늠하는 데 도움이 될 것이다. 전체 의제를 논의하는 데 걸릴 시간은 고려하지 않은 채 의제 항목들을 열거하기만 하면서 회의를 계획하면, 주어진 시간 내에 모든 안건을 다루지 못하는 회의만 계속하게 되기 십상이다. 앞 페이지에 나온 일정표는 두 개의 오전 블록과 두 개의 오후 블록으로 이뤄져 있으며, 각 블록 간의 휴식 시간도 표시되어 있다.

- **과녁:** 또 다른 간단한 템플릿으로 일련의 동심원으로 구성된 것이 있다. 이러한 과녁 형태의 템플릿은 많은 흥미로운 일에 활용될 수 있다. 팔을 컴파스처럼 생각하며 그리기 전에 팔 젓기 운동을 하면 아주 쉽게 원을 그릴 수 있다(2장을 참고하라.).

다른 이들이 그림을 그리도록 하기

비주얼 미팅을 시작하기 위한 네 번째 방법은 회의에 참여한 다른 이들이 스스로 그림을 그리게 하는 것이다. 포스트잇과 간단한 템플릿을 활용하는 것은 모든 이들을 행동에 참여하게 만드는 가치가 있다. 하지만 사람들로 하여금 실제 그림 그리기를 수행하게끔 하는 것은 이들을 다른 유형의 두뇌 공간으로 인도하는 작용을 한다. 이는 사실 보기보다 훨씬 쉬운 일이다. 이 방법에 관한 두 개의 이야기를 준비했다. 이를 통해 이 방법의 작동 원리를 이해할 수 있을 것이다.

컨설턴트로 일을 시작하고 얼마 지나지 않았을 무렵, 브리티시 컬럼비아 주 밴쿠버 시청의 국장들이 참여한 회의의 퍼실리테이션을 의뢰받은 적이 있었다. 그들은 곧 열릴 국제박람회를 위한 계획을 수립하는 한편, 특별한 다리를 비롯해 시가 필요로 하는 몇몇 시설의 건축에 있어 협력해야 했다. 밴쿠버 시가 직면한 도전은 그곳이 가장 온화한 기후를 가져 캐나다 전역에서 가장 일하기 좋은 곳이린 사실로부터 기인했다. 그리하여 많은 경우 국장들은 일단 임명되면 그 자리에 머무르기 위해 온갖 일을 벌려대기에 바빴고, 그 결과 부서 간 자원 공유나 긴밀한 상호 협력은 거의 전무한 문화가 조성된 것이다. 지금은 상황이 다를지도 모르지만, 어쨌든 내가 의뢰를 받았을 때의 상황은 그러했다. 우선 이들과의 서먹함을 덜기 위해, 우리는 간단한 그림 과제를 준비했다. 이들을 다섯 명씩 나누어 세 개의 그룹으로 만든 뒤, 큰 종이 여러 장

탈것 그리기

이 그림은 "밴쿠버 시를 사람이나 물건 등을 수송하는 어떤 종류의 탈것에 비유해 그려보고, 각 부품에 이름을 붙여주세요!" 라고 지시받은 과제에서 나온 것이다.

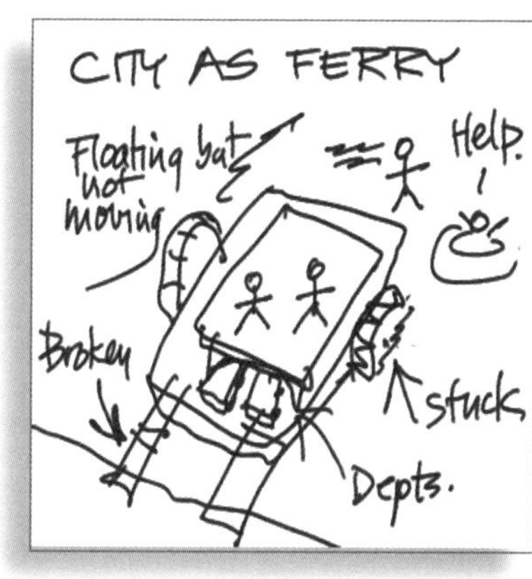

과 마커를 나눠주고 이렇게 말했다. "밴쿠버 시를 사람이나 물건 등을 수송하는 어떤 종류의 탈것에 빗대어 그려보고, 각 부품에 이름을 붙여주세요!"

우리는 그림 그리는 순서에 대해 딱히 요란법석하게 진행하거나 강조하지 않았으며, 참가자들에게 저항할 시간을 주지도 않았다. 그들이 알아채기도 전에 그룹 과제가 시작되었다. 나중에 일정이 끝나고 그들은 세 장의 우스꽝스러운 그림과 함께 일터로 돌아갔다. 하나는 망가진 버스의 그림이었고, 또 다른 하나는 일종의 페리보트였다. 하지만 내 기억에 가장 뚜렷이 남아있는 것은 정말 유쾌했던 보고 시간이었다. 기본적으로 잘못되었다거나 틀렸다는 식의 반응이 나올 수 없는 과제였기에, 참가자들은 장난끼 넘치는 태도로 임했다. 30분 내에 다섯 사람의 의견을 일치시키기 위해선 그저 헤맬 수밖에 없었고, 그 과정에서 참가자들은 온갖 종류의 지극히 진실된 이야기들을 꺼내기 시작했다. 단, 이상한 작은 그림과 비유적인 농담의 형태로 말이다. 각 그룹이 왜 자기 조가 그런 그림을 그렸는지에 대한 설명을 마칠 무렵, 회의는 이미 잘 진행되고 있었으며 매우 성공적으로 끝났다.

프로세스 맵

아래 그림은 원으로 표현된 다수의 회의를 수반하는 어떤 작업 과정의 모식도(模式圖)를 나타낸 것이다. 사각형은 문서를, 속 빈 화살표는 프로젝트를 나타내며, 맨 아래 줄에는 각종 자원을 나타냈다. 제너럴 모터스 사에서 사람들이 그린 그림이 이와 유사했다. 상당히 엉망인 그림이었음에도 불구하고, 각 소그룹은 약 10분 이내에 연습 한 번 하지 않고도 그 그림으로부터 새로운 공장에 관한 자세한 이야기를 요약해낼 수 있었던 것이다.

제너럴 모터스 사의 새 공장 개시 이야기

다른 이들에게 그림을 그리게 했던 두 번째 경험은 제너럴 모터스General Motors 사에서 있었던 일로, 내가 맡은 임무는 새 공장의 개업을 담당한 수십 명의 내부 관리자들과의 회의를 이끄는 것이었다(믿기지 않겠지만, 디트로이트 시가 번창했던 적이 있었다!). 이 또한 내가 컨설팅을 막 시작했을 무렵의 일이었다. 단 하루 동안의 회의였지만 우리는 많은 영역을 다뤄야 했고, 무엇보다도 각자 서로 다른 세부 프로젝트들로부터 무엇을 배우고 있는지 공유해야만 했다. 이론적 연습시간이 아니었던 것이다.

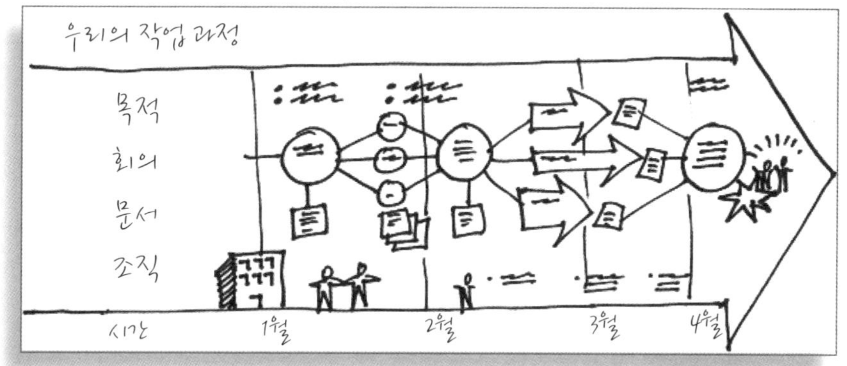

나는 비주얼 미팅이 즉시 결과를 얻을 수 있는 작업 방식이며, 방법론적 측면에서 얼마든지 무궁무진하게 변형될 수 있고 광범위한 분야에서 적용될 수 있다고 생각한다. 그리고 이 사실에 매우 큰 희열을 느끼고 있다.

이 과제를 위해, 나는 참가자들을 몇몇 소그룹으로 나눈 후에 각 조에게 타임 라인을 그리고 아주 간단한 기초 도형을 사용해 그들이 어떻게 새 공정에 착수했는지에 관한 이야기를 해달라고 주문했다. 그 결과 그들이 그린 것은 앞 페이지에 수록된 프로세스 맵^{Process Map}과 비슷한 형태였다. 나는 그것을 대형 차트에 스케치했다. 사각형으로 건물과 문서를, 속 빈 화살표로 프로젝트를 나타냈다. 나는 참가자들에게 사람을 나타내기 위해 별 모양 인간을 그리는 법을 보여주었다(2장에 나왔던 내용 그대로). 또한 원을 사용해 회의를 표현하도록 제안했다. 그리고 다음과 같이 말하곤, 그들에게 45분의 시간을 주었다. "그냥 연대순으로 이야기하되, 중요한 단계에 관해선 부가 설명을 추가해주길 바랍니다." 그날 회의를 마치고 돌아가는 그들의 손엔 그림 대여섯 장이 들려 있었다. 내가 그때까지 봐왔던 것들 중에서 가장 엉망진창인 그림이었지만, 어쨌든 내가 주문한 대로 모든 그림엔 타임 라인이 대충 담겨 있었고 내가 보여준 기호들을 얼추 사용한 흔적이 엿보였다. 하지만 이러한 작업 방식이 지닌 위력에 대해 내게 확신을 심어준 것은 그다음의 일이다. 그토록 엉망인 그림이었음에도 불구하고, 각 소그룹은 그 그림을 보고 약 10분 이내에 연습 한 번 하지 않고도 새로운 공장에 관한 자세한 이야기를 요약해낼 수 있었던 것이다. 나는 거의 펜을 만지지 않았다.

지금쯤 되면 여러분은 특별히 그림 그리는 재주가 없이도, 또한 숙련된 퍼실리테이터가 아니라도 비주얼 미팅으로부터 훌륭한 결과를 얻기 위한 수많은 아이디어를 갖게 되었으리라 생각한다. 앞서 나는 비주얼 미팅을 이끄는 것이 어느 정도 음악 연주와 유사성이 있다고 말했다. 어떤 회의는 모두가 아는 노래를 틀어 놓고 함께 따라 부르는 모임이다. 이는 네 상자 모델에 포스트잇을 곁들여 사용하는 경우와 같다. 재즈 같은 회의 또한 있을 수 있다. 그곳엔 하나의 주제와 다양한 파트가 존재하며, 여러분은 합주와 변주에 전념한다. 키, 스피드, 템포, 멜로디 라인 등에 있어선 연주가늘 간의 일치가 필요하지만 그 외의 대부분은 즉흥적으로 만들어진다. 오케스트라 음악이나 오페라와 같은 회의도 있을 수 있다. 이러한 회의는 다른 회의에 비해 더 많은 계획과 생각을 요구한다. 모든 참가자들은 같은 악보를 보고 노래를 불러야 한다.

나는 비주얼 미팅이 즉시 결과를 얻을 수 있는 작업 방식이며, 방법론적 측면에서 얼마든지 무궁무진하게 변형될 수 있고 광범위한 분야에서 적용될 수 있다고 생각한다. 그리고 이 사실에 매우 큰 희열을 느끼고 있다.

　책 뒤로 갈수록 1부에서 살펴본 기본 내용들을 기반으로 시도할 수 있는 내용들이 더 많이 제시될 것이다. 개념 설명이 너무 복잡해진다는 느낌이 들면, 건너뛰고 뒤로 넘어가서 당장 활용할 수 있는 방법이나 도구에 관한 내용을 찾아보라. 그 부분이 너무 간단하다 싶으면 계속 읽어 나가면 된다. 하지만 이 책에서 내가 제안하는 아이디어들 중 그 어떤 것도 고도의 그림 실력이나 전문 퍼실리테이션 경험을 요구하지 않는다. 일단 뛰어들어 직접 체험해보면, 시각적으로 작업하지 않을 때에 비해 훨씬 더 생산적인 결과를 얻을 수 있음을 굳게 확신하게 될 것이다.

시각적 듣기가 그토록 흥미로운 (그리고 손쉬운!) 이유

II. 집단 참여 유도 및 신뢰 구축

1부에서 비주얼 미팅을 통해 어떤 일이 가능한지 살펴봤다. 2부에서는 진정으로 생산성 있는 회의의 관건이라 할 수 있는, 참가자들의 실질적 참여를 유도하는 일련의 과정을 중점적으로 다룬다. 참가자들이 자신이 하고 있는 일에 충분한 관심을 갖고 결과를 인정하며, 함께 짜낸 아이디어의 구현에 협조한다면 회의를 이끄는 여러분과 그 회의 결과에 의존하고 있는 이들 모두 매우 행복할 것이다.

4장: 사람들을 참여시키기　그림에 참여하기, 손그림이 그토록 흡인력 있는 이유, 듣기를 통한 신뢰 구축, 높은 참여를 이끌어내기 위한 그래픽 리코딩, 기록 규칙, 시각적 표현으로서의 회의실, 수용력 있는 사람 되기

5장: 파워포인트 없이 프레젠테이션하기　미는 발표법과 당기는 발표법, 열린 비유의 활용, 포스트잇의 위력, 간단한 템플릿, 고속도로 지도 및 지형도와 아이디어 맵, 벽화를 만들어야 할 때

6장: 그림을 활용한 컨설팅 및 판매　테이블의 같은 쪽에 앉아 그림 그리기, 의제 기획 키트(agenda planning kits), 새로운 상사 설득하기, 컨설팅 팔기, 서비스, 발견 프로세스

7장: 직접 다룰 수 있는 정보 형태의 활용　포스트잇 모으는 법, 패턴 분석법, 소규모 회의와 회의 계획 세션에서 연습하기, 포스트잇과 템플릿 결합하기

8장: 화상과 상호작용의 활용　콜라주, 비전 수립, 대화에 그림 카드 활용하기, 카드 활용법, 조직을 위한 모래 상자 작업

4. 사람들을 참여시키기
그림을 상호작용에 활용하기

사람들의 참여를 유발하는 비주얼 미팅의 위력을 처음으로 절감한 순간을 아직도 기억한다. 그때 나는 코로 공공 업무 펠로십^{Coro Fellowship for Public Affairs} 프로그램에 참가한 젊은이들을 대상으로 세미나를 진행 중이었다. 그들은 모두 샌프란시스코 시의 서로 다른 정부 기관에 인턴으로 배정되었다. 한 사람은 시장 집무실, 또 한 사람은 도시 계획팀, 또 다른 사람은 경찰청 등 총 12개의 인턴 자리가 마련되어 있었다. 코로 재단의 설립자들은, 사람들이 자신의 경험에 깊이 몰두함으로써 모든 것의 의미를 스스로 파악할 때에 가장 큰 가르침을 얻을 수 있다고 믿었다. 결과적으로 교육훈련 담당자들은 강의나 발표를 하는 것이 금지되었고, 대신 참가자들 간의 논의를 보조하는 역할만을 수행할 수 있었다.

나 역시 1965년 로스앤젤레스에서 펠로십을 수료했으며, 한 해 동안 실로 빛나는 배움의 순간을 만끽했다. 이제 나는 교육훈련 담당자였기에 실제 현장에 나갈 순 없었다. 나는 무슨 일이 벌어지고 있는지 정말 알고 싶었으며, 우리의 금요일 세미나가 그다지 깊이 없어 보이는 스토리텔링 세션으로 전락하는 것을 참을 수 없었다. 한 사람이 말하면 뒤 이어 다른 사람이 다른 종류의 이야기를 하며, 기본적으로 시간을 함께하고 있지만 그 어떤 개별 주제에도 집중하지 못한 채 너무 다양한 이야기가 나오고 있었다.

어느 날 나는 우리가 만나는 방식을 바꾸기로 결심했다. 내가 원하는 것은 참가자들이 전체적 정부 시스템을 이해하고 모든 권력 관계에 관한 이야기를 나눌 수 있게 되는 것이었다. 나는 모든 상황을 말 그대로 '봐야만' 그렇게 할 수 있을 것이라 판단했다. 그래서 길다란 종이 두 통을 벽에 걸었다. 이 경우 내가 사용한 것은 신문 용지 끝부분이었다. 시각적 작업법을 전파하던 초기에, 우리는 신문사에서 신문을 인쇄할 때 인쇄기가 두루마리에 감긴 용지 모두를 사용할 수 없다는 사실을 알게 되었다. 결과적으로 60~90cm 정도 길이의 신문 용지가 늘 남겨졌고, 학교에서 정기적으로 이를 가져가곤 했다. 이는 우리에게 플립 차트 종이 공급원이 되었다(이제 대형 플로터를 사용할 땐 대부분의 미술용품점에서 판매하는 90~120cm 넓이의 가볍고 흰 종이를 사용한다.).

그다지 깊이 없어 보이는 스토리텔링 세션으로 전락한 금요일 세미나

시 정부 도표 그리기
그날의 코로 공공 업무 펠로십 세미나는 참가자들이 각자
배정받은 모든 정부 기관을 나타내는 거대한 도표를 함께
만들며 새롭게 거듭났다.

종이 두 장을 붙여놓은 광경은 실로 인상적이었다. 나는 높이 2.4m에 넓이 4.8m에 달하는 차트를 확보했다. 내 의도는 실제로 벌어지고 있는 일의 전체상을 파악하고, 참가자들로부터 직접 정보를 얻어내는 것이었다. 나는 매우 단순하게 시작했다. "당신은 어디로 배정받았나요?" 한 사람에게 이렇게 물었다. "상임 관리국 Chief administrative office 입니다." 그녀가 대답했다. 나는 차트에 가로 세로 60cm 정도 크기의 상자를 하나 그렸다. 나는 그녀에게 그곳이 하는 일을 간략히 설명하도록 하고, 대략 몇 명 정도가 일하고 있는지 추정해보라고 시켰다. 그리고 나는 다른 참가자에게 자신이 배정받은 곳을 물었다. "공공 사업국입니다." 그가 말했다. "그곳은 상임 관리국의 일부인가요?" 나는 물었다. "그렇습니다."라고 그는 대답했다. "상임 관리국에 비하면 공공 사업국의 규모는 어느 정도인가요?" 그가 약 1/3 정도의 규모라 생각한다고 대답했기에, 나는 첫 번째 상자 안에 1/3 크기의 두 번째 상자를 그리고 '공공 사업국'이라 이름 붙였다. 그다음 사람은 경찰청에 배정받아 일하고 있었는데, 그곳은 상임 관리국과는 별도의 기관으로 고유한 임무를 띤 곳이었다. 이런 식으로 12명을 거치자 대형 차트 위엔 그들이 배정받은 각 정부 기관을 나타내는 상자들이 각 기관의 근무자 수에 비례하는 크기로 표현되어 있었다. 그 과정에서 나는 각 참가자들에게 시 정부의 다른 부서가 어떤 일을 하는지에 관해 간단히 이야기해보도록 했다.

이윽고 우리는 배정받은 기관들을 벗어나 시 정부의 다른 중요 부서들을 차트 위에 나타내기 시작했다. 그들의 지식에는 빈틈이 있었지만, 나는 그다지 개의치 않았다. 우리는 가장 중요한 부분에 초점을 맞추어 진행했으며, 세세한 부분까진 건드리지 않았다. 나는 끊임없이 질문을 던졌다. 참가자들이 일하고 있는 기관에는 따로 표시를 했다. 그리고 나서 다른 부서들 간의 관계가 어떻게 되는지에 관해 묻기 시작했다. 나는 직접적 협력 관계에 있는 부서 간에는 굵은 선을 그렸고, 그저 정보를 제공하는 정도에 가까운 사이엔 점선을 그렸다.

일단 큰 그림이 완성된 다음엔 권력 관계에 관한 이야기를 나누기 시작했다. 다른 기관들을 이끄는 위치에 있는 기관은 무엇인가? 비교적 지속적으로 지도적 위치에 있었던 기관은? 그러한 기관에서 실질적으로 결정을 내릴 권한을 가진 사람은 누구인가? 위치상의 권력과 정보상의 권력 간에 차이가 존재하는가? 이 논의 동안 나는 기록을 멈추고 참가자들과 함께 전체 시스템이 작동하는 방식에 관한 각자의 지식을 공유했다.

그날의 모임은 오전 9시 정도에 시작되었다. 한참 모임을 계속하다가 시계를 보니 어느새 오전 11시 45분이었다! 거의 세 시간 동안 휴식 한 번 없이 달려온 것이었다. 모든 참가자들이 토의와 대형 도표 공동 제작에 완전히 몰두하고 있었던 것이다. 그 도표는 딱히 멋들어지지도 짜임새 있는 형태도 아니었지만 한곳에 많은 정보를 포함하고 있었고, 우리 모두 도표가 발전되는 과정을 함께했기에 그 내용을 이해할 수가 있었다.

그날 이래로 나는 이러한 시각적 작업 방식이 그저 세미나에 참석해 말하기만 하는 것과는 매우 상이하다는 사실을 깨달았다. 사람들에게 말할 기회를 주는 것은 틀림없이 참여를 이끄는 열쇠다. 그림을 쓸 필요조차 없이 말이다. 하지만 시각 자료를 사용함으로써, 우리는 어느새 이전까지 해본 적 없는 형태의 토론을 하며 꽤나 심오한 방식으로 시스템의 역학 관계를 논하고 있었다. 이 모든 것이 우리가 그 큰 도표를 함께 만들었기 때문에 가능했다. 아마 회의 전에 미리 준비한 대형 조직도를 이용했다면 그와 같은 논의 시간을 가질 수 없었으리라는 것이 내 생각이다. 도표를 만드는 과정에서 겪었던 그 고군분투야말로 그날 체험한 높은 참여도를 가능케 한 본질적 요인이었다고 나는 믿는다.

손그림은 왜 그토록 흡인력 있는 것일까

픽셔너리Pictionary는 파트너가 종이 위에 그린 그림이 어떤 단어나 개념을 나타내는 것인지 맞추며 어떤 팀이 많이 맞추는지 대결하는 재미난 게임이다. 카드 더미에서 단어 또는 개념을 뽑으면, 한 팀에서 카드 뽑기를 담당한 사람들은 자신의 파트너에게 그것을 설명하기 위해 맹렬히 그림을 그려대기 시작한다. 이 게임을 한 번이라도 해보면, 그림을 잘 그리는 것이 중요한 게 아니란 사실을 곧 깨닫게 될 것이다. 사실 그림에 너무 공을 들이는 사람은 대개 못 이긴다. 핵심은 상징을 동원해 사람들이 이미 알고 있는 바를 가

그날 이래로 나는 이러한 시각적 작업 방식이 그저 세미나에 참석해 말하기만 하는 것과는 매우 상이하다는 사실을 깨달았다.

이 원칙을 여러분의 머릿속에 새겨두어라.
"사람들은 명명백백한 대상보다는 암시적
인 것에 더 이끌린다."

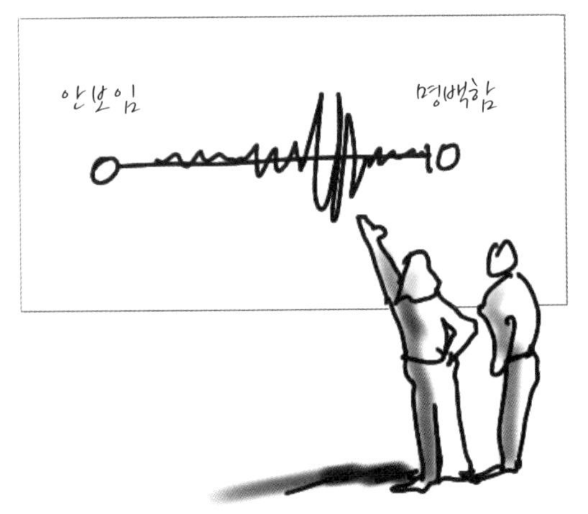

리키는 것이다.

인간의 뇌는 패턴을 감지한 뒤 우리가 이미 아는 것으로부터 구체적인 부분을 채우도록 만들어져 있기 때문에, 우리가 보는 것의 상당 부분은 '투영'된 것이다. 일단 그 그림이 무엇에 관한 것인지 파악하고 나면 우리는 직접 보이지 않는 모든 부분을 문자 그대로 '추가'한다. 이는 언어를 대함에 있어서도 마찬가지다. 누군가의 말을 들을 때, 여러분의 관심 일부는 다음에 나올 말이 무엇인지 예상하는 데에 할애된다. 이와 같이 작은 단서로부터 패턴을 채우는 현상은 연령과 문화를 초월해 보편적으로 발견된다. 또한 이는 손그림이 그토록 눈길을 잘 잡아끄는 이유이기도 하다. 이 원칙을 여러분의 머릿속에 새겨두어라. '사람들은 명명백백한 대상보다는 암시적인 것에 더 이끌린다.' 이끌린다는 것은 곧 주의를 온전히 집중하고 바라보고 면밀히 살피며, 또한 주의 깊게 경청하며 다음에 무엇이 나올지에 대해 궁금해하는 상태를 의미한다. 패턴이 부분적으로만 분명하거나 그리는 행위를 통해 드러나고 있을 때, 사람들은 앞으로 무엇이 나타날지 예측하려 시도하는 데에 사로잡힌다.

목적과 신뢰는 회의 참여 시의 최우선 고려사항이다

직접 만나서 하는 회의든 가상 회의든 간에, 사람들은 회의를 위해 한데 모였을 때 진정한 참여에 이르기까지 예측 가능한 패턴에 따라 행동한다. 그룹 프로세스 연구자 잭 깁Jack Gibb은 이 과정을 기술하는 협력집단 형성 모델team building model을 구축하기 위해 1960년대에 조직 개발 컨설턴트 마빈 와이스보드Marvin Weisbord, 앨런 드렉슬러Alan Drexler와 함께 일했다. 그들의 연구에 따르면, 처음으로 사람들이 갖는 의문은 "내가 왜 여기 있지?"라는 것이다. 이는 그 모임의 목적에 대해 상상하는 단계를 의미한다. 두 번째 것은 "당신은 누구지?"라는 의문과 함께, 보다 내면에서 갖는 "이 회의에서 당신이 내게 바라는 것은 무엇일까?"라는 의문이라고 한다. 이는 곧 신뢰에 관한 것이다. 그다음 이어지는 세 번째 의문은 "우리가 뭘 하고 있는 걸까?"다. 그리고 마지막으론 이렇게 묻는다. "이것을 어떻게 할 수 있을까?"

이 모델의 주장에 따르면, 사람들은 자신의 의문에 대한 답을 얻었을 때에만 다음 단계의 의문으로 넘어가며 그렇지 못했을 땐 참여하지 않기로 마음을 굳힌다고 한다. 이로부터 여러분은 사람들이 이 의문들에 대한 답을 찾도록 돕는 것이야말로 참여를 고취시키기 위한 열쇠임을 추론할 수 있다. 여기서 얻을 수 있는 중요한 교훈은, 집단 작업 시의 인간은 우선 다른 이들과 함께 일하는 것에 대한 사회적·정서적 의문들을 해소하는 답을 얻어야만 그 작업을 위한 사고 활동이나 여타 관련 업무에 온전히 몰두할 수 있게 된다는 것이다.

이와 같은 참여 과정은 사람들이 회의실이나 가상 회의 공간에 들어서기 전부터 시작된다. 이는 사람들이 또 다른 회의를 갖는 이유에 대해 상상하며 어떤 사람들이 참석할지 궁금해하는 시기에 해당한다. 1장에서 회의의 목적을 시각화하고 참가자들에게 모이기 전부터 방향을 잡을 공간을 제공하기 위한 몇 가지 팁을 제시한 바 있다. 회의의 이름이 회의의 개괄적 목적을 가리키고 기대되는 결과의 목록이 또한 앞으로 논의될 내용을 암시한다면, 대부분의 사람들은 회의실에 입장하기 전부터 자신이 그 회의에 참여하는 이유에 관한 나름의 이야기를 지어낼 수 있을 것이다. 우리는 일반적인 표현을 개인적 경험과 연결시킴으로써 이해한다. 이는 참여의 한 형태로, 연설가나 목사, 정치가 등이 일반적으로 사용하는 기술이다.

회의 참가자들이 회의장에 들어서자마자 갖게 되는 다음 의문은 "여기 누가 있지?"라는 것이다. 대부분의 사람들은 어떤 회의에서든 새로운 사람이 왔을 때 서로를 살피며 "당신은 누구지?"란 질문을 던지고 답하기에 여념이 없다. 깁의 연구는 사람들이 매번 휴식 시간을 마치고 돌아올 때마다 이 과정이 반복됨을 시사한다. 참여란 우리의 감정과 직관을 요하는 행위이지만, 단순히 사람들을 좋아하거나 싫어하는 것에 관한 문제는 아니다. 비용 절감 경영 중인 회사에서 일하고 있으며 해야 할 일이 너무나도 많은 사람이라면, 회의에 가는 것은 꽤 까다로운 문제다. 일이 더 생길지도 모르니 말이다! 다른 참가자들에 대한 확신이 서지 않거나 어떤 일을 요청받을지 불확실한 경우, 사람들이 택하

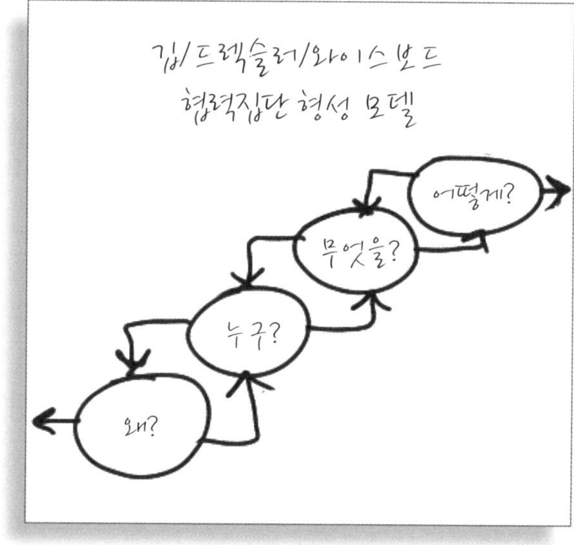

협력집단 프로세스

단체 작업 시의 위와 같은 단계 이행은 잭 깁에 의해 잘 연구되었다. 이 모델은 궁극적으로 집단에 대한 생각의 틀을 형성하는 은유를 담고 있다. 여러분 눈엔 보이는가? 이 모델과 앞서 살펴봤듯 책 전체를 구성하는 데 사용된 학습 모델 간의 연관 관계를 감지했다면, 맞게 본 것이다. 이는 인간에게 깊숙이 뿌리내린 패턴이다.

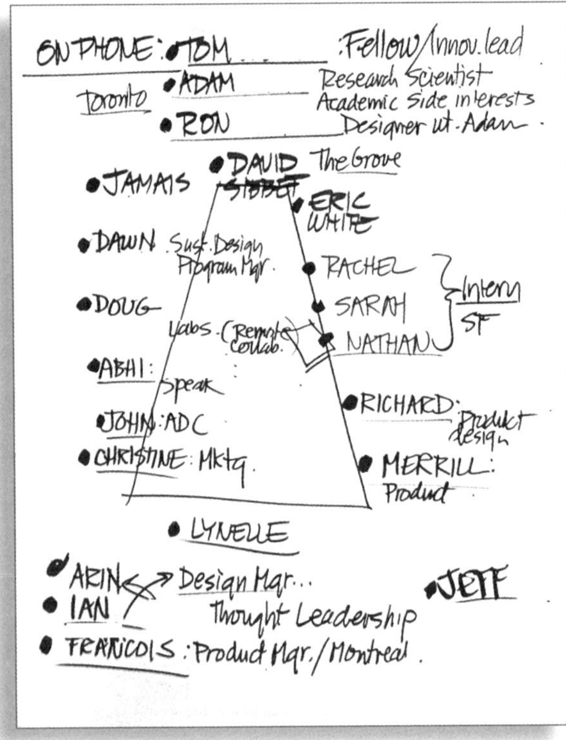

집단 조감도

간단한 좌석 배치도는 모든 이들이 회의에 참여한 사람들에
게 익숙해지도록 돕는다.

는 가장 쉬운 일은 그저 숨어서 활발히 참여하지 않거나 심지어 몰래 스마트폰으로 딴 짓을 하며 시간을 때우는 것이다. 인터넷이나 전화를 통한 회의 중이라면 참여하지 않고 다른 일을 할 기회는 더욱 많다. 지역사회 모임이나 양극화된 정치 상황의 경우엔 양질의 참여가 더욱 중요해진다.

우선 듣고 말은 나중에 함으로써 신뢰 구축하기

세일즈맨들은 신뢰를 쌓는다는 것이 상대에게 자신이 그들의 생각과 관심사에 대해 신경 쓰고 있음을 보여주는 한편, 팔고자 하는 물건만을 들이밀고픈 유혹을 억누르는 과정임을 안다. 이는 다른 어떤 종류의 회의에 있어서도 마찬가지다. 듣는 것이 먼저고, 부탁은 그다음이다. 회의에서 사람들은 다른 참가자들은 누구며 그들의 관심사는 무엇인ㅈ지에 대한 유의미한 답을 얻을 수 있는 방식으로 참여할 기회를 얻고 싶어 한다. 결과적으로, 나와 같은 퍼실리테이터들은 이렇게 하기 위한 많은 기법을 개발했고 검증을 거쳐 효과를 봤다. 이 중에서 내가 특히 선호하는 몇몇 방법을 소개하고자 한다. 여러분도 쉽게 따라 할 수 있을 것이다.

- **벽에 대형 집단 조감도 그리기:** 사람들이 회의에 오기 전이나 모이고 있는 동안, 회의석의 전경을 그려보라. 테이블 둘레를 따라 사람들이 앉게 될 자리를 원으로 표시하라. 회의가 시작되면 사람들에게 자기 소개를 주문하고, 이름과 담당 업무 등 소개된 모든 정보를 그림상의 해당되는 위치에 기입한다. 이름을 틀리게 쓰지 않도록 철자를 물어보도록 한다. 여러분은 실수하게 될 것이다. 그러면 웃음보가 터지며 진행 속도가 느려지겠지만, 여러분이 자신에게 다른 사람들이 누군지 파악할 시간을 줌으로써 자신을 기꺼이 도우려 하고 있다는 사실을 모두 인지하게 될 것이다! 이 과정은 인터넷 회의 시 태블릿 컴퓨터상에서도 잘 통한다.

- **창의적인**Imaginative **질문 던지기:** 위의 방법에 여러분이 생각하기에 연관성 있는 질문을 추가한다. 서로를 잘 아는 집단에겐 "이 안에서 여러분밖에 모르는 무언가를 말해주세요."와 같은 문제가 될 수 있다. 이는 자신이 다른 이들에 대해 무엇을 알고 또 무엇을 모르는지 궁금해지도록 유도하는 역할을 한다. 갓 꾸려진 팀의

경우라면 제일 좋아하는 활동이나 휴가 장소 등에 관한 질문을 할 수 있을 것이다. 단기간 동안 함께 일하게 될 팀의 경우엔 팀에 기여할 수 있는 각자의 장점이나 재능에 관해 이야기하도록 함으로써 모두에게 잠시 자랑할 기회를 줄 수 있다. 사람들은 패턴을 너무나도 빨리 파악할 수 있거나 자신이 이미 아는 내용이란 생각이 들 경우, 자신이 모르는 것으로 관심을 돌린다는 점을 명심하라. 그러니 모든 이들을 참여시키려면 지속적으로 그들에게 약간의 혼란을 주어야 한다.

- **날씨 안내 시간 갖기**: 회의 시작에 포스트잇을 활용할 수 있는 재미난 방법 한 가지는, 사람들에게 포스트잇을 나눠주고 현재 자신의 기분을 날씨로 표현한다면 어떠한지 써달라고 주문하는 것이다. 그들은 '맑고 화창함'인가, 아니면 '짙은 안개'나 '비' 또는 '돌풍'인가? 이는 별난 주문이기도 하고 분명 그 누구도 전문가일 수 없는 과제이기에 웃음을 불러일으키는 한편, 모두의 참여를 고취시키는 분위기를 조성할 것이다. 모든 이들이 다음 사람은 어떤 말을 할지, 자신의 기분을 어느 정도나 드러낼지 궁금해할 것이다.

- **그림 '로그인'**: 어떤 웹사이트에 로그인할 때 몇 가지 기본적인 질문에 답할 것을 요구받는 경우가 종종 있다. 비교적 대규모의 컨퍼런스에서 사람들의 참여를 유도하기 위한 좋은 방법 하나로 큰 벽에다가 참가자들이 그 컨퍼런스에 '로그인'할 수 있는 자리를 마련하는 것을 들 수 있다. 모니터 크기의 사각형들로 벽을 한가득 채우고, 사람들이 도착하면 이름을 물은 뒤 소속 회사 및 직함과 함께 '모니터' 위에 나타낸다. 그리고 묻는다. "오늘의 주제와 관련해서 제일 크게 관심 갖고 계신 부분은 무엇인가요?" 대답을 빨간 글씨로 기록해, 전체 사각형들을 훑어봄으로써 모든 이들이 가장 관심 있어 하는 내용이 무엇인지 파악할 수 있도록 한다. 늘 사람들은 로그인 벽 근처에서 서성대며 다른 사람들의 이야기를 읽거나, 그러다 마주친 사람들과 자기 소개를 주고받는다.

이들 각각의 활동은 사람들에게 어떠한 발표도 요구하지 않으면서도 일찌감치 회의에 무언가를 보태도록 이끈다는 점에서 공통점을 갖는다. 발언은 참여의 한 유형이며, 모든 이들이 회의가 시작하자마자 자신

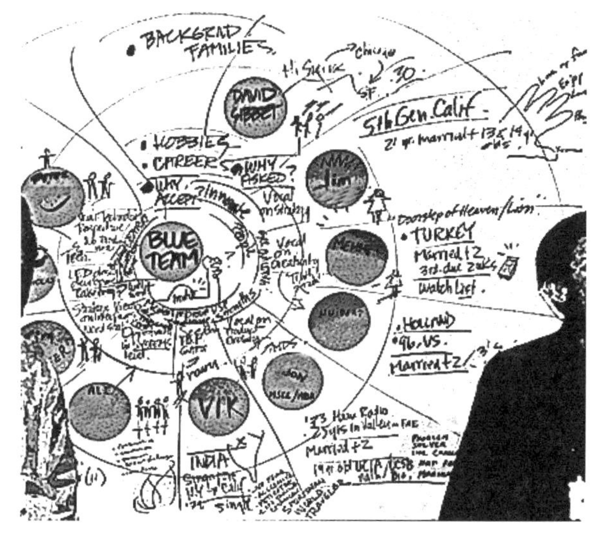

그림 '로그인'

위의 타깃 템플릿은 어느 혁신 워크숍에서 참가자들이 각자 배정받은 팀에 '로그인'하는 데 사용한 것이다. 참가자들은 3일간의 워크숍 기간 동안 서로 관계를 맺는 데 도움이 될 정보를 공유했다.

기록 효과

이 주기는 발언하는 사람뿐만 아니라 기록된 내용과 발언
된 내용 간의 연관성을 추적하고 있는 다른 참가자들까지
기대대로 강력하게 끌어들인다.

의 목소리를 더할 기회를 얻는다면 열띤 참여로 이어질 가능성은 훨씬 더 높아진다.

높은 참여를 이끌어내기 위한 그래픽 리코딩

이 책은 전문 그래픽 리코더나 그래픽 퍼실리테이터가 아니라도 실행할 수 있는 일들에 초점을 맞추고 있
다. 하지만 그래픽 리코딩, 즉 그림 형태로 회의 내용을 기록하는 것은 실로 충분히 검증된 훌륭한 기법이
기에 여러분이 여태까지 해본 적이 없더라도 고려해볼 만한 가치가 있다. 이는 사람들에게 여러분이 그들
의 이야기를 귀 기울여 듣고 있음을 분명히 보여주기 때문이다.

이 페이지에 수록된 작은 그림은 그래픽 리코딩을 수행하는 동안 벌어지는 일을 보여주고 있는데, 이
는 어째서 그래픽 리코딩이 참여 유도에 그토록 효과적인지에 대한 설명이기도 하다. 이 과정을 좀 더 심
도 있게 살펴보자.

직접 만나서 하는 회의든 전화 회의든 간에, 사람들은 회의에서 이야기를 나눌 때 호의적 대우를 원하
고 다른 이들이 자신의 말을 들어주길 바란다. 그저 자기 목소리가 들리는 걸 좋아하는 듯한 말 많은 사람
들도 분명 일부 존재하지만, 대부분의 사람들은 분명한 의도를 갖고 입을 연다. 전혀 시각적이지 않은 회
의에서 여러분이 발언 시 얻을 수 있는 유일한 반응은 사람들의 얼굴에 떠오른 표정이나 그들이 몸을 움
직이는 형태 정도다. 이 또한 분명 어느 정도 시사하는 바가 있는 반응이긴 하지만, 다수의 회의에 참여하
는 이들이라면 갈수록 과한 반응을 보이지 않게 되기 마련이다. 따라서 여러분의 입장에선 자신의 말이
받아들여지고 있는지 알기가 꽤 힘들다.

상황을 더 복잡하게 만드는 것은, 여러분이 말을 마치자마자 다른 누군가가 전혀 다른 이야기를 시작하
는 경우가 많다는 점이다. 그것도 여러분이 무슨 이야기를 했는지 잘 들었다는 그 어떤 의사 표시도 없이
말이다. 이는 사람들이 종종 다른 사람들이 말하는 동안 자신이 하려는 말을 연습하느라 다른 이들의 이
야기 내용에 크게 주의를 기울이지 않기 때문이다. 대화가 이리 튀고 저리 튀게 되는 것도 무리가 아니다.

이제 그림으로 기록하는 사람이 있는 회의를 상상해보자. 그래픽 리코딩이 최고의 효과를 거둘 수 있
는 소규모 회의의 경우, 회의 내용이 기록되는 모습을 모든 참가자들이 볼 수 있다. 한 사람이 이야기하면

플립 차트 또는 템플릿 옆에 선 기록자가 경청할 것이다. 약간의 격차를 두고 기록자는 무언가를 쓰거나 그리기 시작한다. 한 사람이 쓸 수 있는 양과 말할 수 있는 양 간의 비율은 기록이 잘 이뤄지는 날의 경우 약 1:6 내지 1:8 정도다. 이는 기록자가 모든 내용을 기록하는 것은 불가능함을 의미하지만, 유의미한 결과를 이끌어내는 데에는 충분하다!

기록자가 기록을 마치고 물러서면, 발언자는 기록된 내용을 보고 방금까지 발언한 내용에 관한 피드백을 즉시 얻게 될 것이다. 발언자는 기록되지 않은 중요 내용을 강조하거나, 기록자가 자신의 말을 제대로 나타냈음을 확인하고 다음 이야기로 넘어가는 등 기록된 내용을 바탕으로 다음에 할 이야기를 결정할 것이다.

듣고 있는 다른 사람들은 발언자가 한 말을 듣고, 조금 뒤에 기록자가 쓰고 그린 것을 본다. 이윽고 이 둘을 연결 짓고 싶어 하는 인간의 패턴 탐색 본능이 발동한다. 기록된 내용이 발언 내용과 연관 관계가 있고 정확한지 여부와는 상관없이, 사람들은 훨씬 더 주의를 기울이게 되며 그 과정에서 감정이 고양되는 것을 느낀다. 기록자가 빠뜨린 내용이 있으면 채우거나 정정하고픈 충동이 생긴다. 이는 참여하고자 하는 욕구다. 만약 기록된 내용과 자신이 핵심 내용이라 생각하는 부분이 일맥상통한다면, 그들은 연관 관계를 발견한 데 대한 만족감을 느낄 수 있다.

그래픽 리코딩을 회의의 필수 불가결한 요소로 삼을 경우 나는 예외 없이 사람들이 열성적으로 참여하는 것을 체험한다. 이러한 효과를 거둘 수 있는 열쇠는 자리에서 일어나 그림을 잘 그리든 못 그리든 간에 시각적 듣기를 실천하는 것이다. 세련되게 기록하지 못한다고 미안해하지 않고 모든 이들이 여러분의 작업을 볼 수 있도록 하면, 그들이 여러분을 이끌어주기 시작할 것이다. 필요하다면 되풀이해서 이야기하고, 중요한 내용은 강조하고, 무엇을 그려야 할지 말해줄 수도 있다. 이미 그들은 완전히 몰입한 상태일 것이다.

다음 페이지에 수록된 기록 규칙을 따르면 좋은 결과를 얻을 것이다.

기록 규칙

이 그래픽 리코딩은 한 리더십 수련회의 둘째 날에 있었던 복습 시간 동안 만들어진 것이다. 각자의 의견이 나름대로 인정받았다.

☐ 제목을 표시하거나 강조하고픈 내용이 있을 때는 대문자를, 보조적 내용을 나타낼 땐 소문자를 사용하라.

☐ 강조를 위해 그림을 활용한다.

☐ 키워드를 포착해 나타내되, 임의의 어휘를 쓰지 말고 발언자가 말한 그대로 기록한다.

☐ 모두가 읽을 수 있도록 충분히 크게 쓴다.

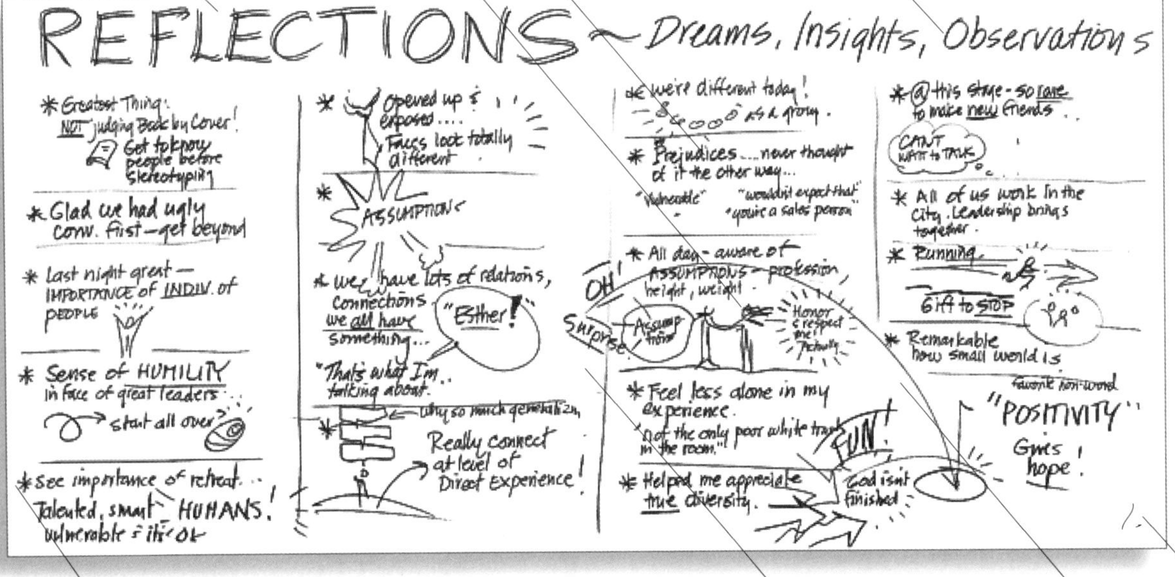

☐ 글씨를 쓸 때 자연색 계열, 즉 푸른색, 녹색, 검은색, 갈색을 사용한다.

☐ 강조하고픈 내용을 쓸 때 주황색이나 노란색과 같은 밝은색을 사용한다.

☐ 다음 단계나 마감 시한, 과제 등 즉각적인 관심을 요하는 항목을 강조할 때 빨간색을 사용한다.

☐ 발언자들이 여러분이 쓰고 있는 내용을 볼 수 있도록 한다. 참가자들에게 정보를 요청함으로써 기록의 정확도를 확인한다.

☐ 새로운 생각의 흐름으로 넘어간 것을 나타내기 위해 글머리 기호를 일관성 있게 사용한다.

☐ 글머리 기호를 수직으로 나란히 위치시킨다.

☐ 추가 코멘트나 여론 조사를 위한 여백을 남긴다.

☐ 줄 간격을 띄운다.

☐ 기록물을 다시 살펴볼 때 핵심적인 정보가 눈에 띄게 하려면 원과 선을 덧그린다.

☐ 다음에 참고할 때를 위해 차트에 번호를 매긴다.

그래픽 리코딩을 활용해야 할 때

그래픽 리코딩이 회의 내내 필요한 것은 아니다. 하지만 기록을 꼭 해야만 할 중요한 시점이 있다. 여러분이 어느 시점에 기록을 자원하고 나서야 할지, 또는 회의 진행자로서 언제 기록이 이뤄지도록 계획해야 할지에 대한 체크리스트를 준비했다.

- 회의의 목적과 예상되는 결과 열거하기. 이는 계속 붙여두기에 좋다.
- 워크숍이나 특별 행사 또는 고객 상담에 대해 기대하는 바를 기록하기
- 핵심 정보를 담은 집단 조감도 만들기
- 가능한 모든 선택지의 목록을 얻기 위한 브레인스토밍
- 활동 제안 기록
- 결정해야 할 안건이 있는 회의 동안 찬성 반대 의견 열거하기
- 배운 내용 요약하기
- 계획 완수를 책임져야 할 사람들 열거하기

물론 회의 내내 기록이 이뤄지도록 하는 것도 가능하지만, 그래픽 리코딩은 위에 열거한 종류의 일들에 특히 효과적이다. 스스로에게 물어보라. "회의가 끝날 때까지 참고용으로 계속 벽에 걸어놓았을 때 유용할 것들이 무엇일까?" 그것이 곧 시각화해야 할 것들이다.

참여 고취를 위한 화상의 사용

인지 과학자들은 인간의 뇌가 언어를 처리할 때와는 다른 부분을 동원해 화상을 처리한다는 점에 동의한다. 대부분의 경우, 뇌의 왼쪽은 언어 처리 장소이고 오른쪽은 화상 처리 장소다. 질 볼트 테일러^{Jill Bolte Taylor}의 저서인 『긍정의 뇌: 하버드대 뇌과학자의 뇌졸중 체험기^{My Stroke of Insight}』는 이에 관한 놀라운 이야기를 담고 있다. 이 책은 그녀가 뇌 좌반구에 발생한 뇌졸중 때문에 언어를 정상적 방식으로 처리할 수 없게 된

참여를 저해하는 요소

여러분이 무심코 하는 어떤 행동들이 긍정적 참여의 열기를 드높이는 길을 가로막을 수 있다. 아래는 여러분이 피해야 할 일들이다.

- ☐ 참가자들이 사용한 단어를 임의로 대체하기
- ☐ 동의하지 않는다는 이유로 기록을 거부하기
- ☐ 아무도 읽을 수 없을 만큼 작게 글씨 쓰기
- ☐ 기록물 앞에 서서 안 보이게 가리기
- ☐ 그림을 예쁘게 그리는 데에 지나치게 몰두하기
- ☐ 말대꾸하며 대화의 주도권을 쥐기
- ☐ 사람들이 무엇을 기록해야 할지 말해줄 때 화내기
- ☐ 너무 느리게 기록해서 발언자보다 한참 뒤처지기

"회의 동안 참고용으로 계속 벽에 걸어놓았을 때 유용할 것들이 무엇일까?"

환기력 있는 이미지가 참여를 유도한다

문자를 이용해 책을 남기기 전에, 아메리칸 인디언과 같은 원주민들은 그들의 삶의 철학을 기억하고 젊은이들이 자연 세계에 마음을 열도록 이끄는 데에 화상을 활용했다. 많은 부족에서 매는 그 울음소리 때문에 전령을 상징했으며, 종종 뜨는 해와 비전, 새로운 가능성의 장소인 동쪽과 연관되었다. 나는 매 종이 모형을 만들어내 작업실에 갖다 놓고, 자기 성찰을 게을리하지 말고 내 직관의 목소리에 귀를 기울이라는 지침으로 삼고 있다. 사람들에게 이러한 그림(아마도 팀에 기여할 수 있는 그들의 재주를 상징하는)을 회의에 가져오라고 함으로써 즉시 그들의 마음을 열 수 있다.

이후에 쓴 것이다. 신경과학 분야의 박사 학위 소지자로서, 그녀는 다른 이들과 달리 자신에게 어떤 일이 벌어지고 있는지 관찰할 능력을 갖추고 있었다. 그녀의 2008년 테드[TED] 컨퍼런스 강연은 큰 반향을 불러 일으켰다. 우뇌만이 동작하는 상태에서 그녀는 전체성과 연결성과 초월성에 대한 감각이 예민해지는 것을 체험했다. 그녀는 자신의 경험으로부터 모든 인간이 이러한 능력을 갖추고 있으며, 우리가 뇌 양쪽 모두를 완전히 활용하며 일하면 분석적인 좌뇌만을 동원하며 일할 때보다 비교적 용이하게 참여를 유도하고 난제를 극복할 수 있을 것이라 결론 내렸다.

만약 참여 고취의 본질이 회의에 온 이들의 모든 능력을 이끌어내는 한편, 테일러 박사가 주장한 대로 우리의 좌뇌와 우뇌 모두를 존중하는 데에 있다면 이미지를 활용하는 것은 단순히 중요한 차원을 넘어 양쪽 두뇌 모두를 균형 있게 작동시키기 위한 필수 불가결한 일이 된다.

앞서 언급한 공공 정책 훈련 조직인 코로 재단[Coro foundation]은 하루 내내 이어지는 경쟁적 개별 및 집단 인터뷰라는 매우 특별한 교육생 선발 과정을 갖고 있다. 하지만 전체 과정은 자신에게 정말 의미 있는 어떤 물건을 나타낸 간단한 그림을 가져와서 설명하는 것으로 시작된다. 사람들은 기념품, 자전거, 책, 하이킹 복 등 온갖 것들을 가져올 것이다. 면접 대상자에겐 자신이 선택한 물건과 그 물건이 자신에게 중요한 이유에 대해 간략히 말할 1분의 시간이 주어진다. 면접관으로서 나는 이 과정이 얼마나 흡인력 있고 인상적인가에 대해 깜짝 놀라곤 했다.

지금은 몇몇 단체나 회사에서 열띤 참여를 이끌어내기 위한 용도로 고안된 사진 및 그림 세트를 만들고 있다. 이 세트엔 나름의 강렬한 이미지를 불러일으키는 사진이나 그림들이 한가득 들어있다. 8장에서 이들을 좀 더 자세히 설명할 것이다.

활용할 화상을 반드시 미리 준비할 필요는 없다. 올드 네이비[Old Navy] 사의 경영진 회의를 진행하게 되었을 때, 나는 모든 참가자들에게 자신의 가족 사진을 가져올 것을 주문했다. 회의 서두에 참가자들은 가족 사진을 보여주며 이야기하는 시간을 가졌다. 올드 네이비 사는 매우 가족 지향적이고 재미를 추구하는 문화를 갖고 있기에, 이는 그날의 경영 계획 수립 모임을 위한 실로 완벽한 참여 유도 활동이었다. 회의실은 즉시 생기를 띠었다.

시각적 표현으로서의 회의실: 누가 누구인지 시각화하기

회의실과 내부 공간 배치 자체 또한 시각적 표현의 일종으로, 사람들의 회의 참여를 고취시키기 위해 활용할 수 있는 부분에 속한다. 서로를 파악하기 위한 목적으로 갖는 매우 적극적인 활동 중 많은 것들이 회의실을 3차원 공간 디스플레이로 사용한다. 이 방법은 어떤 규모의 집단에 대해서도 효력을 발휘하지만, 대규모 회의에 특히 좋다.

- **회의실을 지도로 활용하기**: 가구가 배치된 방이라면 어떤 가구가 있는 쪽을, 혹은 테이블만 놓인 방이라면 테이블을 뒤로 밀어 놓고 그쪽 벽을 북쪽이라 선언한다. 그로부터 반대쪽 벽은 남쪽이고, 동쪽과 서쪽 또한 결정된다. 그리고 경계를 설명한다. 행정 단위는 지역이나 주, 또는 국가 전체가 될 수 있다. 사람들이 방향을 잡은 것을 확인하고, 자신이 사는 곳으로 이동해 가까이 있는 이에게 자신을 소개하도록 한다. 다음엔 자신이 일하는 곳으로 이동해 같은 일을 반복하도록 지시한다. 그다음은 가보고 싶은 휴가 장소다. 이러한 유형의 활동은 확실히 모든 이들의 참여를 이끌어낸다.

- **회의실을 심리적 모델**Mental models**로 활용하기**: 회의실 전체가 거대한 네 상자 모델이라 상상하고, 축을 정한다. 경영 저술가 아트 클라이너Art Kleiner가 조직 내에서 '누가 중요한가?'에 대한 프레젠테이션을 가진 컨퍼런스에 참여했을 때의 일이었다. 그의 연구는 조직의 의사결정이 그 '중요한 사람들'의 삶을 멋지게 만드는 것에 기반해 이뤄짐을 시사했다. 뒤이어 열린 워크숍에서 그는 방 안에 두 개의 축을 정해놓고 사람들

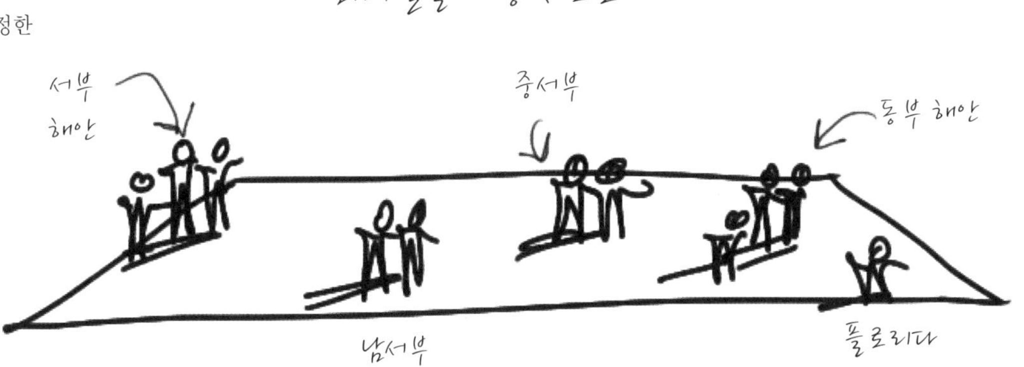

을 해당되는 위치에 자리잡게 했다. 한 축은 소속 조직의 규모를 1에서 1000까지로 나타낸 것이고, 다른 축은 전체 경력사 중에서 자신이 그가 정의하는 '중요한 누군가'였던 적이 있는 기간의 퍼센트 비율을 나타냈다. 그 결과 나타난 배치 상태는 워크숍의 이후 순서를 이끌어가기에 충분할 만큼 실로 위력적인 이미지였다.

- **인간 그래프 만들기:** 동료 에드 클라센[Ed Claassen]과 함께 중국에서 집단 성과[team performance]를 주제로 다국적 집단을 교육하고 있을 때의 일이었다. 에드는 모든 사람들은 서로 다른 작업 스타일을 갖고 있다는 사실을 사람들이 인식하길 원했으며, 이를 탐구하기 위해 일터로 돌아가서 자신의 팀원들과 함께 해볼 수 있는 활동을 하나 소개했다. 그는 직접 정한 몇몇 기준에 따라 사람들을 줄 세웠다. 우선 이른 아침부터 늦은 밤까지의 하루 시점 중 자신이 최상의 컨디션을 나타낸다고 느끼는 위치에 서도록 했다. 사람들은 자리를 잡고 선 뒤에 주위를 둘러봤다. 각자 동료의 위치를 확인해 나갈수록 여기저기서 탄성과 웃음소리가 터져 나왔다. 에드의 다음 주문은 자신이 사람들을 모으기 전에 먼저 스스로 문제를 탐구하는 것을 선호하는지, 아니면 아주 초기 단계부터 동료들과 의논하는 것을 좋아하는지에 따라 늘어서도록 한 것이었다. 다시 한 번 그들은 웃음과 함께 서로의 위치를 확인했다. 다음엔 하나의 관심사에만 집중해 일하는 것이 편한지, 아니면 다른 주제의 일을 동시에 하는 것이 좋은지에 따라서도 늘어서봤다. 이러한 종류의 '그래프 그리기'는 수많은 형태로 수행될 수 있는 활동이며, 사람들의 흥미를 끌기에 아주 좋다.

진정으로 수용력 있는 사람이 된다는 것

시각화는 듣기와 참여가 회의 초반부터 일어나도록 하기 위한 다수의 훌륭한 수단을 제공한다. 하지만 이 모든 도구 또는 방법의 기저엔 좀 더 근본적인 요소가 깔려 있는데, 이는 진정으로 개방적이고 수용력 있

인간 그래프

회의 참석자들에게 다양한 분류 기준에 따라 늘어서도록 주문하라.

☐ 최연소 ──────── 최연장자

☐ 아침형 인간 ──────── 올빼미족

☐ 일을 일찌감치 끝마침 ──────── 기한에 딱 맞춰 끝냄

☐ 협업 선호 ──────── 단독 작업 선호

☐ 외향적 ──────── 내향적

는 상대와 함께 있을 때 사람들에게 어떤 일이 일어나는가 하는 것이다. 인간은 서로에게 매우 잘 적응되어 있어서, 목소리 톤이나 표정을 아주 미세한 수준에서 인지한다. 자신의 생각을 속이는 데에 매우 능한 사람들이 간혹 있긴 하지만, 대부분의 사람들은 몸의 자세나 말하는 리듬 등과 같은 신호를 통해 자신의 감정과 태도를 무심코 드러낸다.

여러분이 함께 일하는 이들을 무관심하거나 무례하게, 또는 최악의 경우 경멸스럽게 대한다면 내가 설명하는 어떤 방법이든 실패할 것이다. 반면, 사람들이 하려는 말에 진심으로 흥미를 갖고 누구나 각자의 지혜를 갖고 있다고 믿으며, 그들에게 자기 나름의 방식으로 자신이 아는 바를 효과적으로 전달할 기회를 줌으로써 자신의 지혜를 동료들과 공유하려는 그들을 기꺼이 돕는다면, 그들은 깜짝 놀랄 만큼 여러분에게 마음을 터놓을 것이다.

시각화는 여러분이 이런 경지의 수용성에 도달하도록 도울 수 있다. 많은 명상 수련법이 이러한 원리를 포함하고 있다. 예를 들어, 티벳 사람들에게 전해져 내려오는 '샴발라의 전사$^{Shambala\ Warriors}$'라는 신비한 투사들에 관한 이야기가 있다. 샴발라의 전사들은 분쟁을 피하는 기술과 능력으로 명망이 높았다. 그들의 핵심 원리는 '모든 적에게서 떠오르는 해를 찾으라.'는 것이었다. 이 말은 모든 사람들이 갖고 있는 내재된 선함을 찾으라는 의미였다. 눈 앞에 보이는 99%가 동트기 전의 어둠일 때조차 말이다. 신화에 따르면, 적들은 일단 이러한 관심의 장에 들어서면 싸울 의지를 상실하곤 했다 한다. 쵸감 트룽파 린포체$^{Chogyam\ Trumpa\ Rinpoche}$의 『삼발라의 전사$^{The\ Shambala\ Warrior}$』란 책에서 읽은 이 이야기는 내 인생의 한 시점에서 깊은 감동을 주었다. 나는 사람들과 이야기를 나눌 때 그들의 가슴에서 솟아오르는 해의 이미지를 떠올리는 실험을 시작했다. 그렇게 하자 내 듣기에 변화가 일어났다.

이러한 내 경험은 여러분의 의도나 태도가 바로잡혀 있지 않더라도 기술과 도구가 문제를 해결해주리라 생각하는 것은 함정이란 점을 시사한다. 사람들의 뇌를 온전히 일깨운다는 것은 곧 그들을 판단, 분석, 사실, 문제 해결만이 아닌 신화와 꿈, 이야기, 비전의 세계

로 초대하는 것이다. 우리의 내면 세계는 소중한 것이며, 우리를 고무시키는 것들은 쉽게 공유되지 않는다. 화상을 통해 사람들의 열성적이고도 온전한 참여를 이끌어내는 일에 동참하고자 하는 만큼, 여러분 자신 또한 성찰과 자기 발견의 여정에 오르게 될 것이다.

이를 명심하고, 이제 다양한 회의 설정에 참여 유도법을 적용하기 위한 몇몇 기술들을 좀 더 심도 있게 살펴보자.

5. 파워포인트 없이 프레젠테이션하기
간단한 그림과 그래픽 템플릿

오늘날 어디에서나 찾아볼 수 있는 파워포인트^{PowerPoint}를 필두로 하여, 프레젠테이션 소프트웨어는 비즈니스 분야에서 시각화 활용의 폭발적 증가를 가능케 해왔다. 많은 조직에서 '슬라이드'는 의사소통을 위한 거의 필수적인 도구다. 사람들은 이를 계획 수립 시에도, 판촉 시에도, 발표 시에도 사용하고 전 세계 사람들과 이메일로 주고받는다. 프레젠테이션 소프트웨어에 포함된 사용하기 쉬운 그림 도구들은 다수의 사용자들을 시각적 사고와 시각적 프레젠테이션의 세계로 초대해왔다. 하지만 진정으로 참여도 높은 회의를 이끌고 싶었던 이들에게 있어, 이는 위험한 함정으로의 길이기도 했다.

이러한 소프트웨어들의 활용법에 대한 최고의 안내서 중 하나로 낸시 두아르떼^{Nancy Duarte}의 『slide:ology 슬라이드올로지: 위대한 프레젠테이션을 만드는 예술과 과학』이 있다. 낸시는 앨 고어^{Al Gore}의 지구 온난화에 관한 그 유명한 슬라이드쇼를 디자인한 사람이다. 분명히 그녀의 회사는 실리콘밸리의 여러 최고 기업들을 위해 일하고 있다. 그녀는 슬라이드쇼를 잘 아는 사람이다. 그리고 그녀의 조언의 핵심은 슬라이드쇼의 시각적 표현력과 간단함을 활용해 강력한 이야기 전달을 수행하란 것이다. 잘 이뤄질 경우, 슬라이드쇼를 통한 시각적 프레젠테이션은 청중의 상상력을 자극하는 데 있어 여타 기법을 압도하는 최강의 무기다.

파워포인트는 당기기가 아닌 밀기다

대부분의 사람들이 활용하는 프레젠테이션 소프트웨어는 그 모든 장점과 범용성에도 불구하고 사람들의 참여를 효과적으로 유도하기엔 좋은 방법이라 할 수 없다. 왜냐면 이는 근본적으로 '밀기' 방법이기 때문이다. 이게 무슨 뜻일까? 그로브의 퍼실리테이션 교육에서 우리가 가르치는 중요 원리 중 하나는 회의를 이끄는 이들에게 집단의 에너지 역학 관계, 즉 집단이 움직이는 방식과 사람들의 참여를 고취 또는 저해시키는 동인을 이해시키는 것이다. 우리는 '밀기/당기기' 모델이라는 간단한 모델을 사용해 이 근본

프레젠테이션 비평

프레젠테이션 소프트웨어 남용의 어두운 측면을 보고 싶다면, 정보 디자인 분야에서 으뜸가는 저술가 중 한 사람인 예일대학교 에드워드 터프트(Edward Tufte) 교수의 매우 흥미로운 분석서 『The Cognitive Style of PowerPoint: Pitching Out Corrupts Within』을 권한다(구글에서 'Powerpoint, Tufte'를 검색하면 맨 위에 뜰 것이다.).

사람들은 이럴 때 밀쳐지는 것을 느낀다

☐ 지시
☐ 방대한 내용
☐ 미리 디자인된 서식
☐ 대립과 공격
☐ 의사결정
☐ 평가
☐ 제안

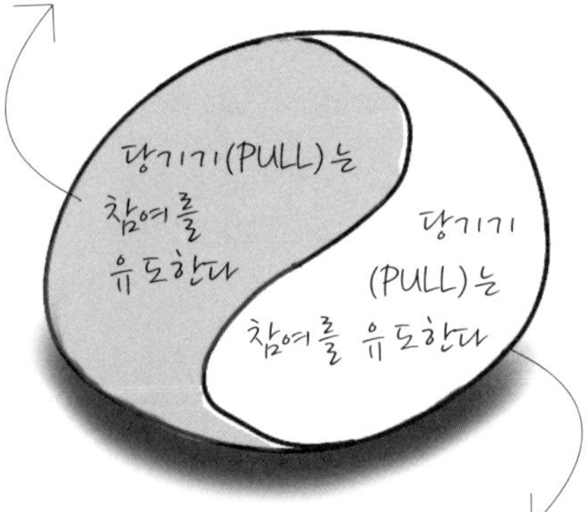

당기기(PULL)는 참여를 유도한다

당기기(PULL)는 참여를 유도한다

사람들은 이럴 때 당겨지는 것을 느낀다

☐ 자유로운 질의
☐ 단순한 그림
☐ 침묵
☐ 물러나기
☐ 빈 종이나 디스플레이상의 빈 공간
☐ 손으로 그려진 열린 차트
☐ 불확실성
☐ 의제에 대한 상세 설명

적인 동력을 설명한다. 이는 동양 철학의 심오한 가정인 만물의 음양적 본질에 관해 보다 쉽게 이야기하는 방식이다.

'밀기'는 어떤 상황에 위압적으로 나타나서 내용, 형태, 규칙, 지시, 구조 등을 더하거나 결정을 요구함으로써 상황을 변화시키는 것들을 가리킨다. 워크숍에서 우리는 교육에 참가한 퍼실리테이터들에게 파트너와 마주보고 서서 한쪽이 다른 쪽을 말 그대로 밀게 한 뒤 어떤 일이 발생하는지 발견할 것을 지시한다. 각자 생각해보자. 누군가가 여러분을 밀쳤을 때를 상상해보라. 여러분은 어떻게 반응하는가? 긴장하고, 자동적으로 저항하며, 상대를 되밀어낸다. 이와 마찬가지의 일이 회의에서 누군가가 발표나 제안을 할 때 발생한다. 내용이 복잡하거나 행동에 대한 암시를 담고 있을 때 특히 더욱 그렇다. 우리의 정신이 자동적으로 저항하고 되밀어내는 것이다.

저항이 반드시 나쁜 것은 아니다. 이 또한 참여의 한 형태이기 때문이다. 하지만 회의 참가자들이 밀쳐지기만 하는 것을 경험한다면, 그들은 곧 되받아치며 참여하고픈 기분을 느낄 것이다. 또는 그러한 기운이 회의장에 차오를 것이다. 그리고 사람들은 과부하가 걸려선 자기 보호를 위해 스스로를 닫아버리거나, 진행되는 상황에 이의를 제기하기 시작할 것이다. 아마 사람들이 "파워포인트가 사람 잡는다^{death by PowerPoint}."란 이야기를 할 때 가리키는 것이 바로 이 현상이다.

당기기는 관심과 참여를 유도한다

밀기의 반대는 당기기다. 마주보고 선 파트너가 여러분을 당기면, 여러분 또한 저항할 것이다. 하지만 이 저항은 밀쳐졌을 때와는 달리 되미는 것이 아니다. 무술의 한 형태인 합기도는 수련자들에게 상대의 공격에 주의를 기울여 그들을 끌어들이고, 한발 더 나아가 공격해온 방향으로 더욱 끌어당김으로써 상대가 자기 힘을 못 이기고 뒤집어지도록 대응하라고 가르친다.

회의에서의 '당기기'는 사람들이 자연스레 이끌리는 방향이나 참여하고픈 방향으로 움직이도록 도울 때 발생하는 것이다. 왼쪽에 수록된 모델에 나와 있듯이, 다양한 종류의 것들이 관심과 참여를 유도하는 역할을 한다.

당기는 기운은 강압적이고 양적인 움직임이 개방적이고 수용적인 움직임으로 변화되었을 때 나타난다. 궁극적으로 좋은 회의 진행자는 이 둘 모두를 할 수 있어야 한다.

프레젠테이션 소프트웨어 활용에 능숙한 최고의 발표자들은 간단한 화상, 멈춤, 질문, 청중과의 상호작용, 이야기 전달 등을 통해 이를 해내는 법을 알고 있다. 하지만 불행하게도, 비즈니스 분야의 너무나도 많은 슬라이드 프레젠테이션은 발표자들이 방대한 내용을 전달하는 데 급급한 '밀기'의 연속이다. 이런 상황에서 참여는 실질적일 수 없으며, 인간이 활용할 수 있는 모든 상태가 동원되지 않는다. 이번 장의 나머지 부분은 실제로 생산적인 참여를 이끌어내는 데 꽤 효과가 있음이 보증된 몇 가지 대안을 소개하는 데 할애하고자 한다.

파워포인트를 떠나야 할 때

자신이 어떤 종류의 프레젠테이션 보조 도구를 필요로 하는지 생각할 때, 오른쪽에 있는 목록을 참고해 여러분이 참가자들의 높은 관심과 참여를 필요로 하는지 따져보라. 만약 그렇다면, 프레젠테이션 소프트웨어에 의존하지 않는 법을 배우는 것은 노력할 가치가 있는 일이다. 어떤 조직이든 종종 한 발짝 물러나 자기의 비전과 전략에 대해 심사숙고하는 시간을 가질 것이다. 이러한 회의야말로 관심과 참여가 필수불가결한 종류에 해당한다. 계획 수립 회의는 경제 상황이 안정적이며 모든 이들이 어떻게 직무를 수행해야 하고 원하는 결과를 얻을 수 있는지 정확히 알고 있다면 불필요할 것이다. 하지만 경제 상황은 매우 가변적이고 갈수록 더 그렇게 되고 있다. 모두의 이해를 공유하는 것이 매우 중요하다.

앞으로 우리는 ___가 되어 있을 것이다

대규모 박스 스토어(저렴한 값으로 판매하는 소매점 – 옮긴이)의 진입으로 인해 사업 영역의 상당 부분이 잠식될 가능성에 직면한 대규모 지역 식료 잡화점 체인의 최고 경영진들이 함께한 회의를 맡은 일이 있었다. 회의 참가 인원은 15명 정도였는데, 전략에 관한 회의는 그들에게 낯선 성질의 것이었다. 대부분의 경우 그들이 직면하는 과제는 운영상의 문제였다. 하지만 새로운 경쟁에서 앞서기 위해 이전과는 다른

열띤 참여가 요구되는 형태의 모임들

☐ 새로운 팀 멤버 환영회

☐ 워크숍이나 교육 프로그램의 첫 번째 세션

☐ 잠재적인 고객 또는 의뢰인과의 첫 만남

☐ 브레인스토밍 및 디자인 회의

☐ 1년 계획 수립 모임

☐ 비전 수립 세션

☐ 문제 해결 회의

☐ 학습 세션

☐ 의사결정 회의

☐ 프로젝트 착수

☐ 이사회/직원 수련회

☐ 가상 팀 회의

☐ 워크숍

1. 모든 참가자들에게 앞으로의 자기 조직을 다른 조직이나 탈것, 식물 종류 등과 같이 다른 무언가에 비유해보라고 주문하라.
2. 사람들을 소그룹으로 나누어 플립 차트와 마커를 나눠 준다.
3. 논의해 아이디어를 내고 재빨리 스케치할 20분의 시간을 준다. 하나 이상의 아이디어를 제시해도 좋다.
4. 각 소그룹의 그림들을 비교해 사람들이 공통적으로 가장 매력적이라 여기는 특징들을 열거한다.

방식으로 일해야 하리란 것은 분명했다. 게다가 그들의 매장 또한 달라져야 할 것이었다. 실제로 조리된 포장 음식에 대한 수요 증가와 같이 이전과 달라진 고객의 관심사는 이미 변화의 원동력이 되고 있었다.

내 임무는 대형 스토리 맵Storymap으로 그들이 자사의 새로운 비전을 시각화하는 걸 돕는 것이었다. 스토리 맵이란 그로브에서 개발한 대형 정보 디스플레이로, 지도자들이 조직 비전과 전략에 관한 흥미진진한 이야기를 할 수 있게 해주는 기능을 했다.

내가 모든 참가자들의 참여를 이끌어낸 방법은 꽤나 단순했다. 나는 참가자들을 2인 1조로 나누어 다음과 같은 간단한 질문에 답하도록 했다. "앞으로 우리 매장은 ___일 것이다." 이와 같이 열린 질문을 던진 것은 그들이 자사 매장의 미래에 대한 어떠한 비유에 도달하도록 하기 위해서였다. 우리는 플립 차트 종이를 벽에 붙이고 수성 마커를 나눠준 후 이렇게 지시했다. "간단히 스케치하고 몇몇 특징을 써주시길 바랍니다." 30분이 지나 우리는 여섯 장인가 일곱 장의 스케치를 얻었고, 그로부터 많은 이야기를 나누었다.

한 조의 지향점은 '디즈니랜드'였다. 다른 팀에선 '우리는 지역 축제county fair 같은 곳이다.'라고 썼다. '우리는 농산물 직판장이다.' 이건 또 다른 팀의 말이었다. '우리는 마을 광장이다.' 그리고 또 다른 팀. '우리는 캠퍼스 같은 곳이다.' 또 다른 팀. 참가자들이 그림에 대한 이야기를 나누는 동안, 나는 각 팀이 공통적으로 지향하는 속성의 목록을 작성했다. '경험 있음, 선택의 여지가 많음, 온 가족이 할 수 있는 일, 알록달록, 신남'. 우리는 논의 끝에 디즈니랜드와 마을 광장을 대표로 뽑고, 그 둘을 하나로 합친 비전 그림을 만드는 일에 착수했다.

식료 잡화 업계의 전문가를 초청해 나날이 발전하고 있는 매장 디자인 방식에 관한 아주 고무적인 프레젠테이션을 해달라고 요청하는 식으로 이 회의에 접근할 수도 있었다. 하지만 참가자들이 더 많이 기억하고 훨씬 신경 쓰게 될 것은 그러한 최고의 프레젠테이션보다는 직접 그린 그림들과 대화 시간 쪽일 것이라고 나는 확신한다.

다양한 아이디어가 필요할 땐 언제나 사람들에게 간단한 그림을 그리게 하여 전시회를 꾸며보자. 사람들의 참여는 떼놓은 당상이다.

참여를 유도하는 포스트잇의 위력

운영 효율상의 문제로 골머리를 앓고 있는 한 의료 기기 업체가 있었다. 생산에서 판매까지의 과정end-to-end processes은 잘 조율되지 않았으며, 다양한 문제들을 해결하려는 노력은 온갖 선의의 목적에 의해 착수된 수많은 프로젝트만을 남겼다. 이 도전에 대응하기 위해, 최고 경영진은 관련 업무 프로세스상의 핵심 리더들로 이뤄진 특별 태스크포스 팀을 꾸린 뒤 수석 인사 담당자에게 첫 회의를 진행하도록 지시했다. 팀 멤버들의 원래 업무는 생산 계획에서부터 주문 처리에 이르기까지, 그리고 이들 프로세스를 보조하는 핵심 활동인 정보 기술, 조달, 제조, 유통, 고객 서비스 등에 이르기까지 실로 광범위했다.

나와 내부 인사 담당자가 직면한 도전 과제는 어떻게 해야 팀 멤버들의 참여를 완전히 이끌어내고 이 프로젝트에 헌신하도록 할 것인가라는 문제였다. 팀 내 몇몇 관리자들은 서로 경쟁 관계에 있었고 주어진 임무를 그다지 달가워하지 않았다. 문제의 복잡도가 상당했기에 어떻게 시작해야 할지 아무도 확신할 수 없었다.

매우 단순한 활동 하나가 첫 회의의 돌파구가 되었다. 당시 진행 중이었던 모든 프로젝트 중 팀에 주어진 업무 효율성 과제에 연관된 프로젝트들을 포스트잇에 써서 커다란 벽에 붙이는 활동이었다. 공항의 비행 통제 센터를 예로 들며, 나는 무엇이 필요할지에 관해 논의하기에 앞서 현 상황에 대해 우리 모두가 동의할 수 있는 그림을 그려볼 필요가 있다고 제안했다.

그 대형 디스플레이(이 페이지에 나와 있다.)의 각 행은 IT, 제조, 조달, 유통, 재무 등과 같은 서로 다른 기능을 나타냈다. 열은 따로 마련하지 않고, 대신 각 행에 포스트잇을 나란히 붙여나갔다. 이땐 가로 50cm, 세로 12.5cm 정도 되는 대형 포스트잇을 사용했다. 이 디스플레이를 완성하는 데엔 약 두 시간이 소요되었는데, 일단 완성되자 누구도 더 이상 보다 긴밀한 업무 조율의 필요성에 관해 이의를 제기하지 않았다. 그들의 문제는 선의로 시작되었으나 제대로 조율되지 않은 중복 프로젝트들의 난립이었던 것이다. 관제탑이 없는 공항을 상상해보면 감이 올 것이다.

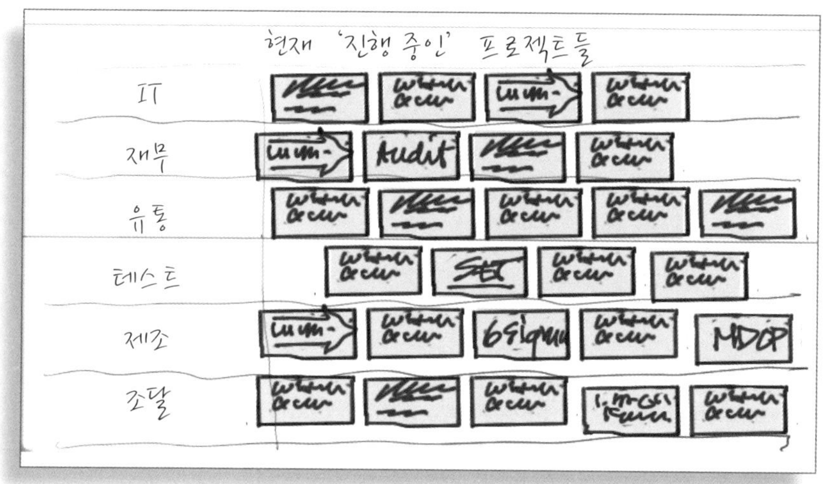

> **대형 포스트잇 벽 만들기**
>
> 1. 큰 종이를 두 줄에 걸쳐 긴 벽에 붙여라.
> 2. 여러분의 프로젝트에 연관된 모든 직분을 열거하라.
> 3. 각 직분별로 주도권이 어디에 있으며 여러분의 일과 관련된 프로젝트는 어떤 것들이 있는지 파악한다.
> 4. 벽이 완성되면 중복된 부분과 빠진 부분을 파악한다.

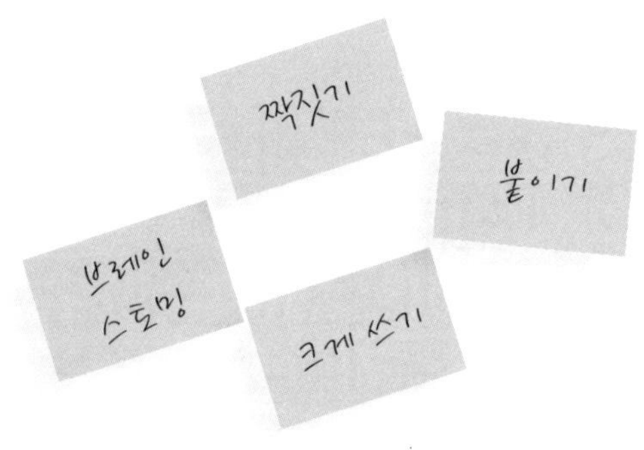

포스트잇

포스트잇 활용의 개념은 개인 혹은 두 사람이 현재 다루고 있는 어떤 주제와 관련된 아이디어들을 하나당 한 포스트잇에 씀으로써 만들어내도록 하는 것이다. 소규모 인원을 이끌고 회의 중일 경우엔 가로 12.5cm 세로 7.5cm의 포스트잇을 쓸 수 있다. 이보다 대규모의 인원과 함께하고 있다면 가로 20cm, 세로 12.5cm의 대형 포스트잇이 낫다. 포스트잇이 없다면 인쇄 용지를 반으로 잘라 테이프로 붙이면 된다(디스플레이의 두 상단 모서리에 작게 자른 테이프들을 붙여두면 사람들이 쉽게 종이를 옮겨 붙일 수 있다.).

유사도 도표(Affinity chart)

전문가를 초빙해 발표를 듣는 대신에 포스트잇을 활용함으로써 어떠한 주제든 분석할 수 있다. 일련의 항목들을 생성한 뒤 서로 간의 유사성에 따라 무리 짓는다. 7장에서 포스트잇을 활용하는 기법들을 자세히 다룰 것이지만, 여기서도 한번 살펴보자. 이 방법의 장점은 어마어마한 양의 정보를 생산할 수 있다는 점뿐만 아니라 항목 생성 및 분류 과정에서 수반되는 모든 활동과 움직임 그 자체에 있다.

전체 집단이 이런 종류의 활동을 할 때 발생할 수 있는 문제는, 각자 만들어내는 항목이 구체성과 연관성 측면에서 상이하다는 점이다. 하지만 그 모든 산만함이 모든 이들의 참여를, 특히 무질서 상태를 대개 견디지 못하기에 직접 뛰어들어 패턴과 연관 관계를 끄집어냄으로써 사물을 비교적 조직된 형태로 보고 싶어 하는 이들의 참여도를 고도로 끌어올리는 역할을 한다.

명심해야 할 것은 이 활동이 전체 학습 및 행동 과정의 한 부분에 지나지 않는다는 것이다. 따라서 너무 오랫동안 산만하게 두어선 안 된다. 항목 생성이 끝나면 일반적으로 다음 단계는 사람들에게 디스플레이를 구성하도록 주문하는 것이다. 이는 여러 가지 방법으로 행할 수 있다. 우선 소위원회를 임명해 휴식시간 동안 해놓으라고 지시할 수 있다. 또한 모두에게 모여서 항목들을 대그룹으로 분류할 것을 주문할 수도 있는데, 이때 누구든 언제나 포스트잇을 옮겨 붙일 수 있다는 간단한 규칙을 선언한다. 이렇게 하면 포스트잇들이 이 그룹 저 그룹 사이를 왔다 갔다 하는 요란법석한 시간을 지나, 결과적으로 모든 포스트잇이 깔끔하게 분류된다. 분류 과정 동안 서로 말을 하지 않도록 제안함으로써 약간의 재미를 더하라. 이렇게 함으로써 참가자들이 모든 정보를 읽는 데에 온전히 집중할 수 있으며, 관계 없는 대화에 빠지는 것을 피할 수 있다.

사람들을 그들이 조직한 다양한 그룹에 적합한 이름을 찾도록 인도할 때 사고 작용이 활성화된다. 한 집단이 이런 종류의 활동을 마칠 때쯤이면, 그들은 회의를 위해 이해해야 할 자료를 완전히 받아들인 상태일 것이다.

간단한 템플릿

유사도 도표는 상향식으로 동작한다. 간단한 템플릿은 하향식으로 동작하지만, 유사도 도표와 마찬가지의 원리로 기능한다. 이 경우엔 참가자들에게 어떤 기준에 따라 포스트잇들을 정리할 것을 주문한다. 이는 의사결정 깔대기Decision funnel(17장 참고) 구축 시 채택할 수 있는 좋은 방법이다. 기본 아이디어는 항목들을 몇몇 단순한 기준에 따라 예비적 수준에서 정리하는 것이다.

어떤 인사 팀과 일할 때의 일인데, 처음에 그들은 그해 목표로 10개 항목을 꼽았다. 하지만 우선순위 선정이 정말로 필요했기에, 나는 그들에게 3개 또는 4개 정도만 골라 집중하도록 했다. 이 경우 자유 토론은 합의에 도달하기 위한 올바른 방법이 아닌 것처럼 생각되었다. 팀장과 나는 투표 또한 적절한 방법이 아니라고 생각했다. 그녀는 앞서 꽤 자세히 논의된 전사적 목표에 비춰봤을 때 어떤 목표들을 택해야 정말 최선일지 팀원들이 진짜로 고심하길 원했다.

나는 간단한 '높음-낮음 격자HI-LO GRID'를 제안했다(이 페이지에 나와 있다.). 윗부분은 회사의 목표를 염두에 두었을 때 높은 효용을 가질 것들을 나타낸다. 아랫부분은 낮은 효용이다. 그리고 왼쪽 부분은 쉽게 행해질 수 있는 것들을, 오른쪽은 많은 노력을 요하는 것들을 나타낸다. 우리는 쉽고 어렵다는 것이 무엇을 뜻하는지 잠시 동안, 너무 길지 않게 이야기를 나눴다. 그리고 참가자들은 언제든지 아무 포스트잇이나 마음대로 움직일 수 있으니 말 없이 분류 작업을 진행하도록 지시받았다. 20분도 채 지나지 않아 그들은 분류를 마쳤고, 이제 도표상에서 가장 장래성 있는 목표 서너 개가 무엇인지 명확히 나타났다. 그들은 비교적 어려운 목표들은 내년 혹은 내후년의 목표가 될 수 있음을 알게 되었다.

고속도로 지도와 보다 복잡한 템플릿

때로는 문제가 너무 복잡해 어떠한 길잡이가 필요할 수 있다. 사람들이 회의에 전문가 프레젠테이션이 필요하다고 믿는 이유가 주로 이것이다. 하지만 그들의 고민을 대신 해주는 것과 그들로 하여금 상호적 방

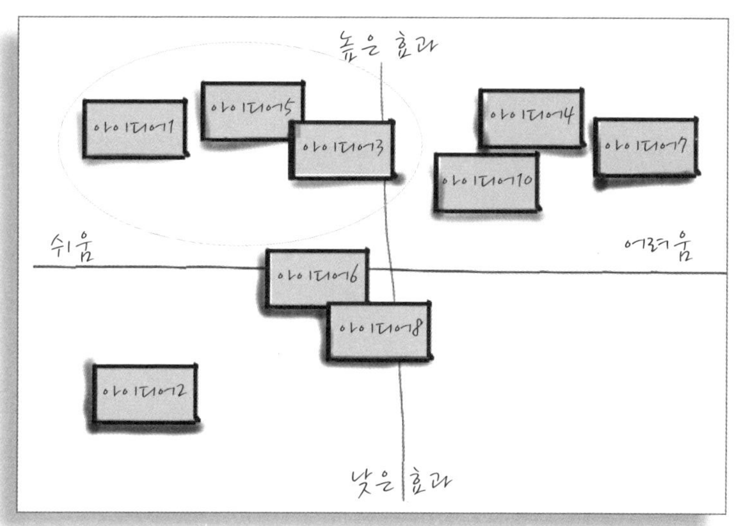

높음-낮음 격자
이 간단한 템플릿은 집단이 자기 아이디어들을 연관된 카테고리로 분류해 그들이 생각하기에 가장 높고 즉각적인 효과를 나타낼 것들을 고를 수 있게 해준다.

식으로 관심을 갖고 참여하게끔 하는 것 사이의 중간 지대가 있다. 이는 내가 이 책에서 '아이디어 맵^{idea maps}'이라 부르는 것의 활용을 수반한다. 아이디어 맵의 종류는 다양하다. 그중에서 어떤 과정을 표현하는 데 관계된 것을 나는 '고속도로 지도^{Freeway Maps}'라고 부른다. 고속도로 지도의 목적은 사람들이 도로, 즉 과정에 내재된 패턴을 파악할 수 있도록 돕는 것이다.

내가 함께 일했던 반도체 회사는 운영 관리에 너무 많은 비용을 지출하고 있었다. 관리 대상엔 제조 분과에 물자를 조달하고 공급하는 모든 과정이 포함되어 있었다. 경영진은 예산 수백만 달러를 절감해야 했으며 태스크포스 팀을 꾸림으로써 이를 해낼 수 있으리라 생각했다. 이는 생산부터 판매까지의 전 과정을 고려해야 했던 의료용품 회사의 대규모 태스크포스에 비해선 보다 좁은 부분에 집중하는 프로젝트라 할 수 있다.

회의 진행 방식에 대해 수뇌부들과 이야기를 나눌 때, 상황이 충분히 복잡하다는 것이 명백했기에 우리는 기초적인 내용을 두고 씨름할 필요가 없었다. 나는 그들에게 간단한 순서도에 나타낼 수 있는 고차원적 전체 프로세스 맵^{Process maps}이 있는지 물었다. 그들은 아마 있을 것이라고 대답했다. 나는 그들이 포스트잇을 활용함으로써 프로세스 맵의 큰 구성 요소들을 파악하도록 도왔다. 모든 프로세스 맵은 시간을 나타내는 한 축과 활동 분야를 나타내는 다른 축을 가진다는 점에서 유사하다. 활동 분야의 개수가 그 프로세스 맵의 복잡도를 결정한다. 나는 다른 분야들을 포괄할 수 있는 네다섯 개 정도의 큰 분야를 정하고, 세부 분야가 적힌 포스트잇들을 알맞은 대분류에 붙일 것을 주문했다.

태스크포스 팀의 첫 회의에서 한 활동 중 하나는 이 '고속도로 지도'를 보여주는 것이었다. 지도는 내용을 추가할 공간이 충분할 만큼 크고 여유 있게 만들어졌다. 지도를 본 팀원들에게 주어진 첫 과제는 그 지도를 비평하는 것이었다. 이것은 사람들이 정보에 관심을 갖게 만드는 좋은 방법 중 하나다. 비평해보라고 하는 것이다! 이는 말하자면 도표 제작에 적용된 당기기 전략이라 할 수 있다. 팀원들이 제시된 지도에 대해 어느 정도 수긍하자, 우리는 그들에게 여러 색깔의 가로 세로 7.5cm의 소형 포스트잇을 나눠주고 알맞게 차트에 붙일 것을 지시했다. 현재 잘 기능하고 있다고 생각되는 부분에는 노란색을, 제대로 기능하고 있지 않으며 관심이 필요하다고 생각되는 부분엔 분홍색을 붙이는 것이다. 분홍색 포스트잇을

모든 프로세스 맵은 시간을 나타내는 한 축과 활동 분야를 나타내는 다른 축을 가진다는 점에서 유사하다. 활동 분야의 개수가 그 프로세스 맵의 복잡도를 결정한다.

붙일 때는 자신의 의견을 자세히 적어달라고 주문했다(여기 실린 삽화엔 초록색을 사용했다.).

약 20분이 지나자 대형 지도는 포스트잇으로 뒤덮였다. 우리는 그날의 남은 일정 내내 분홍색 포스트잇 각각에 대해 이야기를 나누며 관심을 요하는 것들의 목록을 작성했다. 그날 하루가 끝날 때쯤 되자 모든 팀원들은 열심히 참여하고 있었으며, 무엇이 가장 큰 문제인지 꽤 명확히 파악하고 있었다.

지형도 사용하기

다른 종류의 아이디어 맵으로 정치적 경계 등과 같은 비지리적 요소를 나타내는 지형도^{Geographic map}를 들 수 있다. 한번은 국립공원 관리공단^{National Park Service}의 초청을 받아 공단 내 두 팀 간의 의견 차이를 조율하기 위한 회의를 진행한 일이 있었다. 한 팀은 알카트라즈^{Alcatraz}의 방문객 체험을 담당하는 팀이었고, 또 다른 팀은 자연 환경 보존을 맡은 팀이었다. 두 팀이 핏대를 올리며 싸우는 가장 큰 원인은 섬의 주요 종인 해오라기의 서식지가 샌프란시스코가 가장 잘 보이는 곳과 같은 쪽이라는 데 있었다. 공원 수뇌부는 어찌할 바를 모른 채 도움을 필요로 하고 있었다.

사람들이 화났을 땐 사소한 성가심과 시간 낭비가 사태를 더욱 악화시킬 수 있다는 것을 나는 경험을 통해 알고 있었다. 누군가 그들 앞에 나타나 어떤 일을 하라고 지시했다면 사태는 보나마나 재앙으로 치달았을 것이다. 따라서 이 회의에는 그 어떤 프레젠테이션도 적합하지 않았다. 나는 또한 회의가 어려워지는 원인 중 일부는 사람들이 상황에 대해 이해하고 있는 바와 언어 구사법이 다르고 구체적 어휘를 사용하는 방식이 모두 제각각이기 때문이란 사실을 알고 있었다. 나는 알카트라즈에 관한 이야기를 나눌 때 공원 운영 팀 간에 사용하는 공통 언어가 있는지 궁금했다. 시 정부의 기획부가 일반적으로 그러하듯 이들 간에도 구역 설정에 대한 어느 정도의 합의사항이 존재할까? 실제로는 그렇지 않은 것으로 판명되었

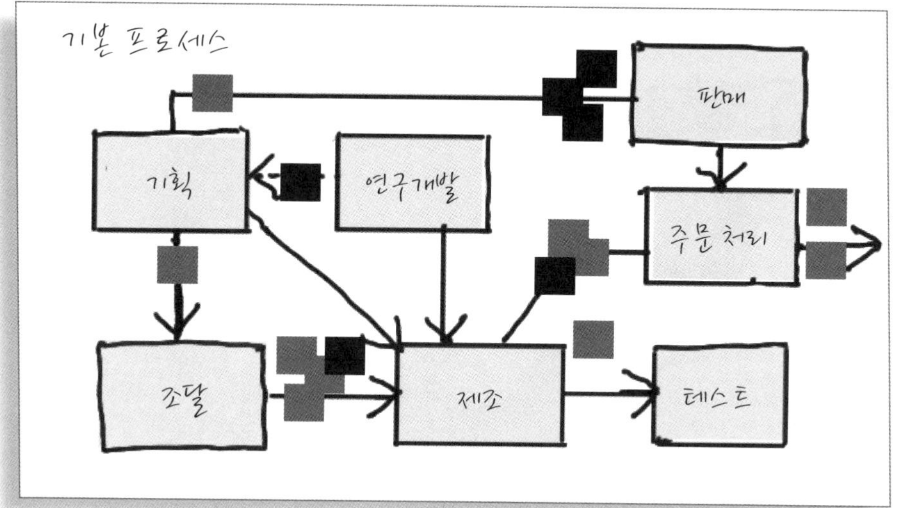

'고속도로' 지도

조직 프로세스를 검토함에 있어, 무엇을 고쳐야 할지 논의하기 위한 회의에 앞서 중요 기능들에 대한 고차원적 조감도를 그려보는 것이 유용하다. 그리고 회의 참가자들에게 여러 색깔의 포스트잇을 나눠주고 잘 돌아가고 있는 부분과 변화가 필요한 부분을 표시하도록 지시한다.

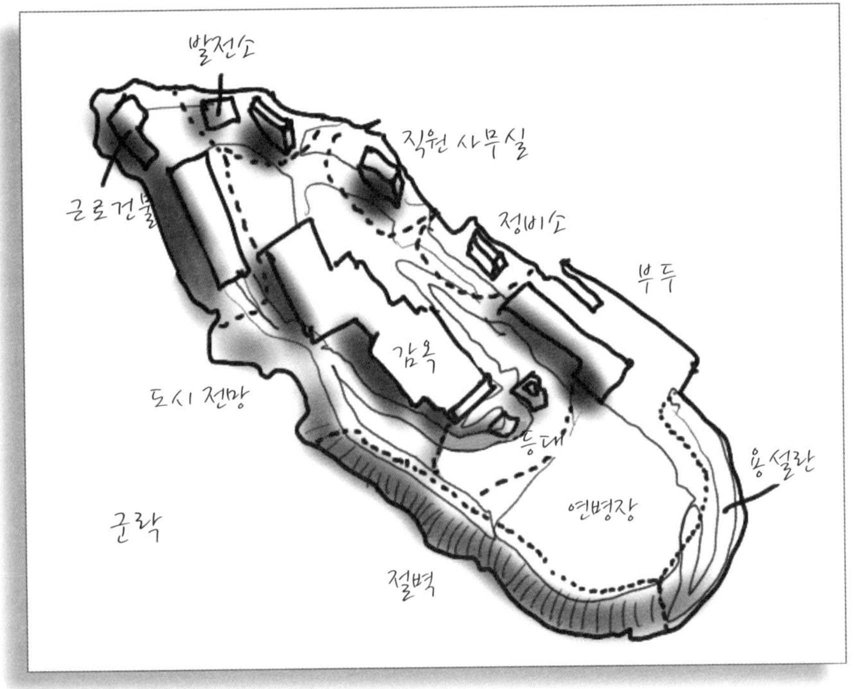

지도를 사용해 공통 언어 정하기

알카트라즈 섬의 여러 구역들을 나타내는 이 지도의 경우와 같이, 지형도는 지역사회나 도시 내의 물리적 계획 수립 문제에 관해 논할 때 집단에게 공통의 언어를 제공하는 역할을 한다.

다. 하지만 서로 다른 구역들을 가리키는 몇몇 통칭은 존재했다.

나는 승부수를 던졌다. 일단 어떻게든 모든 이들이 현 상황의 분명한 현실을 인식하고 양측의 관심사에 대해 구체적이고도 이성적으로 대화할 수만 있게 된다면, 불명확한 의사소통에 의해 야기되는 좌절은 더 이상 겪지 않아도 될 것이었다. 그러다 모두 더 나은 직감이 떠올라 뭔가 해낼 수 있을지도 모른다. 그래서 나는 직원들에게 커다란 종이 위에 섬의 '구획도^{zoning map}'를 만들도록 장려했다. 문제 지역의 각 지점엔 각자 사용하고 있던 구체적인 명칭들을 표기함으로써, 발언자가 어떤 명칭을 사용했을 때 정확히 어디를 가리키고 있는지 다른 사람들이 정확히 알 수 있게 했다. 나는 이렇게 함으로써 두 가지 효과를 얻을 수 있을 것이라 생각했다.

1. 참가자들은 회의 내내 전체 섬의 그림을 염두에 둘 수 있게 된다. 이와 같이 전체성과 연결성을 보여주는 것은 시각화가 가진 능력 중 하나다.
2. 상대가 어느 지점에 관해 이야기하고 있는지 잘못 이해함으로써 야기될 수 있는 불쾌감을 없앨 수 있다.

이 비장의 무기는 훌륭히 동작했으며, 그날 회의는 매우 생산적이었다.

아이디어 맵을 프레젠테이션 차트로 활용하기

프레젠테이션에 대한 매우 흥미로운 시각적 대안 중 하나로, 벽화^{murals}라는 이름으로 종종 불리는 이야기 전달용 대형 아이디어 맵을 활용하는 것을 들 수 있다. 이 아이디어 맵은 경영진과 그 밖의 이들이 복잡한 이야기를 전달할 수 있도록 도와주기 때문에, 그로브에선 이를 '스토리 맵'이라 부르고 있다. 이렇게 큰 그림을 사용하는 작업 방식의 모든 이점을 오른쪽에서 확인하라. 손으로 그린 벽화는 제시된 아이디어가 완전히 완성된 것이 아니며, 얼마든지 확장되거나 수정될 수 있음을 암시한다. 또한 벽화를 의도적으로 불완전하게 만듦으로써 회의 참가자들이 직접 빈 내용을 채워 넣는 순서를 두는 것도 가능하다. 스토리 맵이 슬라이드 프레젠테이션을 대신해 실로 놀라운 성공을 거둔 몇몇 사례들을 소개하고자 한다.

레드우드 지키기 연맹

그로브는 캘리포니아 해안 일대의 원시림 공원 조성을 주창한 단체인 레드우드 지키기 연맹Save the Redwoods League의 전략 세션을 이끈 바 있다. 매우 활발히 활동 중인 대규모 평위원회와 자문위원회가 함께했다. 모든 조직 구성원들은 그 무엇으로도 대신할 수 없을 이 오래된 나무들을 지키는 일에 열의를 갖고 있었다. 하지만 회원들의 근심은 컸다. 자신들이 연맹 일에 정기적으로 참여하고 있지 않으며, 주어진 자원과 현 투입 상황을 고려했을 때 실현 불가능할 온갖 종류의 아이디어에 쉽사리 현혹될 수 있다는 사실을 잘 알고 있었던 것이다. 하지만 현재 진행되고 있는 일에 대한 모든 프레젠테이션을 갖기엔 회의 시간이 충분하지 않았다. 따라서 회의의 관건은 평위원들과 자문위원들의 관심과 참여를 고취시킴으로써 명확한 계획을 수립하는 것이었다. 이를 위한 우리의 방안은 위원들에게 현재 연맹에서 진행되고 있는 모든 일들을 나타내는 대형 프레젠테이션 벽화를 완성하도록 한 것이었다. 벽화는 가로 2.4m, 세로 1.2m의 종이 위에 마커를 사용해 손으로 그려졌으며, 분필로 채색되었다. 완성된 벽화를 소개하는 데엔 고작 20분이 걸렸지만, 이 벽화는 남은 기획 회의 내내 벽에 걸린 채 모든 이들로 하여금 지속적으로 현 상황을 파악할 수 있도록 돕는 역할을 했다. 벽화 제작 과정 자체 또한 중요한 성과였다. 벽화를 만들기 위해 본 기획 회의 전 가진 수차례의 모임을 통해 위원들은 자신들이 지금까지 무슨 일을 해왔는지, 그리고 정확히 무슨 일을 하고 있는지에 대한 명확한 이해를 갖게 된 것이다.

기획 작업의 결론 단계에서, 그들은 그로브에게 자신들의 비전에 관한 이야기를 앞으로도 그림 형태로 전달하는 데에 활용할 수 있도록 그림으로 만들어줄 것을 요청했다. 다음 페이지에 수록된 것이 그 결과물로, 이후 수년간 성공적으로 활용되었다. 등장했다가 사라졌다가 하는 매체는 회의 내내 존속하는 매체만큼의 영향력을 발휘하지 못한다. 벽화가 필요할지 결정할 때 물어야 할 질문은 "전체 회의 동안 앞에

대형 차트로 하는 프레젠테이션의 이점

☐ 대형 차트는 발표 내내 사람들 앞에 전체 그림을 보여줌으로써 전체상에 대한 인식을 공고히 하는 한편, 나무만이 아닌 숲을 보도록 이끄는 역할을 한다.

☐ 스토리 맵은 대개 시각적 비유를 동원함으로써 사람들이 그림을 파악하기 위해 우뇌를, 동시에 전달되는 이야기를 이해하기 위해 좌뇌를 동원하게끔 한다.

☐ 큰 그림은 정보를 정밀하게 전달하는 동시에 어떤 감정을 불러일으킬 수 있다. 감정적 가치와 분석적 가치를 겸비한 셈이다.

☐ 대형 차트는 선형적 발표 전개를 요하지 않는다. 대형 차트를 사용하는 발표자는 자유자재로 화제를 넘나들거나 되짚을 수 있다.

☐ 대형 차트는 회의 참가자들이 논의되고 있는 세부 항목에 특별히 관심이 없을 때 볼거리를 제공해준다.

☐ 작게 복사해서 회의가 끝나고 돌아갈 때 갖고 갈 수 있다.

☐ 스토리 맵은 사람들이 각자 일터로 돌아갔을 때 자기 자리나 사무실 벽에 붙여둘 가능성이 여타 매체보다 높다. 프레젠테이션 슬라이드는 파일에 보관되는 경우가 대부분이다.

☐ 잘 이뤄진 스토리 맵 프레젠테이션은 사람들 사이에서 두고두고 회자될 수 있어 제작에 든 노력을 최대로 보상받을 수 있다.

대형 차트가 필요한 경우

슬라이드 제작 소프트웨어보다 대형 차트를 사용하는 것이 늘 더 효과적인 것으로 판명되는 프레젠테이션의 유형은 다음과 같다.

- ☐ 회의 내내 붙어있으면서 회의 지도자들과 참가자들에 대한 길잡이 역할을 하는 대형 일정표

- ☐ 어떤 팀이나 조직이 지금 열린 특정 회의에 이르기까지 어떤 과정을 밟아왔는가를 보여주는 연대기 도표 (Graphic history)

- ☐ 현 상황에서의 변화의 동인을 보여주는 정황도(Context maps)

- ☐ 사업 기획 동안 염두에 두어야만 할 중대 비전 및 전략

- ☐ 공정 개선 팀을 보조하기 위한 대형 프로세스 맵

- ☐ 현 프로젝트에 대한 시각적 요약

- ☐ 이해 관계자 관계도(stakeholder maps)

- ☐ 핵심적 심리 모델을 나타내는 벽화. 워크숍이나 교육 과정 조직 시 사용된다.

레드우드 지키기 연맹의
비전 지도

계속 머물러 사람들의 마음 한가운데 자리잡아야 할 것은 무엇인가?"라는 것이다. 그것이야말로 프레젠테이션 소프트웨어 대신 벽화의 형태로 제시해야 할 자료다.

나만의 아이디어 맵 만들기

벽화 프레젠테이션은 아주 간단한 것부터 매우 정교한 것까지 다양하게 만들 수 있다. 내가 강조하고 싶은 것은, 효과적 벽화 프레젠테이션에 있어 중요한 것은 개별적 제작 가치보다는 큰 크기와 정보의 시각적 특성 쪽이란 점이다. 자기만의 벽화를 만드는 일이나 팀원들에게 슬라이드를 대신해 벽화를 만들도록 하는 일에 두려움을 느끼지 말길 바란다.

6. 그림을 활용한 컨설팅 및 판매
고객의 관심사를 그려내라

여러분이 컨설턴트나 세일즈맨이라면 고객과의 첫 회의가 얼마나 중요한지 잘 알고 있을 것이다. 첫 회의는 첫 인상이 형성되고, 앞으로 일어날 일의 범위나 가능성에 대한 가정이 생겨나며, 신뢰 관계가 구축되는 장이다. 영업 분야에서 이는 라포rapport 형성이라 불릴 것이다. 컨설팅 쪽에선 이 과정을 범위 결정 단계라 여길 것이다. 두 경우는 매우 유사하다. 이번 장에선 고객과의 성공적인 관계 형성을 위한 비주얼 미팅법의 활용에 관해 살펴본다.

지금쯤이면 여러분은 활발한 과정으로서의 그림 그리기와 시각화가 어째서 관심 유발에 그토록 효과적인지 잘 알고 있을 것이다. 이는 우리의 마음이 패턴을 탐색하고 부분적 정보에 기반해 추측을 내리도록 길들여져 있다는 사실로부터 기인한다. 시각화를 듣기에 활용할 때, 이는 사람들에게 자신의 말이 어떻게 이해되고 있는가에 대한 즉각적인 반응을 제공하는 역할을 한다.

테이블의 같은 쪽에서 그리기

협상을 위한 한 가지 전략은 협상 테이블에서 상대와 같은 쪽에 앉는 것이다. 첫 회의 동안 시각적 필기 중이라면, 여러분이 무엇을 만들고 있는지 대화 상대가 볼 수 있도록 다가와 앉는 것이 훌륭한 구실이 된다. 테이블의 같은 쪽에 앉아 함께 종이나 태블릿 컴퓨터를 보는 두 사람은 테이블의 맞은 편에 앉아 있을 때와는 전혀 다른 느낌을 갖게 된다. 같이 앉아 있는 그 자체가 이미 협력의 시각적 상징인 것이다.

활발한 시각화로 득을 볼 수 있는 몇몇 검증된 초기 대화법이 있다.

- **배경사 이야기 나누기:** 잠재 신규 의뢰인에게 어떻게 여러분과 상담하고 있는 지금 이 순간에까지 이르렀는지 말해보도록 한다. 그들의 이야기를 타임 라인 형태로 기록하며 들으면 그들은 즉각적

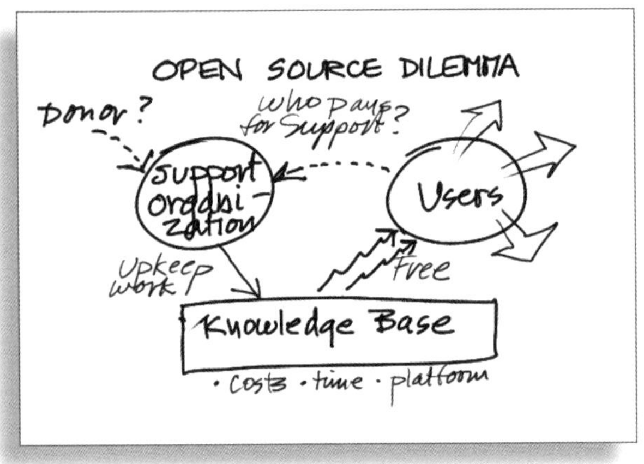

누가 비용을 부담할 것인가?

나는 식당에 앉아 한 비영리 기업에서 온 의뢰인과의 첫 대화를 나누고 있었다. 그곳은 자사 소프트웨어의 소스를 공개함에 따라 조직이 너무나도 방대해짐으로써 야기된 딜레마를 겪고 있었다. 이제 그들은 도움을 얻을 방법을 찾아야만 했다. 문제는 무료 서비스의 지속을 가능케 하는 지식 기반의 유지 비용을 누가 부담할 것인지에 있었다. 우리는 문제를 이해하기 위해 이 간단한 도표를 그렸다.

으로 이야기에 열중하게 될 것이다. 그들은 여러분에게 말하겠다고 생각해보지 않았을 온갖 종류의 이야기들을 추가할 것이다.

- **바라는 결과나 요구사항 열거하기:** 영업 또는 컨설팅 상황에서 사람들에게 무엇에 관심이 있는지 말해달라고 단도직입적으로 요청하는 것은 언제나 꽤 좋은 생각이다. 그들이 말하는 내용들을 시각적으로 열거함으로써 여러분이 즉시 받아들이고 있음을 그들이 볼 수 있도록 하면 한층 더 효과적이다. 작은 포스트잇에 써서 여러분의 다이어리에 붙이는 모습을 보여줄 수도 있다.

- **현 상황도 그리기:** 고객 스스로가 현재 처해 있다고 느끼는 상황을 표현하는 것은 아이디어 맵 작성의 한 가지 유형이다. 이는 이 페이지에 수록된 도표와 같이 아주 대강 그린 형태여도 된다.

- **잠재적 솔루션 나타내기:** 고객들은 여러분이 그들을 실질적으로 어떻게 도와줄 것인지 알고 싶어 한다. 하지만 여러분은 무엇이 올바른 접근 방식인지 확신이 서지 않을 수도 있다. 이러한 경우엔 선택 가능한 일련의 항목들을 나타내는 작은 디스플레이를 만들어보는 것이 도움이 된다. 또한 여러분이 컨설턴트일 경우라면 이는 의뢰인에게 기존 사례를 설명하는 한 방식이 될 수 있으며, 세일즈맨에겐 제공 가능한 솔루션의 범위를 설명하는 한 방법이 될 수 있다.

의제 기획 키트(Agenda Planning Kit)

그로브는 전략 기획에 반복적으로 활용되는 19종의 다양한 그래픽 템플릿을 갖고 있다. 수년 전 우리는 이들을 별도의 작은 카드에 인쇄하기로 결정했다. 뒷면엔 한눈에 볼 수 있는 간단한 단계 설명을 수록했다. 이 카드가 기업 내 컨설턴트들에게 큰 인기를 끌었기에, 우리는 한발 더 나아가 카드 크기를 좀 더 키우고 조그만 안내 책자를 포함시켰다. 이 카드를 활용하는 컨설턴트들은 이런저런 템플릿을 뽑아 의뢰인에게 설명해주고, 의뢰인이 직접 카드를 뽑게 하여 그것을 어떻게 활용하는지 읽어보게 하는 식으로 의

회의 기획을 의뢰받은 컨설턴트들은 전체 회의를 조각 조각으로 나눈 뒤, 의제 기획 키트를 이용해 고객 또는 의뢰인과 함께 다양한 선택지를 따져봄으로써 참가자들의 높은 관심과 참여를 끌어낼 수 있는 최상의 옵션을 가늠할 수 있다(더 자세한 정보는 www.grove.com 에서 확인하라.).

뢰인과 일한다.

일련의 카드들이 테이블 위에 놓여 있을 때, 의뢰인들이 반복적으로 찾는 것은 그들 중 몇몇이라는 사실을 여러분은 눈치채게 될 것이다. 이는 회의에서 어떤 템플릿이 효과적일지를 직접적으로 시사한다. 각 템플릿의 개념이 카드에 나와 있기 때문에, 쉽게 다음 단계로 넘어가서 이들을 순서대로 배열하고 가능한 여러 의제 디자인들을 살펴보기 시작할 수 있다. 이 카드팩을 사용하면 공적인 프레젠테이션 시간 없이도 효과적 회의 진행 방안에 관한 다양한 가능성을 보여줄 수 있다. 사실, 많은 의뢰인들은 그저 카드 전체를 가져다가 스스로 살펴보고 싶어 할 것이다.

고객 관심사 인터뷰

신규 또는 기존 고객을 여러분과 어떻게 일할지에 대해 보다 충분히 생각해보도록 이끄는 방법 중 하나로, 간단한 카드에 여러분이 제공하는 서비스들의 특징을 나타내는 작업을 할 수 있다. 그리고 상담 중인 고객에게 카드를 건네주며 자신에게 가장 중요한 순서대로 쌓아보도록 요청하라. 이는 고객 관심사에 대한 즉각적이고도 시각적인 반응을 얻는 한편, 고객에게 여러분이 제공할 수 있는 서비스에 대한 대략적 느낌을 줄 수 있는 한 방법이다. 이러한 유형의 활동은 이중의 이점을 갖는다. 여러분의 서비스와 제안을 카드에 나눠 담는 데 필요한 작업은 여러분의 팀원 모두가 여러분이 무엇을 제공하는지에 대해 동의하도록 이끄는 매우 유용한 과정이다. 이것만으로도 충분히 가치 있는 일이다. 거기에 더해 카드를 기존의 고

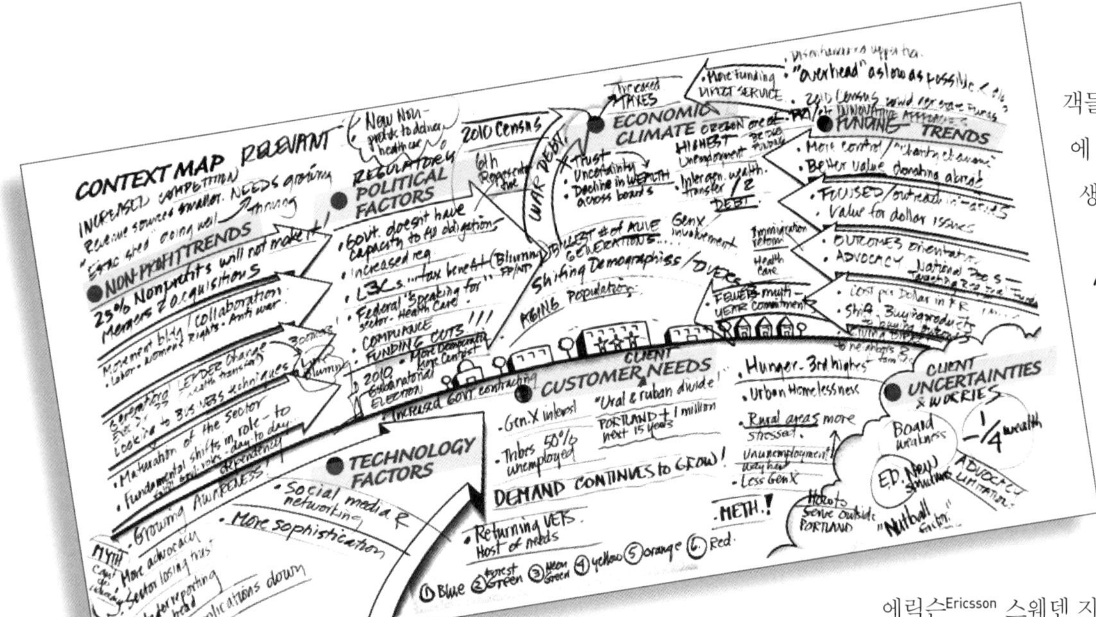

객들과 공유함으로써, 여러분은 그들로 하여금 여러분이 기존에 활용하던 서비스보다 훨씬 더 많은 것을 제공하고 있다고 생각하도록 아주 편리하게 이끌 수 있다.

새로운 상사에게 여러분의 가치를 납득시키기

어떤 팀이 새로운 상사를 맞이했을 때 내부적인 종류의 판매 상황이 발생한다. 기존 팀 멤버들은 새로운 상사에게 자신이 그 또는 그녀의 새로운 아이디어를 잘 받아들이지 않는 듯한 인상을 주지 않으면서 지금까지 어떤 일이 있었는지에 대한 브리핑을 수행해야 하는 도전에 직면한다. 조직의 큰 부분에 대한 전략적 연구를 전담하는 에릭슨Ericsson 스웨덴 지사의 한 팀과 함께 일한 적이 있었다. 그 팀은 일반적인 환경을 살펴보고 변화의 동인을 묘사하는 방대한 분량의 작업을 수행해왔다. 하지만 그들은 새로 부임할 사장이 매우 박학다식하고도 자기 주장이 강하기에 분명히 그들이 해온 일을 무시할 것임을 알고 있었다. 나는 그들에게 유도의 움직임과 다소 비슷한 형태의 비주얼 미팅 전략을 제안했다.

"만약 여러분의 새로운 사장이 자신의 영리함과 박학다식함을 과시하는 일에 매우 관심이 있다면, 그를 비롯한 신규 경영진에게(신임 사장은 이미 몇몇 이들을 초빙한 상태였다.) 일할 거리를 주세요." 나는 이렇게 말했다. 나는 그들에게 환경에 대한 그들의 정보를 '정황도context map'라 불리는 형식으로 나타내고, 곧 열릴 기획 회의 때 제시된 정보를 비평하고 이의를 제기하는 시간을 가질 것을 제안했다. 일어날 일에 대해 저항하는 대신, 받아들이는 것이다.

회의는 소그룹으로 나뉘어 진행되었는데, 각 그룹은 의도적으로 기존 직원과 새로운 경영진을 섞어 구성했다. 참가자들은 정황도를 찢어발길 기세로 맹렬히 비평하며 즐거운 시간을 보냈다. 모두가 자신의 의견을 피력할 기회를 가졌으며, 전체 소그룹들은 하나가 되어 완전히 새로운 정황도를 만들어냈다! 기존

정황도

이 그림은 그로브의 정황도 그림 가이드(The Grove's Context Map Graphic Guide)를 사용해 한 비영리 후원 조직이 처한 현 상황에서의 원동력을 나타낸 예다. 이는 에릭슨의 관리자들에게 비평을 주문했던 것과 아주 유사한 형태의 것이다. 비영리 기관에서 일하는 사람이라면, 위 그림에 묘사된 원동력과 요인들에 수긍할 수 있는지 살펴보라.

팀 사람들이 많은 부분 기여하기도 했지만, 새로 온 사장과 그의 친구들이 내놓은 새로운 아이디어 덕분에 보다 나은 생각을 할 수 있었다.

초강력 샷: 학습 디자인 판매

1990년대 중반, 미국 프로 골퍼 연맹PGA, Professional Golfers' Association은 딜레마에 직면해 있었다. 프로 골퍼를 양성하는 그들의 자격 프로그램은 사설 강좌를 운영하는 기존 프로들이나 자격 증명서를 제공하는 특수 골프 대학에 의해 도전받고 있었다. 역사적으로 이 분야의 공식 주체는 그들뿐이었기에 공인된 프로 골프 선수가 되려면 PGA의 강좌를 듣고 승인을 받아야만 했다. 사설 강좌는 종종 호텔 같은 곳에서 열렸으며 다른 프로 골프 선수들이 강사 역할을 했다. 이러한 강좌들은 미흡하게 고안된 탓에 유용한 가르침을 주지도, 자기만의 가치를 갖지도 못했다.

PGA는 몇몇 컨설팅 회사로부터 제안을 구했는데, 이 중에는 내 고객인 스탠포드 연구소SRI, Stanford Research Institute도 포함되어 있었다. 제안 요청서에 따르면, 그들은 현 상황에 대한 대처 방안을 심사 숙고하는 한편, 잠재적으론 새로운 인증 커리큘럼을 만들기 위한 도움을 필요로 했다. SRI의 내부 컨설턴트 팀이 프로젝트 수주를 위해 PGA를 설득하는 작업에 나를 초대해 함께 일하게 되었다. 이 프로젝트는 수년에 걸쳐 진행될 예정으로, 그 과정에서 24종의 서로 다른 강좌를 비롯해 이와 관련된 교육 비디오 6편의 제작이 계획되어 있었다. 모든 강의는 특수 트레이너나 컨설턴트가 아닌 현존 프로 골프 선수들이 맡아야 한다는 것이 한 조건이었다. 이 프로젝트의 경비는 실로 엄청난 것으로, 이 정도 수준의 투자와 집중적 관심의 대상이 된 프로젝트는 여태까지 없었다. PGA는 당장 행동해야만 하는 입장이었지만, 철저한 검토 없이 컨설팅 그룹을 선정하려 하진 않았다.

우리는 결정을 내릴 집단이 전문 트레이너나 컨설턴트가 아니란 점을 알고 있었다. 그들은 프로 골프 선수였던 것이다. 강좌 디자인의 관점에서 무엇이 필요한지 그들이 어떻게 이해할 것인가? 우리는 어떻게 그들에게 무엇이 필요한지 분명히 알 수 있을까? 우리의 능력을 어떻게 드러낼 수 있을까? 우리는 그들의 관심을 유도하기 위한 작업상의 몇 가지 추정을 했다.

이 프로젝트의 경비는 실로 엄청난 것으로, 이 정도 수준의 투자와 집중적 관심의 대상이 된 프로젝트는 여태까지 없었다. PGA는 당장 행동해야만 하는 입장이었지만, 철저한 검토 없이 컨설팅 그룹을 선정하려 하진 않았다.

1. 우리는 슬라이드가 아닌 벽화를 사용해, 프레젠테이션이 아닌 대화를 통해 그들의 관심을 끌 것이다.

2. 벽화를 고차원적 틀의 형태로 구성함으로써 그들이 채워 넣을 수 있도록 할 것이다.

3. 이 틀은 그들이 이미 이해하고 있는 내용을 가리킴으로써, 그들이 그 내용을 전체 체계의 차원에서 조망할 수 있도록 할 필요가 있다.

4. 우리는 대형 벽화에 포스트잇을 붙임으로써 그들의 말을 경청하고 있음을 나타낼 것이다.

어떤 비유를 사용할지에 관한 긴 고민 끝에, 우리는 마침내 그들이 가장 잘 알고 있을 대상은 다름 아닌 골프일 것이란 점을 깨달았다! 그리하여 우리는 골프 코스 그림 위에 프로젝트의 각 단계들을 나타냈다. 큰 골프채는 우리가 설계해 착수할 시범 프로그램pilot program을 상징했다. 골프공은 우리가 강사로 초빙하고자 하는 챔피언 집단을 가리켰다. 첫 번째 홀은 이들이 직접 고안하고 강의할 최초의 강좌 세트를 나타냈다. 두 번째 홀은 그다음의 세트를, 세 번째 홀은 가장 복잡한 세트를 의미했다. 각 홀 사이에서 우리는 PGA 팀과 만나 진행 상황을 평가하고 결과의 '점수'를 매김으로써 진행 과정에서 조정 작업을 수행하게 되어 있었다.

우리는 그 벽화에 '초강력 샷Big Whack'이란 이름을 붙이고 거의 7.3m 길이로 완성했다. 그리고 회의장에 일찌감치 도착해 PGA 사람들이 들어올 때 그것을 벽에 걸었다. 벽화가 주는 시각적 감동은 꽤 즉각적으로 나타났다. 그들은 그 벽화를 매우 마음에 들어 했으며, 뒤이은 대화는 더더욱 좋아했다. 우리는 그들의 말에 귀를 기울였다! 우리는 그들이 하는 이야기를 기록했다! 우리는 조직적으로 움직였다! 마침내 우리는 프로젝트 수주에 성공했다. PGA 이사진들은 그 첫 회의가 얼마나 흥미로웠는지에 관해 끊임없이 이야기했다.

SRI에게 있어 이 프로젝트는 수백만 달러짜리 이벤트였다. SRI 측에서 프로젝트 진행을 맡은 개리 브리지스Gary Bridges와 에드 클라센Ed Claassen은 지속적으로 후속 점검 회의에서 시각적 접근 방식을 사용했다. PGA는 결과에 매우 흡족해 했다. 그리고 우리 영업 팀 멤버들은 항상 그 공을 '초강력 샷'에 돌렸다.

우리는 그들의 말에 귀를 기울였다! 우리는 그들이 하는 이야기를 기록했다! 우리는 조직적으로 움직였다! 마침내 우리는 프로젝트 수주에 성공했다. PGA 이사진들은 그 첫 회의가 얼마나 흥미로웠는지에 관해 끊임없이 이야기했다.

1990년대에 HP는 고객과 함께하는 '발견 프로세스Discovery Process'에 유능한 엔지니어들을 중용해 기술적 해결책의 탐색 방안을 결정함으로써, 자사 프로젝트의 고객과 접하는 단계front-end에서 더 많은 컨설팅을 하기 시작했다. 전체 컴퓨터 산업은 극도로 급속한 변화를 겪고 있었기에 고객들은 훨씬 더 많은 인도와 도움을 필요로 했고, 해결책을 제공하는 회사들을 선호하기 시작했다. 초기의 컨설팅 팀은 난관을 겪었는데, 이는 그들이 세일즈맨이나 회의 진행자가 아닌 엔지니어와 기술인으로 교육받았기 때문이었다. HP의 몇몇 핵심 리더들은 당시 그로브가 하고 있었던 그래픽 퍼실리테이션 작업에 대한 이야기를 듣고, 우리를 워크숍에 초청해 시각적 기획 템플릿의 작동 방식을 보여줄 것을 요청했다. 그들은 이렇듯 간략한 구조의 틀이 정말 엔지니어들에게 도움이 될지 의심했던 것이다.

이후에 우리가 HP 컨설팅을 위해 세계 각지에서 지휘한 전략 비전 수립 워크숍은, 고객 관계 집단의 최전선에 선 엔지니어들에게 어떻게 해야 고객들로부터 회사의 전략이나 컨설팅을 위한 배경지식이 될 여타 정보를 끌어내는 워크숍을 진행할 수 있는지 보여주었다. 그들은 다음 여섯 가지 기본 틀에 안주했다.

1. 의뢰인의 역사에 관한 정보를 기록하기 위한 **연대기 도표**Graphic History

2. 의뢰인이 중요하다고 여기는 환경적 요인들을 기록하기 위한 **정황도**Context Map

3. 강점Strengths, 문제점Problems, 기회Opportunities, 위기Threats를 열거할 공간을 제공하는 **SPOT** 격자

4. 의뢰인이 원하는 미래에 관한 이야기를 기록하기 위한 **커버스토리 비전**Cover Story Vision

5. HP와 함께 심사숙고해 합의한 비전과 프로젝트 핵심 단계를 파악하기 위한 주요 **5단계**Five Bold Steps 템플릿

6. 잠재적 활동 계획을 기록하기 위한 **행동 지침 도표**Graphic Gameplan

이러한 템플릿들은 엔지니어들에게 그들이 들은 내용을 그림이 아닌 글로써 기록할 수 있는 능력을 요구했지만, 그럼에도 그 결과물은 매우 시각적이었으며 HP와 HP의 고객 모두가 정보에 내재된 패턴을 볼 수 있도록 하는 역할을 했다.

**솔루션 판매를 위한
큰 그림에서의 사고 과정**

시각적 기획 템플릿에 관한 보다 자세한
이야기는 12장을 참고하라.

이후에 우리는 이 과정을 비주얼 미팅을 진행하고 싶지만 그래픽 퍼실리테이터나 그래픽 리코더가 되려는 것은 아닌 전 세계의 많은 기업과 컨설팅 회사 사람들에게 가르쳤다. 앞에 나온 어떤 형식이든 간에 영업 상황에서 고객에게 그들이 하는 말을 여러분이 잘 듣고 있음을 보여주고 싶을 때 활용할 수 있다.

시각적 지침 제공하기

영업 상황이나 컨설팅 상황에서 모두, 고객들은 어떤 솔루션들이 존재하는지 잘 모를 수도 있다. 1990년 대에 미래 연구소Institute of the Future의 저명한 선임연구원 밥 요한슨Bob Johansen과 함께 P&G사의 프로젝트를 수행 중이었을 때의 일이다. 그 프로젝트는 당시 널리 보급되고 있던 컴퓨터 워크스테이션에 어떤 종류의 기능이 있었으면 좋을지에 대해 P&G의 직원들이 어떻게 생각하는지 파악하는 일이었다. 데스크톱용 소프트웨어는 급증하고 있었으며, 수많은 새로운 기능들이 등장하고 있었다. 하지만 상대가 알지조차 못할 내용에 대해 어떻게 설문조사를 할 수 있단 말인가? 어떠한 지침도 없이 그들에게 무엇을 원하는지 묻는다면 그들이 이미 알고 있는 범위 내의 대답만을 얻게 될 수 있었다. 우리는 간단한 시각화 전략을 고안해 매우 만족스러운 결과를 얻었다.

20종의 서로 다른 워크스테이션 선택지를 나타내기 위해, 우리는 조그만 아이콘과 명확한 이름을 만들어냈다. 이들은 스프레드시트나 화상 회의, 이메일, 프로젝트 관리 등과 같이 당시로선 컴퓨터로 할 수 있는 일이라고 생각하는 사람이 많지 않았던 것들이었다(오늘날엔 믿기 힘든 일이지만 말이다!). 다음으로 우리는 얼핏 워크스테이션 스크린처럼 보이는 20개의 작은 프레임으로 이뤄진 차트를 만들고, 각 선택지들을 설명하는 짤막한 영상을 제작했다. 밥이 각 선택지들을 말로써 묘사하면, 나는 그것의 명칭을 한 프레임에 기입한 뒤 그것의 특징을 나타내는 조그만 아이콘을 그려 넣었다. 그리고 이 아이콘들을 우리가 궁극적으로 사용할 선호도 설문지에 똑같이 포함시켰다. 우리는 P&G 직원들에게 영상을 보여주고, 설문지를 나눠주며 설문에 응하도록 했다. 우리의 작업은 멋지게 성공했다. 그때 우리가 얻은 깨달음은 다음과 같다. 만약 여러분이 작은 정보 덩어리들을 만들어 카드에 나타내거나 포스트잇 위에 직접 그릴 줄 안다면, 여러분은 여러분의 고객을 무엇이 가능한지 볼 수 있도록 인도할 수 있을 것이다.

7. 직접 다룰 수 있는 정보 형태의 활용
포스트잇과 점 투표

2부에 들어서 포스트잇과 큰 종이를 활용하는 다양한 작업 방식들을 이미 많이 소개했다. 이번 장에선 여러분이 이러한 형식을 성공적으로 활용할 수 있도록 도와줄 몇몇 기법들, 특히 포스트잇과 점 스티커, 큰 종이를 활용하는 작업 방식을 좀 더 자세히 살펴보고자 한다.

지금까지 살펴본 다양한 사례들에서 알 수 있듯이, 비주얼 미팅을 위한 도구 중 상당수는 커다란 그림 틀과 이동 가능한 시각적 정보 덩어리(포스트잇을 통해 가장 쉽게 만들 수 있는)에 다름 아니다. 이는 명시된 회의 결과에 비춰봤을 때 뜻이 통하는 패턴을 파악하기 위한 게임과 같은 환경을 구축하는 효과가 있다. 이러한 기법은 다양하게 변형될 수 있지만, 거기엔 여러분이 이끌고 있는 포스트잇 활동이 제 아무리 특수한 것이라도 찾아볼 수 있는 근본적 패턴이 존재한다. 이 페이지 우측의 상자에는 포스트잇을 활용하는 일반적 과정을 단계별로 간략히 설명해 두었다. 각 단계들을 주의 깊게 읽어보라.

처음의 몇몇 설정 단계를 신경 써서 잘 살펴본다면 참가자들은 분명 잘 적응되어 많은 성과를 거둘 수 있을 것이다. 이는 그들이 좀 더 실질적인 기여를 할 수 있게 만드는 효과 또한 갖는다. 참가자들에게 기본적인 사항을 잘 숙지시켜야만 그들이 이 활동의 정체를 파악하는 데 시간을 허비하는 대신에 해야 할 일에 집중할 수 있는 것이다.

포스트잇 모으는 법

일단 포스트잇 메모들을 작성하고 나면 수많은 방법으로 작업할 수 있다. 각 방식은 서로 다른 가치를 가지므로, 여러분이 의도하는 회의의 결과에 맞출 필요가 있다. 가장 널리 사용되는 방식들은 다음과 같다.

일반적인 포스트잇 작업 과정

활동 전

1. 본 활동의 초점이 되는 주제를 명확히 파악한다.

2. 포스트잇을 붙이기 위해 벽에 큰 종이를 붙이거나 화이트보드를 준비하라.

3. 여러분이 원하는 종류의 내용과 글씨 크기를 보여주는 견본을 만든다.

4. 모든 이들이 수성 마커를 사용할 수 있도록 준비한다.

5. 소그룹 단위로 진행할 경우, 각 그룹별로 포스트잇 메모를 작성할 전담자를 뽑을 것을 권한다.

6. 참가자들에게 얼마 동안의 시간만큼 주제와 관련된 메모들을 만들어내야 할지 설명한다.

활동 중

7. 브레인스토밍 및 메모 작성 과정을 시작한다.

8. 주어진 시간이 절반 지났을 때 안내하고, 3/4의 시간이 지났을 때 또 한 번 안내한다(이는 사람들이 스스로 페이스를 조절하도록 하기 위함이다.).

활동 후

9. 포스트잇을 취합해 벽 또는 화이트보드에 붙인다.

10. 논의하고 무리 지음으로써 패턴을 탐색한다.

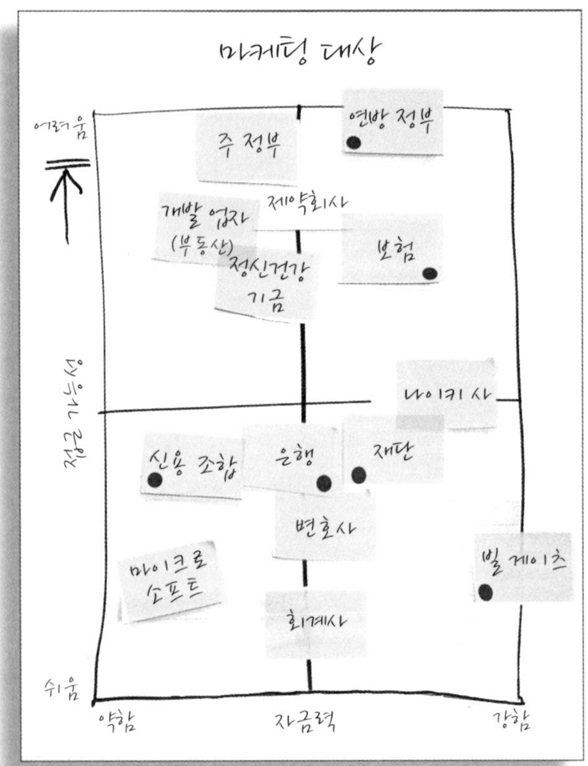

마케팅 기회 격자

접근 가능성이나 자금력 등과 같은 두 축으로 이뤄진 격자 틀을 구성한 뒤 소그룹에게 나눠주고, 잠재 고객들을 틀 위의 알맞은 위치에 표시해보도록 한다. 여기 수록된 예는 후원자를 물색하고 있었던 한 비영리 서비스 조직에서 만든 것이다.

- **작성 즉시 붙이기:** 이 방식을 채택할 경우 주어진 시간 동안 누구나 떠오른 아이디어를 포스트잇에 메모한 뒤 앞에 나와 붙일 수 있다. 이 방식은 사람들에게 무엇이 이뤄지고 있는지를 보여주며, 중복된 메모를 방지할 수 있다. 또한 이 방식은 사람들이 일어났다가 앉았다 하며 움직이도록 하기 때문에 그 모든 움직임으로부터 회의에 어느 정도 활기를 부여하는 효과가 있다.

- **그룹 단위로 붙이기:** 메모 작성 시간이 끝나면 사람들을 그룹 단위로 나오게 하여 결과물을 게시하도록 한다. 사람들에게 메모를 카테고리별로 무리 짓도록 주문할 수도 있는데, 이것으로 정리 과정이 시작될 것이다. 이 방식을 채택하면 회의 참가자가 많을 경우 혼잡해질 수 있지만, 이들이 이야기를 나누고 관계를 맺을 약간의 휴식 시간을 제공하는 효과가 있다. 이러한 친교 활동 역시 회의의 활기를 높인다. 회의가 늦은 시간에 열려 사람들이 피곤한 상태라면 이는 매우 유용할 수 있는 부분이다.

- **준비된 틀에 붙이기:** 이 방법을 사용하려면 '높음-낮음, 당장-나중 격자'와 같은 종류의 템플릿이나 왼쪽에 나와 있는 예와 같이 접근 가능성과 자금력이라는 두 축으로 이뤄진 마케팅 격자 등을 준비해야 한다. 그리고 사람들에게 차트 내 해당되는 구역에 자신의 아이디어 메모를 붙이도록 주문하는 것이다. 이는 그룹 단위로 한 번에 행해질 수도 있고, 전체 메모를 취합한 뒤 하나씩 읽으며 합의에 의해 알맞은 위치에 붙이는 식으로 할 수도 있다. 여러분의 선택은 포스트잇 메모를 위한 어느 정도의 논의가 유용할 것인가에 대한 여러분의 생각에 의해 결정될 것이다.

- **메모를 주제 기준으로 취합하는 동시에 무리 짓기:** 모두가 함께 하는 토의와 함께 아이디어가 분류되는 것을 보고 싶다면, 메모를 한 번에 한 개씩 모아라. 어떤 개인이나 소그룹에게 그들의 아이디어 하나를 묻는 것으로 시작하라. 그리고 다른 이들 중에 이와 동일하거나 긴밀히 연관된 아이디어를 가진 사람이 있는지 질문하라. 모든 관련 아이디어들을 모아 디스플레이상에 무리 지어라. 그리고 새로운 아이디어를 물음으로써 같은 과정을 반복한다. 모든 메모가 취합될 때까지 계속하라. 이 방식의 가치는 포스트잇의 개수에

의해 많은 주목을 받고 있는 항목이 가시적으로 드러난다는 점이다. 다수의 사람들이 앞다투어 자기 메모를 들고 나오기 시작하는 경향이 있기 때문에, 사람들이 모든 메모 작성자의 이야기를 들을 수 있도록 하고 싶다면 페이스 조절 작업이 필요할 것이다. 비교적 많은 인원들과 함께하는 회의의 경우 일부의 사람만이 자기 자리에서 실제로 메모 내용을 읽을 수 있게 되기 때문에, 여러분은 받은 메모를 차트에 붙이기 전에 메모를 위로 높이 치켜들고 분명히 읽어주어야 할 수 있다. 아주 대규모의 회의에선 메모 취합에 어느 정도 도움을 받는 것이 합리적이다.

- **메모를 주제별로 세로로 배열하기:** 이 방식은 기본적으로 앞의 것과 비슷하지만, 받은 메모를 디스플레이상에 세로로 늘어 붙이는 점이 다르다. 나는 회의의 초점이 목표 설정일 때 이 방법을 선호한다. 3부에서 시각적 언어에 대해 좀 더 자세히 다룰 때 살펴볼 내용이지만, 포스트잇으로 구현한 클러스터 형식은 상당한 교차 비교를 촉발한다. 세로 배열은 사람들을 주제별로 집중시키며, 어떤 주제가 받고 있는 관심의 정도를 포스트잇 기둥의 길이 형태로 시각적으로 나타내는 효과가 있다. 기둥 간의 길이는 쉽게 비교될 수 있으므로, 여러분은 어떤 주제가 선호되는지 한눈에 파악할 수 있다.

포스트잇 디스플레이에 대한 분석 및 논의

포스트잇의 활용은 많은 정보를 단시간에 만들어내는 데 있어 큰 이점을 갖는다. 반면 아이디어들이 만들어질 때 사람들이 관심을 기울이지 않거나, 포스트잇 메모들이 보기만 해도 현기증 나는 형태로 배열되는 경우가 많다는 점은 단점으로 꼽힌다. 참가자들이 메모들에 어떤 내용들이 있는지 아는 것이 중요하다면, 그들이 메모를 읽고 주의 깊게 고려하도록 만들 수 있는 방안을 찾아야 한다. 이 페이지 오른쪽에 있는 상자는 참가자들이 직접 포스트잇 메모를 정리하게 만드는 방법을 보여준다. 이 기술은 사람들이 모든 포스트잇 메모를 읽게 만드는 효과가 있다. 대개 몇몇 사람들이 전체 과정을 지배하게 된다는 점에선 부정적인 면이 있다.

참가자들이 모든 메모를 읽고 심사숙고하게 만들기 위한 또 다른 방법은 어떤 아이디어가 가장 마음

참가자들 스스로 포스트잇 정리하기

1. 참가자들에게 모두 함께 포스트잇 메모를 정리하자고 제안한다.

2. 두 가지 규칙이 있음을 설명한다.

   '누구나 자유롭게 메모를 떼어 원하는 곳에 옮겨 붙일 수 있다.'

   '아무도 입을 열어선 안 된다.'

3. "어떤 사람이 제가 수긍할 수 없는 위치에 옮겨 붙인 메모를 제가 원위치로 옮겨도 될까요?"와 같은 사람들의 질문에 답한다. 이 경우 대답은 "됩니다!"일 것이다. 웃음이 터지더라도 일단 정한 원칙은 확고히 고수하라.

4. 사람들에게 '이 과정에 대한 믿음'을 가지도록 격려한다.

5. 뒤로 물러나 참가자들이 작업을 개시하도록 한다. 패턴이 떠오르기 시작하는 것이 꽤 경이로울 것이다.

6. 아무도 포스트잇을 옮겨 붙이지 않음을 확인하면 작업을 종료시킨다.

7. 형성된 각 무리에 어떤 이름을 붙여야 할지에 관한 논의를 주도한다.

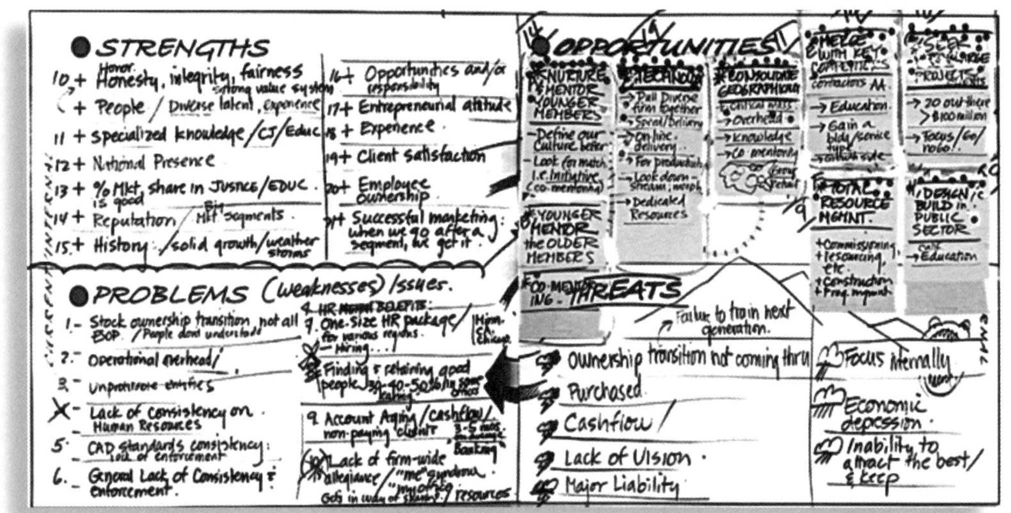

에 드는지 투표를 실시하는 것이다. 이를 가장 융통성 있고 시각적으로 유용하게 수행할 수 있는 방법은 모든 미술용품점이나 문구점에서 구할 수 있는 점 스티커를 이용하는 것이다. 직경 0.5cm부터 5cm에 이르기까지 다양한 크기로 여러 색깔의 점 스티커가 나와 있다. 점 스티커의 활용은 사람들이 어떤 내용에 신경을 쓰고 있는지에 대한 시각적 디스플레이를 만들기 위한 매우 탄력적인 방법이다. 앞 페이지의 삽화에서 나타나듯이, 점이 붙어있는 항목은 보는 즉시 눈에 띈다. 나중에 참고할 목적으로 차트를 복사할 계획이라면, 반드시 어두운 색상의 점을 사용하라. 노란색 점은 잘 복사되지 않을 것이다.

한 건축회사의 SPOT 분석

강점(Strengths), 문제점(Problems), 기회(Opportunities), 위기(Threats)를 살펴보는 것은 검증된 기획 활동법에 속한다. 기회 항목을 채우는 데에 포스트잇을 사용함으로써, 비전 수립 작업 준비의 일환으로 점 투표를 통해 항목들을 정리할 수 있었다.

이 페이지에 수록된 차트는 어떤 건축회사의 기획 회의에서 나온 것이다. 회의 참가자들은 그로브 그래픽 가이드 템플릿Grove Graphic Guide template에 자사의 강점, 문제점, 기회, 위기를 열거했다. 기회 항목을 포스트잇으로 기록하게 한 것은, 참가자들이 기회에 초점을 맞추고 이들 중 최상의 우선순위를 가진 것들을 파악해 비전 수립 과정의 길잡이로 삼을 수 있도록 하기 위해서였다.

모든 정보들이 차트에 게시된 뒤(포스트잇은 여기 실린 템플릿을 가득 채우고도 넘쳐 오른쪽 옆의 벽면까지 사용해야 했다.), 나는 참가자들에게 가장 장래성 있다고 생각되는 기회에 점 스티커를 붙이도록 했다. 약 40명에 이르는 참가자들 각각은 전체 항목 개수 1/3만큼의 점 스티커들을 받았다. 이렇게 함으로써 이 과정은 투표라기보다는 여론조사에 가까운 기능을 했다. 최종 결정은 숫자에 의해 정해지지 않을 것이며, 대화 또는 상호 합의를 거친 그 어떤 결정 과정이 이어질 것임을 사람들에게 주지시키면 매우 유용하다.

일단 스티커 붙이기가 완료되자, 왼쪽에서 볼 수 있듯이 꽤 간단하게 많은 점이 붙은 포스트잇들을 모아 위쪽에 위치하도록 재배열할 수 있었다. 이 아이디어들은 이후 순서에 열린 비전 수립 활동의 출발점이 되었다.

하나 이상의 기준에 대한 설문을 수행할 필요가 있을 경우엔 사람들에게 여러 색깔의 점 스티커를 사용해 투표에 응하도록 하면 된다. 이를테면 한 색상은 그들이 가장 열중하고 있는 항목을, 또 다른 색상은 조직을 위한 최상의 결과를 가져다줄 것이라 생각되는 항목을 나타내는 것이다. 이러한 작업 방식은 매우 탄력적으로 운용될 수 있기에, 여러분은 얼마든지 다양한 조합을 고안해낼 수 있다. 때로는 점 스티커를 준비하지 못할 수도 있다. 이 경우엔 사람들에게 각자의 마커로 점을 찍도록 함으로써 동일한 작업을 할 수 있다. 정해진 횟수만큼의 점만을 찍도록 하기 위해 각자의 양심에 의존해야 하는 측면이 있지만, 어쨌든 시각적 결과물을 제공하는 대안이 된다.

소규모 회의와 회의 기획 세션에서 연습하기

포스트잇 활용에 익숙하지 않다면 여러분만의 작업 공간에서 연습하면 된다. 작은 회의실도 좋고, 심지어 식당에서도 할 수 있다. 플립 차트 크기의 종이와 조그만 포스트잇을 사용하는 소규모 작업 시에도 유사한 결과를 얻는 것이 가능하다. 벽에서 하는 대신 여러분의 책상이나 테이블상에서 평평하게 작업하는 것 또한 가능하다. 차트를 복사하고 싶다면, 가로 43cm 세로 28cm 크기 또는 A3 크기의 종이에 소형 포스트잇을 사용해 곧바로 복사기에 넣는다.

큰 회의 전엔 안건과 일정 등을 계획하기 위한 소규모 회의들이 앞서 열리는 경우가 대부분이다. 이곳은 포스트잇을 활용해 회의 설계의 핵심이라 할 수 있는 다양한 활동 구성을 시험해볼 수 있는 훌륭한 장소다. 과정은 매우 쉽다. 타임 블록 템플릿을 기본 디스플레이로 사용하라. 그리고 작은 포스트잇을 사용해 여러분이 원하는 결과와 그러한 결과에 도달하기 위해 할 수 있는 상상 가능한 모든 행사와 활동들을 열거하라. 일단 이 모든 요소들을 파악한 후에는 회의 시간이나 식사, 이미 초대한 초청 연사 등과 같이 여러분이 바꿀 수 없는 사안들에 관해 이야기하라. 이러한 제약 조건을 바탕으로 포스트잇을 정리하고 또 정리하라. 회의 담당자나 설계 팀과 일하고 있을 경우엔 그들 나름의 제안사항이 있을 것이다. 여러분도 제안할 수 있다. 결국 합의점에 도달할 것이다.

한번은 워크숍 설계 문제를 해결하기 위해 이 과정을 약간 색다르게 이용했던 적이 있었다. 한 다국적 대기업의 고위 인사 간부와 조직 관리자들을 위한 회의의 퍼실리테이션을 맡게 되었는데, 이 회의의 목

점 투표를 위한 일반적인 팁

☐ 사람들에게 평가 대상 항목 수의 1/3에 해당하는 개수의 점 스티커를 나눠주라.

☐ 포스트잇 또는 차트상의 어느 위치에 스티커를 붙여야 하는지 확실히 정하라. 점들이 모두 비슷한 위치에 있어야만 시각적 효과가 더 분명히 드러난다.

☐ 단일 항목에 대한 중복 투표를 자제하도록 요청한다. 이 과정의 목적은 어느 하나만을 고르기 위한 것이 아니라 사람들의 전체적인 관심사를 평가하는 데 있으며, 별도의 결정 과정이 뒤따를 것임을 설명한다.

☐ 사람들이 스티커를 다 붙이고 나면 개수를 세어 차트에 기입한다. 이때 앞 페이지의 예에서 볼 수 있듯이 두 슬래시 사이에 숫자를 표시함으로써 각 항목의 득표수가 차트상에 표시된 그 어떤 정보와도 다르게 보이도록 한다.

☐ 차트가 클 때는 득표수 집계에 도움을 받는다.

☐ 차트 옆으로 물러나 투표 결과가 참가자들에게 시사하는 바에 관한 논의를 주도한다.

활동 개관 템플릿과 포스트잇

일리노이 주에서 온 한 RE-AMP 작업 그룹이 스티커 라벨
과 간단한 템플릿을 사용해 여태까지 그들이 수행해왔으며
앞으로 수행할 계획인 개별 회사, 도시, 카운티, 지역 및 주
차원에서의 모든 지구 온난화 방지 활동을 파악하고 있다.

적은 워크숍을 전 세계 임직원 대상으로 하는 것이 좋을지 생각해보는 것이었다. 나는 그들이 이 과정에 대한 '주인의식'을 갖고 적극적으로 임하길 바랬기에, 회의 담당자에게 3일차 일정을 결정하지 말고 남겨두자고 제안했다. 그는 준비된 것이 없다는 비판을 두려워한 나머지 거부의 뜻을 나타냈다. 많은 논쟁 끝에 마침내 내가 제안한 내용은, 할 수 있는 각 활동들을 나타내는 종이 반장 크기의 작은 포스터를 만든 뒤 고위 관리자들을 그들이 원하는 활동들을 택해 조직하는 일에 참여시키는 것이었다. 이 작업은 아주 성공적으로 이뤄졌으며, 현재는 단체 차원의 프로세스 디자인을 위한 표준 기법으로 활용되고 있다. 우리는 이를 '활동 블록 일정표Activity Block Agendas'라 부르는데, 이는 이 기법이 대형 타임 블록 템플릿을 사용하기 때문이다.

RE-AMP와 함께한 여덟 개 주에서의 지구 온난화 대응 활동 조망

2008년 아이오와 주 에임스 시에서 열린 RE-AMP 프로젝트 연례 회의는 포스트잇과 점 투표, 템플릿의 매우 고무적인 활용 사례로 손꼽힐 만하다. RE-AMP 프로젝트는 중서부 북부 지역의 에너지 업계에서 배출된 지구 온난화 오염 물질 제거를 위해 협동하고자 단결해온 비정부 조직 100여 곳과 15개의 재단으로 구성된 컨소시엄이었다. 이 사업은 2004년에 가필드 재단Garfield Foundation의 보조금을 받아 발족되었으며, 구성원들이 그들의 슬로건인 '체계적으로 사고하고 협력적으로 행동하자.'를 체화하는 법을 배워감에 따라 영향력과 효과성 측면에서 꾸준한 성장을 보여왔다.

그로브는 RE-AMP 프로젝트를 창단 첫 해부터 보조해왔으며, 그들이 대규모 연례 모임에서 사업 현황의 조감을 위한 시각적 방식을 실천하도록 돕고 있었다. 2008년에 우리가 원한 것은 노스사우스 다코타, 아이오와, 미네소타, 위스콘신, 일리노이, 미시건, 오하이오 주 모두에서 벌어지고 있는 일련의 활동에 대한 포괄적 평가를 수행하는 것이었다. 여덟 개 주 모두가 파견한 대표단의 총 인원은 약 140명에 달했다. 어떻게 해야 이들이 모두가 하고 있는 일을 볼 수 있게 될까?

전화상으로 이뤄진 회의 설계의 결과로, 우리는 본 회의 전에 각 주별로 가로 20cm, 세로 10cm의 템플릿을 디자인했다. 우리의 아이디어는 대표단 전원이 큰 회의실에 모여 각 주의 보고서를 동시에 제작하도록 하는 것이었다. 우리는 이것이 대표단 사람들 모두가 함께 만날 기회일 뿐만 아니라, 각 주를 넘나들며 훈수 두고픈 이들이 자유로이 활동할 수 있는 장이 될 것이라 판단했다. 각 주의 템플릿은 서로 다른 색깔의 띠로 이뤄진 간단한 격자로 구성되었다. 앞 페이지의 사진엔 흑백으로 나와있지만, 원본은 대형 플로터로 인쇄한 매우 기분 좋은 파스텔 톤이었다. 참가자들은 그 템플릿을 꽤 직관적으로 받아들이는 모습이었다. 우리는 풍경화법을 사용해 그들의 활동이 자연스레 몇 단계의 작업으로 나눠지는 것을 나타내었다. 맨 아랫줄, 즉 '지면에서' 그들은 특정 석탄회사나 도시와 함께 일했다. 보다 일반적인 수준을 나타내는 그 윗줄에서 그들은 에너지 요금 등을 규제하는 공공 서비스 위원회PSC, Public Service Commissions와 공동 사업을 수행 중에 있었다. 이보다 포괄적 수준에서는 주 입법부나 정부 기관들과 함께 일하고 있었다. 이 부분이 맨 윗줄을 차지하는 것은 실로 적절했다.

우리는 각 대표단이 2008년에 완료한 과업들과 시작한 것들, 그리고 그다음 해인 2009년에 수행할 예정인 일들을 각각 파악하기를 원했다. 그래서 각 행을 세 개의 열로 나눈 뒤 각각 이름을 붙였다. 본 회의에서 우리는 각 대표단에게 그들의 활동 내용을 엽서 크기의 하얀 우편 라벨 스티커에 기입하도록 주문했다. 그리고 석탄, 에너지 효율, 교통, 청정 에너지 생산, 지구 온난화 관련 탄소 상한 거래 문제 등의 각 분야마다 서로 다른 색깔을 배정한 뒤, 그 활동이 목표로 하는 세부 영역에 해당되는 색깔 점 스티커를 붙이도록 했다. 또한 RE-AMP의 소속 단체들을 크게 세 집단으로 나누어 각각 다른 색깔을 배정한 뒤, 그 활동을 수행한 단체명을 해당되는 색깔의 포스트잇에 기입해 라벨 옆에 붙이도록 했다. 우리는 이러한 활동 작성 요령을 담은 오른쪽 그림과 같은 슬라이드를 대형 스크린에 띄워놓았다.

참가자들은 주어진 템플릿을 채워 나가는 과정에 완전히 빠져들었다. 앞 페이지에 나와 있는 사진은 일리노이 주 대표단의 작업 광경을 담은 것이다. 우리는 총 1시간의 작업 시간을 주었다. 그다음에 우리는 모든 이들에게 돌아다니며 각 주의 디스플레이를 읽을 기회를 주었는데, 5분 단위로 시간을 안내함으로써 사람들이 옆 주로 옮길 수 있도록 했다. 그렇게 약 반 시간 정도가 지난 뒤 각 주는 저마다의 디스플레이를 이용한 발표 시간을 가졌다. 전체 활동은 두 시간 반 동안 계속되었으며, 참가자들은 여태까지 한 번

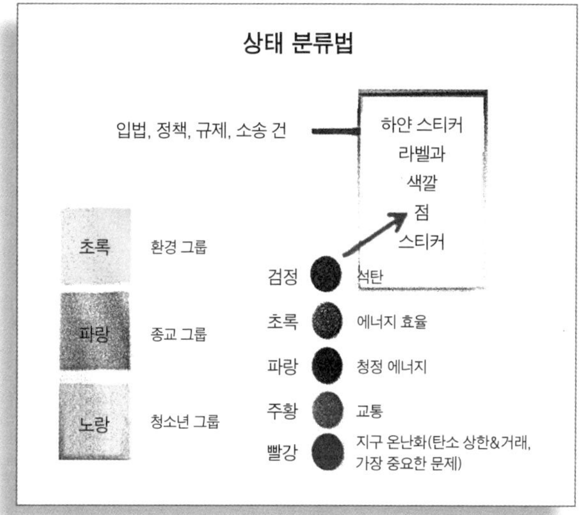

포스트잇과 점 스티커 사용법

우리는 전체 활동가들을 환경 단체, 종교 단체, 청소년 단체의 세 부류로 나누어 파악하고자 했다. 그래서 우리는 각 단체에게 해당되는 색깔의 포스트잇을 나눠주고, 거기에 개별 그룹명을 기입해 자기 활동 내역 옆에 붙이도록 했다. 하얀 스티커 라벨은 각 활동을 나타내며, 다양한 색깔의 점 스티커는 위 그림에 나와 있듯이 다양한 활동 대상을 가리킨다. 이렇게 완성된 차트는 마치 잘 만들어진 도로 지도와 같이 매우 **빽빽**했지만 가독성은 충분했다.

도 가늠할 기회가 없었던 현 상황에 대한 전체상을 품은 채 점심 식사 길에 나섰다. 그들은 심사숙고 끝에 작성된 활동 목록들로 빽빽이 들어찬 대형 디스플레이들로 둘러싸인 그 커다란 방의 위력으로부터 헤어 나오지 못했을 것이다. 우리는 모든 디스플레이를 디지털 카메라로 촬영한 뒤 책자로 만들어 모든 참가자 들에게 나눠주었다. 모든 라벨의 글씨와 색깔을 알아볼 수 있도록 해서 말이다! RE-AMP에서의 활용 사 례에서 주목할 만한 점은 각 대표단에 배정된 퍼실리테이터가 없었다는 사실이다. 모든 작업은 우리가 미 리 준비해둔 도구들을 사용해 그들이 스스로 이뤄낸 결과였다. 이는 이 책에서 설명하는 기법들의 조합이 어떻게 자유자재로 변형되고 확장될 수 있는지 보여주는 좋은 사례다.

포스트잇의 위력은 참여 유도 그 자체에 있다

사람들에게 정보를 포스트잇의 형태로 직접 접하게 하는 것은 꽤 간단한 일이며, 그것이 바로 이러한 작 업 방식의 묘미다. 이 방식의 위력은 그러한 참여 그 자체에 있다. 사람들의 움직임 덕분에 회의에 활력이 더해지는 것은 덤이다. 사람들은 언제나 직접 몸을 움직일 것을 요구받는 회의에서 실질적으로 활발한 양 상을 띤다. 이는 곧바로 집단 내 더 많은 에너지 흐름의 형태로 나타난다. 더 많은 에너지는 곧 여러분이 사람들의 마음과 이들 간의 관계를 바꾸는 데 있어 더 큰 능력을 갖게 됨을 의미한다.

워크숍이나 교육 과정, 대규모 영업 회의 등의 행사에 활력 증진 활동을 포함하는 것이 일반적이다. 하 지만 종종 기획 및 의사결정 회의는 이런 식으로 사람들을 이끌지 않기에, 사람들의 지속적인 집중과 참 여를 원하는 이들에겐 이러한 회의들이야말로 실질적인 도전 과제라 할 수 있다. 가상 회의의 경우 상황은 더 나쁘다. 인터넷 회의의 경우 진행자는 화제를 5분 또는 그보다 더 빠른 간격으로 전환해야 하기 때문에, 참가자들의 충분한 관심을 원한다면 이들의 참여를 직접적으로 유도하기 위해 몇 배의 노력이 요구된다.

시각적 사고를 다룰 다음 장에서 이동 가능한 매체의 가치를 다시 논할 기회가 있을 것이다. 지금 단계에선, 몰입을 유도하고 지속적 매체를 사용하는 것이야말로 참가자들의 열렬한 관심을 이끌어내기 위한 핵심 비결 이라는 점을 고찰해보길 바란다. 컴퓨터 그래픽 대신 참가자들이 보고 만질 수 있고 옮길 수 있는 매체를 사용 하고, 그들에게 그럴 기회를 충분히 제공하는 것은 높은 참여도를 보장하는 강력한 '당김 힘'으로 작용한다.

8. 화상과 상호작용의 활용
콜라주와 그림 카드 사용하기

　화상과 정보를 움직일 수 있는 조각에 담아 사람들에게 제공하는 것은 포스트잇 활용을 통해 생성되곤 하는 것과 같은 종류의 에너지를 발생시키는 또 하나의 방법이다. 차이점은 전자의 경우 후자와 달리 사람들이 다룰 매체에 내용이 더해져 있다는 점이다. 콜라주Collage란 잡지나 책에서 얻은 이미지를 사용해 관념과 느낌을 표현하는 새로운 조합을 만들어내는 기법을 가리킨다. 그림 카드Picture cards는 단일 이미지들의 세트로, 대개 각 카드엔 서로 다른 그림이 인쇄되어 있고 재사용을 위해 코팅되어 있다. 그림 카드의 사용법은 게임과 매우 유사하며, 개별적으로뿐만 아니라 무리로도 사용될 수 있다. 앞에서도 이들에 관해 잠시 언급한 바 있지만, 이번 장을 통해 이들의 실질적 사용법을 좀 더 깊게 탐구해보고자 한다. 이들은 여러분 또는 회의 참가자들이 그림 그리기에 다소 어려움을 느끼는 상황일 때 참가자들의 시각적 작업을 유도할 수 있는 훌륭한 수단이다.

콜라주를 통한 개인적 비전 수립

개인적 이야기를 통해 콜라주에 관해 먼저 살펴보자. 그로브 컨설팅 그룹의 장을 맡고 있는 내 동료 로리 더널Laurie Durnell은 영혼 콜라주Soul Collage라는 것을 매우 좋아한다. 이는 잡지에서 오려낸 이미지를 사용해 내면적 방향 의식과 관심사를 탐구하기 위한 일련의 기법을 의미한다. '영혼 콜라주'란 명칭은 심리학자 시나 프로스트Seena Frost에 의해 주창되어 판권으로 보호되고 있는 용어로, 그녀는 이 기법에 관한 모든 문헌을 저술해온 사람이다. 내가 이 기법에 개인적으로 감동받게 된 계기는 그로브 퍼실리테이션 숙련 워크숍The Grove's Facilitation Mastery workshops에서 로리가 진행했던 한 간단한 실습이었다.

　이 과정은 기술적 측면에선 꽤나 간단하다. 로리는 여러 출처로부터 잡지 그림을 모은다. 자연, 일, 여행,

일기장의 콜라주

이것은 퍼실리테이션 숙련 워크숍에서 있었던 자기 발견 실습의 일환으로 내 스케치북 일기장에 만든 것이다. 이 기법에 관한 보다 많은 정보를 원한다면 www.soulcollage.com을 참고하라.

나는 온전한 참여란 몸과 마음과 영혼과 정신
모두를 수반하는 경지라고 믿는다. 만약 이것
이 사실이라면 우리의 생각하는 자아와 여타
감성 간에 조화를 이루는 것이 바람직할 것이
며, 특히나 사람들이 자기의 일하는 방식이나
다른 이들과의 관계를 개선할 필요를 느끼고
변화를 위해 이렇게 해야 할 상황에선 더욱 그
러할 것이다.

기술, 가족, 문학, 신화 등 실로 광범위한 주제에 걸친 이미지들이다. 광고나 기사로부터 오려낸 단어와 헤
드라인도 함께 모은다. 그녀는 이러한 그림들을 갖고 다니다가, 기회가 되면 개인적으로 지향하는 바를 탐
구하는 실습을 진행한다. 그날 우리가 받은 지시는 우리 인생의 심오한 목표에 관해 우리에게 말하고 있는
작은 콜라주를 만들라는 것이었다. "여러분의 선택을 믿고 재빠르게 작업하세요." 그녀는 이렇게 말했다.
내 기억에 그림 조각을 모두 선택하고 붙이기까지 우리에게 주어진 시간은 고작 20분 정도였던 것 같다.

그리고 로리는 다음과 같은 질문들의 빈칸을 채워 콜라주의 대사를 재빨리 적을 것을 주문했다. 나는
___하는 사람이다. 내 이름은 ___이다. 내가 당신에게 바라는 것은 ___이다. 내가 당신에게 줄 선물은 ___이
다. 내가 당신에게 말해야만 할 것은 ___이다. 내 그림자는 ___이다.

이 간단한 질문들은 내가 오늘날에도 영감을 얻기 위해 다시 들춰보곤 하는 멋진 대사를 내 안에서부
터 이끌어냈다. 우리는 그날 막바지에 둥글게 모여 앉아 각자의 영혼 콜라주에 관해 이야기 나누는 시간
을 가졌다. 뒤이은 저녁 식사를 위해 일정이 시작된 곳과 매우 다른 장소로 자리를 옮긴 우리 모두는 콜라
주에 의해 한층 깊고도 민감한 수준으로 고양된 상태였다. 이 이야기를 하는 이유는 이것이 콜라주 이미
지가 짧은 시간 내에 얼마나 많은 변화를 일으키는지, 그리고 단어와 그림이 어떻게 서로에게 영향을 미
치며 상당한 통찰을 촉발하는지를 보여주는 사례이기 때문이다.

멋진 사실은 콜라주가 전체 집단에 통한다는 점이다. 대부분의 장소에서 얼마든지 찾아볼 수 있을 만
큼 풍부한 잡지 그림들은 상징적으로 꿈꾸고 일하며 자신의 가장 심오한 의미에 관한 이야기를 구성하는
우리의 한 측면을 일깨운다. 나는 온전한 참여란 몸과 마음과 영혼과 정신 모두를 수반하는 경지라고 믿
는다. 만약 이것이 사실이라면 우리의 생각하는 자아와 여타 감성 간에 조화를 이루는 것이 바람직할 것
이며, 특히나 사람들이 자기의 일하는 방식이나 다른 이들과의 관계를 개선할 필요를 느끼고 변화를 위해
이렇게 해야 할 상황에선 더욱 그러할 것이다. 콜라주는 우리를 활짝 열어준다.

콜라주를 비전 수립에 활용하기

2008년 후반에 찾아온 신용 체계의 경제적 붕괴 후에, 많은 조직의 사업 모델은 실효성을 상실했다. 우리

같은 회사들의 방식 또한 철저히 변했다. 나와 함께 일하고 있었던 한 회사는 주 전역의 비영리 단체들에게 컨설팅 서비스와 기술적 지원을 제공하고 있었다. 그들은 살아남아 번창하기 위해 전체 작업 방식을 재고해야만 했다.

회사의 미래를 구상하기 위해 이사진 전원과 직원들이 함께 모인 첫 워크숍의 하이라이트는 콜라주를 커버스토리 비전Cover Story Vision이란 이름의 그로브 그래픽 가이드Grove Graphic Guide와 함께 사용함으로써 진행된 비전 수립 활동이었다. 커버스토리 비전은 어떤 유명 잡지가 여러분의 조직을 표지 기사에 다뤘다고 상상하고 그 표지 기사에 어떤 내용이 담겨 있을지 생각해보는 것으로 구성된다. 이 템플릿

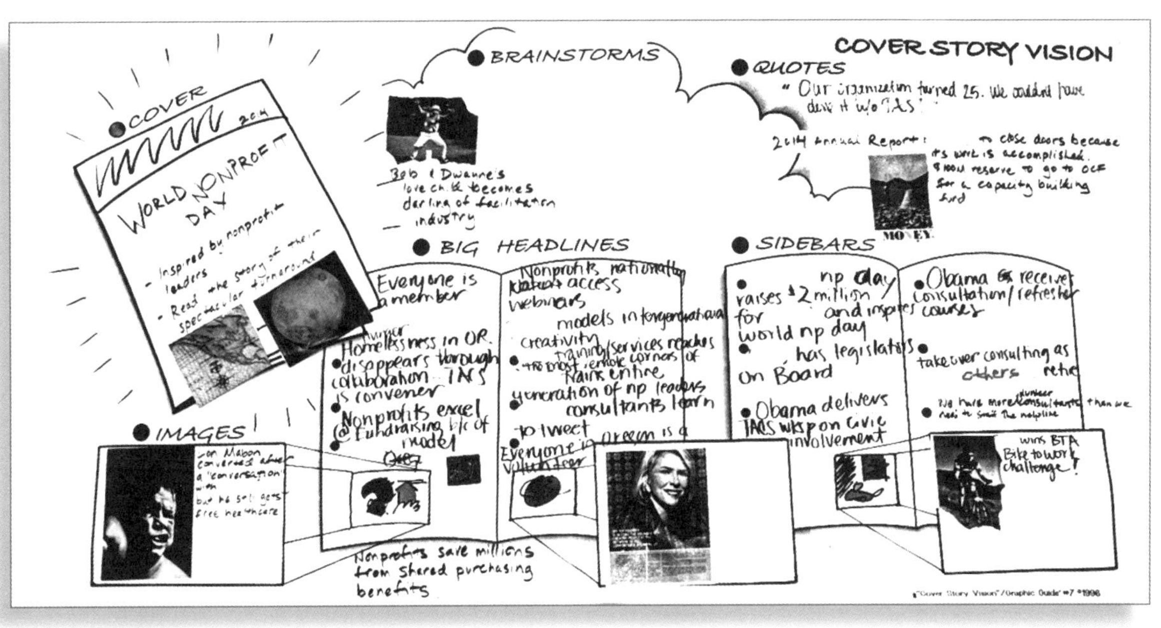

은 큰 헤드라인과 사이드바(주요 기사 옆에 짤막하게 곁들이는 관련 기사), 인용구, 삽화, 그리고 표지로 구성되어 있다. 누구나 잡지에 친숙하기 때문에 이 비유에 어려움을 느끼는 사람은 없다. 어떤 잡지에 실렸다고 할지에 관해 약간의 논쟁이 있을 순 있지만 말이다. 우리는 그들에게 만약 정말 실린다면 자랑스럽게 느껴질 잡지를 고를 것을 권했다.

조직의 상황이 심각해 사람들이 다소 풀 죽어 있었던 탓에, 우리는 콜라주 이미지를 활용하는 것이 그들로 하여금 가상의 미래에 관한 피상적 논의가 아닌 보다 심오한 비전 수립의 경지에 이르도록 돕는 역할을 할 수 있을 것이라 느꼈다. 그래서 우리는 잡지 몇 상자를 가져와서 참가자들이 마커만이 아닌 잡지 그림 또한 활용해 템플릿을 꾸미도록 했다. 한 시간 뒤 다섯 개의 위력적인 디스플레이가 완성되었다. 각 조가 나와서 그들의 미래 이야기를 마치 이미 일어난 일인 양 과거 시제를 사용해 발표했다. 사람들이 실

커버스토리 콜라주

콜라주를 템플릿과 함께 사용하면 이미지를 환기시키는 화상의 위력과 그림 틀의 조직적 체계 간의 균형을 맞출 수 있다. 여기 가져온 것은 신규 사업 모델 구축을 위한 한 비영리 조직 후원 기업의 워크숍에서 만들어진 비전 콜라주다.

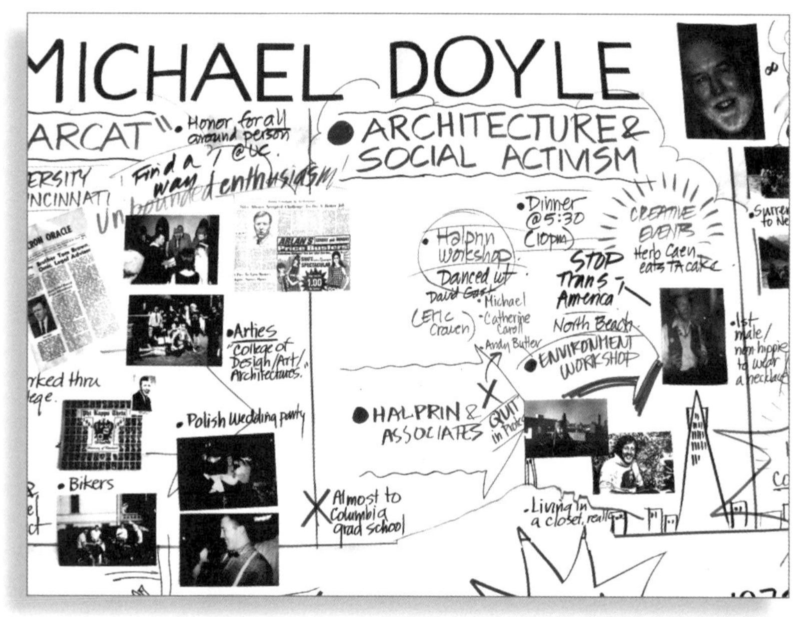

제 화상을 갖고 작업을 시작하자마자 사기가 눈에 띄게 올랐으며, 발표 동안 회의장엔 웃음소리와 좋은 느낌이 넘쳐흘렀다. 그들은 정말로 같은 꿈을 공유했으며 그 꿈은 도전의 한가운데에서 돌연 생기를 띠었다.

콜라주의 다른 쓰임새

나는 다음과 같은 광범위한 상황에서 콜라주를 활용해 비슷한 결과를 얻어왔다.

- 1970년대에 퍼실리테이터의 전문직화를 주도한 나의 동료 컨설턴트이자 『회의 성공의 Key[How to Make Meetings Work]』(하서출판사, 2004년)의 공동 저자인 마이클 도일[Michael Doyle]의 추모식에서, 모든 참가자들은 그림이나 사진, 또는 그가 남긴 물건을 지참할 것을 부탁받았다. 추모식은 참가자들이 나와서 도일과의 추억을 술회하고 가져온 사진 또는 기억할 만한 화상을 그의 연대표에 추가하는 식으로 진행되었다. 그렇게 완성된 벽화는 추모식의 공식적인 순서가 끝난 뒤 몇 시간에 걸친 대화의 중심이 되었다.

마이클 도일을 기억하며

마이클 도일이 유명을 달리했을 때, 샌프란시스코 베이 에어리어의 컨설턴트들은 한데 모여 그를 추모하기 위해 길이 10m에 달하는 콜라주를 제작했다. 마이클은 내가 막 퍼실리테이션에 입문했던 시절, 내 멘토였다.

- 볼티모어 수족관의 신규 수족관 프로젝트 기획 회의를 맡게 된 우리는 수족관 이사진과 직원들에게 각자 잡지를 가져오도록 한 뒤 기획 활동에 앞서 각자 가져온 잡지로부터 얻은 그림을 이용해 아름다운 비전의 모습을 만들어보도록 주문했다. 각 참가자들에게 주제와 관계 있는 이미지가 실린 잡지를 가져오도록 함으로써, 우리는 실제 회의 한참 전부터 참가자들이 회의에 관해 상상하게 만드는 과정을 시작할 수 있었다.

- HP로부터 1999년 분사된 계측/시험 장비 회사 애질런트 테크놀로지[Agilent Technologies](이하 애질런트)의 IT 부서 직원들은 3년에 걸친 분사 준비 기간 동안의 사진 또는 그림을 가져오라는 주문을 받았다. 수뇌부에서 그들에게 바란 것은 그 역사적 분사[分社]에 대한 연대기 도표 제작을 통해 그 위업의 중대성을 깨닫는 것이었다. 회의는 참가자들에게 모두가 가져온 사진 또는 그림을 거대한 연대표에 붙여 콜라주를 만들도록 주

문하는 것으로 시작되었다. 이 콜라주 연대표는 대화의 출발점이 되었다. 사람들이 가져온 '유물'들이 하나둘씩 연대표 위에 자리잡을수록 사람들은 그때의 이야기를 주고받고 뒤돌아보는 데에 빠져들었다.

콜라주의 근본적 위력

콜라주 화상은 붙일 이미지를 선택하는 이들에게 매우 강력한 영향을 미친다. 이것은 의미란 것이 화상 그 자체가 아닌, 어떤 화상을 본 선택자에게 떠오르는 생각과 그 화상 간의 관계에 내재된 것이기 때문이다. 영혼 콜라주를 꾸준히 하는 습관을 가진 사람들은 그 결과물을 수년 동안 간직하며, 콜라주상의 이미지들을 심사숙고할 때마다 늘 같은 의미를 발견한다. 동일한 상황이 집단 차원에서도 벌어지는데, 집단 전원이 콜라주에 넣은 이미지의 선택에 합의하기까지 충분한 시간을 가졌던 것이 아닌 한, 그 일치의 정도는 비교적 약한 편이다. 집단을 위한 작업에 있어 콜라주는 참여를 유도하고 영감을 주는 도구에 가깝다고 할 수 있다.

그림이든 연상력 강한 일련의 단어든 간에, 화상의 위력은 그 단순성과 활용 가능성에 있다. 또한 이러한 위력은 화상의 다양한 해석 가능성으로도 이어진다. 조직의 비전과 목표에 관한 의사소통 과정에서 화상을 사용할 때, 이들이 일관성 있는 의미를 전달하도록 보장하려면 이미지들을 단어와 연관 지을 필요가 있다.

대화 촉진을 위해 그림 카드 활용하기

시각적 사고가 전파됨에 따라, 집단 내의 대화 보조 목적으로 이미 만들어진 화상을 제공하는 도구들의 공급 또한 증가했다. 비즈니스 시각화 분야의 새로운 인적 네트워크인 비즈씽크^{VizThink}의 발족 컨퍼런스에서, 주요 행사의 일환으로 다음의 세 기법을 동일한 조직 문제의 해결에 적용함으로써 서로 겨루는 도전 이벤트가 열렸다.

2보 전진을 위한 1보 후퇴

나는 마이클 도일이 퍼실리테이션을 가르치며 '2보 전진을 위한 1보 후퇴(go slow to go fast)'란 말을 했던 것을 기억한다. 그는 여러분이 어떤 계획의 수립부터 이행 단계까지를 주도함에 있어 두 가지 선택지가 있다고 믿었다. 초반에 앞에 나서 사람들의 참여를 고취시키며 모든 참가자들에게 자신이 어떤 변화 또는 계획을 만들고 있는지 이해시키는 데에 시간을 들이거나, 아니면 이후 이행 단계에서 모든 이들이 잘 따라오도록 하는 데에 시간을 들이는 것이다. 초반 진도가 느린 전자가 더 느린 작업 방식이라 생각하기 쉽지만, 도일은 후자야말로 궁극적으로 성과를 얻기까지의 속도가 느리게 나타나는 쪽이라고 지적했다.

1. 그래픽 템플릿Graphic templates

2. 마인드 맵 제작 소프트웨어Mind mapping software

3. 그림 카드Picture cards

그림 카드

크리스틴 마텔의 비주얼스스피크는 모든 형태의 대화를 보조하기 위한 다양한 크기의 그림 카드 세트를 제공한다. 비주얼스스피크의 허락하에 몇 장의 샘플 이미지를 가져왔다(좀 더 자세한 정보가 필요하다면 www.visualsspeak.com/을 참고하라.).

나는 템플릿 조를 이끌었는데, 약 20명의 참가자들이 우리 조에 자원했다. 이와 비슷한 수의 참가자들이 마인드 맵 조, 즉 정보 덩어리들을 입력해 큰 도표상에서 연결 지을 수 있게 해주는 소프트웨어를 활용하는 조에서 과제 해결에 매진하고 있었다. 하지만 그림 카드 전문 회사 비주얼스스피크VisualsSpeak의 창업경영자인 크리스틴 마텔Christine Martell은 수백 명의 사람들과 동시에 일하고 있었다! 각 테이블엔 코팅된 카드들이 한 더미씩 놓여 있었다. 카드 크기는 종이 반 장 크기에서 한 장 크기에 이르기까지 다양했으며, 광범위한 주제의 그림이 인쇄되어 있었다. 참가자들은 주어진 조직 차원의 도전 과제에 관해 생각해본 뒤 직관적으로 와 닿는 그림 카드를 뽑도록 안내되었다. 이윽고 그들이 뽑은 그림들은 이리저리 뒤섞여 고객을 위한 해결책이 될 수 있을 조합으로 거듭났다. 크리스틴이 이끈 과정의 위력은 한 번에 그렇게 많은 사람들의 관심을 사로잡고 마음을 열 수 있었다는 데에 있다. 도전 과제는 짧은 시간 내에 문제 해결을 마치는 것이었다. 3부에서 보게 될 바와 같이, 대형 차트와 템플릿을 활용하는 작업 방식은 이 도전 이벤트에서 요구되었던 것처럼 집단이 방대하고도 복잡한 정보를 집중해 다뤄야 할 때 도와주는 측면에서 매우 효과적이다.

사람들의 참여를 유도하고 관심을 끄는 그림 카드의 능력은 부정할 수 없는 성질의 것이다. 교사들은 아이들과 함께 어떤 주제를 세분해 조합하고 다시 조합할 수 있게 하는 데에 수년간 카드를 사용해왔다. 타로 카드는 중세 이래로 점술과 개인적 탐구에 사용되어왔다. 퍼실리테이션 분야에선 문화 연구소Institute for Cultural Affairs가 1970년대 이래 이러한 방식으로 화상을 활용해왔다. 그들은 화상과 카드, 그 밖의 여러 다양한 기법들을 포함한 참여 기술TOP, Technology of Participation이란 명칭의 전체적 접근 방식을 개발했다. 이들은 비영리적이고 다문화적인 작업에 기반을 두고 있으며, 화상이 강력한 매개체란 사실을 발견했다.

그림 카드 활동은 극심한 난관에 봉착한 집단의 대화와 문제 해결에 전환점이 될 수 있다. 지금까지 이 책에서 주장해왔듯이 시각화는 뇌 양쪽을 모두 일깨우며, 특히 화상은 영상 처리 장소인 우뇌를 직접적으로 일깨우는 역할을 한다. 일견 무관하다 여겨질 수 있는 사물 간의 연관 관계를 발견하는 것 또한 시각적 감각을 통해 가능하다. 하지만 단일 화상 기반의 도구가 예외 없이 유용성을 발휘하는 분야는 대화의 촉매제로서 역할하며(나와 있는 그림이 어떤 그림인지 설명해야 하니까), 그렇게 활용할 수 있는 방법은 꽤나 다양하다!

카드 활용법

그림 카드를 사용해 여러분의 회의에 열띤 참여와 알찬 대화를 불러 일으키고자 할 때 즉각적인 효과를 나타내는 몇몇 방법들을 모아봤다.

- **소개**: 카드를 바닥이나 테이블 위에 펼쳐놓은 뒤, 모든 참가자들에게 회의에 들어와서 카드들을 봤을 때 자신을 외쳐 부르는 듯한 느낌을 받은 그림을 고르도록 한다. 그리고 자기 소개 시간 동안 각자가 고른 그림을 보여주며, 왜 그것이 자신에게 와 닿았는지 이야기 나누는 순서를 갖는다.

- **문제 파악**: 어떤 문제에 관한 논의가 지지부진해졌을 때 기저 원인으로 접근하고 싶다면, 논의를 잠시 중단시키고 사람들에게 주어진 문제를 나타내는 그림을 고르도록 주문한다. 그리고 사람들을 짝지어 서로가 뽑은 그림에 관해 이야기 나누도록 한 뒤, 각자 깨달은 바를 다 함께 공유하는 시간을 갖는다.

- **인식적 질문**: 사람들에게 여러분이 다루고 있는 프로젝트 또는 상황에서 어떤 일이 벌어지고 있는지 생각해보도록 요청한 뒤, 이뤄지도록 지원되었으면 하는 결과를 나타내는 그림을 고르게 한다.

- **조직 변화**: 사람들에게 각자 원하는 변화상을 나타내는 그림을 고르도록 한다. 사람들에게 짝을 이루거나 또는 소그룹 단위로 각자 고른 그림에 관해 논의하도록 한 뒤, 각자 깨달은 바를 보다 큰 그룹 단위로 공유하는 시간을 갖는다.

- **해결책 찾기**: 사람들에게 모든 그림을 본 뒤 그들이 다루고 있는 상황에 대한 해결책을 가리키고 있다고 생

화상의 기능 – 케네스 볼딩

캘리포니아 노동력 개발 연구원(California Workforce Development Institute)의 대표인 버지니아 해밀턴(Virginia Hamilton)은 국제 시각화 기법 전문가 포럼에서 자신의 그림 카드 활용 경험을 공유했다. 그녀는 『이미지: 인생과 사회에서의 지식(The Image: Knowledge in Life and Society)』(미시건 대학 출판사, 1956)의 저자인 케네스 볼딩(Kenneth Boulding)의 말을 인용했다. 볼딩은 일반 체계 이론(General System Theory)의 공동 창시자로 유명하며, 사회심리학 및 경제학, 학제 간 철학 분야에서 왕성한 저작 활동을 펼친 저술가였다. 버지니아는 화상과 작업 혁신에서 화상의 유용성에 대한 볼딩의 일련의 추측을 언급했는데, 이는 그녀의 경험이 그것에 일맥상통했기 때문이었다.

1. 사람들은 이미지에 기반해 움직인다.

2. 이미지는 행동을 지배한다.

3. 메시지는 이미지를 형성한다.

4. 이미지는 가치관에 의해 유지된다.

5. 이미지는 변할 수 있다.

6. 변화된 이미지는 행동을 변화시킨다.

각되는 그림을 직관적으로 고르도록 한다. 마찬가지로 짝을 이루거나 소
그룹 단위의 논의를 거친 뒤 각자 깨달은 바를 다 함께 공유한다.

- **행동 변화:** 보다 신랄한 활동으로 사람들에게 자신이 좋아하지
않는 행동과 보고 싶은 행동을 나타내는 그림을 고르도록 주문
하는 것을 들 수 있다. 앞의 방법들에 비해 비교적 부정적인 성
격을 갖는 이 방식은 사람들이 미처 예상하지 못한 방향으로 찔
러 넣는 공격과도 같아서, 그들의 보다 진심에 가까운 반응을 끌
어내는 효과가 있다. 버지니아는 그림 카드라는 기본 도구에 접
근하기 위한 수단으로서, 사람들이 각자 선택한 그림 뒤에 숨
겨진 가치를 명시적으로 논의할 수 있도록 이러한 작업 방식
을 권장한다.

아이디오 메소드 카드
혁신 디자인 회사인 아이디오는 자기 일에서 창의적인
번뜩임을 모색하는 이들은 물론이고 야심 넘치는 견습
디자이너들에게 영감을 제공하기 위한 수단으로서, 51
장의 메소드 카드 세트를 개발했다. 몇 장의 샘플 이미지
를 가져와봤다(http://www.ideo.com/work/method-
cards/를 참고하라.).

세계적인 디자인 컨설팅 회사인 아이디오^{IDEO}의 메소드 카드 세트$^{\text{Method Card deck}}$는 개념과 사고 촉진용 이
미지 모두를 제공한다. 여기엔 어떤 문제에 대한 해결책을 역할극이나 실현의 형태로 구현해보는 '바디
스토밍^{bodystorming}'이나, 옆에 나와 있듯 고객의 상황에서 생각해보는 시간을 갖도록 장려하는 '인생의 어느
날$^{\text{A Day in the Life}}$'과 같이 방대한 종류의 아이디어들이 포함되어 있다.

주저하지 말고 정식 카드 세트를 구비해 이러한 방식들을 시도해보라. 판지에 그림을 입힘으로써 손쉽
게 여러분만의 카드를 만들 수 있다. 카드를 보호하고 싶다면 미술용품점에서 코팅지를 구입할 수 있다.
여러분의 회의에서 다룰 몇몇 영역에 초점을 맞춘 그림 세트를 갖춘다면 유리할 수 있을 것이다.

조직을 위한 모래 상자 작업
융 심리학적 모래놀이 치료로부터 영감을 받은 나의 3차원 화상 활용 경험을 나누는 것으로써 참여 고취

를 위한 시각화에 관한 이번 장을 마무리하고자 한다. 칼 융$^{Carl\ Jung}$은 그의 작업에 화상을 중심적으로 활용했으며, 그의 제자들 또한 마찬가지였다. 융은 원형原型, 즉 보편적인 의미와 호소력을 갖고 있어 인간 영혼에 깊숙이 새겨져 있는 것처럼 보이는 일련의 이미지들에 대한 신봉자였다. 융을 특별히 사로잡은 주제는 꿈이었다. 그에게 있어 꿈이란 종종 자기 나름의 언어를 갖춘 듯한 화상들이 이리저리 누벼진 퀼트와 같은 것이었다. 인간 감각의 이러한 부분에 접근하기 위한 기술을 개발하는 과정에서, 융 학파의 심리치료사들은 모래 상자 치료$^{sand\ tray\ therapy}$라는 이름의 기법을 개발했다. 이 기법은 의식적인 두뇌와의 대화를 통해 나 자신의 숨겨진 여러 자아를 일깨우는 내 묵상 활동에 상당한 영향을 미쳤다.

나는 수년 전 융 심리학적 기법을 교육받은 몇몇 치료사들로부터 이 방법을 소개받았다. 우리는 모래가 채워진 가로 1.2m, 세로 90cm에 높이 15cm 정도의 상자 두 개로 작업했다. 모래를 걷어내면 푸른색으로 칠해진 상자 바닥이 드러나는데, 이렇게 함으로써 상징적인 해변이나 호수를 만들 수 있었다. 이 밖에도 치료사들은 선반 한가득 공주, 두꺼비, 고블린, 나무, 작은 수정, 기계, 각종 동물 등을 묘사한 온갖 미니어처들을 갖고 있었다. 인형의 집에나 들어갈 크기의 이 조그만 인물상 또는 물체들은 말 그대로 수백 종의 이미지가 3차원적으로 체화된 것과 다름없었다.

모래 상자의 활용 과정은 콜라주 작업과 유사하다. 어떤 관계와 같은 특정 사항에 관해 생각해본 뒤 모형을 모래 위에 배치함으로써 그것을 표현하는 것이다. 이 작업은 의식적인 생각에 훨씬 앞서도록 재빨리 이뤄져야만 한다. 단순히 맘에 드는 모형들을 택해 모래 위에 올려놓는 것이다. 약 10분 내에 모래 위엔 어떠한 배치가 갖춰질 것이다. 남은 시간은 이 매우 색다른 '그림'에 관한 이야기를 나누는 데에 할애된다. 치료사들은 여러분이 모래 위의 이런저런 위치에 서 있다면 무슨 생각이 들지 말해보라고 주문할 수도 있고, 모래 위의 광경으로부터 뭔가를 발견하도록 지시할 수도 있다. 이 방식은 판단할 수 있는 성질의 것이 아니다. 그저 번뜩이는 영감을 구하다가, 어느 순간 얻는 것이다.

1990년대 동안 길리안 바튼$^{Gillian\ Barton}$이란 이름의 컨설턴트가 샌프란시스코 소재의 아이디어 팩토리^{Idea}

작은 모형으로 나타낸 리더십 개념

모래 상자 위에서 작은 모형들을 갖고 작업하는 것은 3차원 콜라주를 만드는 것과 같다. 이것을 보는 순간 사람들은 감응해 입을 열게 되며, 이 상징적 요소들에 의해 촉발된 새로운 아이디어들을 함께 나누게 된다.

레고로 만든 그로브

2007년 그로브에서 인턴으로 일한 에밀 틴(Emil Tin)은 캐라 니콜스(Kara Nichols)와 내게 그로브 사의 조직에 대한 자신의 레고 블록 탐구 활동에 함께할 것을 권했다. 이 사진으로만 봐선 그다지 와 닿지 않겠지만, 우리는 이 모형을 바탕으로 통찰과 탐구 정신으로 넘쳐 흐르는 수 시간의 대화를 나눴다. 우리가 레고 활동과 차트 그림을 어떻게 동시에 활용하고 있는지 볼 수 있을 것이다.

Factory란 회사에서 전략과 혁신에 관한 대화를 촉진하기 위한 한 수단으로서 모래 상자 작업을 활용하고 있었다. 당연하게도, 나는 한 번 해본 즉시 이 방식을 이해할 수 있었다. 우리는 즉시 그로브에서 이 작업을 시도했고 몇 번의 황홀한 대화를 가질 수 있었다 모래 상자 활동은 우리를 전인미답의 경지로 인도했다. 앞 페이지에 나온 사진은 우리가 '좋은 리더십과 나쁜 리더십'에 대해 가진 이미지를 탐구하는 과정에서 만들어진 상자 모형 중 하나의 모습이다. 모형을 보는 순간 여러분은 그것이 의미하는 바를 파악할 수 있다! 바로 그때 실로 양질의 대화가 촉발되는 것이다.

대상을 이해하기 위한 보다 심오한 방식으로서 화상의 역할에 대해 일단 이해하게 되면, 모든 형태의 매체가 통찰을 향한 길로 취급되었을 때 대화와 참여를 보조하는 역할을 수행할 수 있다는 점이 명백해질 것이다. 화상은 사람들의 새로운 수준에서의 참여를 가능케 한다. 1부에서 잠시 언급한 바 있는 존 워드John Ward는 운동감각성 모델링kinesthetic modeling을 사용하는 컨설턴트로, 그는 자신의 독창적 방식을 '깨달음을 위한 점토 놀이Knead to Know'라 불렀다. 그는 진흙을 사용해 우리 그로브 팀을 우리의 가치를 나타내는 작은 형상과 인물상을 이리저리 만들어보는 과정으로 인도했다. 이후 수차례의 회기를 거쳐 진행된 대화로부터 우리가 오늘날 따르고 있는 그로브의 핵심 가치가 도출되었다.

3차원 화상 활용의 또 다른 형태로 레고 사가 실제로 수행 중에 있는, 레고 장난감을 조직에 적용하는 작업을 들 수 있다. 레고 사는 레고 블록을 활용해 조직 차원의 문제와 해결책을 시각화하는 전략 세션을 이끄는 컨설팅 분과를 갖추고 있다. 이곳의 직원 중 한 명이 우리의 교육 과정에 참여해 레고 블록으로 의미를 구축하는 방법을 가르친 적이 있었다. 콜라주와 모래 상자 모형과 레고 장난감들을 동시에 활용해본 적은 없지만, 분명 재미난 일이 벌어질 것이라 단언할 수 있다!

III. 시각적 사고를 위한 그림과 도표

아이디어의 시각화 및 핵심 패턴 탐색

사고

정황

활동

비전

III: 시각적 사고를 위한 그림과 도표

3부에선 판서나 문제 해결, 스토리보드 제작, 시각적 계획 수립 등과 같이 집단이 함께 사고하도록 이끎으로써 혁신적인 통찰과 의미 있는 계획을 도출해내기 위한 모든 방법들을 위한 구체적인 도구들을 살펴볼 것이다.

9장: 그룹 그래픽스　비주얼 미팅과 재즈의 유사성, 그룹 그래픽스(Group Graphics) 키보드, 각 기본 형식의 예시와 용도 및 활용상 조언, 그룹 그래픽스 키보드의 원리

10장: 문제 해결　문제를 이해하고 근본 원인을 파악하는 방법, 간단한 브레인스토밍과 문제 해결을 위한 그림 및 도표, 골치 아픈 문제 해결하기, 시스템 이해하기

11장: 스토리보드 기법과 아이디어 맵 기법　스토리보드를 통한 이야기 흐름 만들기, 가지 뻗기 패턴으로 사고하기

12장: 시각적 계획 수립　시각적 계획 수립을 인도하기 위한 그래픽 템플릿의 활용, 그로브 전략적 비전 수립 모델(Strategic Visioning Model)과 그래픽 가이드(Graphic Guides), 의사결정 보조 공간의 창출

13장: 다수의 회의 & 차트 전시회　조별 활동 활용하기, 조별 보고 진행 요령, 대형 디스플레이 다루는 법, 전체상 조망을 위한 차트 전시회

14장: 디지털 기록　회의 문서화를 위한 디지털 사진술의 활용, 보고 형식, 차트 이미지 가공을 위한 팁, 데이터를 온라인에 연결하기 위한 시각 자료 사용법

15장: 원격 시각화　웹 컨퍼런싱 소프트웨어 사용 시의 시각적 작업법, 태블릿 활용법, 온라인상에서의 상호작용 돕기

9. 그룹 그래픽스
벽에 기록하기 위한 일곱 가지 방법

빈 페이지나 차트를 대할 때마다 여러분은 어떻게 시작해야 할지 결정해야 할 것이다. 이는 앞서 2장에서 이야기한 기본 형식과 그룹 그래픽스 키보드^{Group Graphic Keyboard}의 연관성, 이들 일곱 가지 기본 형식을 벽에 나타내는 방법에 대한 이해를 수반하는 과정이다. 기본 형식은 모든 다른 형식들이 파생되는 기반으로서 작용하며, 집단 차원에서의 시각적 사고의 열쇠가 된다.

재즈의 원리

기본 형식은 곧 과정^{Process}이다. 과정에 대한 이야기를 보다 쉽게 이해할 수 있게 해줄 비유적 이야기로 이번 장을 열어보자. 나는 개인적으로 피아노 연주를 좋아하며, 언제나 재즈를 연주하고 싶어 했다. 나는 악보를 통한 전통적인 피아노 레슨을 따르도록 요구받으며 자랐다. 나는 꽤나 능숙해졌지만 결국엔 전통적 레슨에 반기를 들었고, 대학에 들어와서야 다시 피아노 앞에 앉아 나만의 조합^{combination}과 작품을 만들어내기 시작했다

　어느 날 작은 음악 가게로 흘러든 나는 어느새 좁은 통로를 사이에 두고 늘어선 몇 개의 테이블 위로 높다랗게 쌓인 온갖 종류의 악보 더미에 둘러싸여 있었다. 나는 압도된 기분을 느끼며 악보 무더기를 헤치고 걸어 나왔다. 그곳엔 가게 주인으로 생각되는 나이 든 사내가 있었다. "무엇을 도와드릴까요?" 안경 너머로 응시하며 그가 물었다. 나는 머뭇거리면서도 살며시 말했다. "재즈를 연주하는 법을 배우고 싶습니다." 사내는 나를 위아래로 쳐다보곤 아무런 말도 하지 않았다. 그리곤 카운터 아래로 팔을 뻗어 책 한 권을 끄집어내선 카운터 위에 툭 올려 놓았다. "자신만의 음계를 익히시오." 그는 이렇게 말하곤 읽던 책으로 눈길을 돌렸다.

　이 경험은 과정에 대한 내 이해에 있어 전환점이 되었다. 그때까지 나는 어떤 재즈 음

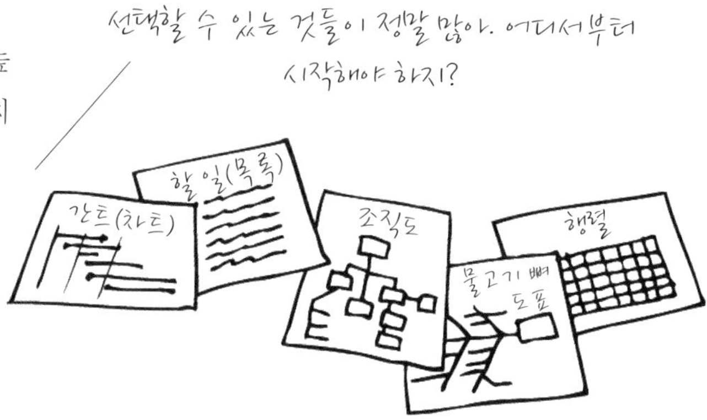

악 작품을 통해 가르침을 얻길 기대해왔다. 가게 주인이 내게 건네준 것은 『하농 연습곡Hanon's Exercises』이란 제목의 책으로, 손이 피아노를 치는 과정에서 만들어낼 수 있는 모든 형태의 패턴에 대해 손가락을 훈련시키기 위한 일련의 음계와 연주들이 담긴 책이었다. 이 책엔 아무런 재즈곡도 수록되어 있지 않았다! 그때 왜 그가 내게 그 책을 주었는지 궁금했지만, 이젠 그 이유를 알 것 같다. 만약 내가 단순히 악보를 통해 재즈를 배웠다면, 나는 악보에 나온 그 한 형태의 해석에만 얽매이게 되었을 것이다. 기본 요소들을 습득함으로써 나는 진정한 창작과 변주의 세계로 입문할 수 있었다.

즉흥 비주얼 미팅

이 책에 소개된 사례들은 여러분이 즉흥적으로 결합시킬 수 있는 간단한 손가락 운동과 같은 것들이다. 이번 장에서 내가 설명할 형식들은 다양한 조의 음계와도 같다. 상형문자, 표의문자, 단어들은 음표라 할 수 있다. 비주얼 미팅은 전적으로 즉흥적인 것만은 아니다. 나는 악보 음악 또한 분명히 좋아하며, 여러분은 내가 상자 안에 단계별로 소개하는 몇몇 활동들을 적용하는 것만으로도 비주얼 미팅에서 훌륭한 결과를 얻을 수 있을 것이다. 하지만 시각 자료가 가장 탄력적으로 기능하는 방식을 진정으로 이해하고 싶다면 '건반', 즉 그룹 그래픽스 키보드를 익혀라. 내 바람은 이러한 기본 형식들이 피아노가 실질적으로 음악에 기여했던 바와 동일한 형태로 여러분의 사고 과정에 기여하게 되는 것이다. 피아노는 음악가들이 경계를 넘어 함께할 수 있도록 하는 데 큰 역할을 했다. 나는 그룹 그래픽스 키보드가 개념적 재즈를 가능케 할 수 있다고 믿는다. 지난 세월 동안 그로브의 가르침을 받은 시각화 기법 전문가들 사이에서는 분명히 그러했다.

그림과 도표를 음악처럼 생각하기

그러면 어떻게 해야 그래픽 디스플레이, 즉 그림이나 도표를 패턴이 아닌 하나의 '과정'으로 인지할 수 있게 될까? 이는 우리가 묘사하고 있는 것이 하나의 사물이 아닌 '관계'임을 이해함으로써 시작하는 것을 의미한다. 모든 시각화 과정엔 다음과 같은 두 가지 핵심적 관계가 내포되어 있다.

1. **창조적 과정**: 디스플레이를 만드는 과정에서 제작자와 그에 의해 디스플레이 위에 배치되는 대상 간에 성립하는 관계

2. **인지 과정**: 완성된 디스플레이와 그것을 활용함으로써 무언가를 이해하고자 하는 이들 간에 성립하는 관계

딱 일곱 종의 기본적 관계만이 존재한다! 내가 말하는 '관계'란 단순한 정적 연관성 그 이상의 것이다. 즉, 여러분과 디스플레이 간의, 혹은 회의 참가자들과 디스플레이 간의 동적인 상호작용을 의미하는 것이다. 시각화에 있어 언제나 중요한 것은 인지 주체와 인지 대상 양쪽 모두이며, 이들 모두는 사고 방식에 대응된다.

여기 수록된 차트는 전체 일곱 패턴의 건반 및 각 패턴이 수행하는 기능과 상징하는 과정, 수반되는 절차들을 나타낸 것이다. 이 차트가 한눈에 들어오지 않더라도 너무 당황하지 말길 바란다. 다음 두 페이지에 걸친 삽화는 동일한 개념을 회의실에 들어서서 벽에 걸린 많은 도표들을 발견하는 사람의 관점에서 묘사한 것이다. 여기에 더해 일곱 개의 형식 각각에 대한 설명이 이어지니, 여러분의 이해를 돕기 위한 충분한 자료가 제공되는 셈이다. 모든 세부 항목의 기저에 깔린 큰 패턴을 보는 법을 배울 수 있다면, 대형 서식의 디자인을 보다 분명히 이해할 수 있을 것이며 엄청난 양의 선택이 상당 부분 간소화될 것이다. 가끔 디자이너들에게 주목하라. 그들은 큰 패턴을 발견하기 위해 대상을 실눈으로 바라보며 의도적으로 세부 항목들을 배제한다. 그리곤 다시 세부 항목 수준으로 돌아간다. 멀찍이서 실눈을 뜨며 전체상을 파악한 뒤 가까이서 초점을 맞추며 국소 범위를 조망하는 이 일련의 과정은 인간의 뇌가 전체를 이해하는 방식이다. 기본 7형식을 익히고 나면, 남은 것은 음악에서와 마찬가지로 기본 패턴들의 조합뿐이다. 이것이 이후 장들을 통해 다뤄질 내용의 전부다. 개념적 재즈를 생각하라!

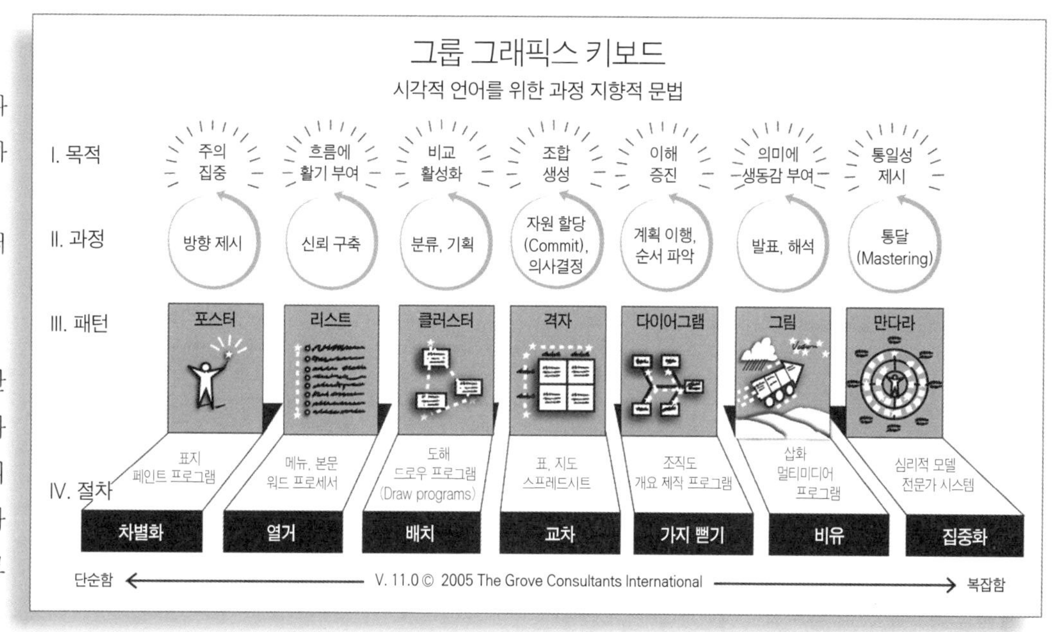

그룹 그래픽스 키보드

이 체계는 모든 그림과 도표를 일곱 개의 원형적 과정으로 조직화한 것이다. 왼쪽으로 갈수록 보다 단순한 과정을, 오른쪽으로 갈수록 보다 포괄적이고 복잡한 과정을 의미한다.

그룹 그래픽스 키보드

포스터

주의 집중

주의를 집중시키고 방향을 제시하고 싶을 때

…차별화하다…강력한 단일 이미지를 사용

리스트

흐름에 활기 부여

상대의 말을 경청하고 있음을 특정 형식을 사용하지 않고 보여주고자 할 때

…정보를 열거하다

클러스터

비교 활성화

연결되지 않은 정보들을 각각의 덩어리로 나타낸 뒤 사람들이 관계를 파악하도록 유도하고자 할 때

…정보를 배치하다

격자

조합 생성

다양한 조합과 형식적인 관계를 확인함으로써 의사결정을 돕고 싶을 때

…두 카테고리를 교차시키다

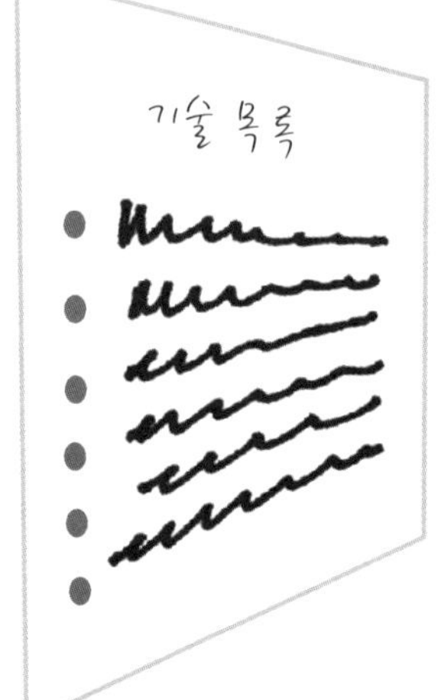

도표

이해 증진

연결 관계나 확장 관계 또는 조직의 유기적 체계를 탐구하고자 할 때, 또는 진전을 위한 프로세스를 디자인하고자 할 때

…가지를 뻗어 연결하다

그림

의미에 생동감 부여

참가자들이 이해할 수 있는 비유를 동원함으로써 여러분의 도표를 살아 숨쉬도록 일깨우고자 할 때

…시각적 비유를 사용하다

만다라

통일성 제시

모든 부분이 통합된 전체 내에 어떻게 맞아 들어가는지에 관해 생각해보고 싶을 때

…모든 정보를 한 점에 집중시키다

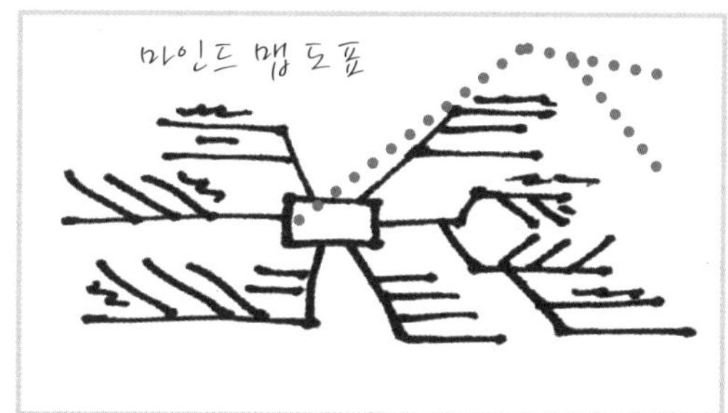

벽에 기록하기 위한 일곱 가지 방법

이 일곱 가지 형식들은 왼쪽에 위치한 가장 단순한 것을 기준으로 오른쪽으로 갈수록 보다 포괄적이고 복잡한 것을 나타내도록 배열되었다. 단순한 패턴을 파고들어 갈수록 보다 복잡한 패턴들이 등장할 수 있다. 마치 자연에서 그러하듯 말이다. 어떤 형식을 사용할지에 대한 선택은 전체 회의 또는 회의 내의 개별 활동에 대해 여러분이 의도하는 바에 좌우된다. 일곱 형식의 이름 아래엔 각 유형의 디스플레이가 갖는 목적을 나타내는 총 일곱 개의 일반적 속성이 표시되어 있다. 이후 페이지를 통해 각 형식을 보다 상세히 살펴본다.

포스터는 주의를 집중시킨다

가장 단순한 형식은 회의실 안에 있는 그 무엇과도 차별화됨으로써 시선을 끄는 형태의 도표다. 커다란 단일 이미지나 제목은 포스터[Posters] 효과를 일으킨다. 포스터의 목적은 명확한 주요 주제에 주의를 집중시키고 어떤 일이 일어날 수 있는 가능성을 고쳐시키는 것이다. 하나의 화상만을 사용해야 한다는 것이 제약으로 간주될 수도 있지만, 시선을 끄는 방식에 있어 다양한 선택의 여지가 있을 수 있다. 색깔, 여백, 과장 등은 주변 환경과 다를 경우 부각되는 시각 요소로 작용한다.

버스 정류장이나 광고판 등에 있는 것과 같이 전문적으로 제작된 종류의 포스터들을 자세히 살펴보면, 전반적 콘셉트가 충분히 강하고 두드러질 경우엔 두 번째로 보는 사람들에게 더 많은 정보를 제공하기 위한 디테일이 추가될 수 있다는 사실을 알아차릴 수 있을 것이다. 회의를 위한 대형 차트 제작 시엔 회의의 서로 다른 주요 부분들을 나타내는 큰 제목들이 회의실 전체에서 잘 읽히도록 두드러지게, 즉 여러분이 기록할 그 어떤 것과도 명확히 구분되도록 만들어야 한다. 많은 단어를 넣을 필요가 있다면 모든 단어들을 한데 결부시킴과 동시에 포스터 효과를 일으키기 위한 삽화 하나를 사용하거나, 단어들 자체가 시선을 끌 수 있도록 그래픽 처리를 가한다.

중간 색조에 간간히 조그만 게시판이 걸린 복도를 지나 회의실로 걸어 들어오는 참가자들을, 그리고 이들이 회의실에서 그들을 기다리고 있는 영화 광고판 같은 실물 크기의 사람 모형과 마주치는 순간을 상상해보라. 대부분의 이들은 주목할 것이다. 만약 그 모형의 손에 여러분의 회의 목적을 정확히 가리키는 제목이 커다랗게 쓰여진 간판이 들려 있다면, 여러분은 바로 시작부터 참가자들의 귀중한 관심을 확보한 채 회의를 진행할 수 있을 것이다. 빈 종이에 회의의 목적을 함축적으로 나타내는 타이틀을 크게 써붙여 회의실에 걸어두면, 참가자들은 거기에 또한 주목하게 될 것이며 회의의 목적을 상상하는 데에 좀 더 시간을 들이게 될 것이다.

바로 이것이 '포스터 효과'다. 이는 사람들의 시선을 여러분이 봐주었으면 하는 곳으로 이끄는 과정이다. 포스터는 하나의 요점을 부각시킨다!

테마 및 제목 포스터

사람들이 회의를 위해 모이는 동안엔 항상 자기 자신을 소개하며 자리를 잡는 시간이 존재하게 마련이다. 회의실에 회의의 목적을 나타내는 커다란 테마 포스터를 걸어두면, 사람들은 공식 회의 일정이 개시되기 전에 무의식적으로 회의에 관한 생각을 시작하게 된다.

단일 이미지 포스터

개별적이고 다채로운 화상은 눈에 잘 띈다. 이는 여러분의 회의에 대부분 글로 이뤄진 다른 기록사항들이 많을 경우 특히 그러하다. 참가자들에게 제시되는 도표가 많아질수록 여러분의 포스터는 보다 대담해져야만 사람들의 주의를 집중시킬 수 있다. 왼쪽의 포스터는 볼티모어 춘계 리더십 수련회에서 개최된 이야기의 밤 행사를 알리는 데에 사용된 것이다.

리스트는 흐름에 활기를 부여한다

리스트

최적 용도

- 브레인스토밍
- 일반적 기록
- 회의록
- 의사 일정
- 기대하는 내용
- 미뤄진 항목들을 위한 '주차장'
- 프로세스 제안
- 물품 목록과 선택지
- 협약과 행동
- 다음 단계

한계

- 항목 간 비교가 어렵다
- 수 시간에 걸쳐 리스트를 작성하다 보면 알아보기가 힘들어진다

정보를 한 줄씩 연이어 기록하는 것은 별다른 형식에 구애받지 않고 사람들과 주고받는 이야기의 흐름을 파악하기 위한 가장 쉬운 방법이다. 사람들이 어디로 향하고 있는지 모르는 상태에서 그들과 여러분이 서로를 잘 알게 되도록 만드는 데에 전념하고자 한다면, 리스트Lists 작성은 가장 좋은 출발점이 될 수 있다. 리스트 내에서 내용의 강조 정도는 글씨 크기나 굵기 등을 통해 조절할 수 있다. 이를테면 제목은 크고 굵게, 뒷받침 내용은 작고 가늘게 쓰는 것이다. 항목 간 순위를 매기거나 재검토를 위해 추후 리스트를 참고해야 할 경우라면, 추가적 코멘트나 점 투표, 무의식적 활동 전달 등을 위한 충분한 여백을 남겨두라. 미리 만들어져 나오는 의사 항목표나 결과 도표는 대개 리스트다.

서양 문화권에선 왼쪽부터 오른쪽으로, 위에서부터 아래로 읽는 것이 보편적이다. 패턴의 순서가 그러한 관례를 따른다고 가정해도 좋을 것이다. 이러한 선형성을 보강하는 경계나 선이 존재할 경우, 그들은 마치 차선과 같은 역할을 한다. 제목 아래의 선은 제목이 아래 이어지는 리스트의 일부가 아님을 의미한다. 두 도형을 잇는 선은 연결 관계를 가리킨다. 인쇄 디자이너들은 독자를 인도하기 위해 한 페이지를 둘러싸는 경계선과 한 페이지 내의 정보들을 연관 짓는 연결선을 사용한다. 이러한 직선적 형태의 인지는 근본적인 성질의 것으로, 리스트는 이를 직접적으로 촉진한다. 직선적 인식은 전체를 훑어보는 행위를 강제하는 것이 아니라, 영향을 미친다.

나는 1990년대 들어 그래픽 컴퓨터가 널리 보급되었을 때, 목차 구성에 대한 잡지의 다양한 실험에 대해 관심을 갖고 지켜봐왔다. 「와이어드Wired」지는 공간적 방식으로 차례를 제시하는 데 있어 꽤나 모험적이었다. 하지만 수년 뒤 그들은 보다 직선적인 방식으로 회귀했다. 어째서일까? 정보의 직선적 흐름을 가장 훑어보기 쉽다고 느끼는 인간의 성향이 그 이유가 아닌가 하는 것이 내 생각이다. 의사 일정이나 목차, 할 일 목록, 매끄럽게 읽어 내려갈 필요가 있는 내용 등은 거의 예외 없이 직선적 형태로 정리되어 있다. 또한 우리는 사건을 연대순으로 기억하고, 이야기할 때도 이런 식으로 한다. 우리는 깨어있는 동안 한 경험에 이어 또 다른 경험을 하는 식으로 시간을 보낸다.

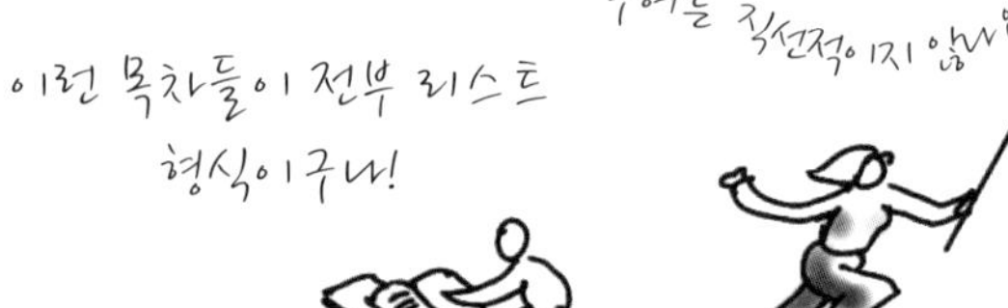

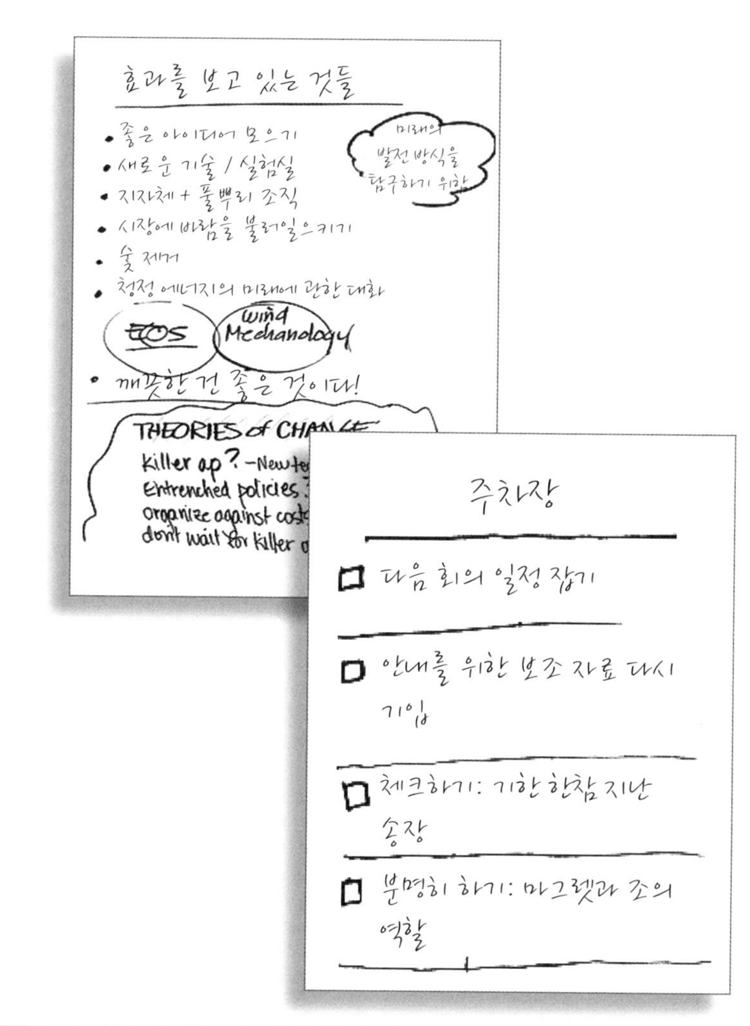

일반적 기록

어떤 이야기가 나올지 또는 논의가 어디로 향하고 있는지 알 수 없을 때 리스트나 뒤에 나올 클러스터 형식이 최고의 선택이다. 리스트를 사용할 경우, 사람들이 주요 주제를 거론하면 왼쪽 리스트의 '효과를 보고 있는 것들'과 같이 제목으로 만든다. 주제를 당장 알 수 없을 경우엔 항목들 사이와 여백에 약간 여유를 둠으로써 나중에 주제명인 것으로 판명된 항목에 밑줄을 긋고 말머리 기호를 더할 수 있도록 한다. 리스트 작성을 처음 시작할 땐, 하나의 일관된 색상으로 주요 표제를 나타내고 두 종의 자연색(푸른색, 녹색, 검은색, 갈색)을 번갈아 사용해 뒷받침 내용을 기입하는 법을 숙지하도록 한다. 말머리 기호 또한 일관된 형태로 사용하도록 한다.

주차장 리스트

당면 과제가 아니거나 추후에 관심이 필요한 항목이 회의에서 거론되었을 때, 퍼실리테이터들이 많이 하는 일 중 하나로 보조 차트에 '주차장(PARKING LOTS)' 리스트를 만드는 것이 있다. 이는 지금 당장 다루지 않을 안건들을 '주차'시켜둠으로써, 회의에서 거론된 모든 항목이 궁극적으로 커버되도록 나중에 참고하기 위한 용도로 사용된다. 간단하고 명확히 만드는 것이 가장 좋다.

클러스터는 비교를 활성화한다

인간은 공간을 점유하는 존재이며, 방에 걸어 들어와 자리를 잡는 정도의 일에도 공간에 대한 이해는 필수적이다. 사물을 공간적 방식으로 연관 짓는 것은 그저 한 줄로 늘어놓는 것보다 복잡한 작업이다. 하나의 도형을 보기 위해서조차 인간의 눈은 확률 과정stochastic process이라 불리는 형태의 움직임을 겪어야만 한다. 인간의 시각은 명백히 수많은 작은 스냅 사진들을 조립하는 과정이기에, 공간적으로 사물을 본다는 것은 본질적으로 활발한 동작이다. 정보 덩어리들이 공간적으로 배열된 디스플레이는 관찰자의 활발한 탐사를 요한다. 바로 이것이 내가 2부에서 다뤘듯 포스트잇 과정이 그토록 참여를 고취시킬 수 있는 이유다.

포스트잇으로 가득 뒤덮인 벽은 정보가 연결 관계 없이 배치된 전형적 클러스터Clusters 도표다. 클러스터는 참가자들 사이에 정보가 한가득 넘치고 있을 때 여러분이 그들과 자유로운 흐름 속에서 함께하면서도 그 모든 정보가 어떻게 궁극적으로 하나로 맞아 들어갈 것인가에 관한 어느 정도의 초기적 사고를 촉진하고 싶을 때 흔히 선호되는 형식이다. 연결 관계의 부재는 사람들로 하여금 디스플레이와의 상호작용 및 내용 간의 비교를 통해 온갖 종류의 관계를 파악하게끔 이끄는 효과가 있다. 이 페이지와 다음 페이지에 나와 있는 예제들에서 볼 수 있듯이, 클러스터는 매우 느슨하게 구성될 수도, 또는 비교적 형식적인 방식으로 정보의 개략적 군집 구조를 반영할 수도 있다. 포스트잇 과정은 무작위적으로 시작해 재배열을 통해 조직화와 범주화로 나아갈 수 있다. 클러스터 형식이 지원하는 이러한 움직임은 창조적 나눔, 즉 마치 팝콘처럼 튀어 오르는 창의적 에너지의 발로다. 인간은 자연스레 연결 관계를 탐색하고 싶어한다.

디스플레이상에서의 연결 관계 부재는 활발히 사람들의 관심을 끌어당기는 역할을 하며, 이렇게 성립된 디스플레이와의 관계 속에서 인간은 활발히 비교 작업을 수행한다. '밀기–당기기'라는 전반적 에너지 형태에 대해 배웠던 내용을 상기하라.

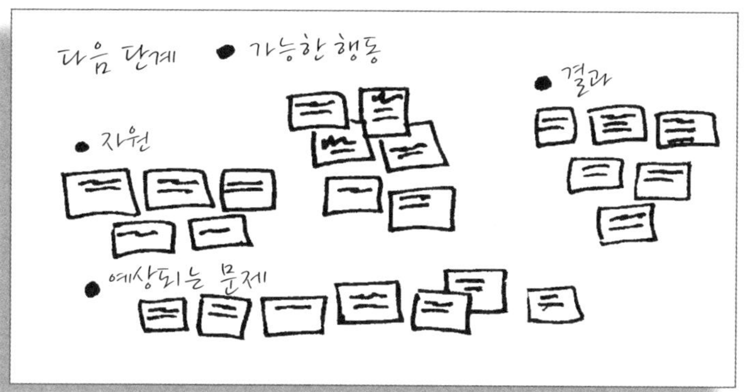

유사도 도표

회의 참가자들이 직접 포스트잇에 기입해 스스로 만들어낸 여러 항목들로 뒤덮인 벽(명확한 메모 작성을 돕기 위해 예시를 제공하는 것이 도움이 된다.)은 때때로 유사도 도표(affinity charts)라는 이름으로 불린다. 이렇게 얻은 결과물로부터 의미를 파악하기 위한 몇몇 과정이 존재한다(7장을 참고하라.). 참가자들에게 포스트잇을 분류시킬 땐 대화를 금지시킬 수도 있고, 논의를 거치도록 할수도 있다. 범주가 명확해지면 범주명을 기입한 뒤 유사성을 가진 포스트잇 메모끼리 모아놓는다.

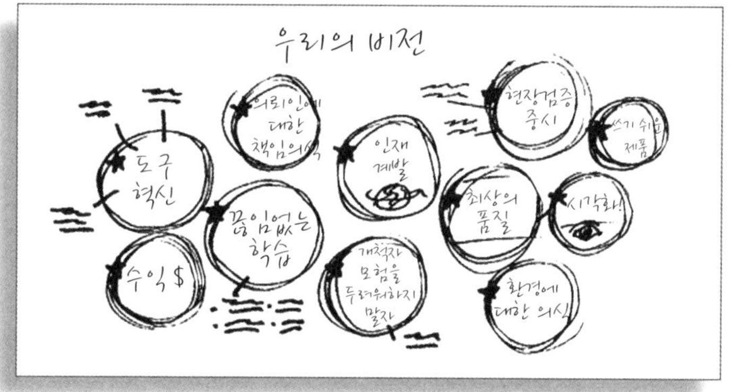

비전 수립 도표

비전 수립 활동 이후 다 함께 비전의 테마를 모색하고자 할 때, 또한 이 모든 테마들이 어떻게 맞물려 들어갈 것인지 알 수 없을 때 클러스터를 사용하라. 각 테마를 별 모양 말머리에 명확한 글씨로 별도의 원 안에 나타낸 뒤, 원 주위로 부수적 코멘트를 추가한다. 누군가 이야기할 때마다 이런 식으로 기록해 나가다 보면, 비전이 자연스레 모습을 드러낼 것이다.

격자는 조합을 생성한다

격자

최적 용도
- 평가
- 프로젝트와 회의 일정의 디자인
- 팀 내 업무 정리
- 수치 자료의 시각화
- 일정 관리와 로드맵 작성
- 지리학적 정보의 표현
- 강제적 비교(실적 평가 방식의 한 종류 – 옮긴이)
- 인지 확대

한계
- 분류 기준이 명확해야 한다.
- 집단의 프로세스를 반영하지 않는다.
- 일단 틀을 정립한 이후엔 조정하기 힘들다.
- 논의에 의해 주제가 변하기 시작했을 때 변형이 제한된다.

여러분의 집단이 여러 제안을 비교하거나 정보를 분석하거나 어떤 결정을 내려야 할 경우, 격자 또는 행렬 형식을 채택할 수 있다. 이러한 유형의 패턴을 다룰 땐 다른 형식에 비해 보다 많은 제약 조건하에서 신중하게 움직여야만 한다. 생성된 조합을 이해하기 위해선 분류 기준들이 아주 명확해야만 한다. 일단 분류 기준에 대한 합의가 이뤄지면, 격자는 기준 간 비교를 통해 가능한 모든 조합을 고려하는 데 있어 매우 유용하다.

간단한 격자는 대개 많은 개념적 모델의 경우와 마찬가지로 가로/세로의 두 분류 기준만을 갖는다. 프로젝트 예산 계획이나 책임 도표responsibility charts에 사용되는 것과 같이 보다 복잡한 형태의 격자를 만드는 데엔 더 많은 노력이 필요하다. 이 형식을 활용하기로 택했다면, 느린 회의 진행에 대비하라. 격자 작업 시 매우 유용할 수 있는 보조 활동으로 포스트잇 과정을 통한 분류 기준 결정을 들 수 있다. 일단 분류 기준이 명확히 설정되면 예산 계획이나 프로젝트 계획, 지도, 데이터 디스플레이 등의 각종 격자는 매우 강력한 효과를 발휘한다.

격자는 우리가 길 찾기에 사용하는 모든 지형도의 기초를 이룬다. 회의의 맥락에서, 시간 대비 의제 항목의 격자를 구성하는 것은 전체 회의 과정을 통제하기 위한 형식적인 틀을 제공한다. 실제로 전문적으로 대규모 회의를 진행하는 이들은 '똑딱똑딱' 일정표나 '유리창'과 같이 시간을 세로축으로, 활동명·설명·사용될 과정에 대한 메모·참가자·필요 장비 또는 재료 등과 같은 다양한 고려사항을 가로축으로 갖는 격자를 만든다. 그들에게 있어 이러한 도구는 대본과 같은 역할을 한다.

나는 리스트와 클러스터가 각각 인간의 우뇌와 좌뇌의 작동 방식에 대한 원형이라 생각한다. 대부분의 관련 문헌에서 기술된 바와 같이, 좌뇌는 선형적이고 논리적이고 순차적인 정보를 취급한다. 우뇌는 공간적 관계와 화상을 다룬다. 격자는 리스트와 클러스터의 조합이다. 하나의 도표에 직선적 특성과 공간적 특성을 모두 나타내는 것은 분명 그 둘을 따로따로 표현하는 것보다 더 복잡한 작업일 것이다.

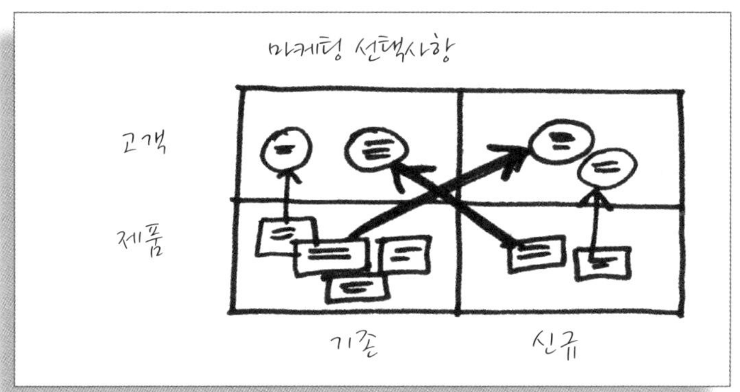

네 상자 모델
두 종의 간단한 분류 기준을 비교하는 네 상자 모델은 집단을 주제에 대한 보다 포괄적이고 분석적인 이해로 이끄는 데에 유용하다. 왼쪽의 예는 대규모 다국적 기업의 마케팅 선택사항을 분석하는 데에 사용된 것이다. 시나리오 플래닝(Scenario planning)은 명확히 파악될 수 있는 가능성의 범위를 갖는 두 개 또는 그 이상의 가변적 영향력을 정식으로 결합하는 것이다. 포트폴리오(Portfolios)가 종종 이런 구조를 사용한다. 생성된 각 상황 조합에 대해 어떻게 대처할 것인가에 대한 집단의 사고를 돕기 위해 포스트잇을 사용하라.

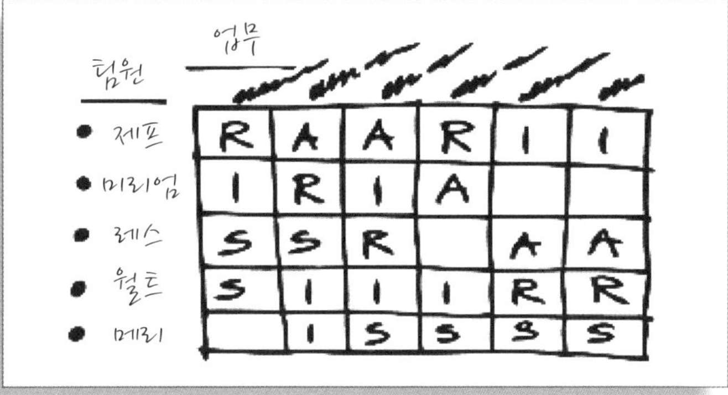

책임 도표
모든 팀원이 무슨 일을 하고 있는지 분명히 하기 위한 매우 짜임새 있는 방법 중 하나는 팀의 핵심 업무를 나타내는 축과 팀원을 나타내는 축으로 이뤄진 격자를 만든 뒤 각자가 각 업무에 대해 어떤 책임을 지고 있는지 나타내는 것이다. RASI 모델은 이를 위한 한 방법으로, 각 업무에 대해 리더의 책임을 맡고 있는 것은 누구인지, 승인할 권한을 가진 건 누구인지, 조력자는 누구인지, 아직 아는 바가 없는 사람은 누구인지 각각 묻는 것이다. 모든 팀원이 각 업무에 대해 맺고 있는 관계를 파악하라. 이 작업을 수행할 계획이라면, 실무 세션을 준비하라.

다이어그램은 이해를 증진시킨다

집단이 주제를 신중히 다루며 유기적인 방식으로 연관 관계를 고찰하게끔 보조하고 싶다면 다이어그램Diagrams 형식을 선택하는 것이 바람직하다. '다이어그램'이란 단어가 다른 유형의 도표를 가리킬 때 사용되는 경우도 가끔 있으나, 이들 모두 연관 관계를 보여준다는 점에선 같은 맥락에 있다 할 수 있다. 다이어그램을 제작하고 해석하는 과정은 느리게 시작되며, 패턴이 분명히 드러남에 따라 보다 활기차게 진행되어 간다.

가지 뻗기 패턴branching patterns은 마음 깊숙한 곳의 구조가 스스로를 체계화하는 방식이다. 조직은 살아있는 체계이기 때문에, 다이어그램 형식으로 이들의 과정을 묘사하는 것은 매우 적절하다고 할 수 있다. 다이어그램은 또한 시스템적 사고의 언어다. 사실 시스템 차원에서의 이해라는 것이 근본적으로 여러분이 직접 경험할 수 없는 연관 관계에 대한 시각화, 즉 디스플레이 제작을 요하는 작업으로 귀결되는 예를 얼마든지 찾아볼 수 있다.

교사들에게 있어 다이어그램은 학생들의 필기를 장려하는 훌륭한 방법이다. 마인드 맵에 관한 장에서 이 부분에 관한 내용을 다룰 예정이다. 나는 실제로 이 책의 내용을 구성하는 데 이 과정을 사용했으며, 이 전체 개념을 어느 정도 수준 있게 다룰 11장에 그때 작성한 마인드 맵을 수록했다.

21세기에 접어든 오늘날엔 점점 더 많은 이들이 네트워크의 위력을 이해하게 되고 있으며, 네트워크의 다이어그램은 점점 널리 사용되고 있다. 집단을 그들 자신의 지식과 네트워크에 내재된 패턴에 눈뜨도록 이끄는 작업은 이러한 사고 방식을 강화하기 위한 훌륭한 상호적 수단이다.

다이어그램

최적 용도
- 프로세스 맵
- 마인드 맵
- 시스템 분석
- 근본 원인 탐색
- 의사결정 트리
- 순서도(Flow charts)
- 조직도(Organization charts)
- 필기

한계
- 제작 과정에 오랜 시간이 소요되며 복잡하다.
- 자연스레 멈춰지지 않는다.
- 항목들이 전체 구조로 연결되어야 한다.
- 복잡적 연관 관계를 보여주기가 힘들다.

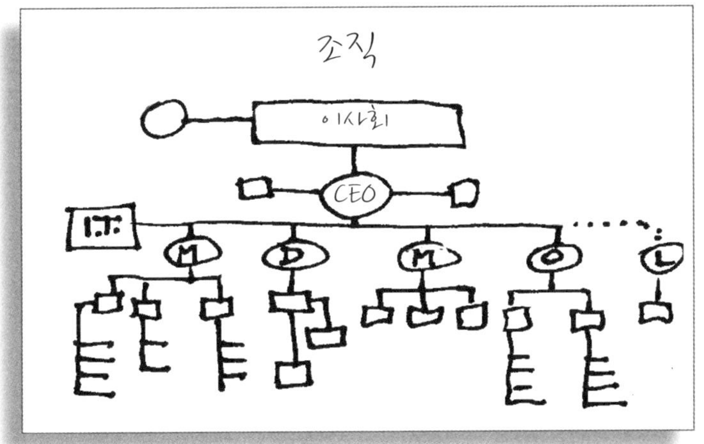

조직도와 시스템 지도

전통적 위계 조직은 왼쪽 그림과 같은 패턴을 갖고 있다. 하지만 이들을 유기적 체계의 관점에서 조망하는 것 또한 가능하다. 인과 고리 도표(Causal loop diagrams)는 시스템 분석의 핵심 도구 중 하나로 꼽힌다(10장 참고). 조직도는 기저에 격자 구조를 포함할 수 있으며, 서로 다른 유형의 관계를 나타내는 다양한 종류의 선과 서로 다른 기능에 해당되는 다양한 모양의 상자를 사용함으로써 꽤 정교하게 만들 수 있다.

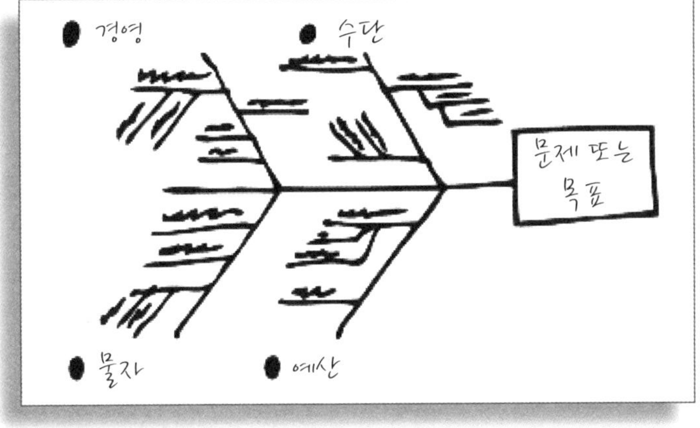

물고기 뼈 도표와 마인드 맵

'물고기'의 머리 위치 또는 도표 중간에 중심적 개념을 나타내는 것으로 시작하라. 그리고 개별 화제들을 사방으로 뻗은 가지 형태로 표시하라. 각 가지의 주요 요소를 곁가지 형태로 추가하고, 이들을 보다 미세한 요소로 세분한다. 이는 일단 궤도에 오르게 되면 엄청나게 자유자재로 확장될 수 있는 형식이며, 꽤나 창의적이고 정교해질 수 있다. 네 가지 범주가 표시된 왼쪽의 예와 같이, 다이어그램은 격자 형식을 기저에 내포할 수 있다.

그림은 의미에 생동감을 부여한다

전체상에 대한 즉각적 이해를 제공함으로써 집단 활동에 생기를 불어넣고자 한다면, 집단 구성원들이 이해할 수 있고 다루는 주제에 적절한 비유적 그림Drawings을 디스플레이에 추가하라. 사람들은 자신이 이해하는 바를 여러분의 그림에 투영할 것이며, 쉽사리 끌어내기 힘든 생동감이 넘쳐나게 될 것이다. 좋은 비유를 고안해내는 데 성공했다면 여러분의 회의엔 상당한 활력이 넘치게 될 테니 단단히 준비해두는 편이 좋을 것이다.

이번 장에서 내가 사용해온 건반 비유는 여러분이 음악과 즉흥 연주에 대해 알고 있는 바를 끌어낸 뒤 역동적인 회의에 적용하는 과정이다. 음악에 대해 어느 정도 경험이 있는 사람이라면, 주어진 일곱 개의 기본 형식으로부터 얼마든지 무궁무진한 '악곡' 또는 과정이 만들어질 수 있음을 즉시 명백하게 받아들일 것이다.

비유는 앞서 살펴본 모든 형식에 더해져 생기를 부여하는 효과를 낼 수 있다. 예를 들면, 다음과 같다.

- 커다란 열쇠 구멍이 그려진 포스터
- 둥글게 말린 경계선이 더해져 두루마리처럼 보이도록 그려진 리스트
- 팝콘이나 조그만 구름처럼 보이는 클러스터
- 화면 또는 농부의 논밭처럼 보이는 격자
- 나무, 거미줄 또는 하천계 형태의 다이어그램

비유를 활용할 때 중요한 사실은 비유가 회의 참가자의 문화와 경험에 결부되어 있다는 것이다. 문화와 경험은 비유 효과의 촉진제로 기능할 수 있지만, 이들에 의해 비유가 가리키는 중요한 내용을 볼 수 없게 되는 경우엔 비유의 장애물로 작용할 수도 있다. 여러 개의 디스플레이와 다양한 형식을 사용하는 것이 그토록 중요한 이유가 여기에 있다.

그림

최적 용도

- 역사 도표
- 환경에 대한 이해
- 비전 표현
- 혁신 세션
- 활동 계획과 로드맵
- 비유를 통한 시스템 이해
- 어떤 지식 분야에 대한 개괄

한계

- 사용된 비유에 대한 경험이 필요하다.
- 비유에 중요 요소가 포함되어 있지 않을 경우 맹점에 빠질 수 있다.
- 지도가 실제 땅을 나타내는 것이 아니듯, 비유는 실제가 아니다.

여정 비유

활동 계획 수립에 활용될 수 있는 여정 비유는 목표를 향해 나아가는 프로젝트의 모습을 보여준다. 보다 정교하게 그림을 그릴 경우, 활동 계획을 집단이 직면한 도전의 유형에 따라 다양한 종류의 차도나 항공로, 수로 등을 거치는 여정(Journey)으로 묘사할 수 있다. 이러한 그림을 그리는 과정은 전체적 수준에서 계획 이행 문제를 심사숙고할 수 있는 멋진 방법이다.

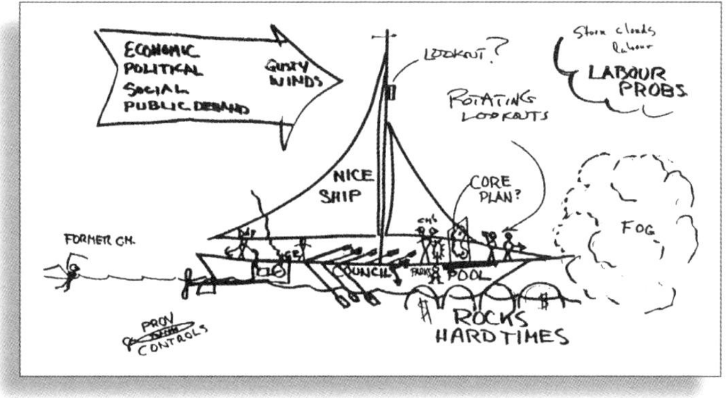

탈것 비유

이 차트는 어느 시 의회에서 나온 것으로, 자기 조직을 선박이나 보트에 비유해보라는 과제의 결과물이었다. 이들은 여러 팀으로 나뉘어 각자 그림을 그리고, 서로 비교하는 시간을 가졌다. 농담이 오고 가는 와중에도 이 활동은 어떤 기능이 작동하고 있고 어떤 기능이 돌아가고 있지 않은가에 대한 진정한 통찰을 촉발하는 역할을 했다. 비유 작업은 비전 수립에도 사용될 수 있는데, 이때는 참가자들에게 자신이 바라는 미래를 대표하는 다른 조직이나 기계, 식물, 동물 등을 고르게 하는 식으로 진행할 수 있다. 화상은 종종 까다롭거나 민감한 주제에 대한 논의를 용이하게 만드는 효과가 있다.

만다라는 통일성을 제시한다

만다라

최적 용도
- 소개 도표
- 비전 표현
- 심리적 모델
- 재무 자료를 나타내는 파이 차트
- 다인자 분석을 위한 레이더 도표(Radar diagrams)
- 공통의 관심사를 보여주기 위한 표적 도표(Target charts)
- 별자리 지도(Constellation maps)

한계
- 복잡하며 해석하기 만만찮다.
- 모든 것이 통합되지 않는 경우가 때때로 있다.
- 원형으로 글씨 쓰기가 어려울 수 있다.

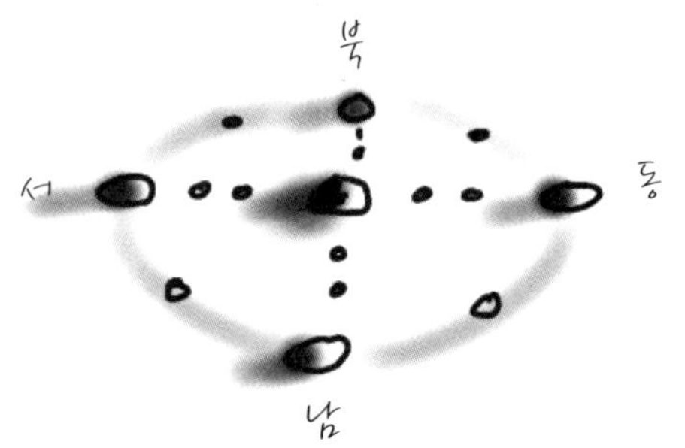

집단이 주제를 전체적이고 통합적인 방식으로 고려하게끔 돕고 싶거나 모든 측면에 대한 균형 잡힌 이해를 바탕으로 주제에 접근하고자 한다면, 만다라^{Mandalas} 형식의 원형 모티프가 적절한 선택이다. '만다라'란 단어는 원형原型(누구나 알고 있는 것)을 뜻하는 산스크리트 어휘다. 원형으로서의 원은 가장 보편적으로 발견되는 상징이다. 원은 티벳의 탱화와 아메리칸 인디언의 주술원, 마야인의 양력 등에서 발견되는 모티프다. 또한 원은 심리적 모델, 재무 자료를 나타내는 파이 차트, 다인자 분석을 위한 레이더 도표 등에 가장 흔히 사용되는 모양이다.

조직 업무에서 만다라는 변화 프로세스나 경영 원리 모음을 위한 통합적 틀을 제시하거나, 팀의 형태로 하나 되어 일하는 집단을 조망하기 위한 수단으로 종종 사용된다. 가장 복잡한 디스플레이 형식으로서 만다라는 보다 간단한 형식들을 내포할 수 있다.

- 리스트를 포함하거나, 별자리 지도의 중심으로부터 방사되는 형태의 클러스터를 나타낼 수 있다.
- 격자를 입혀 다트판처럼 만들 수 있다.
- 다이어그램을 보여줄 수 있다.
- 전 지구의 그림 형태를 띨 수 있다.

1990년대에 레이저 프린터 분과의 엄청난 성공을 주도했으며 이후 이사회의 일원으로 재직한 전설적인 HP 경영자 리처드 핵본^{Richard Hackborn}이 HP에서 열린 그룹 그래픽스 워크숍에 참석한 적이 있었다. 그때 나는 그룹 그래픽스 키보드에 관해 발표하고 있었다. 한 달 뒤 그를 다시 만났을 때, 그는 내게 HP 컴퓨터 분과의 모든 개별 구성 요소들이 원형 패턴으로 배열된 그림을 보여주었다. "이것이 가장 포괄적인 형식이라고 당신이 내게 말했고, 나는 그 말을 믿었소." 그것은 그룹 그래픽스 키보드가 얼마나 고무적일 수 있는지를 보여주는 꽤나 강력한 사례였다.

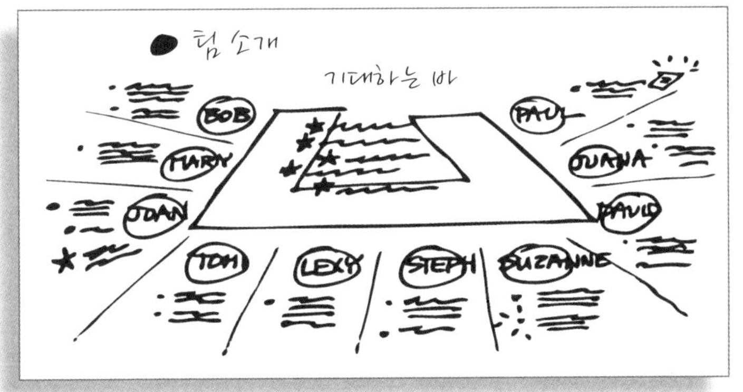

협력집단 초상

팀 작업이나 워크숍을 시작하는 훌륭한 방법으로 모든 이들을 둥글게 둘러 앉은 모습으로 그린 뒤 각자에 대한 정보가 그 혹은 그녀의 이름으로부터 뻗어 나오도록 나타내는 것을 들 수 있다. 나타내는 정보는 사람들이 서로에 대해 숙지하길 여러분이 바라는 내용으로 조정할 수 있다. 제작 과정을 천천히 진행함으로써 모두의 이름을 올바르게 기입하고 각자 이야기하는 정보를 모두 포착하는 데 만전을 기한다. 이 그림의 메시지는 다음과 같다. "우리는 하나다."

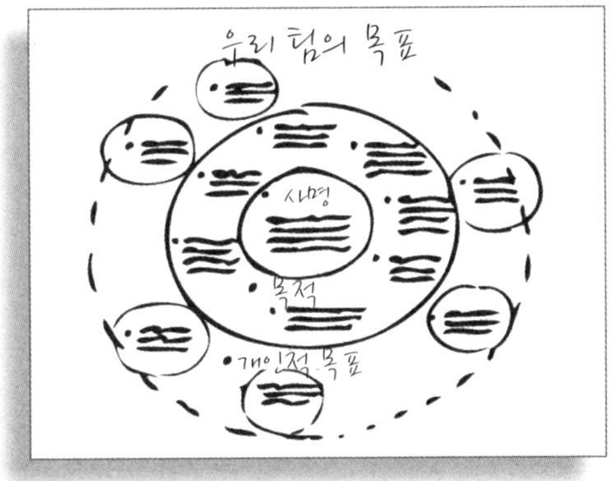

과녁 도표

활동 계획이나 행동 방침은 대개 스마트(SMART)한 목표, 즉 구체적이며 (Specific) 측정 가능하고(Measurable) 실행 가능하며(Actionable) 당면 문제와 연관되어 있고(Relevant) 시기 적절한(Timely)표적을 겨냥하는 것이다. 여기 나온 표적 도표는 집단이 목표의 다양한 측면을 탐구할 수 있도록 하기 위한 세 단계의 범주를 포함하고 있다.

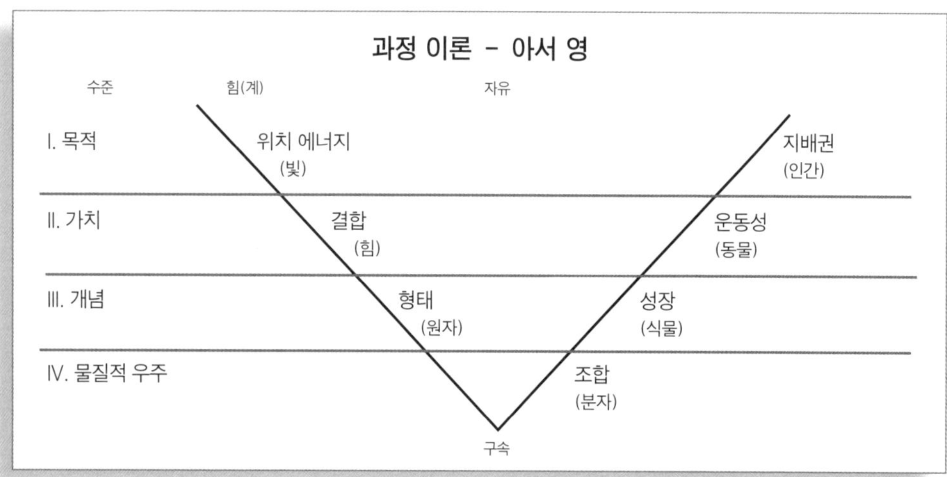

과정의 호(The arc of process)

아서 영은 진화를 묘사함에 있어 자유 상태로부터 구속 상태를 향해 출발해 다시 자유 상태로 돌아오는 일곱 단계의 체제를 사용했다. 그는 이것을 '호(Arc)'라 불렀다. 완전한 설명을 원한다면 그의 중대 저작인 『재귀적 우주(The Reflexive Universe)』(델라코트 프레스, 1976)를 참고하라.

그룹 그래픽스 키보드 개발 배경

그룹 그래픽스 키보드를 개발하는 과정에서, 나는 자연계의 자기 조직화 방식에 대한 아서 영[Arthur M. Young]의 기술로부터 가르침을 얻었다. 이론적인 이야기를 좋아하지 않는다면 이 부분을 넘겨도 좋다. 10장부터는 여러 종류의 회의 각각에 대한 기본 형식의 응용에 관해 다루고 있다. 하지만 이론을 좋아하는 여러분이라면, 그룹 그래픽스 키보드의 구조 기저에 깔린 가장 심오한 원리를 만나볼 수 있다.

과학은 진화적 과정을 일컬어 '점차 효율적인 방식으로 점차 복잡한 구조를 획득하는 과정'이라 묘사한다. 이러한 의미에서 식물은 수정이나 광물보다 더 진화된 존재며, 동물은 식물보다, 그리고 인간은 동물보다 더 진화된 존재다.

영은 그의 제자들에게 광물 세계의 기저엔 분자와 원자, 그리고 근본적인 힘과 빛이라는 구성 요소가 깔려 있다는 사실을 인식하라고 가르쳤다. 영은 프린스턴에서 교육받은 수학자이자 물리학자였으며, 가장 단순한 특질로 가장 광범위한 범위를 포괄하는 설명 방식을 선호했다. 그는 자연의 복잡한 존재가 단순한 하부 조직의 조합으로부터 자라나는 방식을 과학 그 자신이 이미 발견했다는 사실을 깨달았다.

영은 진화를 묘사함에 있어 자유 상태로부터 구속 상태를 향해 출발해 다시 자유 상태로 돌아오는 일곱 단계의 체제를 사용했다. 자연의 그 어떤 존재보다도 속박으로부터 자유로운 존재인 '빛'은 전자의 방향 또는 양성자의 방향에서의 상호 선형 결합을 통해 양 또는 음의 '힘'이 된다. 힘은 스스로를 중심 기준으로 돌도록 구속함으로써 '원자'가 되며, 중심엔 원자의 종류에 따라 고유한 값이 대응된다. 원자는 우리의 물리적 세계를 이루는 상호 연결망 속에서 함께 결합함으로써 '분자'를 이룬다.

비유적인 관점에서 나는 논의 흐름에 대한 기록으로서의 리스트가 정보의 단방향적 결합이란 점에서 '힘'과 일맥상통한다고 봤다. 포스트잇은 원자에 가까워 보였으며, 격자는 분자적이고 결정구조적인 세계와 관계가 있다는 느낌을 받았다. 이러한 유형의 비유적 사고는 정식 과학에선 권장되지 않지만, 영은 자신의 제자들에게 이를 장려했다. 이는 사물이 외면적으로 나타나는 방식이 아닌 '과정'으로서 움직이는 방식에 의해 통합될 것이라는 그의 믿음에 기인한 것이었다. 마치 음악을 들을 때처럼 울림과 조화를 추구하는 사고 방식인 것이다.

이러한 관점에서 볼 때 키보드의 나머지 부분은 더욱 이해하기가 쉬운데, 이는 진화적 틀에서의 식물, 동물, 인간의 세계가 우리가 인지할 수 있는 물질적 형태를 갖고 있으며 그들이 나타내는 과정이 고유한 패턴을 이루기 때문이다.

가지 뻗기 패턴은 식물계를 형성하는 구조다

디스플레이가 가지 뻗기 패턴으로 발전할 때 정보 차원에서 일어나는 일은 생물계에서 일어나는 현상과 동일한 성질의 것이다. 핵심 개념으로부터 인식의 분기가 거듭됨에 따라 이해가 증진되는데, 영은 식물이 모든 생물의 중심을 이루는 DNA 서열로부터 가지가 뻗어나가듯 진화해 전체 식물계를 이룬다는 사실에 주목한 바 있다.

내가 몸담고 있는 조직 개발 분야에서, 나는 루드비히 본 베르탈란피Ludwig von Bertalanffy와 같은 몇몇 독창적 이론가들이 실제론 생물계에 대한 고찰을 돕는 도구들을 고안한 식물학자였다는 사실을 알아차렸다. 인과 고리 도표Casual loop diagrams는 이러한 도구 중 하나로, 이는 생태계 구성 요소들 간의 관계를 가지 뻗은 형태로 나타내는 한 방법이다. 피터 센게Peter Senge를 필두로 한 MIT 연구진과 이노베이션 어소시에이츠Innovation Associates는 이러한 유형의 시스템적 사고법을 다수의 사람들이 이용 가능하도록 만든 최초의 부류에 속했다. 이 노력은 조직 학습 협회Society for Organizational Learning의 설립으로, 또한 학습 조직에 관한 센게의 고전적 저작 『제5경영The Fifth Discipline』으로 이어졌다. 1980년대 중반에 센게는 내 고객 중 하나인 샌프란시스코 재단San Francisco Foundation과 함께 일하고 있었다. 당시 상임 이사였던 마틴 페일리Martin Paley는 시스템적 사고의 조직에 대한 적용 가능성을 실험하기 위해 조직된 선구자 그룹의 일원이었다. 마틴은 이노베이션 어소시에시츠를 재단에 초빙했고, 나를 포함한 전 직원이 수차례의 시스템적 사고 워크숍을 받게 되었다.

비로소 나는 시스템적 사고라는 것이 우리의
직접적 경험의 영역을 넘어선 사물의 진정한
작동 방식에 대한 고찰과 다름없으며, 역동적
으로 살아 움직이는 생명체와 같이 행동하는
조직 시스템은 보다 심오한 수준에서 식물계와
깊은 관계가 있음을 깨닫게 되었다.

그들이 제일 처음 우리에게 가르친 것이 무엇인지 궁금하지 않은가? 그것은 바로 인과 고리 도표였다! 그때 나는 나의 그룹 그래픽스 작업을 조직에 적용하는 일에 깊이 몰두하고 있었는데, 이러한 시각화 기법이 인과 고리 도표를 이루는 줄기 및 흐름과 양적 음적 강화 주기의 의미를 이해하는 것에조차 요구되는 것처럼 보인다는 점이 나를 매혹시켰다. 이러한 사고가 탄력을 받기 위한 방법은 경험의 다양한 국면을 어떤 디스플레이에 기록하는 것이었으며, 오로지 그렇게 했을 때에만 사람들은 연관 관계를 발견하기 시작할 수 있었다. 이는 바로 내가 코로 펠로우들과 하고 있었던 일이었다! 비로소 나는 시스템적 사고라는 것이 우리의 직접적 경험의 영역을 넘어선 사물의 진정한 작동 방식에 대한 고찰과 다름없으며, 역동적으로 살아 움직이는 생명체와 같이 행동하는 조직 시스템은 보다 심오한 수준에서 식물계와 깊은 관계가 있음을 깨닫게 되었다.

조직 프로세스에 대한 시각화에 널리 사용되고 있었던 다른 가지 뻗기 형식들에서 유사성을 발견함에 따라 그룹 그래픽스 키보드에 대한 내 개념화 작업에 탄력이 붙었다. 이때 내가 고려했던 형식들 중엔 다음과 같은 것들이 있었다.

- **임계 경로 도표**^{Critical Path Charts} : 복잡한 프로젝트상의 과업들이 시간의 흐름에 따라 어떻게 서로 연결되는지 보여준다.
- **빈티지 차트**^{Vintage Charts} : 어떤 기술이 다양한 버전을 거쳐 진화하는 과정을 보여주기 위해 공학자들에 의해 사용된다.
- **조직도**^{Organization Charts} : 공식적 보고 관계를 보여주는 데 사용된다.
- **물고기 뼈 도표**^{Fishbone Diagrams} : 품질 향상 과정에서 문제의 근본 원인을 파악하기 위해 사용된다.
- **마인드 맵**^{Mind Maps} : 일련의 연결된 개념들을 나타내는 데에 사용된다. 오늘날엔 여러 종류의 소프트웨어들에 의해 지원된다.
- **프로세스 맵**^{Process Maps} : 회의의 흐름을 보여주기 위한 도표

'그림'의 실마리를 발견하다

그룹 그래픽스 키보드를 처음 개발할 때 나는 포스터, 리스트, 클러스터, 격자, 다이어그램이 서로 말끔히 구분되는 것이 너무나도 기뻤던 나머지, 전체 키보드가 그와 같이 딱 부러지게 구성되길 원했다. 나는 원래 디스플레이가 생기를 띠는 방식이자 식물에서 동물로의 진화적 이행을 반영하는 방식은 순서도에서와 같이 움직임과 시간의 흐름을 구현하는 것이라 생각했다. 하지만 순서도는 사실 시간을 한 축으로 갖는 격자와 다름없다. 이것은 명확한 구분이라 할 수 없었다. 나는 움직임으로 이행하는 것은 디스플레이와 감상자 간의 '관계'이지 디스플레이 그 자체가 아니라는 내 근본적인 가정으로 되돌아갔다. 그 관점에 의해 나는 시각적 비유가 종류를 불문하고 기존의 디스플레이에 추가되었을 때 감상자와 디스플레이 간의 상호작용이 새로운 수준으로 나아간다는 사실을 인식하게 되었다. 감상자가 자신의 경험을 디스플레이 위의 단순한 윤곽 위에 투영할 때, 그것은 말 그대로 살아 움직이게 된다. 나는 이 근본적인 형식을 '그림drawings'이라 부르기로 했다.

그림 형식에 관해 자세히 다룰 때 설명했듯이, 시각적 비유가 강력한 효과를 발휘하기 위해선 감상자가 그 비유에 대한 경험을 갖고 있어야 한다는 조건이 따른다! 그렇지 않을 경우, 설명 대상만이 아닌 비유 그 자체조차 명확하지 않으니 미지의 대상이 두 배로 늘어난 셈이 되는 것이다. 따라서 여러분의 회의 참가자 또는 팀원 모두가 갖고 있을 법한 경험이 어떤 것이 있을지 생각해보는 것이 대단히 유용하게 작용한다. 전 세계적으로 효과가 있는 것으로 보이는 네 가지 비유는 다음과 같다.

- **풍경 비유:** 누구나 어떤 시점에서 자연에 접한 경험을 갖고 있다. 모두가 땅은 아래에 있고, 하늘은 위에 있으며, 날씨는 그 사이에 있다는 사실을 아는 것이다. 따라서 이 비유를 활용해 정보를 나타내면 보편적으로 이해된다.

- **여정 비유:** 많은 이들이 계획 수립을 일종의 여정이라 생각한다. 현재 우리는 어떤 특정 장소에 위치한다.

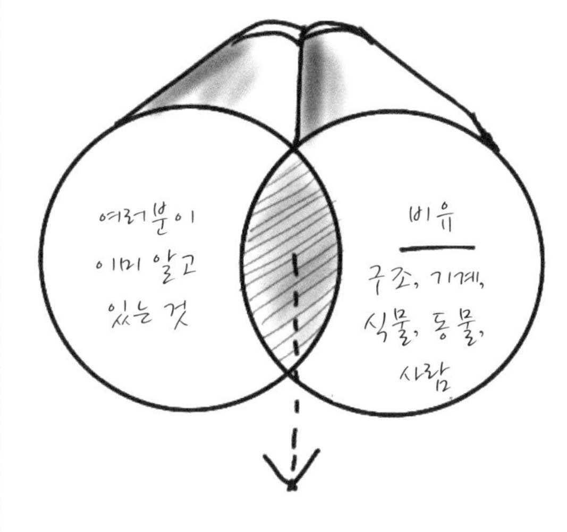

소프트웨어의 발달

최초의 범용 그래픽 컴퓨터로서, 애플의 발전사는 그룹 그래픽스 키보드에 비유될 수 있다.

- 시작은 맥페인트(MacPaint)였다. – 단일 이미지 광고
- 그다음으로 맥워드(MacWord)가 나왔다. – 리스트 제조기
- 그리고 맥드로우(MacDraw) – 클러스터 프로그램!
- 비즈니스 실용성의 측면에서 엑셀(Excel)의 필요성이 대두되었다. – 격자 기반의 스프레드시트
- 맥프로젝트(MacProject)와 옴니그래프(Omnigraph)에 의해 도표 제작이 가능해졌으며, 이들은 테이블(격자), 클러스터, 리스트 제작에도 활용될 수 있었다.
- 페이지메이커(PageMaker)와 파워포인트(PowerPoint)에 의해 페이지 넘김을 통한 움직임 부여가 가능해졌으며, 이후엔 실제 애니메이션을 사용할 수도 있게 되었다.

특별한 대시보드나 레이더 도표, 혹은 드문 AI 인터페이스를 제외하면 처음부터 원형 디스플레이를 갖춘 인터페이스는 없었다. 이제 '더 브레인(The Brain)'과 같은 프로그램에선 클릭 한 번만으로 데이터를 중심 주제 주위로 원형 배열할 수 있다. 흥미로운 사실은 애플의 아이패드가 그 위대한 클라우드 컴퓨팅 환경에 대한 인터페이스로서 이 모든 인지 방식의 통합에 이르고 있다는 점이다.

그리고 우리는 목적지로 가고자 한다. 그래서 어떻게 갈 수 있을지 결정하는 계획이 바로 여정이다. 이러한 사고 패턴은 매우 보편적이기에, 활동 계획을 이러한 유형의 연대표로 나타내면 상식적인 수준에서의 이해를 기대할 수 있다.

- **탈것 비유:** 아주 많은 이들이 자기 차를 몰거나 버스 또는 기차를 타고 다니기에, 조직을 탈것^{vehicle}에 비유하는 것은 널리 퍼진 유용한 활동이다. 탈것의 종류는 실로 방대하기에, 이 활동은 풍부한 어휘를 동원해 다양한 조직 모델을 탐구할 수 있는 수단이 된다.

- **인간 비유:** 한 종류의 조직을 다른 조직에 비유하는 것은 또 다른 다채로운 시각화 영역을 이루는 활동이다. 사업을 스포츠, 농사, 공학 기술, 전쟁, 가족 또는 공동체의 관점에서 생각하고 있는가? 이 모든 종류의 비유가 디스플레이 조직 원리로 작용할 수 있다.

완전한 원으로의 회귀

처음 그룹 그래픽스 키보드를 고안하기 시작할 때부터 나는 원을 통일성과 전체성에 연결 짓고 있었다. 나를 혼란스럽게 만들었던 것은 사실 내 경험상 원은 매우 간단하며 그리기 쉽다는 점이었다. 특히나 팔을 컴퍼스처럼 사용해 젓기 동작을 종이에 옮기는 느낌으로 그릴 땐 더욱 그렇지 않은가. 하지만 나는 이 경우 역시 '관계'에 대한 생각으로 회귀해, 정보의 전체 범위를 통합된 형태로 인지하는 것이야말로 무언가를 고찰함에 있어 사람이 착수할 수 있는 가장 어렵고 복잡한 과정이란 점을 인식할 수 있었다.

다른 형식들을 사용할 땐 알아차리지조차 못했던 사실이지만, 기술적 측면에서 볼 때 컴퓨터를 이용해 원형 패턴으로 글씨를 입력하는 작업은 가장 어려운 과제에 속한다. 하지만 컴퓨터 소프트웨어의 발전과 함께, 나는 컴퓨터에서의 입력 용이도가 기본 형식 키보드의 패턴을 정확히 반영한다는 사실을 발견했다. 이를 확인했을 때, 나는 내가 정립한 이 사고 방식이 아주 오랫동안 활용될 수 있으리란 사실을 깨달았다.

10. 문제 해결
난관에서 벗어나기 & 막다른 길 빠져나오기

인터랙션 어소시에이츠[IA, Interaction Associates]가 코로 재단[Coro Foundation]의 가까운 이웃이었던 1970년대 초반, IA를 이끌어가고 있었던 것은 '변화를 위한 도구[Tools for Change]'란 이름의 프로젝트였다. IA는 카네기 재단[Carnegie Foundation]으로부터 받은 보조금으로 창의적인 사람들이 사용하는 모든 방법들을 문제 해결에 적용하기 위해 교사와 교육 시스템이 어떻게 디자이너나 건축가들로부터 가르침을 얻을 수 있을 것인가에 관한 연구를 수행하고 있었다. 연구 팀은 실제로 수십 종의 전략을 수록한 소책자를 발간했으며, 이는 코로 교육 프로그램에서 우리가 시도했던 일들의 구체화에 상당한 영향을 미쳤다. 어찌 보면 비주얼 미팅은 시각적 문제 해결 과정으로 시작되었다고도 할 수 있는 것이다.

문제란 우리가 원하는 대로 풀려주지 않을 것들이다. 문제란 여러분이 열망하는 바와 현실 간의 큰 격차가 존재하는 상황과 같이 광범위할 수도, 또는 여러분이 믿고 기대온 무언가가 부서진 상황과 같이 단순할 수도 있다. 어떤 소프트웨어에 버그가 존재하거나, 폭풍 때문에 교통이 통제되었거나, 여러분이 필요로 하는 직원을 고용할 만큼 충분한 예산이 확보되지 않은 경우 여러분은 문제를 겪게 될 수 있다. 대참사든 사소한 골칫거리든 간에, 모든 문제는 같은 곳에서 튀어나온 것들이다. 바로 '기대와 현실 간의 불일치'라는 곳에서 말이다.

문제 해결에 초점을 맞추는 회의에서, 시각화는 그야말로 필수 도구라 할 수 있다. 그 누구보다도 문제 해결자임을 자임하는 디자이너와 건축가와 공학자들 모두가 시각화를 중심적으로 활용한다는 점은 결코 우연이 아니다. 이번 장에선 검증된 효과를 자랑하는 몇몇 주요 기법들에 관해 다룰 것이다. 우선 집단 구성원들에게 문제에 대해 이해시키는 기본적 문제에 관한 이야기로 시작해보자.

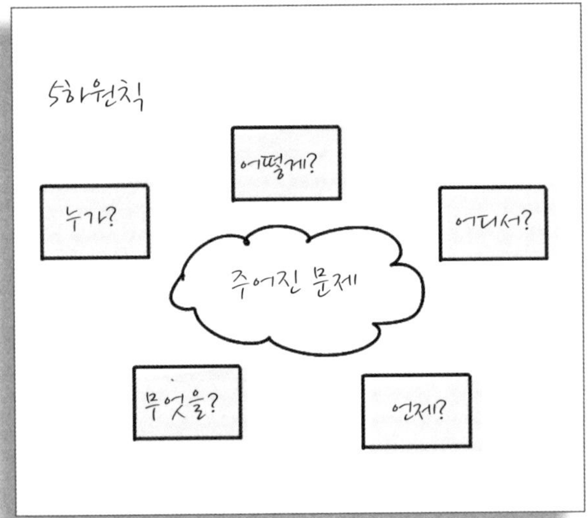

5하원칙 도구

5하원칙 도구(THE 4WH TOOL)는 기자들이 기사
를 쓰고자 하는 주제를 탐구하는 데 사용하는 전통
적 도구로, 주어진 문제를 이해하기 위한 **훌륭한** 질
문 세트다.

주어진 그대로의 문제와 받아들여진 문제

세계 최초의 경영 컨설팅 회사인 아서 디 리틀Arthur D. Little의 연구 개발 분과 산하 발명 디자인 그룹Invention Design Unit에서 일하고 있었던 윌리엄 고든William J. J. Gordon은 1950년대에, 소그룹 단위로 기록과 숙련된 비유의 활용을 통해 브레인스토밍과 문제 해결을 수행하는 시넥틱스Synectics란 이름의 체계적 방식을 개발했다. 이는 오늘날에도 여전히 교육되고 있는 방법론이지만, 많은 강력한 기법들이 그러하듯 주류로 자리잡은 지 오래다. 시넥틱스 방식은 주어진 문제의 이해로부터 시작하는 문제 해결 과정을 주장한다! 이는 꽤나 당연한 소리로 들릴 것이다. 사실이 그렇다! 하지만 놀라운 사실은, 무작정 해결책을 제시하고 나서는 사람들 덕분에 회의 참가자들이 한발 물러나 문제의 본질을 분석해볼 시간조차 갖지 못한 채 문제 해결 단계로 직행하는 경우가 비일비재하다는 점이다.

문제 이해를 위한 가장 간단한 방법은, 현 상황에서 문제가 있다고 생각하는 사람에게 그것을 설명해보도록 한 뒤에 이를 플립 차트에 기록하는 것이다. 여러분이 세일즈맨이라면 여러분의 잠재 고객에게 자신이 어떤 도전에 직면해 있다고 생각하는지 말해보도록 이끌 수 있다. 대부분의 사람들에게 '도전'은 '문제'의 또 다른 표현이다. 여러분이 교사라면, 문제를 자세히 설명해줌으로써 학생들이 해답으로 넘어가기에 앞서 문제에 대한 의문을 가질 수 있도록 장려할 수 있을 것이다.

문제 이해를 위해 질문을 던지는 것보다 더 짜임새 있는 방법들 또한 존재한다. 다음은 이 목적으로 흔히 사용되는 도구들을 그룹 그래픽스 키보드의 진행 순서에 맞춰 정리한 것이다. 9장에서 내가 설명한 포괄적 디스플레이 형식들은 단순히 정보를 바라보는 다양한 방식들을 의미하므로, 다양한 형식을 사용함으로써 문제의 여러 측면을 파악할 수 있게 되리라는 사실을 이해할 수 있을 것이다. 각 도구 또는 방식의 명칭은 문제 해결 회의를 이끄는 이들이 사용하는 이름을 따랐다.

- **그림 탐험**: 8장에서 나는 그림 카드가 어떻게 조직 차원의 사안과 문제에 관한 대화 보조에 사용될 수 있는지 설명했다. 보다 단순한 문제 해결에도 그림 카드가 활용될 수 있다. 적절한 그림들을 모아놓은 뒤 사람들을 둘러 세워 각자 주어진 문제를 나타낸다고 생각되는 그림을 고르도록 한다. 그리고 자신이 선택한 그

림에서 무엇을 봤는지에 관한 이야기를 다 함께 나누도록 한 뒤, 그들이 깨달은 바를 기록한다.

- **5하 원칙:** 언론학교에서 기자 교육을 받을 때, 우리는 '누가', '무엇을', '언제', '어디서', '어떻게'라는 질문들을 던지라고 배웠다. '왜'라는 질문을 제외한 것은 이것이 해석적이며 사람들의 관심을 사실로 이끌지 않기 때문이다(이 방법은 코로 공공 업무 펠로우들에게 정부의 작동 방식에 대한 인터뷰 방식을 가르칠 때 또한 핵심적으로 사용되었다.). 이 형식을 따라 주어진 문제에 대한 질문을 던진 뒤, 마찬가지로 참가자들의 대답을 기록하도록 한다. 리스트 형식을 사용할 수도 있고, 포스트잇을 사용한 뒤 문제 설명을 가운데 두고 클러스터 형식으로 정리할 수도 있다.

- **파레토 차트**^{Pareto Charts}: 품질 팀^{Quality teams}은 분석 중인 문제들의 재발 빈도를 조사한 뒤 이 문제들을 범주화해 각 범주별 발생 빈도를 왼쪽에서부터 내림차순으로 나타내는 도표를 만들도록 권장된다. 이렇게 완성된 도표는 문제 대부분이 어디에 속하는지를 시각적으로 설명해줄 것이다. 80/20 법칙을 적용하면 빈번이 발생하는 문제들의 80%는 상위 20%의 범주에 대응함으로써 해결될 수 있다는 사실이 보일 것이다(아마 알아볼 수 있었겠지만, 이 도표는 격자에 속한다.).

- **물고기 뼈 도표**^{Fishbone Diagram}: 1970년대와 1980년대에 걸친 전사적 품질 관리 운동^{Total Quality Movement}(오늘날 다양하게 벌어지고 있는 품질 향상 교육의 시초가 되었다.)은 문제 이해를 위한 템플릿으로서 물고기 뼈 도표를 보급했다. 일본에서 처음 만들어진 이 도표는 창안자의 이름을 따서 이시카와 도표^{Ishikawa Diagrams}라 불리기도 한다. 말 그대로 물고기처럼 생긴 이 도표는 문제에 해당되는 머리와 원인 제공 요소들을 가리키는 뼈로 이뤄진다(9장의 다이어그램 형식 설명 부분에 그림이 나와 있다.). 문제 이해를 위한 분석을 수행할 때, 모든 뼈에 관계된 사람들과 함께 브레인스토밍함으로써 문제의 근본적 원인을 찾기 위해 노력하라. 이러한 유형의 분석법은 모든 유형의 물리적 체계상 문제 해결에 매우 큰 도움이 된다.

- **강제적 비유**^{Forced Metaphor}: 문제 이해를 위해 그림을 활용하는 한 방법으로 강제적 비유법을 들 수 있다. 즉, 이해하고자 하는 문제가 그것과는 전혀 관계 없는 대상과 어떤 점에서 유사한지 탐구하도록 하는 것이다. 전체 참가자들을 몇몇 소그룹으로 나눠 그림을 그리도록 하면 상호 비교가 가능해진다. 앞서 1부에선 팀 구축 활동의 일환으로 밴쿠버 시를 탈것에 비유하는 과제를 수행한 밴쿠버 시 공무원들의 이야기를, 2부에

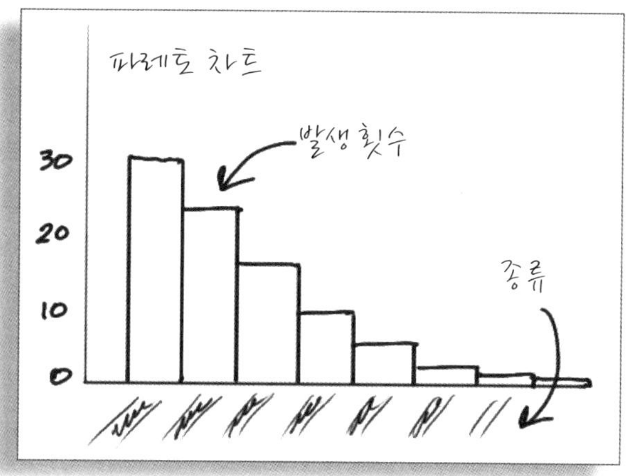

파레토 차트

어떤 단계에서 발생하는(예를 들어 생산 라인에서 발생하는) 특정 유형의 문제들을 추적해 x축을 원인으로, y축을 발생 빈도로 갖는 막대 그래프를 그리는 것은 품질 향상 분야에서 권장되는 분석법이다. 이때 제일 빈번하게 발생하는 문제의 원인을 왼쪽에 나타내도록 한다. 이 그래프는 비효율성의 근본 원인이 아마도 어디에 있을지 명확히 보여준다.

브레인스토밍 규칙

브레인스토밍을 하는 의도는 사람들로부터 가능한 한 많은 아이디어를 끌어내는 것이다. 요점에서 빗나간 듯한 아이디어들을 막거나 지워버리지 않은 채 말이다. 사실 브레인스토밍의 본질은 틀에 박힌 사고로부터 탈피하는 것이다. 이를 위해 일반적으로 준수되는 규칙들은 다음과 같다.

- ☐ 판단은 유보할 것
- ☐ 떠오르는 무엇이든 말할 것
- ☐ 편집하지 말 것(변변찮은 아이디어들이라도 기꺼이 받아들일 것)
- ☐ 모든 아이디어들을 기록할 것
- ☐ 재빠르게 작업할 것

리스트 브레인스토밍 그 자체로는 여러분이 혁신적 사고를 할 수 있으리라고 보장되지 않는다. 자면서도 아이디어를 떠올리고 무의식의 협조를 요청하는 등의 복합적 노력이 요구된다.

선 비유를 비전 탐구에 활용한 식료 잡화점 체인 경영진들의 이야기를 언급한 바 있다.

- **다섯 번의 "왜?"**: 이 접근법은 어떤 문제가 있다고 사람들이 생각하는 이유와 거기에 대한 잠재적 문제는 무엇인지에 대한 의문으로 직접 파고들어간다(마커 또는 포스트잇을 활용해 만다라 형식으로 기록할 수 있다.). 현재 어떤 문제가 있는지에 대한 질문에 누군가가 이렇게 대답했다고 하자. "문제는 우리가 충분히 돈을 벌고 있지 않다는 겁니다." 그러면 여러분은 이렇게 물어라. "왜 그렇게 생각하죠?" 이런 대답이 돌아올 수 있다. "매출이 떨어지고 있어요." 또 다시 물어라. "왜일까요?" "우리 세일즈맨들은 신규 고객을 확보하고 있지 않고, 기존 고객들에겐 그간 팔 만큼 팔았어요." "왜일까요?" "새로운 시장에서의 잠재 고객 발굴 활동을 전혀 하지 않으니까요." "어째서?" "세일즈맨들의 실적 평가 기준이 신규 고객에게 건 전화 통화 수가 아닌, 전체 통화 수니까요. 기존 고객들에게 전화를 거는 편이 더 쉬운 거죠." 이 방법이 얼마나 흥미로운 분석을 이끌 수 있는지 확인할 수 있을 것이다.

브레인스토밍과 해결책 탐색

일단 문제의 본질을 탐색하고 중심적 원인들을 찾았다면, 다음 단계는 해결책을 탐색하고 평가하는 것이다. 이 경우 역시 비주얼 미팅이 중요한 수단으로 작용한다. 모든 문제는 크게 두 가지 일반적 범주로 나눌 수 있는데, 이들 각각은 서로 다른 접근법을 필요로 한다. 우선 발명 또는 혁신을 모색하는 모든 프로젝트 팀이나 집단이 흔히 직면해 있는 종류의 문제들이 있는데, 이들은 어떤 일을 하거나 무언가를 고치기 위한 더 나은 방법의 필요로부터 발생하는 것들이다.

이제부터 다룰 전통적인 문제 해결법들은 문제 이해로부터 해결책 실행에 이르기까지 움직이는 과정이다. 이러한 과정은 학습부터 해결책 탐색까지 꾸준히 진행된다.

이러한 종류의 과정에 연관된 회의를 진행하는 과정에서 여러분은 플립 차트에 기록하거나 앞에서 다룬 포스트잇 활용법 중 하나를 택함으로써 문제를 나타낼 수 있다. 그다음엔 해결책의 성공 조건을 검토하는 것이 도움이 된다. 이것은 스폰서Sponsor나 의뢰인이 제시할 수도 있고, 집단 전체적인 차원에서 어느 정도 품질의 결과를 내고 싶은지 논의할 수도 있다. 이 시점에서 해결책에 대한 브레인스토밍은 다음과 같이 다양한 방식으로 이뤄질 수 있다.

- **리스트 브레인스토밍**: 주어진 문제를 해결할 수 있는 다양한 방법
  들을 생각해낼 수 있는 만큼 가능한 한 많이 적어 내려간다.
- **'어떻게 할까'와 '이런 게 가능할까'에 대한 브레인스토밍**: 어떤
  일을 '어떻게 할 것인가'와 '이런 것도 해낼 수 있을까'라는 질문
  을 던지고 이에 대한 답을 생각해보도록 함으로써 브레인스토밍
  을 돕는다.
- **포스트잇 벽 만들기**: 참가자들을 소그룹으로 나누어 주어진 문제
  와 관계된 포스트잇의 벽을 만들도록 하고, 포스트잇 메모들을 순
  서대로 재배열함으로써 가능한 여러 해결책에 관한 이야기들을 만든 뒤 이들을 함께 연결해본다.
- **비전 소모임 갖기**: 참가자들을 소그룹으로 나눈 뒤 빈 종이나 간단한 템플릿을 나눠주고, 주어진 문제에 대
  한 완전한 해결책을 시각화하도록 한 뒤 다 함께 모여 각 그룹의 아이디어를 공유한다.
- **즉흥극**: 즉흥 배우들은 이것저것 지어내거나 있음 직하지 않은 연관 관계들을 만들어내는 데에 뛰어난 사
  람들이다. 주어진 문제를 일종의 즉흥 공연 과제로 여기는 마음가짐으로 해결책을 실제로 연기해볼 수 있
  다. 때때로 우리의 우뇌가 방해물로 작용하기 때문에, 우리는 의식적으로 반대 쪽으로 넘어갈 필요가 있다.

제시된 해결책들 평가하기

일단 많은 해결책 후보들이 확보되면, 여러분의 성공 기준을 바탕으로 이들에 대해 점수를 매기고 순위를
가려라. 다음은 이를 위한 몇몇 방법들이다.

- **논의 및 제안**: 앞서 시각화한 성공 기준과 모든 해결책 후보들을 다시 검토한 뒤, 어떤 해결책이 최선일 것
  인지에 대한 일반적 논의 시간을 갖는다. 참가자들에게 행동 제안을 요청한 뒤 차트에 기록한다.

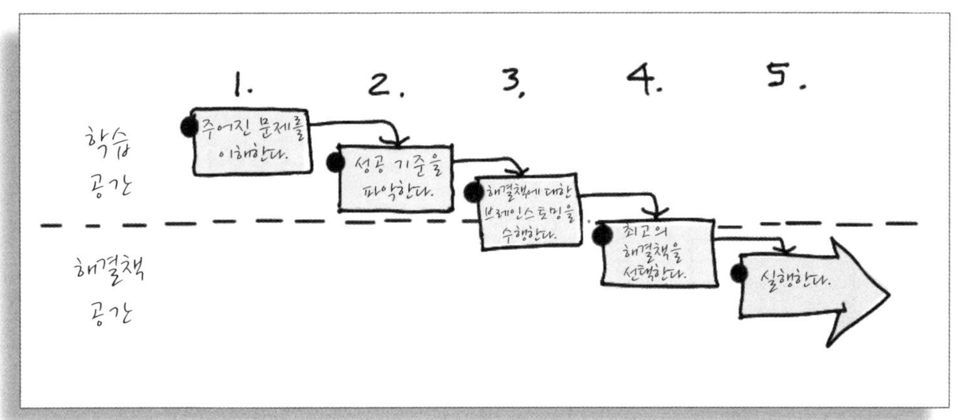

일반적인 문제 해결 과정

이 과정은 참가자들이 적절한 전문 지식을 갖추고 있으며
당면한 상황이 이해 가능한 규칙을 갖고 있는 사안들에 대
한 일반적 문제 해결에 적합하다. 각 단계 간의 연결이 성립
하기 위해선 주의 깊은 문서화가 매우 중요하다. 문서를 그
림과 도표 같은 시각 자료의 형태로 남기면, 글로 기록된 방
대한 정보나 수 cm 두께의 슬라이드 형태로 남긴 경우에 비
해 이 모든 단계들이 사람들의 머릿속에서 훨씬 더 잘 연결
될 것이다.

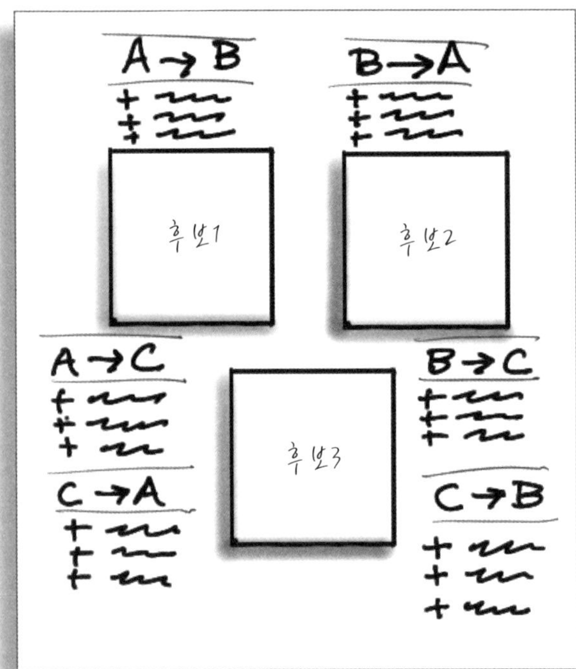

한 쌍씩 비교하기

사람들이 서로 다른 해결책 후보들에 대해 강한 이해관계를 갖고 있을 땐 협상 전략을 사용하라. 우선 각 후보의 이점을 다른 모든 후보들과의 1:1 비교를 통해 파악하도록 한다. 여기엔 오랜 시간이 소요되기에 모든 이들이 자기 의견만 고수하던 상황에서 벗어나 조금 여유를 갖게 되는 효과가 있다. 다음으로 가장 좋은 요소들을 한데 모은 중재안을 도출할 수 있을지 살펴보라.

- **점 투표**^{Dot Voting} : 성공 기준을 검토한 뒤, 사람들에게 전체 후보 수의 1/3에 해당하는 개수의 점 스티커를 나눠주고 가장 적절하다고 생각되는 해결책에 스티커를 붙여 투표하도록 한다. 변형 방식으로 여러 색의 점 스티커를 사용해 서로 다른 기준에 대한 최선의 선택지를 묻는 방법이 있다.
- **한 쌍씩 비교하기** : 각자 가장 선호하는 해결책을 포스트잇이나 플립 차트에 기입한 뒤 서로 비교하는 시간을 갖는다. 해결책 B에 비해 A에서 마음에 드는 점을 열거하고, 반대로 A에 비해 B에서 마음에 드는 점 또한 찾아본다. 그다음엔 B와 C, C와 D, B와 D 식으로 계속 진행한다.
- **의사결정 행렬**^{Decision Matrix} : 대형 행렬 도표를 준비해 한 축을 따라 제시된 모든 해결책들을 기입하고, 다른 축을 따라선 평가 기준들을 나타낸다. 그리고 각 기준과 그 기준을 충족시키는 해결책이 만나는 위치마다 표시한다. 충족 정도를 숫자로 나타낸 뒤 총합을 계산함으로써 가장 기준을 잘 충족시키는 해결책을 찾을 수도 있다.
- **높음-낮음 격자**^{Hi-Lo Grid} : 제시된 해결책들을 포스트잇에 옮긴 뒤, 효과의 높음-낮음을 나타내는 세로축과 실행하기 쉬움-어려움의 가로축을 갖는 격자 위에 알맞게 배열한다.

의사결정에 관한 17장에서 회의의 이 단계를 좀 더 깊이 있게 다룰 것이다. 사람들이 서로 다른 해결책에 대한 이해관계를 갖게 되는 조직 차원의 문제를 다룰 때, 다양한 유형의 협상 전략은 사람들에게 자신의 위치를 모두에게 어필하는 한편, 자기 의견에서 어느 정도 벗어나 다른 해결책들을 고려할 충분한 시간과 기회를 준다.

골치 아픈 문제들

전통적인 문제 해결법들은 소위 '골치 아픈 문제들^{wicked problems}'엔 통하지 않는다. 많은 사회 정치적 문제가 이 유형에 속하며, 이러한 문제들을 다루기 위해 소집된 회의들은 난장판에 복잡하기 그지없다. 물리적 체계상의 문제들 또한 얼마든지 골치 아파질 수 있는데, 이를테면 전 체계상의 각 부분들이 서로 너무 연결되어 있는 탓에 한 부분에 대한 해결책이 다른 부분의 조건과 해결책을 변화시킬 수 있거나, 문제가 일정한 패턴이나 선례 없이 돌발적으로 발생하는 경우에 그러하다.

골치 아픈 문제들에 대한 이야기를 다루자면 따로 책 한 권을 써도 충분할 정도이지만, 여기에 이러한 유형의 문제에 직면한 이들에게 큰 도움이 될 간단한 시각적 설명을 준비했다. 골치 아픈 문제들의 해결 과정을 나타내는 이 도표는 앞서 살펴본 일반적 문제 해결 과정과 마찬가지로 시간에 따라 학습 공간과 해결책 공간 사이를 오가는 작업의 흐름을 나타내고 있지만, 흐름의 양상에 있어 차이가 존재함을 알 수 있다. 학습 공간에서 시작해 해결책 공간에서 마무리되기까지 폭포수처럼 단정하게 떨어지는 흐름을 보이는 일반적 문제의 경우와 달리, 골치 아픈 문제들

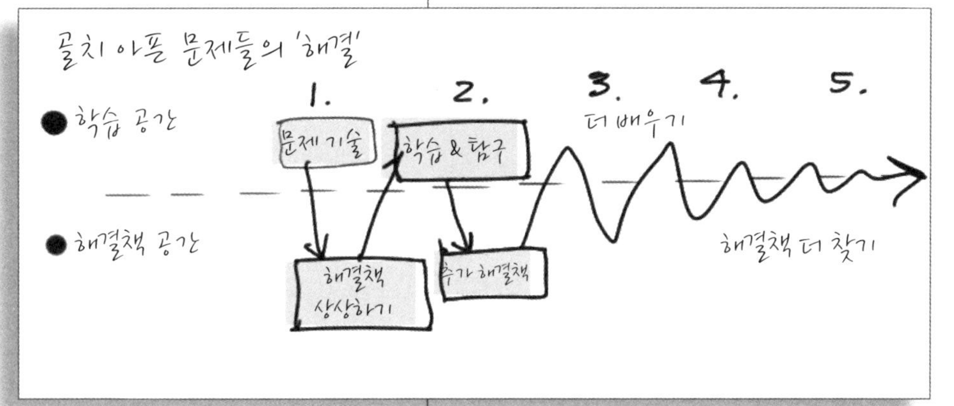

의 해결 과정은 두 공간을 처음부터 계속 오가기 시작해 점점 진폭이 줄어드는 나선 형태로 나타난다. 최종적으로 실행되는 해결책은 '만족스러운' 정도이지, 일반적 경우와 달리 완전하고 명확한 해결책을 얻는 것이란 불가능하다. 단순히 회의 참가자들에게 그들이 해결하려 하는 문제가 골치 아픈 문제라고 생각하는지 묻는 것만으로도 그들의 관점을 보다 개방적이고 해결책 탐색을 지향하는 태도로 이동시킬 수 있다.

보조 방향타 인자

나는 상황이 너무나도 복잡하거나 자신들의 힘이 충분하지 않은 탓에 자신들이 상황에 영향을 미칠 수 없다고 생각하는 사람들의 보다 일반적인 문제에 관한 이야기를 모으고 있다. 지오데식 돔Geodesic dome(정이십면체를 분할해 만든 형태의 돔으로, 경기장/극장/온실/전람회장 등의 용도로 널리 사용되고 있다. - 옮긴이)으로 유명한 발명가이자 디자인을 통한 인간의 문제 해결 능력에 대한 낙관적 전망의 소유자인 벅민스터 풀러Buckminster Fuller는 배의 방향타가 큰 선박의 방향을 돌리는 방식으로부터 시스템을 변화시키는 법을 배울 수 있다고 믿었다.

큰 원양 정기선은 수 미터 길이의 방향타를 갖고 있다. 원양 정기선이 바다를 가르며 움직이는 동안 수

골치 아픈 문제들은 다음과 같은 특징을 갖는다…

- [ ] 문제가 잘 정의되어 있지 않다.
- [ ] 문제에 영향을 미치는 조건들이 역동적이며 가변적이다.
- [ ] 서로 다른 관심사를 가진 다양한 이해관계자들이 문제 해결 과정에 개입한다.
- [ ] 한 부분에 대한 해결책이 다른 부분에 영향을 미치며 변화를 일으킨다.
- [ ] 성공 기준이 다양하며 시시각각 변한다.
- [ ] 명확한 해결책이 존재하지 않는다.

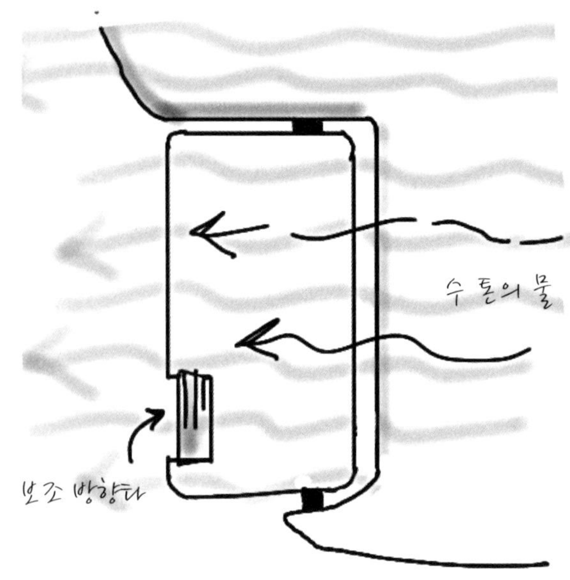

보조 방향타 이론

지오데식 돔의 고안자인 벅민스터 풀러는 마치 비행기 날개
나 대형 원양 정기선의 보조 방향타가 그러하듯 자연의 힘
이 우리를 위해 일하도록 활용해야 한다고 믿었다.

톤의 바닷물이 배의 양 측면을 민다. 과연 이 상황에서 선원들은 방향타를 어떻게 움직일 수 있을까? 내가 이 질문을 사람들에게 던지면 그들은 키가 매우 큰 조타봉과 연결되어 있다고 추리하거나, 아니면 아예 모르거나 할 것이다. 사실 답은 꽤나 간단하다. 방향타의 모서리 바깥쪽엔 훨씬 작은 크기의 방향타가 붙어 있다. 이 작은 방향타는 배의 측면으로 몰려드는 바닷물을 향해 튀어나와 있어서, 움직이는 바다의 힘이 이 조그만 '보조 방향타trim tab'를 밀어냄으로써 큰 방향타가 돌아가게 되어 있다. 보조 방향타를 움직이는 데엔 그다지 많은 에너지가 소모되지 않는다. 지레의 원리와 일맥상통하는 바가 있는 이야기다. 이 이야기는 사람들로 하여금 대규모의 시스템이 그것 자체의 힘에 의해 움직일 수 있도록 자신이 취할 수 있는 행동은 무엇이 있을지 모색할 것을 장려한다. 일종의 공학적 유도인 것이다.

소위 '시스템 변화'라 불리는 종류의 문제들에 있어 보조 방향타는 변화를 추진하기 위해 이미 시스템상에 존재하는 힘을 이용하는 변화의 지렛대라 할 수 있다.

인과 고리 도표 그리기

형식 체계 분석formal systems analysis 분야의 교육을 받은 컨설턴트들은 시스템의 핵심적 역학 관계를 파악해 보조 방향타를 찾아내고자 매우 정교한 시각화 전략을 사용한다. 이러한 유형의 접근법을 좀 더 알아보고 싶다면, 23장에 정리해둔 자료 목록을 참고하라. 이는 간단한 종류의 분석이 아니지만, 사람들의 색다른 생각을 이끌어낼 수 있는 강력한 방법이다. 여기선 이러한 분석법이 어떻게 지구 온난화 오염 물질의 제거 문제에 대한 새로운 시각을 얻는 데에 활용되었는지에 관해 이야기하고, 이러한 종류의 작업에 관심이 있다면 도움을 받을 수 있을 몇몇 소프트웨어들을 언급하고자 한다.

인네이트 애널리시스Innate Analysis의 설립자 스캇 스팬Scott Spann은 7장 끝에서 언급했던 RE-AMP 프로젝트의 컨설턴트로 나에 앞서 일한 바 있다. RE-AMP 프로젝트는 재생 가능 에너지에 대한 자금 지원이 아무런 변화도 가져오지 못하고 있는 데 대해 우려하는 중서부 북부 지역 기반의 비정부 조직 및 재단 수십 곳을 주축으로 시작되었다. 2004년에 스캇은 에너지 업계의 전문가 수십 명을 인터뷰해 에너지 체제의 작동 방식에 대해 그들이 설명한 바를 그림으로 나타냈다. 그는 특수 소프트웨어를 사용해 영향을 주고받고 있는 서로 다른 175개의 노드로 구성된 종합적 인과 고리 도표를 완성했다. 이어서 그는 스스로 나선 에너지, 환경, 경제, 교통 분야의 전문가들과 함께 도표에 대한 소그룹 비평 활동을 수행했다. 2005년 초반에 전략 기획 과정을 보조하기 위해 프로젝트에 합류했을 때, 나는 사람들이 네 가지 인자가 전체 산업을 이끌고 있으며 이 네 가지를 동시에 다루지 않으면 아무런 변화도 일어나지 않을 것이란 점을 매우 분명히 인지하고 있다는 사실을 발견했다. 이 페이지에 가져온 것은 스캇의 상세 분석을 간략화한 16인자 도표로, 프로젝트 진행을 위해 참여시켜야만 했던 많은 이들에게 설명하기 위한 목적으로 내가 만든 것이다.

시스템 주도 인자 찾기

전체 분석은 복잡해 시각적으로 공유하기에 어려움이 있지만, 그 결과를 간단히 정리한 이 페이지의 도표는 모든 이들의 관점을 변화시키는 데 있어 꽤 중요한 역할을 한 것으로 판명되었다. 기존의 비청정 에너지(석탄)를 몰아내는 데 대한 사람들의 관심사가 주요 변수라는 점이 분명해졌다. 이 인자는 저렴한 석탄 에너지에 대한 신규 수요의 강도와 연결되어 있었다(6개 주 지역을 통틀어 신규 건설이 제안된 전력 발전소의 수가 25개에 달했다.). 세 번째 인자는 에너지 효율성이었다. 에너지 효율의 증가 없인 그들이 생각하는 에너지 체계가 지속적 성장은 고사하고 기본적인 기초 부하를 감당할 수 있을지조차 미지수였다. 마지막 인자는 풍력, 태양열, 지열 등과 같은 재생 가능 에너지의 새로운 원천을 개척하기 위한 지원금의 액수였다.

　이 도표는 네 개의 주도 인자와 뒷받침 원인들을 보여준다. 이 책엔 칼라로 나와 있지 않아 읽기가 힘들겠지만, 도표를 자세히 살펴보면 어떤 화살표엔 플러스(+) 기호가 붙어있고 나머지 화살표엔 마이너스(-) 기호가 있는 것이 보일 것이다. 플러스 화살표는 출발 위치의 인자가 증가했을 때 화살표가 가리키는 곳

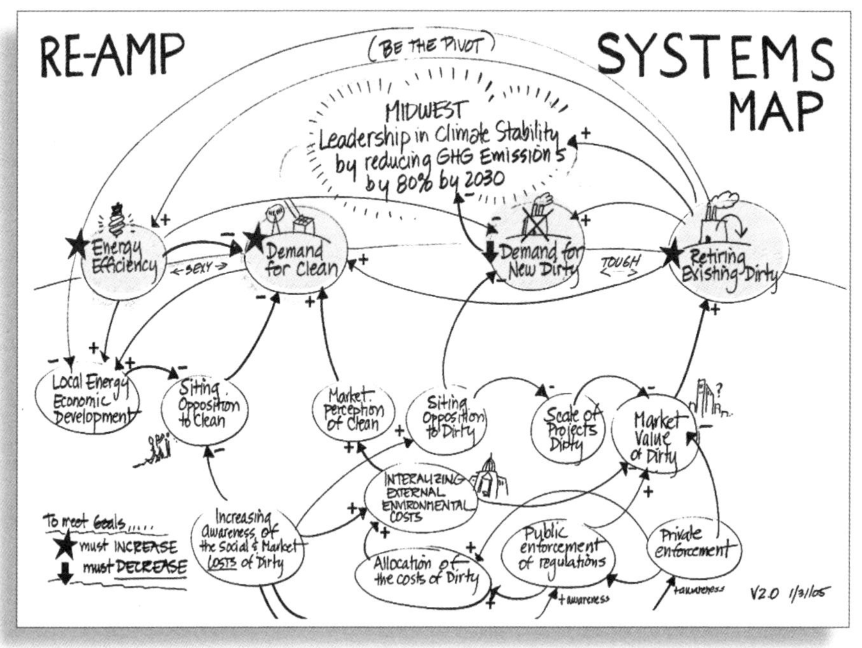

청정 에너지의 네 가지 주도 인자를 보여주는 인과 고리 도표

중서부 북부 지역의 RE-AMP 프로젝트는 시스템적 사고를 통해 청정 에너지와 관련해서 전기 부문의 변화를 주도하는 네 가지 인자에 집중했다.

의 인자 또한 증가하는 관계를 의미한다. 반대로 마이너스 화살표는 출발 위치의 인자가 증가했을 때 화살표 도착 지점의 인자는 그 영향력이 감소되는 관계를 의미한다.

이러한 시스템 지도 작성에 관심이 있다면, www.iseesystems.com에 들어가서 아이씨 시스템즈[Isee Systems]의 제품들을 살펴보라. 이 책을 쓰고 있는 현재, 아이씨 시스템즈는 환경 시스템과 비즈니스 시스템 모두에 대해 누구나 이러한 유형의 인과 고리 분석을 수행할 수 있게 해주는 스텔라[Stella]와 아이씽크[I-Think]라는 두 소프트웨어를 제공하고 있다. 이 소프트웨어는 여러분이 삽입하고 수정할 수 있는 변수들에 기반해 모든 계산을 완수함으로써 작동 중인 시스템에 대한 모델을 다양한 그림 형태로 제공한다(스텔라는 MIT와의 공동 작업으로 개발된 프로그램이다. 이 작업은 피터 센게에게 영감을 주었으며, 학습 조직에 대한 그의 연구에도 영향을 미쳤다. 『제5경영[The Fifth Discipline]』의 후속작인 그의 『제5경영 실전편[The Fifth Discipline Fieldbook]』은 원형처럼 기능하는 많은 일반적 시스템 고리 도표들을 제시한다.).

운동감각성 모델링으로 막다른 길 벗어나기

어떤 종류의 좋은 문제 해결에서든 간에 우리의 뇌가 우리가 이해하는 패턴을 추적하는 방식이 장벽으로 작용한다. 기억하고 예측하는 것은 대뇌 피질의 근원적 기능이며 과제 지향[task orientation]은 인지를 상당 부분 주도하기에, 회의 참가자들의 독창적 사고를 유도하려면 이러한 습관들은 적당히 저해될 필요가 있다. 시각화는 집단에게 전혀 새로운 이해 패턴을 교육시킬 수 있으며, 따라서 새로운 인식을 끌어낼 수 있다. 바로 여기에서 비주얼 미팅이 갖는 위력 중 하나가 기인한다.

지금까지 내가 소개한 예제들 모두가 꽤 강력한 효과를 낼 수 있지만, 상투적인 사고 방식으로부터 사람들을 탈출시킬 수 있는 또 하나의 방법이 존재한다. 이는 도표를 이용한 작업법을 능가하는 완전 몰입적 경험을 제공하는 것으로, 바로 3차원 시각 자료를 이용하는 것이다!

앞서 언급한 바 있는 존 워드[John Ward]는 스스로를 '시각적 사색가[Visual Thinker]'라 부른다. 그는 본디 산업 디자이너 교육을 받았으나, 사업 경험을 거쳐 조직과 일하는 컨설턴트로 진화한 인물이다. 그는 모델링 기법을 이용해 사람들의 조직 문제 고찰을 돕는다. 그의 모델링은 말 그대로 점토 같은 재료로 모형을 제작하는 것을 의미한다. 존은 그가 '독창적 사고'라 부르는 것으로 사람들을 회귀시키는 데에 열정을 불태우고 있다. '육체와 감각에 접근함으로써 사람들을 정신적 습관으로부터 탈피시킬 수 있다.' 이것이 그의 믿음이다. 그는 끈, 마카로니, 테이프, 판지와 같이 주변에서 흔히 찾아볼 수 있는 온갖 재료들을 이용해 집단에게 자기 조직 모형을 만들도록 하고, 그들의 작품을 거둬들여 통찰의 시간을 준비한다.

존은 이 방법의 효력을 제대로 발휘시키기 위한 강한 소신을 갖고 있다. "모형을 만드는 동안엔 침묵해야 합니다." 그는 이렇게 말한다. "집중을 위해선 몸 전체가 필요하기 때문이죠." 그는 사람들에게 모형을 만들 시간은 짧게 주고, 보고하는 데엔 하루 종일만큼의 긴 시간을 준다. 사람들이 모형을 다 만들면, 그는 그들에게 모형의 형상과 구조를 주의 깊게 살피고 이에 대한 이야기를 해보도록 주문한다. 이때 어떠한 해석도 시도하지 못하게 함으로써 그들을 형상 그 자체에 대한 경험에 가능한 한 가까이 머무르도록 한다. 그리곤 서서히, 아주 서서히 연관 관계를 구축하고 이야기를 하는 단계로 넘어가서 주어진 문제로 되돌아오도록 사람들을 이끈다.

존은 사업 발전을 모색하는 생명공학 회사들로부터 지렁이 양식업의 발전을 모색하는 '지렁이 정상회담'에 이르기까지 온갖 장소에서 활약해왔다. 나는 2008년의 경제 파탄 이후 2009년 2월 산호세^{San Jose}에서 열린 비즈씽크^{VizThink} 컨퍼런스를 통해 그의 세션을 경험한 바 있다. 그가 우리에게 제기한 문제는 이 경기 침체가 비즈씽크 커뮤니티에 어떤 영향을 미칠 것인가 하는 것이었다. 이 페이지에 실린 사진은 이때 한 팀이 만든 모형의 모습이다. 모형 제작과 3차원적 패턴 묘사에 뒤이은 대화는 정말이지 억누르기 힘들었다. 워크숍은 총 두 시간에 걸쳐 진행될 예정이었지만, 사람들은 그보다 훨씬 오랫동안 더 이야기 나누고 싶어 했던 것이다. 자기 관점이라는 막다른 골목에서 벗어나 사고하고 싶다면, 운동감각성 모델링_{Kinesthetic Modeling}은 놀랄 만한 효력을 발휘할 것이다.

경제 환경에 대한 운동감각성 모델링
비즈씽크 컨퍼런스에서 열린 존 워드의 워크숍에서 소그룹들은 2008년 후반의 경제 붕괴 상황에 어떻게 대응해야 할 것인가에 대한 그들의 생각을 나타내는 모형을 제작했다. 뒷 배경에 있는 것은 나와 존이며, 다른 참가자 한 명도 같이 찍혔다.

디자인 샤렛

고도로 복잡한 문제들은 회의의 전체적 체계 차원에서 신선한 아이디어들을 만들어낼 것을 요구할 수 있다. 이를 위해 디자이너와 건축가들이 수년간 사용해온 과정은 샤렛^{charrettes}이라 불리는 회의 형식으로, 기획 과정을 짧은 시간 내에 집중적으로 압축해 넣은 것이다. 이 단어는 수레를 뜻하는 프랑스어 어휘다. 옛날의 건축가들은 건축 모형을 바치라는 왕의 소환 명령을 받았을 때, '수레 위에서^{en charrette}' 막바지 수정 작업을 하곤 했다. 과학을 일반 대중에게 가르치는 방식에 관한 진정으로 혁신적인 사고를 위해 일련의 회의 전체가 활용된 사례를 살펴보자.

자연사 박물관 재건 프로젝트

캘리포니아 과학 아카데미^{CAS, California Academy of Sciences}가 1987년의 지진에 의해 일부 건물이 파손된 것을 계기로 시설 재건을 결정했을 때, 당시 담당자는 진정한 도전(이라고 쓰고 문제라고 읽는다.)은 자연사 박물관의 전반적 개념에 대한 재정립, 즉 디오라마와 골동품 상자에 대한 역사적 의존성을 탈피하는 데 있다고 믿었다. 이를 위해 CAS는 네 곳의 디자인 업체를 초빙해 함께 머리를 맞대고 최초의 21세기형 자연사 박물관을 설계하기 위해 협력하고자 했다. 이 업체들 중 박물관 디자인 경험을 갖춘 곳은 한 곳에 불과했다. 우리 그로브는 1주일 동안의 디자인 샤렛 진행을 맡게 되었다. 우리는 직원 네 명으로 이뤄진 팀을 파견했다. 이들 중 둘은 퍼실리테이션을 맡기로 했고, 나머지는 디자인 팀이 만들어낼 글과 그림 모두에 대한 실시간 기록물 제작을 담당했다.

1주일간의 샤렛은 실로 몰입적인 경험의 연속이었다. 각 활동은 CAS 전문가에 의해 주도되었으며, 그룹 단위의 디자인 세션과 전원이 모여 각자의 생각을 공유하는 세션이 뒤이어 진행되었다. 그리곤 또 다른 활동이 시작되는 식이었다. 당시엔 이러한 표현을 사용하진 않았지만, 그 디자인 과제는 앞서 묘사한 '골치 아픈 문제'의 특성을 그대로 갖추고 있었다.

첫 활동은 실제 CAS 박물관을 처음 둘러본 이후에 진행되었다. 우리는 모든 디자이너들에게 박물관 안에서 무작위로 마주친 몇몇 아이들을 인터뷰한 뒤 돌아와서, 네 회사 사람들이 고루 섞인 조 단위로 전시

캘리포니아 과학 아카데미는 네 곳의 디자인 업체를 초빙해 함께 머리를 맞대고 최초의 21세기형 자연사 박물관을 설계하기 위해 협력하고자 했다.

아이디어들에 대한 브레인스토밍을 수행하도록 주문했다. 모든 이들은 곧바로 자신의 평소 사고 양식으로부터 벗어날 수 있었다. 아이들과의 대화를 통해 놀라움을 느낀 것은 물론이고, 서로 다른 회사 사람들과의 대화 또한 상당한 자극제로 작용했다.

다음 활동은 하프 문 베이$^{Half Moon Bay}$에서의 현장 학습이었다. 박물학자에 의해 진행된 코스탈 레드우드$^{coastal redwoods}$ 생태계 교육에 이어, 디자이너들은 또다시 전시 아이디어들을 브레인스토밍할 기회를 가졌다. 이번엔 디자이너들에게 판지, 빨대, 테이프 등을 활용해 전시 모델을 만들도록 했다.

세 번째 시간에서 디자이너들은 조를 바꾼 뒤, 앞의 두 활동으로부터 얻은 아이디어들을 통합한 개념을 그려보는 시간을 가졌다.

둘째 날 밤에 우리는 진척 상황을 평가하기 위한 작전 회의 시간을 가졌다. 참가자들은 모두 계속 밀려드는 자극에 꽤나 지쳐 있는 상태였다. 다음 날 아침 예정된 행사는 또 다른 CAS 직원과 함께하는 조수 웅덩이 견학이었다. 하지만 이 시점의 CAS 직원들은 다소 기진맥진해진 상태였다. 지난 수십 년간 CAS는 매우 안정적이며 변화가 느린 조직이었는데, 느닷없이 디자인 샤렛이라는 단기간의 격렬한 활동에 등 떠밀린 것이 그들에겐 상당한 스트레스로 작용하고 있는 듯했다.

"해변에 나가는 대신에 CAS 직원들을 조수 웅덩이로 두고 우리 자신을 그런 식으로 돌아보는 시간을 갖는 건 어떨까요?" 디자인 세션에서 나는 이렇게 물으며 내 아이디어를 설명했다. 일행 중 한 지질학자가 전날에 발견한 아주 오래된 바위를 '말하는 바위'로 활용하고, 둥글게 둘러앉은 디자이너들 안에 CAS 직원들 또한 둥글게 모여 앉도록 한 뒤 다음과 같은 아주 간단한 질문을 던지는 것이다. "캘리포니아 과학 아카데미에서 일하는 이유가 무엇인가요?" 우리 디자인 팀은 그 제안에 홀딱 반해버렸다!

CAS 직원들이 자기 이야기를 시작한 지 15분도 채 지나지 않아, 디자이너들은 눈물을 글썽거리기 시작했다. 이들은 뉴욕이나 런던 출신으로, 기업 행사, 천문관, 수족관 등의 디자인에 상당한 경험을 자랑하는 전문가들이었다. 하지만 그들은 CAS 직원들이 들려준 것과 같은 깊이의 헌신과 열정에 여태껏 맞닥뜨린 적이 없었다. 캘리포니아 과학 아카데미는 박물관, 천문관, 또는 수족관일 뿐만 아니라, 지구 온난화와 생태계의 위기라는 문제에 앞장서서 대처하는 세계적 연구 기관 중 하나이기도 했다. CAS에서 일하는 그 어

캘리포니아 과학 아카데미 포스터
이 포스터는 그로브의 토미 나가이로스(Tomi Nagai-Rothe)의 작품으로, 캘리포니아 과학 아카데미의 21세기 지향적 재건이라는 임무를 부여받은 디자인 업체 네 곳의 모임인 캘리포니아 아카데미 디자인 샤렛(California Academy Design Charrette)을 위해 만든 것이다.

프로토타입 전시

캘리포니아 과학 아카데미 재건 프로젝트의 디자이너들이
디자인 샤렛에서 콜라주와 판지 등의 각종 매체들로 가능한
전시 형태들을 표현했다. 그 결과가 궁금하다면, CAS 웹사
이트(www.calacademy.org)에서 확인해보라.

느 누구도 자신의 일을 단순한 생계 수단으로 여기지 않았다. 그들은 생존 경쟁에 직면한
다음 세대를 교육하고 있었던 것이다!

네 회사 사람들의 디자인 사고가 전혀 새로운 수준으로 거듭났음은 더 말할 나위도 없
다. 그 결과가 궁금하다면, 샌프란시스코의 새로운 CAS를 찾아가 보라. 정말 파격적인 디
자인이다.

'문제'가 아닌 문제들

문제 해결은 디자이너들이 일반적으로 하는 일이다. 그들은 활발한 견본 제작, 시각적 매
체의 활용, 다양한 형식으로의 개념 그리기 등과 같이 지금까지 내가 설명한 다양한 도구
와 방법들을 활용한다. 하지만 어떤 문제들은 개선과 고안보다는 이해와 이야기 전달을 요
구하는 도전 과제에 더 가까운 성격을 띤다. 이와 같이 반드시 '문제'라고 여길 수만은 없
을 대상에 대한 보다 깊은 이해를 얻는 데에 도움을 주는 아이디어 맵 기법이 다음 장의 주
제다. 다음 장에서 우리는 매우 잘 발달된 두 아이디어 맵 제작 기법을 살펴보고자 한다.

11. 스토리보드 기법과 아이디어 맵 기법
혁신가들과 디자이너들의 작업 방식

혁신가들과 디자이너들은 대상이 결과를 얻을 수 있는 새로운 방식으로 함께 어우러지는 모습을 보고 싶어 하는 사람이다. 정보를 모으는 것만으론 충분하지 않다. 그들은 정보 간의 연결 관계와 대상의 진정한 작동 원리를 이해하고 싶어 하며, 이를 개선하기 위한 방법을 찾고자 한다. 스토리보드 기법Storyboarding과 아이디어 맵 기법Idea mapping은 창의적인 사람들이 디자인에 사용하는 두 시각화 전략이다. 여러분이 팀원이나 학생들을 이끌고 더 나은 결과를 내거나 더 높은 판매 실적을 올리는 일에 관심이 있다면, 여러분 또한 이러한 도구들을 활용하지 못할 이유가 없다. 이들은 여러분의 사용 경험이 충분하지 않더라도 매우 위력적으로 작용한다. 이번 장은 여러분의 회의에 이러한 도구들을 적용하고, 그로부터 혁신적인 통찰을 얻기 위한 방법들을 보여주는 내용을 담고 있다.

인간은 어떻게 대상의 의미를 파악하는가?

스토리보드와 아이디어 맵은 인간이 전체상 수준에서 대상의 의미를 파악하는 두 근본적 방식을 반영한다. 첫 번째는 대상이 시간 흐름에 따라 어떻게 움직이는지 생각하는 것이며, 두 번째는 대상의 공간적 구성 형태에 관해 생각하는 것이다. 우리의 궁극적 바람은 이 두 방식을 결합하는 것이다. 자고로 인간은 시간과 공간 모두에서의 삶을 영위하는 존재이니 말이다. 새로운 무언가에 대해 배울 때, 우리는 대부분 이 두 방식 중 한 방식에 초점을 맞췄다가 다시 다른 방식으로 전환한다.

비유적 그림을 사용해 설명해보겠다(직접 머릿속에 그려볼 것!). 이 페이지에 나와 있는 그림은 여러분이 이끌고자 하는 프로젝트를 강 위의 보트 또는 뗏목으로 표현하고 있다. 이렇게 생각해보면, 회의는 강과 상당히 유사하다고 할 수 있다. 우선 명확한 제

시간과 공간에 대한 시각화

우리는 영역 지도를 무기 삼아 행동의 강을 항해한다. 스토리보드는 시간의 흐름을 보고 어떤 과정의 단계들을 예상할 수 있도록 도와준다. 아이디어 맵은 어떤 상황의 모든 구성 요소들을 파악하고 이들이 어떻게 조직되어 있는지와 여러분이 어떤 선택을 할 수 있는지 이해할 수 있도록 도와준다.

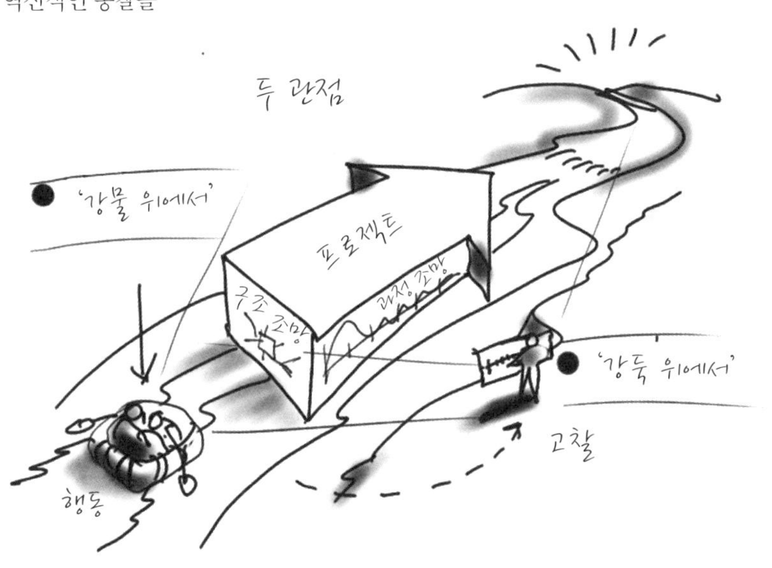

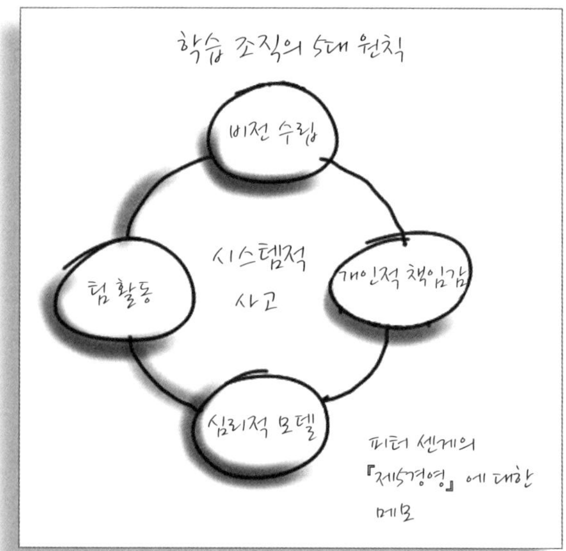

『5대 원칙』

피터 센게가 말한 학습 조직의 다섯 가지 원칙에
관해 내가 스케치한 아이디어 맵이다.

한 요소를 갖고 있다는 점에서 그렇다. 강의 흐름은 제방에 의해 제한되며, 회의의 흐름은 주변 상황과 수뇌부의 기대에 의해 형성된 경계에 의해 제한된다. 마치 물이나 날씨가 그러하듯, 직접적으로 체험되어야 하며 순간적으로 대응되어야 하는 역동성을 갖고 있다는 점 또한 이 둘의 공통점이다.

강을 항해하기 위해서든 생산적인 회의를 이끌기 위해서든 간에, 여러분은 전체 여정을 시간 순서의 관점에서 이해할 필요가 있다. 흥미롭게도 여러분은 길 옆으로 비켜서서 전망을 살피거나, 강의 다양한 구역들을 보여주는 지도를 사용함으로써 이러한 관점을 얻을 수 있다. 바로 이것이 프레젠테이션이나 회의 과정, 변화 프로세스 등과 같이 이해 단계가 중요한 과정을 설계하는 사람이 가질 수 있는 스토리보드적 관점이다.

강 위에서 여러분은 매 순간마다의 선택을 보조하는 데 수반되는 모든 요소들을 기억할 필요가 있다. 이는 모든 유형의 창의적인 프로젝트 또는 회의에서도 적용되는 이야기다. 지난 장에서 논의했듯이 어떤 문제를 구성하는 온갖 요소들이 존재한다. 이는 아이디어 맵이나 다이어그램과 같이 탐구, 선택, 조직, 연결 관계 등을 표현하는 시각화 작업을 수행하는 과정에서 길러지는 관점이다. 사람들은 종종 개별적으로 이해하고 있는 바를 어떻게 조합해 실행 순서를 도출할 것인가를 생각하기에 앞서 일단은 펼쳐놓고 보고 싶어 한다. 모든 연결 관계에 대한 시각화 활동은 여러분이 어떤 일을 하고 있든 간에 포괄적 방식으로 고려할 수 있게 해주는 한 방법이다.

보다 일반적인 의미에서, 이 두 관점은 우리가 여행에 가서 지형도를 활용하는 서로 다른 두 방식을 나타낸다. 기본도Base maps는 전체 지역을 보여주는 반면, 여행 일정Itineraries은 우리가 여행하고자 하는 곳만을 구체적으로 보여준다. 실제 상황에서, 이러한 두 종류의 이해는 함께 작용한다. 회의 참가자들이 조직, 시장, 네트워크, 자원 등에 대해 가진 심리적 모델은 기본도에 해당되고, 회의 일정표는 여행 일정표와 일맥상통하는 바가 있다.

조직에 대한 사고에서의 지도와 일정표

피터 센게Peter Senge의 '제5경영 원리'를 처음 접했을 때, 나는 그의 생각을 나타내는 아이디어 맵을 작성했다. 센게가 제시한 다섯 가지 규율은 이후에 그가 책 속에서 여러 다양한 경로 또는 여정을 묘사하는 데에 계속 동원되었다. 사업 및 경영 분야에서 사용되는 많은 심상 모델은 이와 같이 지도/일정표의 특징을 갖는다. 구조 그림은 기본도에 해당되고, 과정은 이 기본도를 어떻게 활용할 것인가에 대한 이야기에 해당될 것이다. 내가 이 책을 구성하는 데 사용

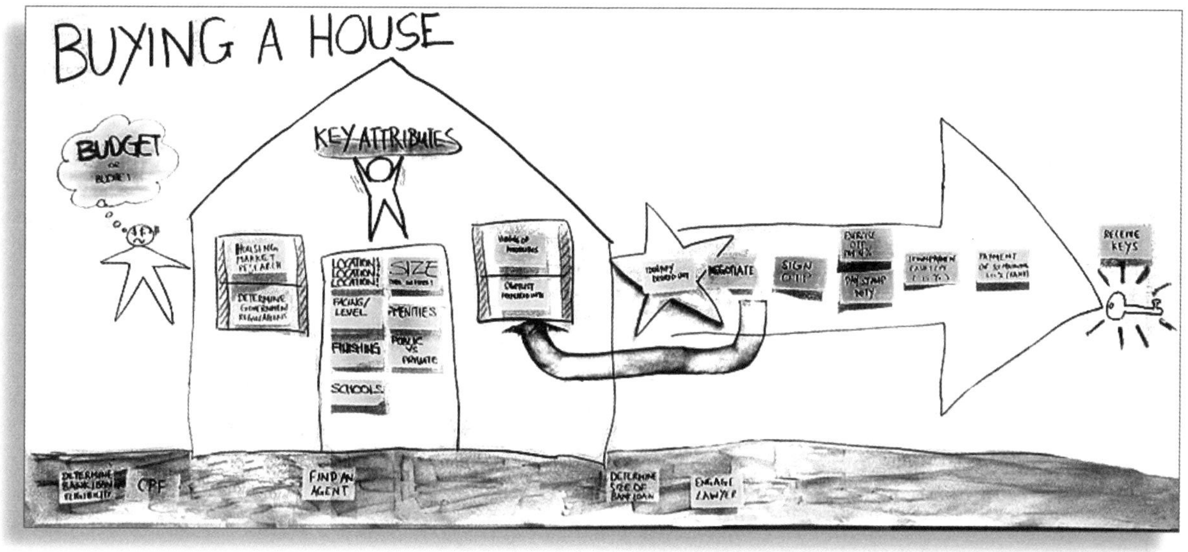

하고 있는 학습 주기 모델Learning Cycle model이 이와 유사한 구조를 갖는다는 점을 눈치챈 독자 여러분도 있을 것이다. 이러한 종류의 사고 지향적 지도는 만드는 과정에서 정보를 잘 기억할 수 있게 된다는 점에서 매우 유용하다. 많은 교사들이 학생들에게 시각적 노트 필기를 권장하는 것은 이러한 이유에서다.

여기 가져온 프로세스 맵은 구조보다 시간 순서를 더 강조하고 있다. 이는 싱가포르의 몇몇 정부 부처에서 일하는 젊은 분석가들과 학습 디자인 직원들을 대상으로 한 그래픽 퍼실리테이션 워크숍에서 만들어진 것으로, 싱가포르에서 집을 구입하는 과정을 묘사하고 있다. 여러분이 이제 갓 시장에 진입하는 경우라면 이는 실로 버거운 과업일 것이다. 이 도표를 만든 소그룹은 고작 40분 만에 포스트잇을 통한 내용 구성과 도표 구성을 마쳤다. 여러분은 이 도표를 주택 구매자들이 거쳐야 할 일련의 단계들을 나타내는 일정표로 간주할 수 있을 것이다. 각 단계는 우리의 실생활이라는 물리적 지도상의 특정 위치에 대응된다.

스토리보드 만드는 법

1. 큰 포스트잇이나 종이를 준비한다.

2. 여러분의 이야기를 이룰 요소들을 브레인스토밍으로 파악한다.

3. 각 요소들을 이리저리 배치하며 적절해 보이는 순서를 찾는다.

4. 각 단계가 의미하는 바를 보여주는 아이디어들을 나타낸다.

전설적인 만화영화 제작자인 월트 디즈니Walt Disney는 어떤 장면이나 '스토리'에 대한 시간 기준의 이야기 방식 관점인 스토리보드의 제작 기법을 확립한 인물로 높게 평가되고 있다. 그때 이래로 스토리보드 기법은 교육 프로그램이나 전략 수립 및 판매 과정부터 다양한 형태의 커뮤니케이션 매체에 이르기까지 분야를 막론하고 이야기 아이디어를 개발하기 위한 일차적 도구로 자리잡았다.

스토리보드 기법의 기본 원리는 단순하다. 스토리보드 제작 과정은 정보를 작은 삽화들로 나누어 이야기 흐름 속에 배열한 뒤 처음부터 끝까지의 전체상을 살펴보는 것으로 이뤄진다. 영화 제작 과정에서 스토리보드는 대본을 가리키는 간단한 자막이 더해져 각 장면의 스케치 역할을 한다. 조직 업무에서 스토리보드는 온갖 종류의 과정, 프레젠테이션, 교육 프로그램, 변화 프로세스 등을 나타낼 수 있다.

나는 2010년 겨울에 개최된 테드엑스소마TEDxSoma 컨퍼런스(이하 테드TED, Technology Education and Design 컨퍼런스)에서 한 비주얼 미팅에 관한 10분짜리 프레젠테이션을 구상하기 위해 스토리보드 기법을 활용했다. 테드 컨퍼런스는 짧은 길이의 잘 준비된 연사 프레젠테이션을 제공한 뒤 이를 웹을 통해 공유하는 그들만의 방식으로 상당한 유명세를 얻었다. 테드의 모토는 '좋은 아이디어를 널리 퍼뜨리자Ideas Worth Spreading.'는 것이다. 그들은 다른 집단들에게 테드엑스TEDx 행사, 즉 소규모 테드 컨퍼런스를 조직할 수 있는 자격을 부여하며, 이 개념은 전 세계 규모로 급속히 발전하고 있다. 이러한 행사의 관건은 연사들이 많은 시각 자료를 활용해 짜임새 있는 강연을 준비하도록 하는 것이다. 나는 내 강연을 통해 어떻게 비주얼 미팅이 회의 생산성 분야에 혁명을 가져오고 있는지 보여주고 싶었다.

옆에 있는 내 스토리보드에서 내가 포함하고자 한 예제들의 간단한 미니 스케치와 보다 일반적 주제에 대한 메모가 보일 것이다. 나는 이것을 내 일기장에 그렸지만, 여러분은 대형 포스트잇이나 마스킹 테이프 또는 아티스트 테이프로 고정된 일반 노트 용지 위에 그려도 된다. 단체로 제작할 때 명심할 점은 빨리 작업할 것, 모든 아이디어들을 수용할 것, 아이디어들의 분류를 통해 가능한 것들의 범주를 파악할 것, 그리고 논의와 재배열을 거쳐 최종 구성을 완성하는 것이다.

픽사Pixar는 최초의 디지털 애니메이션 영화 '토이 스토리Toy Story' 이래로 연이은 성공을 거두고 있는 세계

조직 업무에서 스토리보드는 온갖 종류의 과정, 프레젠테이션, 교육 프로그램, 변화 프로세스 등을 나타낼 수 있다.

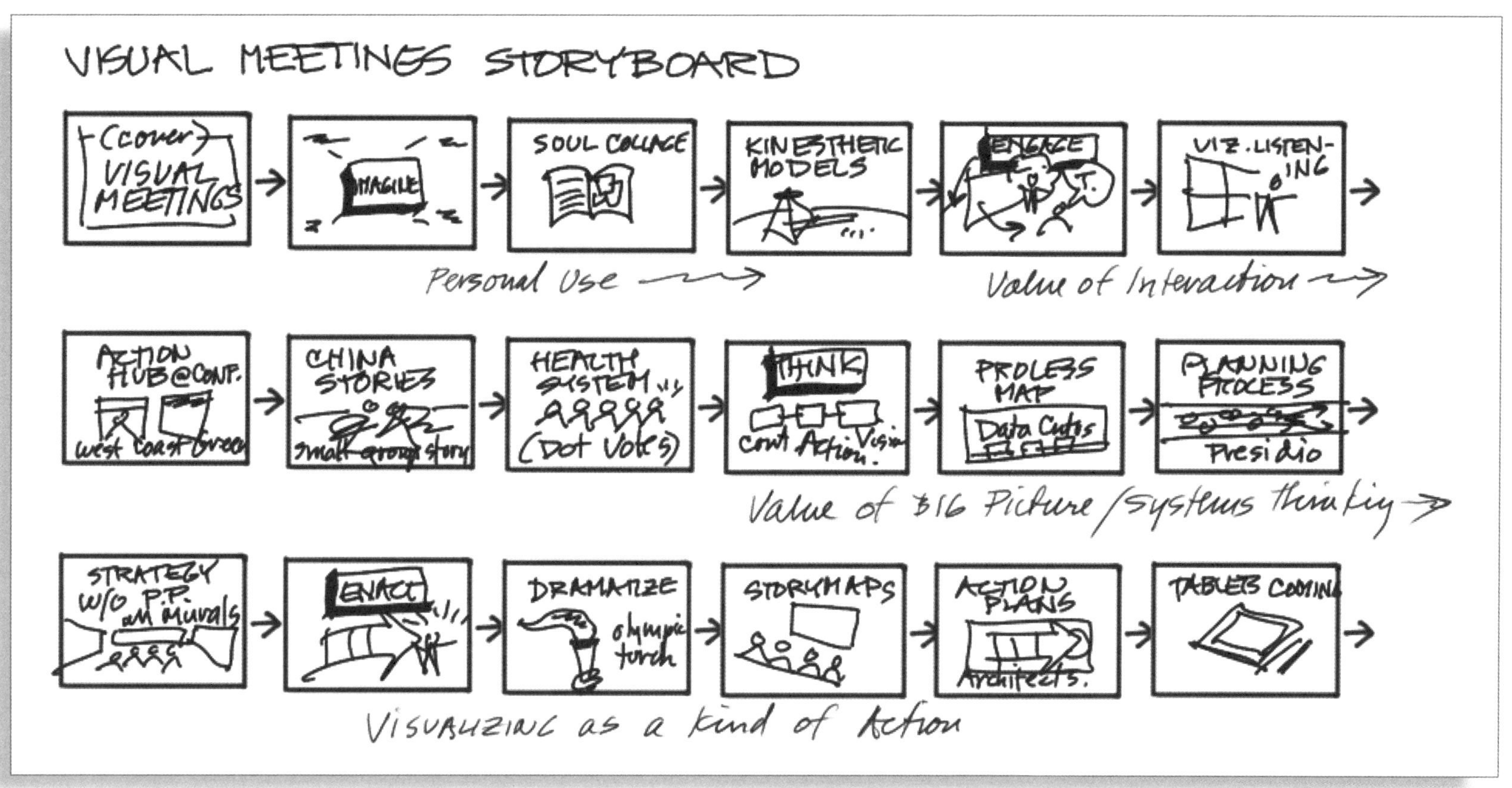

에서 가장 성공한 영화 제작사 중 하나다. 그들의 DVD에 수록된 보너스 영상을 보면 그들의 작업 과정에 대한 설명이 나오는데, 스토리보드 기법에 크게 의존하고 있음을 알 수 있다. 사내 교육 기관인 픽사 대학 Pixar University의 학장과 함께한 심포지엄에서, 그는 스토리보드 제작 단계가 그들이 진정으로 믿을 수 있을 만한 이야기에 도달할 때까지 얼마든지 길어질 수 있다고 말했다. 그만큼의 스토리가 나온 뒤에야 디지털

프레젠테이션 스토리보드

이 스토리보드는 테드엑스소마 행사에서 진행된 비주얼 미팅에 관한 10분 길이의 강연을 준비하기 위해 만든 것이다.

1. 큰 종이를 벽에 붙인 뒤 한가운데에 중심적 아이디어를 써넣는다.

2. 집단 구성원들에게 그 아이디어와 관계 있는 것들을 파악해보도록 주문한다.

3. 가지를 그리고, 이름을 붙인다.

4. 마찬가지로 "이것과 관계 있는 것은 무엇일까요?"라는 질문을 던지고 계속 가지를 만들어 이름을 붙인다.

5. 한 가지에서의 진행 속도가 떨어지는 것처럼 보이면, 또 다른 큰 가지를 만들어 이 과정을 반복한다.

6. 이런 식으로 중심 아이디어 주위에 계속 가지들을 더한다.

연출^{rendition} 및 제작 단계로 넘어간다는 것이다. 스토리보드 제작 단계에만 수년의 시간이 걸릴 수도 있다.

회의를 위해서라면 여러분은 아마 좀 더 빠른 작업 속도를 원할 것이다. 이 이야기를 한 것은 그저 제대로 된 이야기의 위력을 강조하기 위해서였다. 만약 여러분이 기획해야 할 행사가 다수의 사람들에게 강력한 영향을 미칠 필요가 있는 워크숍이나 교육 프로그램이라면, 중요 주제를 명확히 드러낼 수 있는 스토리 라인을 갖추는 것은 충분히 가치 있는 일이 될 것이다.

내가 스토리보드 기법의 위력을 체험한 프로젝트 중 하나는 제너럴 일렉트릭^{General Electric} 사의 한 자회사와 함께한 것이었다. 이 프로젝트의 목적은 영업 부서 사람들을 '제품 상자'에서 '상담자' 형으로 변화시키는 데 있었다. 고객과의 상담은 오랜 시간에 걸쳐 많은 단계와 회의를 수반하며 영업 과정의 상당 부분을 차지하기에, 그들은 이 중요한 훈련 프로그램의 설계에 길잡이 역할을 할 어떠한 틀을 필요로 했다. 이 프로젝트의 중요 회의는 상담적 영업 과정에 수반되는 일련의 단계들을 스토리보드로 나타낸 뒤 그 이야기 구조를 바탕으로 교육 프로그램을 구성하는 식으로 진행되었다. 21장, '시각적 역량으로의 길'에는 여러분이 비주얼 미팅에서 취할 수 있는 학습 경로에 대한 묘사가 수록되어 있다. 이는 커다란 흐름 그림 하나로 표현된 스토리보드 형식이다.

마인드 맵 기법이란 무엇인가?

비주얼 미팅을 진행할 때, 나는 이러한 작업 방식을 처음으로 경험하는 사람들이 종종 이렇게 말하는 것을 본다. "이거 마인드 맵^{Mind Mapping} 아닌가요?" 내 대답은 늘 똑같다. "맞습니다." 다이어그램과 아이디어 맵은 그로브의 그룹 그래픽스 접근법을 구성하는 기본 형식에 속하기 때문이다. 창의성과 인지, 그리고 마인드 맵에 관해 100권이 넘는 책을 남긴 영국 출신의 저술가 토니 부잔^{Tony Buzan}은 마인드 맵의 대중화를 위해 그 누구보다도 많은 일을 해온 사람이다. 사실 그는 마인드 맵이란 용어를 처음 만든 사람으로 인정받고 있다. 마인드 맵은 어떤 주제 또는 화제를 중심으로 모든 종류의 정보를 뚜렷이 뻗어 나온 가지 형태로 표현하며, 우리의 사고 영역에 대한 구조적 지도를 완성하기 위해 온갖 그림, 색상, 글, 연결선 등을 동원한다. 마인드 맵은 복잡한 아이디어 맵의 상징과도 같은 존재다. 부잔은 이것이 뇌가 스스로를 조직

화하는 방식이라 확신한다(이 주제에 관한 상세 문
헌을 읽고 싶다면, 23장의 참고 도서 및 웹사이트 목록
을 참고하라.).

이 책을 쓰기에 앞서 나는 비주얼 미팅의 다양
한 활용 유형에 대해 심사숙고하고자 아이디어 맵
을 활용했다. 여기 수록된 것이 바로 그것이다. 내
가 생각의 방향을 잡기 위해 단순한 가지 뻗기법
만이 아니라 학습 주기의 네 단계 또한 활용한 것
을 볼 수 있다. 여기에 색깔과 여타 패턴들을 더
하기 시작하면 이 형식은 꽤나 광범위하게 발전
될 것이다.

마인드 맵은 대상을 개인적으로 파악하고 자기
내면의 목소리에 귀 기울이는 시간을 갖기 위한
아주 강력한 도구다. 시인인 내 아내는 한데 모아
시로 승화시키고자 하는 이미지들을 브레인스토
밍하는 데에 마인드 맵을 사용한다. 마인드 맵 기

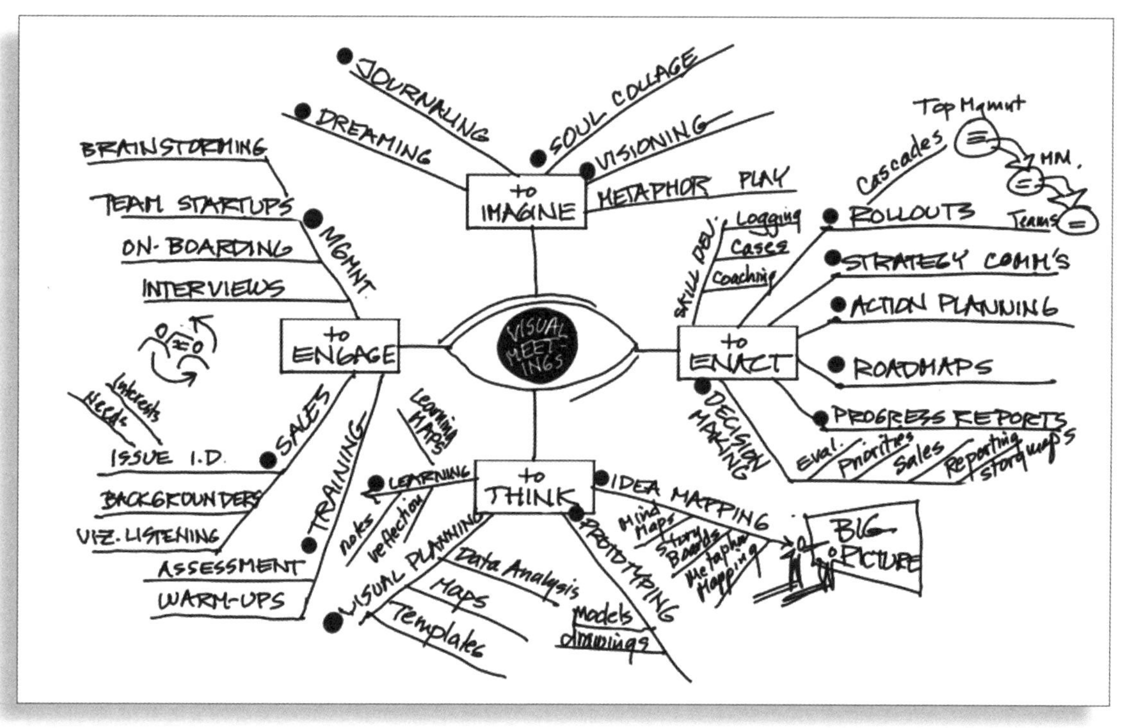

『비주얼 미팅』을 위한 아이디어 맵
이 아이디어 맵은 이 책에 어떤 내용을 넣을 것인가에 대
한 브레인스토밍의 일환으로 만든 것이다.

법이 충분히 대중화된 덕분에 현재 많은 소프트웨어 회사들이 여러분의 컴퓨터에서 이러한 가지 뻗기 도
표를 그릴 수 있게 해주는 마인드 젯^{Mind Jet}과 같은 이름의 소프트웨어들을 제공하고 있다. 이 중 가장 발전
된 기능을 제공하는 것으로 '더 브레인^{The Brain}'이란 이름의 소프트웨어를 꼽을 수 있다. 더 브레인은 모든
노드에 비디오, 글, 그림, 도표, 숫자 등을 첨부할 수 있는 기능을 제공하며, 어떤 노드를 클릭하든 간에 그
노드를 중심으로 전체 도표를 다시 그려준다. 이러한 도구들은 충분히 시각적이긴 하지만, 회의 진행에는
최적화되어 있지 않다(회의용으로 사용하는 사람들도 간혹 있지만).

아이디어 맵을 활용할 수 있는 회의

거의 모든 유형의 주제들이 가지 뻗기 도표를 통해 묘사되고 탐구될 수 있다. 그중에서도 다음과 같은 경우엔 처음부터 아이디어 맵의 활용을 고려할 수 있을 것이다.

- ☐ 웹사이트에 실려야 하는 콘텐츠
- ☐ 팀원들이 갖춘 기량 나타내기
- ☐ 고객의 관심사 나타내기
- ☐ 지식 경영, 품질 향상, 소셜 네트워킹, 세계화 등과 같이 복잡한 개념 또는 새로운 현상을 탐구할 때
- ☐ 공략하고자 하는 시장 나타내기
- ☐ 홍보 책자에 넣을 내용 배치 구성
- ☐ '만약 ~라면' 시나리오 탐구. 이 경우 각 가지는 가능한 전개 방향에 해당되며, 각 방향에 대해 또다시 존재할 수 있는 다양한 가능성 역시 가지 형태로 뻗어나갈 수 있다.
- ☐ 교육 커리큘럼에 넣을 요소 파악
- ☐ 고객 대상의 중요한 판매 프레젠테이션에 넣어야 할 모든 메시지와 자료 파악

집단 차원에서의 아이디어 맵 활용

대상이 어떻게 서로 연결되고 관계되는지에 대한 그림을 만드는 방법으로 널리 인정받고 있는 아이디어 맵 기법은 몇몇 기본적 기술을 이해한다면 매우 강력한 집단 작업 방식으로 작용할 수 있다. 아이디어 맵은 리스트와 클러스터를 통한 시각적 듣기법에 비해 훨씬 광범위한 활용 영역과 복잡한 동작 과정을 갖지만, 화이트보드나 큰 종이, 포스트잇과 마커를 가진 이들이라면 누구나 손쉽게 시도할 수 있는 기법이기도 하다.

사람들이 무언가에 대해 많은 것을 알고 있으면서도 여태까지 그 모든 정보를 하나로 모아볼 기회가 없었다면, 이는 아이디어 맵 만들기 활동을 제안하기에 최적의 시점이라 할 수 있다. 가장 쉽게 말하자면, 아이디어 맵 제작은 연관되는 모든 요소들과 그들 간의 연결 관계에 초점을 맞춘 그림을 그리는 작업이라 정의할 수 있다.

이러한 유형의 작업을 하다 보면 집단 내에서 몇 가지 일이 발생한다. 일단 처음엔 작업이 다소 천천히 진행된다. 사람들은 어떤 내용을 추가해야 할지, 어디에 더해야 할지 확신하지 못한다. 여러분이 작성 담당이라면 첫 아이디어를 아무 곳에나 기입하라. 이것이 출발점이 될 것이다. 이 과정의 목적은 사고를 촉진하는 것이지, 완전히 짜임새 있는 생각을 하자는 것이 아니다. 일반적으로 몇몇 큰 가지들을 파악해 뻗어 나가기 시작하다 보면, 생각이 전개됨에 따라 어느새 앞서 만든 가지들로 돌아오게 되는 자신을 발견하게 될 것이다. 한 가지의 끝에 이르렀을 무렵엔, 그곳의 항목들이 다른 가지와도 연결되어 있음을 깨닫게 될 수도 있다. 모든 2차원적 평면 디스플레이는 물리적 공간에서 살아 움직이는 사물에 대한 왜곡이므로, 점선과 같이 그러한 연결 관계를 보여주기 위한 방식을 임의로 고안하면 된다. 작은 표의문자나 상형문자를 추가해 강조하고 싶은 것들에 대한 아이콘으로 삼는 것 또한 가능하다.

포스트잇 작업의 경우 메모를 작성할 땐 생각이 두서없이 전개되는 반면, 마인드 맵은 생각이 연결 관계라는 논리적 흐름을 따라 전개되도록 인도한다. 마인드 맵은 시각적이고 공간적이기에, 일련의 가지들이 갖춰진 후엔 이곳저곳으로 넘나들며 더 많은 구체적인 내용들을 생각해볼 수 있다. 이는 명백히 비선형적인 작업 방식이다. 이러한 논리적 조직화 방식에 화상, 색상, 형태의 활용이 더해지면 사람들은 양쪽

두뇌를 모두 동원할 것을 요구받게 된다. 이는 양자택일적 사고와 대조를 이루는 통합적인 사고법이다.

비유 도표 활용하기

그룹 그래픽스에 관해 다룬 8장에서 나는 비유적인 그림을 도표에 추가함으로써, 즉 모든 이들이 감상 과정에서 자신의 경험을 투영함에 따라 상상 속에서 살아 움직일 수 있는 '그림' 형식을 사용할 때 무슨 일이 일어나는지 이야기한 바 있다. 이는 명시적 가지 형태에서 탈피해 화상에 기반한 관계를 사용하는 일종의 아이디어 맵 기법이라 할 수 있다. 이렇게 덜 엄격한 연결 관계를 허용함으로써 사람들의 사고 작용이 크게 촉진되는 효과가 있는데, 이는 빈 공간을 채우고자 하는 인간의 사고는 많은 경우에 있어 가지 뻗기 형태로 명료하게 표현될 수 없기 때문이다. 이 말이 이해된다면, 비유 도표에 쉽게 익숙해질 수 있을 것이다.

나는 텍사스 주 오스틴Austin 소재의 세마텍Sematech에 워크숍 진행을 위해 1년간 초빙되었다. 세마텍은 연방 정부의 지원을 받는 반도체 연구 컨소시엄으로, 미국 반도체 산업이 심각한 국제적 경쟁하에 놓인 1970년대에 설립되었다. 인텔Intel, 로크웰Rockwell, 텍사스 인스트루먼츠Texas Instruments, 내셔널 세미컨덕터National Semiconductor, AMD 등의 반도체 회사들은 모두 오스틴에 있는 세마텍 연구소에 팀을 파견해 함께 머리를 맞대고 반도체 산업의 혁신을 이끌어가고자 했다. 내가 해결을 의뢰받은 문제는 공동 업무의 '여백'을 관리하는 문제였다. 공동 업무의 공식적 조직도는 명확했지만, 참가 회사들의 서로 다른 문화가 비공식적 영역에 있어 상당한 문제 거리로 작용하고 있었던 것이다.

고심 끝에 내가 택한 것은 그들이 비공식적 공간에서 하는 일의 본질을 나타내는 아이디어 맵을 만드는 활동이었다. 과정은 꽤 단순했다. 나는 모든 참가자들에게 자신의 인생에서 가장 의미 있고 결정적이었던 팀 활동 경험이 무엇이었는지 파악해보도록 하는 것으로 시작했다. 그들의 대답은 밴드 활동이나 군 생활, 또는 대가족, 식당, 실험실, 목장에서의 경험 등으로 다양했다. 우리는 사람들의 경험을 몇 개의 범주로 나누어 같은 유형의 경험을 가진 사람들끼리 한 테이블에 모여 앉게 한 뒤, 각 조에게 다음과 같은 질문에 대한 대답을 나타내는 플립 차트를 만들도록 했다. "세마텍은 ___이다." 나는 그들에게 그림을 그리고 각 부위에 이름을 붙이도록 주문했다. 20분 뒤 우리는 완성된 수십 개의 차트들을 벽에 둘러 붙였다. 웃음과

비유 도표는 비교적 덜 엄격한 연결 관계를 허용함으로써 사람들의 사고 작용을 크게 촉진시키는 효과가 있는데, 이는 빈 공간을 채우고자 하는 인간의 사고는 많은 경우에 있어 가지 뻗기 형태로 명료하게 표현될 수 없기 때문이다.

비유를 통한 아이디어 맵 만들기

시각적 비유는 여러분이 분석하려는 주제 그 자체와는 직접적 관계가 없는 그림 틀이다. 위 그림의 경우, 목장의 구조라는 틀이 대규모 반도체 연구 개발 센터인 세마텍의 조직 구조에 관한 정보를 나타내는 데에 사용되었다.

즐거운 대화가 한가득한 가운데, 우리는 한 그림씩 돌아가며 왜 그러한 비유를 택했는지에 대한 설명을 듣는 시간을 가졌다.

그리고 나는 이 중에서 좀 더 깊게 이야기해보고픈 비유가 있었는지 물었다. 그들의 선택은 '목장'이었다. 나는 벽에 커다란 사각형 틀과 수평선을 그렸다. "그 목장은 어떤 종류의 토양으로 이뤄져 있나요?" 나는 물었다. "킬레이트Chelate입니다." 누군가 이렇게 대답하자, 모두 웃음을 터트렸다. 그때 알게 된 사실인데, 킬레이트는 매우 딱딱한 진흙을 가리키는 말이다. "그 목장에선 무엇을 기르나요?" 내 다음 질문이었다. "목장에서 흔히 키우는 동물들이죠." 누군가 말했다. 나는 소처럼 생긴 작은 모양을 그려 넣었다. "다른 종류의 동물들은 없나요?" 나는 물었다. "있죠. 육식 동물들!" 누군가 대답했다. "그것들은 정체가 뭘까요?" 나는 물었다. "인텔 프로젝트입니다." 그 사람이 이렇게 말하자, 좌중에서 큰 웃음이 터져 나왔다. "그것 말고 다른 건?" 점점 유익한 질의응답이 되고 있음을 느끼며 나는 다시 물었다. "쥐들도 있습니다." 뒷자리의 누군가가 말했다. "그것들의 정체는 뭘까요?" 흔들림 없이 앞을 응시하며 나는 물었다. "컨설턴트들!" 이 대답이 돌아오자, 사람들은 보다 크게 아우성치며 낄낄댔다.

우리는 약 45분에 걸쳐 이 활동을 계속했으며 사람들은 목장에선 무엇을 생산하는지, 생산품은 어떻게 시장으로 운반되는지, 목장의 주인은 누구인지, 날씨 등의 여타 조건들은 어떠한지 등등 그 비유를 보다 구체적으로 탐구하는 즐거운 시간을 가졌다. 내가 한 일은 그저 계속 질문을 던짐으로써 그 비유를 세마텍의 현실과 연결시키는 한편, 느슨하게 그림을 그려나간 것뿐이었다. 다이어그램에서 하는 것처럼 모든 것을 긴밀하게 연결시키지 않았음에도 불구하고, 목장의 비유는 세마텍을 이루는 것들의 상호 연관 관계에 대한 내재적 개념을 구체화하는 효과를 발휘했다. 그리고 그 이해의 창을 통해 사람들은 그들이 이야기하고 싶었던 주제를 바라볼 수 있었다.

12. 시각적 계획 수립
그래픽 템플릿을 통한 전체상 조망

조직에서 주관하는 많은 회의는 계획 수립에 초점을 맞추고 있다. 어떤 프로젝트를 맡은 팀은 시작 단계에서 활동 계획을 세운다. 비영리 단체는 재단에 제출할 보조금 제안서를 기획한다. 사업부는 1년간의 예산과 목표를 위한 계획을 수립한다. 경영 팀은 전략 계획을 세운다. 아이디어 맵과 스토리보드 제작이 창의적 과정을 위한 작업인 반면에, 기획은 조직이 행동 준비의 일환으로 구성원들의 합의를 얻고 이들이 같은 곳을 바라보도록 만들고자 하는 일이다.

전략적 비전 수립 과정을 이끈 지난 세월의 경험은 그로브에게 사람들이 반복적으로 계획 수립에 활용하고 싶어 하는 형태의 시각적 전략들에 대한 통찰을 주었다. 우리는 전략 수립부터 시작해 다양한 유형의 계획 수립을 위한 표준적 그래픽 템플릿과 기획 과정을 발전시켜왔다. 우리가 이 기법들을 확립한 것은 인터넷의 폭발적 성장이라는 새로운 트렌드로부터 기업들이 기회를 모색하는 동시에 그 변화에 대응하고자 아우성치고 있었던 1990년대 동안의 일이었다. 지금부터 할 이야기는 이러한 상황이 어떻게 시각적 기획 기법의 가치를 입증하는 사례의 장이 되었는가에 관한 것이다.

새로운 사업 아이디어를 모색하는 HP 연구소

계획 수립을 위한 벽면 그래픽 템플릿의 개념은 HP 연구소와의 작업으로부터 태동했다. 매우 뛰어난 재능을 자랑하는 엔지니어들을 확보하고 있었으며 가장 일하기 좋은 곳으로 여겨지고 있었다는 점을 기준으로 삼는다면, 1990년대의 HP 연구소는 세계에서 단연 손꼽히는 기업 연구소라 할 만했다.

연구소장인 조엘 번바움Joel Birnbaum은 기업가의 마인드를 갖춘 탁월한 관리자로, 스포츠 산업에까지 이르는 그의 폭넓은 경험은 12개의 다양한 연구실들을 전사적 관심사를 위한 협력의 길로 이끄는 신

슬라이드의 의미 파악하기

열두 개 연구실 각각의 슬라이드 프레젠테이션은 HP 연구센터와 개별 연구실 책임자들에게 있어 정보의 홍수와 다름없었다. 핵심 요소를 포착해 큰 벽 위에 체계적으로 나타냄으로써, 나는 그들에게 연구 활동 전반에 대한 완전한 개요를 제공할 수 있었다.

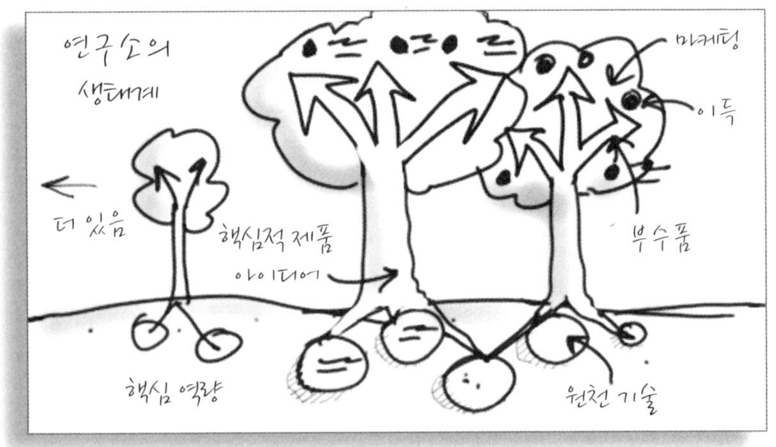

기술적 가능성의 과수원

다양한 기술적 기회를 과수원이라 상상해보라. 핵심 역량이라는 흙 위에 원천 기술이 뿌리내리고, 위로는 제품 개념이라는 이름의 몸통이 자라나 다양한 제품 아이디어라는 가지를 뻗어 내어 궁극적으론 판매 실적으로 이어지며, 나무 꼭대기엔 기술적 가능성과 실제 시장의 만남이라는 열매가 열린다.

선한 접근 방식의 원천이었다. 역사적으로 이 연구실들은 사업적 실용성에 대해 거의 의식하지 않고 순수 과학에 가까운 최첨단의 연구 과제를 주로 수행하는 사치를 누려왔다. 하지만 첨단 기술 분야에서의 경쟁 우위는 점차 연구실 간 협력을 요하는 제품들 쪽으로 기울고 있었으며, 기업이 연구실에서의 발명품을 중요 사업 아이템으로 전환시키기 위한 준비의 일환으로 실험실에서 어떤 제품들이 나올 수 있을지 교육받아야 할 필요성이 더 커지고 있었다. 조엘의 목표는 HP 연구소의 뛰어난 과학자들로 하여금 과학과 사업상의 기회를 연결 지을 수 있도록 이끄는 것이었다. 이러한 노력의 일환으로 그는 비범한 창의력의 소유자인 인사 담당자 바바라 워Barbara Waugh와 연구소 전략 기획 책임자인 스리니바스 스쿠마르Srinivas Sukumar를 끌어들여 방안을 제시하도록 지시했다. 그들이 내놓은 아이디어는 '주안점 청취자keynote listener', 즉 모든 연구실의 이야기에 귀를 기울임으로써 그들 간의 상호 연결 관계를 파악할 수 있는 인물을 두는 것이었다. 나는 직원 교육과 더불어 그 일을 맡게 되었으며, 조엘의 팀은 연구실 간 의사소통을 보조하기 위해 시각적 듣기법을 활용하자는 아이디어에 반응을 보였다. 그 결과 그로브의 작업은 전혀 새로운 경지에 오를 수 있었다.

브리스톨 워크숍을 시각화하다

이 기획 과정에 대한 모든 이야기를 하자면 그 자체로 책 한 권 분량이 될 것이다. 그러니 그래픽 템플릿이 그 형체를 현저히 드러낸 시점의 이야기로 건너뛰도록 하겠다. 그것은 전체 실험실 열두 곳과 연구센터 네 곳의 책임자들이 HP 최고 경영진에게 올리는 연례 사업 전망 보고서를 준비하고자 영국 브리스톨Bristol에서 한데 모인 워크숍에서의 일이었다. 모임 동안 나는 '주안점 청취자'로서 초청받았다. 그들은 퍼실리테이션을 원하지 않았다. 어쨌든 그들은 HP 최고의 두뇌들인 것이다. 하지만 그들은 그들의 아이디어와 보고서를 시각화하는 그림과 도표가 도움이 될 수 있다고 판단했다.

그들의 생각은 옳았다. 첫날 나는 열두 개 연구실 각각의 슬라이드 프레젠테이션을 시각적으로 요약한 뒤 참가자들에게 그들의 현재 작업 상황을 한눈에 확인할 수 있는 기회를 제공했다. 다음 날 그들은 보다 창의력을 발휘해 그들의 기술적 생태계가 어떤 모습인지 그려보자는 내 제안을 받아들였다. 조엘은 나와 처음 이야기를 나눴을 때 이 아이디어에 반응을 나타냈으며, 이 워크숍을 위한 좋은 아이디어라고 생각했다. 내가 염두에 두고 있었던 그림은 이 페이지에 수록된 스케치와 같은 형태였다. 넓이가 약 다섯 배 정도 더 되는 것만 제외하면 말이다! 나는 참가자들 전체에게 질문을 던지며 모든 부위가 연결된 그들의 '나무'가 어디에 있는지 파악하도록 격려했다. 그들은 내 의도를 재빨리 깨달았으며, 한 시간 뒤 우리의 동산엔 제 각각의 나무 열여섯 그루가 자라나 있었다. 나는 사람들이 얼마나 자신 있게 자기 의견을 피력했는가에 기반해 나무 크기를 서로 다르게 나타냈다.

다음으로 나는 참가자들을 여섯 개의 조로 나누어 각 테이블에 모여 앉도록 한 뒤 남은 회의 시간을 활용하기에 가장 적절한 다섯 개의 주제를 담은 플립 차트를 완성하도록 지시했다. 여섯 테이블에서 나온 결과물을 게시하자, 몇몇 주제들이 모든 이들의 즉각적 수긍을 얻었다.

전략 기획을 위한 템플릿을 만들다

이 시점의 나는, 말하자면 꽤나 궁지에 몰린 상태였다. 내 의견에 반응을 보이긴 했지만 퍼실리테이션을 원하지 않은 그들이었기에, 솔직히 나는 워크숍에서 단순히 기록 작업만 하게 될 것이란 생각에 미리 준비해 간 것이 거의 없는 상황이었다. 나는 그들이 소그룹 활동을 위한 일정 지침을 필요로 한다는 사실을 깨달았다. 그리하여 나는 습득이 빠른 그들의 능력에 또다시 의존해 이 페이지에 수록된 바와 같은 템플릿을 그려냈다. 그들은 그것을 마음에 들어 했다. 당시 내겐 분명히 템플릿이란 것이 있긴 했지만, 그것들은 모두 내 마음 속에만 있어 내가 빈 종이에 이런저런 구조를 잡을 때 활용되는 정도였다. HP와 함께하는 이 작업의 경우엔, 명시적인 템플릿이 필요했다.

두 시간이 지나 다섯 조가 대형 차트를 들고 돌아왔다. 모두 이들 엔지니어들이 직접 손으로 그린 것이었다. 발표를 거친 결과, 그들이 각 아이디어들에 대한 이야기를 얼마만큼이나 온전히 완성할 수 있었는가를 기준으로 판단했을 때 서너 개 정도의 아이디어만이 실질적 추진력을 갖고 있음이 명확해졌다.

작전 계획 도표

이 템플릿은 그로브의 그래픽 게임플랜(Graphic Gameplan)으로, 그룹 그래픽스를 활용하는 과정에서 내가 최초로 터득한 기획 서식이었다. 이 형식은 목표 또는 비전을 기술하기 위한 오른쪽 공간과 활용 가능한 자원을 나타내기 위한 왼쪽 공간, 그리고 전략을 나타내는 가운데의 화살표로 이뤄져 있다. 이들은 성공 인자, 즉 행동상의 합의사항과 운영상의 원리를 나타내는 바퀴 위에 실려 도전의 산길을 굴러간다.

대형 차트 프레젠테이션

HP 연구소 운영진은 대형 차트의 극장식 배치를 통한 프레젠테이션이 최고 경영진의 참여도를 슬라이드를 활용한 기존에 비해 세 배나 더 높인다는 사실을 발견했다. 세 장의 차트를 이용한 이러한 극장식 구성은 사업상의 가능성에 대한 파노라마적 전망을 제공한다.

플로터의 성능을 과시하다

시각적 접근 방식에 잔뜩 고무된 참가자들은 이를 계속 적용하고 싶어 했다. 그래픽 퍼실리테이터로서 활동한 수년간 무엇이 효력을 발휘하는가에 대해 발견해온 바에 기반해, 나는 또다시 뭔가를 지어냈다. "경영진에게 프레젠테이션할 때 슬라이드 대신 대형 디스플레이를 사용하는 것이 어떨까요?" 나는 제안했다. "신형 플로터 프린터의 성능도 과시할 수 있고, 슬라이드를 사용할 때보다 훨씬 더 많은 상호작용과 높은 관심을 이끌어낼 '기획 극장planning theater'을 구성할 수 있습니다."

그들은 그 의견을 맘에 들어 했다. 총 세 종류의 도표로 프레젠테이션을 한정하자는 아이디어 또한 받아들였다. 첫 번째는 제시될 아이디어를 이해하기 위해 알고 있어야 할 모든 정보를 포함한 정황도Context Map였다. 두 번째는 그 사업 아이디어들로부터 HP가 잠재적으로 얻을 수 있을 이익을 나타내는 비전 지도Vision Map였다. 세 번째는 제시된 아이디어들의 이행에 착수하는 방안을 보여주는 고차원적 작전 계획도Gameplan였다.

실제 프레젠테이션에서 그들은 포스트잇을 사용해 최고 경영진의 반응을 즉각적으로 대형 차트에 기록했다. 그들은 세 종류의 도표 각각에 대해 내가 그려준 초안 위에 드로우 프로그램으로 글자와 숫자를 추가한 뒤, 정말로 플로터를 사용해 대형 차트를 인쇄했다. 이 과정에서 제시된 몇몇 굵직한 아이디어들은 다음과 같다.

- 최고 경영진의 참여도는 평소의 세 배에 달했다.
- 새로운 센서 기술에 기반한 디지털 사진 사업이 새로이 착수되었다.
- 이 과정에서 성공을 거둔 실험실들은 다른 여러 부서들에게 시각적 작업 기법을 전파했다.
- 나는 그래픽 템플릿이 매우 영리한 사람들과 함께하는 중요한 전략적 기획 활동을 돕는 데 사용될 수 있음을 배웠다.

그림에 자신 없는 이들에게도 시각적 작업을 허하라

같은 시기에 에드 클라센Ed Claassen이 팔로 알토Palo Alto 소재의 스탠포드 국제 연구소 SRI International의 교육 및 인력계발 담당직을 떠나 그로브에 합류했다. 당시 그는 노련한 컨설턴트이자 시각적 사색가이긴 했지만, 그림 그리기를 좋아하거나 빈 종이 앞에서 자신감을 느끼는 사람은 아니었다. "나처럼 그림 그리기에 자신 없는 사람들도 이런 식으로 대형 도표를 활용할 수 있게 할 방법이 없을까?" 그는 이렇게 주장했다. HP에서 거둔 성공과 이러한 에드의 주장은 전략적 비전 수립 모델Strategic Visioning Model과 기본 템플릿의 완성으로 이어졌다. 당시 나는 효과적인 전략적 기획 모델을 고안한 롭 에스크리지Rob Eskridge와 함께 이 모델이 도표 형태의 결과 문서를 제공할 수 있도록 함께 일하고 있었다. 이것이 그로브 프로세스The Grove process로 발전됨에 따라, 우리는 기획자들에게 전략적 계획 수립과 비전 수립을 위한 최고의 도구를 제공할 수 있는 한 방법을 발견했다. 그로브 프로세스는 분석적이고도 역사 지향적인 계획 수립 도구임과 동시에(누구도 과거 이외의 것에 대해 진정으로 확신할 수 없으니까), 미래에 대한 영감을 주는 매혹적인 비전을 제공하는 역할을 했다.

우리는 또한 조직들이 고도로 직관적이고 공상가적인 사람들로부터 매우 즉물적이고 실용적인 사람들에 이르기까지 구성원들의 광범위한 사고 유형을 통합할 필요가 있다는 사실을 알고 있었다. 그리하여 우리는 그 과정을 과거와 미래를 현재의 행동으로 통합하는 한편 직관, 감각, 생각, 참가자 측에서의 느낌 파악을 존중하는(우측 삽화의 왼쪽에 조그맣게 표시된 상징들이 이들 각각을 의미한다.) 진행형 학습 고리로 나타내었다.

이 책의 목적은 전략적 계획 수립에 관한 내용을 다루는 데 있지 않으며, 이 책을 그로브 전략적 비전 수립 프로세스Grove's Strategic Visioning Process에 관한 심화서로 만들 의도 또한 없다. 그럼에도 이를 언급하는 것은 이 접근법이 거둔 성공이 광범위한 종류의 기획 비주얼 미팅에 그래픽 템플릿을 활용하는 것에 있어 시사하는 바가 크기 때문이다.

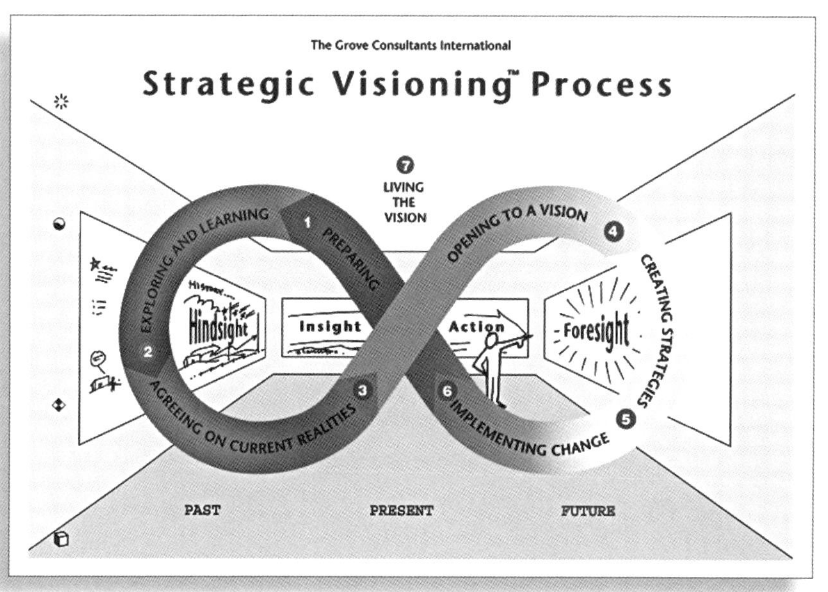

전략적 비전 수립

그로브 전략적 비전 수립 모델(The Grove's Strategic Visioning Model)은 계획 수립 과정에서 그래픽 가이드 템플릿을 순차적으로 활용하기 위한 틀이다. 보다 자세한 정보를 원한다면 www.grove.com을 방문하라.

시각적 계획 수립법의 이점

- ☐ 여러분이 회의 진행 준비를 철저히 했다는 인상을 풍길 수 있다.

- ☐ 템플릿은 추정사항들을 가시적으로 명확히 할 수 있는 기회를 제공한다.

- ☐ 참가자들이 언급한 정보를 템플릿에 기록함으로써 그들의 말에 귀 기울이고 있음을 알릴 수 있다.

- ☐ 템플릿에 제시된 범주들은 논의를 적절한 방향으로 인도하는 것을 돕는다.

- ☐ 차트는 회의 내내 걸려 있을 수 있으며, 방 안에 순서대로 배열해두면 회의 내용 전반에 대한 참고 자료가 된다.

- ☐ 포스트잇을 사용할 경우, 템플릿은 참가자들의 자유로운 '만약에 …라면' 사고를 이끌어내기 위한 게임판과 같은 역할을 한다.

- ☐ 차트를 디지털 사진으로 남기면 회의 참가자들이 회의 동안 어떤 일을 했든 간에 회의 후에도 기억하는 데 유리하므로, 이들의 방향 설정을 돕는 효과가 있다.

시각적 계획 수립을 위한 템플릿

이어질 내용은 그로브의 경험상 시각적 계획 수립에 가장 널리 이용되어온 그래픽 템플릿들의 총체인 그래픽 가이드 Graphic Guides에 대한 개략적 안내다. 여러분은 이들 중 하나를 골라 회의에 이용할 수도 있고, 이들의 접근법으로부터 영감을 얻어 여러분만의 템플릿을 만듦으로써 유사한 결과를 얻을 수도 있다. 이 템플릿들은 저작권법의 보호를 받는 자료로, 허가를 받아야만 복제될 수 있음을 유념하길 바란다. www.grove.com의 그로브 스토어에서 이 템플릿들을 판매 중이다.

그래픽 가이드가 활용될 수 있는 기획 유형의 예로는 다음과 같은 것들이 있다.

- 팀 창단 기획
- 연례 사업 기획
- 전략 기획
- 인적자원 및 인재 관리 기획
- 마케팅 및 판촉 전략
- 조직 변화

방향 설정과 프로세스 기획을 위한 템플릿

지금까지 논의된 도구들 중 다수가 기획 회의를 준비하는 사람들에 의해 사용될 수 있다. 하지만 현재 우리가 회의 개시 지침 Meeting Startup Guide이라 부르는 간단한 템플릿이 표준으로 확립되었다. 이것의 시초는 한 대형 소비재 업체를 위한 전 세계적 퍼실리테이션 교육 프로젝트 진행 과정에서였는데, 그 업체의 내부 인사 조직이 회의 진행을 위한 단순하고도 강력한 도구 세트를 원했던 덕분이었다. 우리는 경험상 결과 Outcomes, 안건 Agenda, 역할 Roles, 규칙 Rules을 명확히 했을 때 가장 생산성 높은 회의로 이어진다는 사실을 알고 있었다. 회의를 강이라 했을 때 전반적 작업 프로세스가 강 위에서 보트를 타고 노를 저어 나가는 과정이라면, 앞 글자를 따서 OARR이라 부를 수 있는 이들 네 가지 범주는 기억 장치가 된다고 할 수 있다. 성공을 위해 여러분이 해야 할 일은 '여러분의 OARR을 챙기는 것'뿐이다. 이와 같은 비유를 이 페이지에 수록된 템플릿에 짜 넣었다. 우리의 경험에 따르면, 이 도구는 실로 엄청난 전염성을 갖는다. 즉, 이것을 사용한 사람들이 다른 이들에게 이야기하는 과정이 거듭됨에 따라 회의 시작을 위한 표준으로 자리매김하는 것이다.

시각 자료를 사용하든 하지 않든 간에 여러분의 OARR을 명확히 하는 것은 매우 생산적인 일이다. 어떤 회의를 시작할 때든 간단히 짚고 넘어가는 정도로도 괜찮지만, 회의에 참가한 주요 이해관계자들끼리 OARR에 대한 합의를 거쳐 종이나 슬라이드에 명시해두면 큰 도움이 된다. 이렇게 함으로써 모든 참가자들이 같은 방향을 바라보며 나아갈 수 있다.

앞 페이지에 마련해둔 템플릿 사용의 이점 리스트를 확인해보라. 이 내용은 '회의 개시 – 래프팅 그래픽 가이드Meeting Startup - River Rafting Graphic Guide'에 특히 더 해당되는 부분이다. 회의 동안 이 템플릿을 걸어두면 모든 이들의 집중력을 유지시키는 데에 매우 효과적이다.

사후 통찰력 개발을 위한 템플릿

사후 통찰력Hindsight이란 과거의 일과 그것이 주는 교훈에 대한 이해를 의미한다. 어떻게 현 상황에 이르게 되었는지에 대한 이야기를 나누며 이를 긴 차트에 시각화하는 작업은 어떤 기획 과정에든 최고의 시작이 될 수 있다. 이 과정을 위한 템플릿은 타임 라인Time Lines이다. 회의를 강에 비유한 이야기를 떠올려보면, 이는 여러분의 여정을 되짚어가며 전체 흐름을 긴 화면상에 조망하는 것이라 할 수 있다.

이와 같은 연대기 도표 제작 과정에서 여러분은 사람들의 참여를 유도하고픈 정도에 따라 간단한 또는 매우 정교한 표현 방식을 택할 수 있다. 이 과정은 사실상 이야기를 하는 과정이다. 단지 그 이야기를 시각화함으로써 참가자들에게 인정받았다는 느낌을 줄 수 있고, 시간을 앞뒤로 넘나들며 자유자재로 관조할 수 있게 되는 것뿐이다. 연대기 도표는 사람들이 스토리보드 기법에 관한 이전 장에서 이야기한 여정 또는 과정의 관점에서 그들의 전체상을 조망하는 것을 돕는다.

그로브 그래픽 가이드

'회의 개시 – 래프팅 그래픽 가이드'는 생산적인 회의를 위한 간단한 도구인 OARR 프로세스를 나타낸 것이다. OARR의 의미는 다음과 같다.

- 결과(Outcomes)
- 안건(Agenda)
- 역할(Roles)
- 규칙(Rules)

이 네 가지 항목을 분명히 해두면, 여러분의 회의는 훨씬 더 생산적으로 거듭날 것이다.

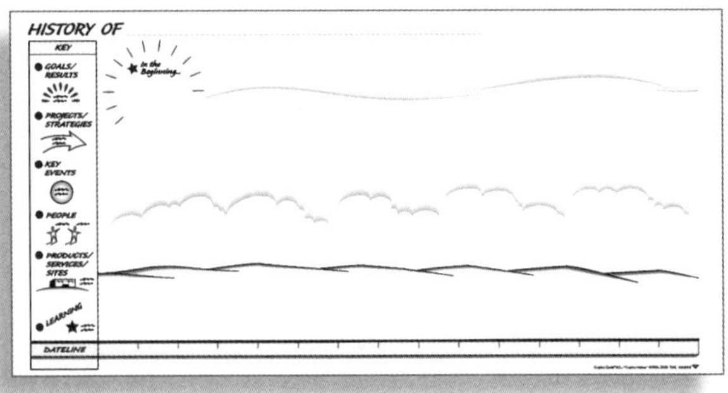

연대기 도표

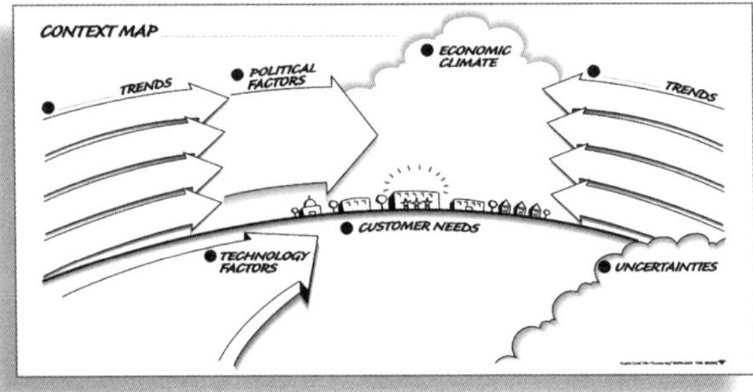

정황도 그래픽 가이드

모든 그로브 그래픽 가이드와 그 자매품인 회의 진행자 안
내서(Leader's Guides)는 www.grove.com에서 다양한
사이즈로 구입 가능하다. 이들 모두 저작권법에 의해 보호
되고 있으므로 허락 없이 수정 버전을 제작해선 안 된다.
하지만 이들의 디자인으로부터 영감을 얻어 여러분만의
템플릿을 만들고 활용하는 것은 괜찮다.

1부 서두에서 언급된 바 있는 애플 리더십 체험 프로그램Apple Leadership Experience에서, 우리는 오마르 엘 살웨이Omar El Salway가 수년 전 서던 캘리포니아 대학University of Southern California에서 수행한 관리자들이 시간에 관해 생각하는 방식에 대한 연구를 계속 언급했다. 알려진 바에 따르면 그는 15인의 실험군에겐 여태까지의 경력사를, 대조군 15인에게는 앞으로의 경력을 기술하도록 지시했다. 과거를 기술한 이들은 평균적으로 15년 전부터의 일을, 미래를 기술한 이들은 평균적으로 5년 후까지의 일을 이야기했다. 과제를 맞바꾸자 후자 또한 15년 전부터의 일을 이야기하는 것으로 나타났다. 하지만 놀랍게도, 먼저 과거를 되돌아본 전자는 15년 후까지의 미래를 기술했다! 좀 더 큰 시간 틀에서 사고한 경험이 그들의 상상력을 확장시킨 것이다. 이러한 이유로 전략 수립 및 비전 수립에 있어 앞으로 나아가기 위해 여태까지 걸어온 길을 되짚어보는 것은 특히나 효과적이다. 나는 이것이 소프트볼 투수가 공에 힘을 싣기 위해 한껏 팔을 뒤로 뻗어 와인드업 자세를 취하는 것과 비슷한 면이 있다고 항상 생각한다.

연대기 도표 작성법

최소한의 그리기만으로 연대기 도표를 작성할 수 있는 몇 가지 방법을 모아봤다.

- **단체 낙서 벽**Group Graffiti Wall: 벽에 타임 라인을 붙인 뒤 바구니에 마커를 여러 개 담아 내놓는다. 참가자 전원에게 그들의 조직 역사상 중요했던 사건들을 떠올리도록 한 뒤 다 함께 동시에 타임 라인 위에 글과 그림으로 나타내도록 주문한다. 이후 30분 가량은 다 함께 이야기 나누며 지난 일을 회상하고 타임 라인을 채우려 이리저리 밀치는 통에 혼란스러운 시간이 될 것이다. 연대표가 완성되면 자리로 돌아와 맨 처음 부분부터 설명해보도록 지시한다.

- **포스트잇으로 언제 조직의 일원이 되었는지 표시하기**: 여러분이 다루고자 하는 전체 시간 범위에 걸쳐 날짜가 명확히 기입된 대형 타임 라인을 만든다. 그리고 참가자 전원에게 포스트잇을 나눠준 뒤, 자신이 그 조직의 일원이 된 날짜에 자신의 이름을 기입해 붙이도록 한다. 가장 초기에 들어온 이들로부터 시작해 그

들이 들어왔던 당시 그 조직은 어떠한 모습이었는지에 관해 이야기하도록 지시한
다. 그다음 시기의 사람들에게도 마찬가지로 지시를 거듭함으로써 모든 이들이 말
할 기회를 갖도록 한다. 이야기가 계속 이어지는 동안 간단히 필기한다. 사람들은 거
의 항상 여러분이 계획한 시간보다 더 오랫동안 이야기하고 싶어 할 것이란 점을 명
심하라. 이러한 종류의 이야기는 특히나 매력적인 탓이다.

- **콜라주 연대기:** 이는 8장에서 언급한 바와 같이 애질런트 테크놀로지의 IT 부서 사
  람들과 함께했던 활동으로, 기획 회의 참가자 전원에게 여러분이 살펴보고자 하는
  프로젝트의 역사를 나타내는 '유물'을 들고 오도록 지시하는 것으로 시작한다. 슬라
  이드, 안내 책자, 로고, 사진 등이 될 수 있다. 그것들을 잘라 붙여 콜라주를 완성하도록 한 뒤 전
  원에게 이야기해보도록 한다.

- **성공과 결과의 벽:** 참가자들에게 포스트잇을 사용해 그들의 조직이 이룩해온 중요한 성공과 특별한 결과
  들을 기록하도록 주문한다. 서로 다른 포스트잇을 사용하는 것이 나을 수도 있다. 조직 창시 시점부터 시작
  해 사람들에게 포스트잇을 붙이고 그 사건을 둘러싼 조직적 역학 관계에 관해 이야기해보도록 지시한다.
  포스트잇 안쪽과 주변에 간단히 메모한다.

- **역사 스토리 맵**History Storymaps**:** 한번은 어떤 대규모 판매 회의를 준비하던 디자인 팀이 회의 동안 대화형 역
  사 파악 활동을 할 시간이 없다는 판단을 내렸다. 그리하여 우리는 회의 전에 소그룹을 동원해 7.3m 길이
  의 그림 연대표를 제작한 뒤 참가자들이 아침 식사를 하는 곳에 걸어두기로 결정했다. 모든 참가자들은 아
  침을 먹으러 왔을 때 자신의 이름을 그 차트에 기입하도록 지시되었다. 우리는 그 시각 자료를 매개로 하
  여 식사 중인 사람들로부터 대화와 이야기가 터져 나오리라는 것을 알고 있었으며, 실제로도 그러했다.

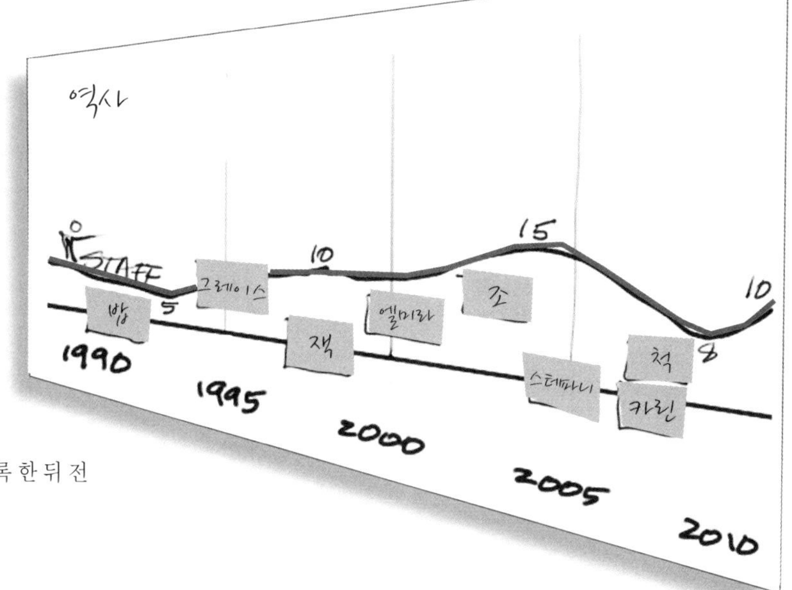

"언제 입사했습니까?"

직원 수나 매출액을 나타내는 단순한 그래프에 입사 시점
을 나타내는 포스트잇이 어우러지면 역사 이야기 세션의
훌륭한 시작이 된다.

환경 탐사의 중요성

기획 과정에 있어, 집단 또는 조직이 세우고자 하는 계획의 대상을 둘러싼 세력과 인자라는 보다 광범위한 환경을 살펴보는 데에 어느 정도 시간을 들이는 것이 항상 도움이 된다. 이때야말로 그 환경을 나타내는 대형 도표를 사용해 비주얼 미팅을 열 최적의 시점이다. 이러한 도표를 '정황도 context maps' 또는 '원동력 도표 driving forces maps'라 한다. 6장에 정황도의 좋은 예가 나와 있다. 이러한 정황도는 사실 실제의 명확한 연결 관계가 결여된 단순한 클러스터 디스플레이라 할 수 있다. 많은 컨설턴트들이 플립 차트 위에 수 페이지에 걸친 목록들을 만들어나가며, 참고하기도 힘들 데이터가 회의실 한가득 흘러 넘치도록 환경 탐사 Envirnmental Scanning를 수행할 것이다. 이러한 목록들을 하나의 템플릿에 정리하면 혼란을 줄이는 한편, 포함된 항목들의 범주와 그들 간의 관계에 대한 사람들의 사고를 촉진하는 데 도움이 된다.

이 과정의 변형판 중 여러분의 고려 대상이 될 수 있는 몇몇 것들은 다음과 같다.

- **범주 조율하기:** 환경 탐사에 있어 논의하기 적절한 주제는 여러분이 기획하고자 하는 대상이 무엇인가에 따라 변한다. 여러분의 회의 참가자들로 하여금 어떠한 큰 범주들이 있어야 할 것인가에 대한 합의에 이르도록 하는 것이 도움이 된다. 이 용도로 그로브가 제공하는 템플릿상에 나와 있는 범주들은 출발 지점에 지나지 않으며, 충분히 반복적으로 등장하는 것을 관찰했기에 포함시킨 것이다. 그 템플릿에조차 동향 항목 중 두 곳은 비어있다는 점을 명심하라.

- **유사도 도표** Affinity Charts **:** 포스트잇을 사용해 항목들을 모은 뒤 이를 분류함으로써 정황도를 작성할 수 있다. 이는 포스트잇 기법을 다룬 7장에서 설명된 보다 상향적인 접근법이다.

- **소그룹 단위 정황도 제작 및 감상:** 보다 대규모의 기획 회의에선, 참가자들을 여러 개의 소그룹으로 나누어 단시간에 정황도를 만들도록 지시한다. 각 조들은 서로 다른 주제에 초점을 맞출 것이지만, 전체적으로 보면 대부분의 인자들이 파악될 것이다. 각 조의 작품들을 갤러리 형태로 전시한 뒤 사람들에게 모두 둘러

보며 주제를 찾아보도록 지시한다. 그리고 사람들이 공통적으로 지적하는 세력과 인자는 어떤 것들이 있었는지에 관한 이야기를 나누도록 하는 동시에, 담당자를 지정해 통합 정황도를 완성한다. 다수의 집단이 유사한 것들을 파악하게 되면 신뢰도가 크게 상승한다(더 자세한 내용은 13장을 참고하라.).

- **집중된 소그룹 활동**: 위의 방식의 한 변형으로 서로 다른 소그룹이 서로 다른 환경 양상을 살피고 보고하도록 하는 방식이 있다. 집단 내의 다양한 전문 지식들을 결집시키고 싶을 때 적절한 방법이 될 수 있을 것이다.

- **빠진 조각 찾기**: 소규모 팀을 모아 기획 회의 전에 미리 정황도를 준비하도록 한 뒤, 전체 참가자들에게 그 정황도를 비평하고 무엇이 빠져 있는지 파악하라는 도전 과제를 제시한다. 이는 참가자들이 그들이 인지하지 못하고 있을 수도 있는 무언가에 대해 생각하는 데 어느 정도의 인도가 필요할 경우 유용할 수 있다.

- **현장 인터뷰 후 결과 보고**: 참가자들을 여러 팀으로 나누어 현장의 실제 고객들과 다른 사람들을 인터뷰해 오도록 한 뒤, 정황도 템플릿을 이용해 보고하도록 한다.

상황 분석

전략 기획의 초기엔 흔히 SWOT 분석(강점Strengths, 약점Weaknesses, 기회Opportunities, 위기Threats의 앞 글자를 딴 분석법)이라 불리는 접근법이 전략적 계획 수립 과정의 전부였다. 여기엔 우수한 전략 기획 활동이란 내부의 강점 및 약점과 외부의 기회 및 위기를 두루 살피는 것이란 가정이 깔려 있었다. 좋은 전략은 강점에 뿌리를 두고 약점에 억눌린 에너지를 전환해 위기가 아직 작은 문제일 때 대처할 것이다. 이를 위한 그로브의 템플릿은 SPOT 행렬SPOT Matrix이라 불리는데, 우리는 약점의 자리를 '문제Problem'로 대체함으로써 단순 조합 형태의 이니셜보다는 좀 더 의미를 나타내고자 했다(기획을 위해 SPOT, 즉 한 점에 집중하는 것이다!).

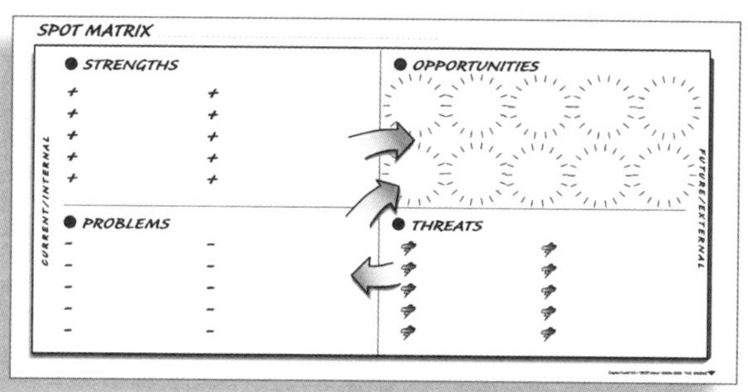

SPOT 행렬

이러한 종류의 차트가 완성된 모습은 7장에 내용 파악 후 점 스티커를 활용한 사례 중 하나로 수록되어 있다. 물론 이러한 유형의 분석은 플립 차트만 갖고도 수행할 수 있다. 만약 그렇게 하고자 한다면, 템플릿에 나와 있는 화살표대로 내용 비교가 이뤄질 수 있도록 플립 차트를 배열하라. 대부분의 경우, 이 템플릿이 있는 경우조차도 문제 및 기회 부분엔 추가 플립 차트가 필요할 것이다.

대형 SPOT 행렬을 활용할 수 있는 몇 가지 방법으로는 다음과 같은 것들이 있다.

- **숙제**pre-work: 회의에 참가하는 모든 사람들에게 소형 SPOT을 미리 완성해오도록 지시한다. 종이를 사용하고 싶어 하지 않는 이들을 위해 그로브는 파워포인트 버전을 제공하고 있다.

- **소그룹 활동**: 참가자들을 소그룹으로 나누어 각 조별로 SPOT 차트를 완성하도록 한 뒤, 다 같이 모여 모두의 차트를 비교함으로써 통합 차트를 만든다. 이 접근법의 장점은 모든 차트에 존재하는 항목들을 찾음으로써 문제 또는 약점에 대해 사람들이 합의하는 바를 즉각적으로 파악할 수 있다는 점이다.

- **순위 매기기**: 보다 엄밀한 방식으로 모든 항목에 번호를 매긴 뒤 사람들에게 거수 또는 점 투표를 통해 가장 선호하는 상위 1/3의 항목들을 골라보도록 할 수 있다. 7장에서 이미 이 과정을 설명한 바 있다. 모든 이들이 문제와 약점에 대한 합의에 이르도록 하는 것은 이들에게 부정 상태를 넘어 변화할 태세를 갖추게 하는 데에 매우 유용하다.

비전과 통찰력 개발하기

연대기와 정황도와 SPOT 분석은 모두 과거와 현재, 그리고 우리가 우리의 경험이나 책, 또는 동료로부터 배워 아는 바에 초점을 맞추고 있다. 비주얼 미팅은 사람들이 미래에 대해 생각하는 것 또한 도울 수 있으며, 모두가 가능하리라 상상하는 것들을 함께 나누는 장이 될 수 있다. 이때 역시 여러분은 차트에 기록하거나 태블릿에 끄적이고 있을 테지만, 회의를 진행하는 방식엔 변화가 생길 것이다. 사고체계의 미래지향적 이동이란 실로 중대한 이행인 탓에, 아마 여러분은 사람들이 올바른 마음의 틀을 확립하도록 도와줄 이런저런 활동들을 계획해야 할 것이다.

여기 설명된 유도 상상 세션guided imagery session은 아주 효과적인 시작 활동이다. 이 세션은 매우 단순하고 일반적인 질문을 던진 뒤 사람들의 상상력이 스스로 그에 대한 답과 이미지를 제공하도록 하는 것으로 구

즉흥의 규칙

한 연극 전공의 학생이 내게 설명해준 바에 따르면 즉흥극의 규칙이 퍼실리테이션에, 특히 비전 수립을 목적으로 하는 것에 잘 적용된다고 한다. 그 규칙들은 다음과 같다.

1. 단순한 틀: 템플릿과 같이 어떠한 테마 또는 시각적 작업 틀을 제시하라.

2. 찬성과 포용: 누가 어떤 이야기를 하든 받아들여 기반으로 삼아라.

3. 100%: 어떤 일을 하든 철저히 헌신적으로 임하라.

이러한 비전 수립 활동의 목적은 사람들을 미래지향적 마음가짐으로 이끄는 데에 있다. 이는 실질적으로 사람들의 마음을 활짝 열고자 하는 활동이다. 다음은 이 활동이 효과를 거두는 데 큰 도움이 되도록 진행자의 입장에서 할 수 있는 몇 가지 일들이다.

- 미래 시점으로 이동해, 현재와 과거의 일을 이야기할 때 과거형을 사용하라. 이런 식으로 말하면 된다. "이 이야기는 이미 기록된 이야기입니다. 여러분은 그게 어떤 내용인지 이미 알고 있지요. 다 같이 묘사해봅시다."

- 준비운동 삼아 미래의 일을 이미 일어난 것처럼 과거형으로 이야기하는 역할극을 진행하라. 참가자들이 이를 일종의 즉흥 창작 활동으로 여기도록 장려하라.

- 앞 페이지 왼쪽에 설명된 유도 상상 활동을 진행하라.

성된다. 이는 많은 기획자들이 미래에 관해 생각하고자 할 때 택하는, 사람들에게 미래의 관점에서 이야기를 써보도록 시키는 활동으로의 도입부 역할을 한다. 여러분 또는 여러분의 팀이 여러분이 평소 높게 평가하던 잡지의 표지에 등장한 상황을 마음에 그려보면, 그 커버스토리가 여러분에 관해 어떤 이야기를 하고 있을지 또한 상상할 수 있을 것이다. 그로브는 이 활동을 보조하는 그래픽 가이드인 커버스토리 비전Cover Story Vision을 개발했다(이 페이지의 예시를 참고하라.).

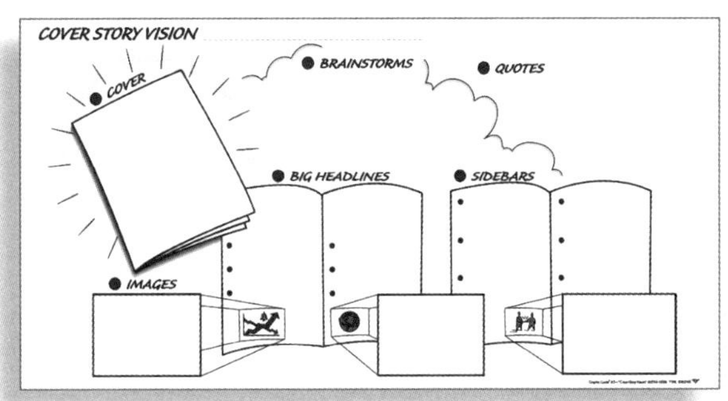

커버스토리 비전

이것은 전략적 비전 수립 과정의 미래 지향적 활동 시 사용하도록 그로브에서 출시한 여섯 종의 템플릿 중 가장 높은 인기를 누리고 있다.

구조적 긴장은 창의적 행동의 원동력으로 작용한다

인간은 구조적 긴장에 처했을 때 자신의 비전을 타협의 대상으로 삼거나 현 상황을 변화시킴으로써(또는 현 상황과 비전을 연결 짓지 않음으로써) 해결을 모색한다. 창의적인 사람들은 창조적 긴장을 즐기며, 그들의 비전을 고수하는 동시에 현실을 바꾸기 위한 가능한 모든 방법을 탐색한다.

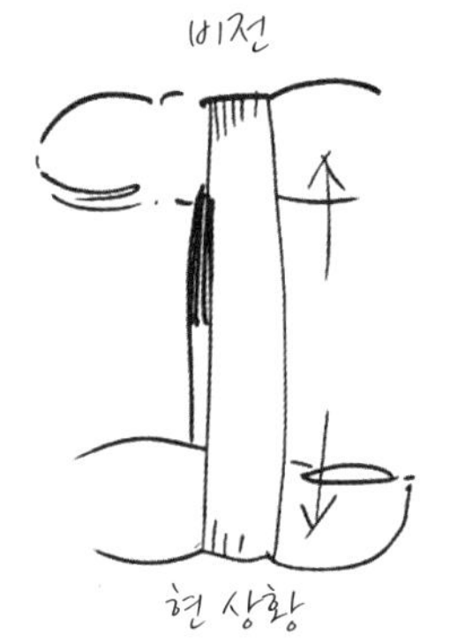

합의에 도달하기 위해 템플릿을 사용할 땐 이를 브레인스토밍보다는 기록을 위한 수단으로 활용하라. 이는 다음과 같이 함으로써 이뤄질 수 있다.

1. 체제가 변하는 방식과 앞으로 나아갈 길에 대한 진정한 헌신을 반영하는 흡인력 있는 비전의 중요성에 대해 설명한다.

2. 참가자들에게 여태까지 준비운동의 일환으로 진행한 모든 비전 수립 활동에 관해 반추한 뒤, 최종 비전에 포함될 수도 있는 '각자의 비전 아이디어들'을 포스트잇에 기록하도록 지시한다.

3. 모두의 포스트잇을 주제별로 분류한다.

4. 분류가 완료되면 한 범주를 골라 플립차트에서 작업을 개시한다. 그 비전 아이디어에 어떤 표제가 어울릴지 의견을 모은다. 핵심 아이디어에 대한 사람들의 이야기를 최대한으로 활용해 단어를 선정하도록 한다.

5. 제시된 표제 후보들을 기록하고, 각 표제의 요점이 무엇인가에 대한 다양한 이야기들을 듣는다.

6. 사람들이 최고의 표제에 대한 합의에 도달하면 그것을 차트에 기록하고, 그 표제가 이야기하는 요점을 철저히 고찰한다.

7. 비전 아이디어에 대한 합의에 도달할 때까지 다른 범주를 골라 반복한다. 주요 단계에 대해 포스트잇 취합 과정부터 다시 반복한다.

* 기획에 참여하는 이들에게 차트에 기록할 땐 사람들의 이야기를 걸러 듣거나 섣불리 판단하지 말고, 어떤 이야기가 나오든 간에 적으라고 지시한다.

합의에 초점 맞추기

여러분의 조직을 변화시키길 원한다면, 비전에 대한 브레인스토밍 단계를 넘어 무엇에 맞서 싸울 것인지와 새로운 방향으로 향하는 것을 시작하기 위해 어떤 단계를 밟아나갈 것인지에 대한 진정한 합의에 도달해야 할 것이다.

모든 체제엔 상당한 관성이 내재해 있으며, 만물은 항상 움직여온 대로의 방식을 지속하려는 경향을 갖는다. 하지만 체제 전체가 해결이 필요할 만큼의 압박하에 놓이게 되면 변화가 분명 일어나게 된다. 이러한 종류의 압박은 공학에선 구조적 긴장structural tension이라 불리며, 인간이 느끼는 경우엔 창조적 긴장creative tension 또는 인지 부조화cognitive dissonance라 불린다. 물리적이든 정신적이든 간에 이러한 유형의 긴장은 항상 해소를 추구한다. 여러분이 보다 큰 집을 갖거나 자녀들을 대학에 보내는 것을 아주 강하게 열망하고 있음에도 여러분의 직업이나 금전 사정이 여의치 않는 상태라면, 여러분은 구조적 긴장을 경험하게 될 것이다. 여러분은 기대치를 낮추거나 여러분의 상황을 바꿈으로써 원하는 바를 이룰 수 있도록 모든 수단과 방법을 동원하게 될 것이다. 고도로 창의적인 사람들은 이러한 창조적 긴장의 공간에 스스로를 오랫동안 머무르게 함으로써 그들에게 주어진 물리적 자원으로부터 어떻게든 놀라운 결과를 뽑아내고야 마는 능력을 갖고 있다.

어떤 팀이나 조직이 실로 심오하고도 강력한 비전에 매혹되어 있지만 현 상황이 이에 부합하지 않는다면, 그들은 그 비전을 포기하거나 현 상황을 바꾸는 방향으로 움직일 것이다. 혁신적 결과를 성취하는 이들은 강력하고도 긍정적인 비전을 맹렬히 고수하며, 하루하루를 자기 발전의 길을 모색하기 위한 기회로 삼는다. 이러한 종류의 작업은 청사진을 만들고 실행에 옮기는 의미에서의 기획 활동은 아니다. 이는 활시위에 강한 화살을 걸고 모두의 헌신으로 하여금 시위를 당기도록 하는 것이다. 어떤 체제의 지도자들이 강한 목적의식을 갖고 매일매일을 성취를 위한 여정으로 만들어 나간다면 변화가 찾아올 것이다. 시각화는 이러한 비전을 파악하고 강화하는 데에 모두 핵심적인 역할을 한다.

　비전과 주요 단계에 대한 진정한 합의에 이르기 위해선 쓸 만한 초안을 완성하는 데에만 최소한 두세 시간이 걸릴 것이다(왼쪽 상자에 진행 방법이 안내되어 있다.). 그다음으로 중요한 것은 참가자들이 도출된 아이디어들에 대해 밤새 고심한 뒤 다시 모여 합의사항을 한 번 더 확인하고 두 번째 초안을 만들거나 하는 것이다. 그렇게 수립한 비전이 여러분이 진정으로 헌신하고자 하는 바와 다르다면 이러한 종류의 작업은 시간 낭비에 불과할 것이다. 일단 만족할 만한 비전 아이디어들이 파악되면 이들을 결합해 하나의 비전 선언문을 구성하거나, 궁극적으론 묘사할 수 있다. 이러한 작업은 초심자 수준의 퍼실리테이션에 속하지 않으며, 차트 작성만으로 이뤄지는 일이 아니다. 하지만 여러분과 함께 일하는 지도자들이 새로운 방향에 대한 모두의 합의를 얻는 데 있어 그러한 대화 시간을 갖는 게 필수적이라 주장한다면, 이러한 템플릿을 기념 장비로 활용하는 것이 매우 큰 위력을 발휘한다. 완성된 전략적 비전의 예가 이 페이지에 수록되어 있다.

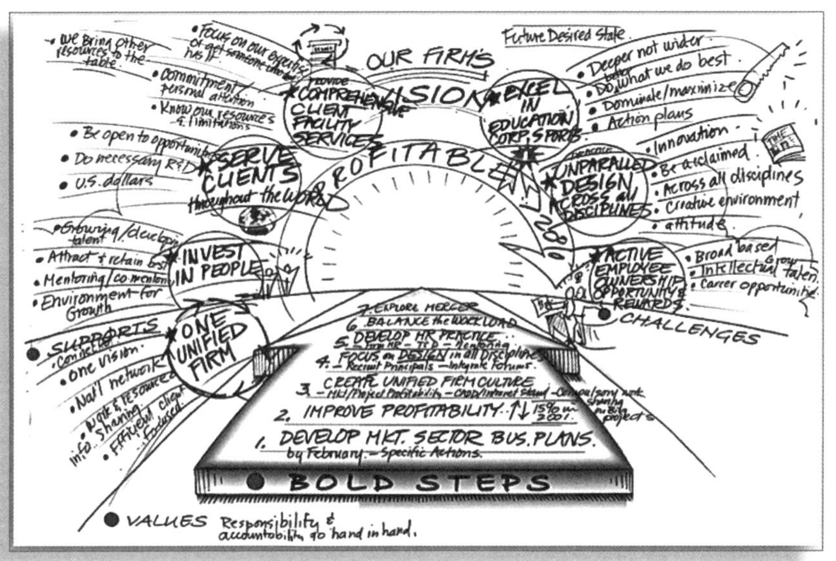

활동 계획에 대해 합의하기

시각적 계획 수립 과정은 현재로 되돌아와 집단이 즉각적 활동 계획에 대한 합의에 이르도록 하는 것으로 끝난다. 이는 또한 학습 과정상에서의 우리의 위치와도 일맥상통하는 바다. 비록 이 책의 4부가 계획 이행에 관한 내용에 온전히 할애되어 있긴 하지만, 활동 계획의 수립은 초기 기획 주기의 전형적인 끝맺음 활동이니만큼 여기서 잠시 살펴보는 것도 나쁘지 않다. 이번 장의 도입부에 설명된 그로브 그래픽 게임플랜 그래픽 가이드는 이 작업을 수행하기 위한 최선의 선택이라 우리가 자부하는 템플릿이다. 이 템플릿은 어떤 계획에 대해 고찰하는 데 가장 널리 사용되는 비유 중 하나인 여정의 이미지를 바탕으로 디자인되었다. 이는 어떠한 여행에든 길잡이 역할을 하는 "우리는 지금 어디에 있고, 어디로 가고 싶어 하며, 그곳으로 어떻게 갈 수 있는가?"라는 일련의 질문들을 반영한다. 이러한 세 가지 기본 요소 외에 이 템플릿에 가

한 건축회사의 전략적 비전

이것은 DLR 그룹(DLR Group)이 수립한 5개년 비전의 모습으로, 이 그림은 대형으로 재인쇄되어 미국 전역에 분포한 수십 곳의 DLR 사무실에 걸렸다. 건축회사는 그 기본적 구조상 모든 구성원들이 나름의 권한을 갖고 제각각 움직이기로 악명 높기에, 이들 모두로부터 여기 제시된 목표들에 대한 합의를 이끌어낸 것은 실로 의미 있는 성과였다. 이는 그들이 처음으로 만든 것이다. 5년 뒤 그들은 동일한 과정을 거쳐 새로운 5개년 비전을 수립했으며, 그로부터 5년 뒤에도 또다시 새로운 비전을 세웠다. DLR 그룹은 그 모든 기간에 걸쳐 꾸준히 발전해왔다.

미된 것은 그 프로젝트가 거쳐갈 영역에 할애된 공간으로, 여기엔 프로젝트 진행 과정에서 겪게 될 문제들이 기록될 수 있다. 또한 프로젝트를 탈것으로 보고 여기에 '성공 인자success factors'라는 '바퀴'를 달아 놓았는데, 이는 과업 그 자체는 아니지만 중요한 요소인 운영상 합의사항이나 핵심 가치, 그 프로젝트에 내재될 필요가 있는 활동과 행동 등을 나타낼 수 있다. 한 항목당 대략 한 시간 가량 걸려 채워나갈 수 있을 것이며, 이로써 기획자들은 어떻게 계획을 실천에 옮길 것인가에 대한 훌륭한 초안을 손에 넣을 수 있다.

나만의 시각적 기획 템플릿 만들기

지금까지 내가 설명한 서식들의 활용 예는 빈 종이 대신 간단한 도표 틀을 활용함으로써 득을 볼 수 있는 온갖 광범위한 기획 활동들 중 극히 일부에 지나지 않는다. 3장에서 다뤄졌던 것과 같은 간단한 템플릿을 스스로 고안하는 것은 누구나 충분히 해낼 수 있는 범위 내의 일이다. 하지만 판매, 마케팅, 전략, 리더십 등과 같이 기법과 도구 측면에서의 자체적 방법론이 확립되어 있는 전문적 영역에서 반복적으로 효과를 볼 수 있는 템플릿을 만들려면 더 많은 경험이 요구된다. 다소 편향된 발언이란 점은 인정하지만, 이것이 우리 그로브 사람들이 생각하는 그로브의 경쟁력이다.

성공적인 템플릿을 만들기 위한 핵심은 회의 참가자들이 집중해야 할 가장 중요한 요소들이 무엇인지 자문한 뒤 이들을 대형 작업 용지에 체계화하는 데에 있다. 이러한 중요 요소들의 결정을 돕는 데에 사람들을 참여시키면, 템플릿의 효과는 한층 배가될 것이다.

정말로 큰 그림을 보려면

회의 시 단일 템플릿의 사용을 넘어 여러 템플릿을 순차적으로 사용해 파노라마적 사고를 가능케 하는 전체 환경을 조성함으로써 보다 새로운 경지의 사고에 도달할 수 있다. 내가 함께 일했던 어떤 회사는 매우 정교한 동전 교환 기술을 바탕으로 기능성 측면에서 업계를 선도하는 제품을 보유하고 있었다. 잔돈 교환이란 모름지기 세계 어디에서나 행해지는 활동이니만큼, 그 제품은 십여 개가 넘는 다양한 시장에서 사용될 수 있었다. 문제는 이들 시장 각각에 대해 고객에게 도달하고 제품 가격을 책정하고 판매 및 공급하기 위한 방법의 측면에서 서로 다른 난관이 존재한다는 점이었다. 최고 경영진은 이 중 어떤 시장이 유망할 것인가에 대한 인도와 분석을 원했다. 우리는 중간 관리자들에게 각 시장을 묘사하는 일련의 도표들을 제작하는 데 참여해달라고 요청한 뒤, 특별 회의에 한데 모여 모든 도표들을 살펴보고 가장 장래성 있는 시장이 어디인지 결정하기로 했다.

우리는 중간 관리자들을 여러 팀으로 나누어 팀당 하나의 시장씩 배정하고, 각 팀에게 그 시장의 정황도^{Context Map}와 그 시장에 대한 회사의 위치를 나타내는 SPOT 도표, 그 시장을 사로잡기 위한 잠재적 목표와 계획을 나타내는 주요 5단계 도표^{Five Bold Steps chart}를 만들게 하기로 결정했다. 모든 도표엔 시장의 규모와 수익 및 지출 추정치에 대한 구체적 수치를 포함하도록 했다. 모든 팀의 결과물을 공유하기로 한 날, 약 20여명의 사람들이 아주 커다란 방에 모였다. 각 조는 준비해온 세 장의 도표를 개괄적으로 간략히 발표했다. 상당한 시간이 소요된 끝에 우리는 발표를 마치고 총 12장의 주요 5단계 도표를 벽에 전시했다. 그후 약 세 시간에 걸쳐 진행된 전략 토론은 내가 여태까지 경험해본 모든 작업 여건을 통틀어 가장 열띤 시간이었다. 모든 이들이 어떤 기회와 난관이 그들을 기다리고 있는지 말 그대로 볼 수 있는 상황이었기에 가능했던 일이리라. 이전까지 실적이 들쑥날쑥 했던 그 사업 팀이 내가 시각적 보조를 제공한 4년 내내 흑자를 기록한 것은 우연이 아니었으리라 믿고 싶다.

이것이 시각적 계획 수립을 통해 이뤄낼 수 있는 일이다. 대형 디지털 벽과 멀티 디스플레이를 활용할 수 있게 될 날이 머지 않았다는 전망을 고려해보면, 나는 이러한 작업 방식이 이제 막 첫발을 내디딘 셈이라 생각한다.

13. 다수의 회의 & 차트 전시회
시간과 공간을 초월한 의미 파악

조직이 하는 일의 거의 대부분에는 한 번 이상의 회의가 필요하며, 대규모 모임은 대개 크고 작은 회의들의 조합이다. 이 모든 회의들이 어떻게든 하나로 통합되어 참가자들에게 이해될 필요가 있다. 이는 다수의 고객 회의가 수반되는 판매 상황뿐만 아니라 교육 디자인 과정, 기획 과정, 제품 개발 과정 등과 같이 어떠한 종류의 학습 및 개발 과정에도 적용되는 이야기다. 사실, 단 한 번의 회의로 끝나는 일은 거의 생각해낼래야 생각해낼 수 없을 정도다.

이번 장은 사람들이 다수의 회의나 대규모의 컨퍼런스에서 무슨 일이 진행되고 있는지 볼 수 있도록 이끌기 위한 방법을 중점적으로 다루고자 한다. 여러 가지 의미에서 이는 비주얼 미팅의 장점이 가장 부각되는 분야 중 하나라 할 수 있다. 내가 앞으로 다룰 방법들을 사용하지 않을 경우 논의와 대화상에서 다뤄진 내용 중 많은 부분이 잊혀질 것이며, 이는 직접적으로 낭비와 비효율로 이어진다. 우선 다수의 대면 회의를 조화시키는 법을 살펴보는 것으로 시작한다. 이어지는 3부의 마지막 두 장에선 여러분의 차트를 디지털 방식으로 재현하는 방법과 여기저기 떨어져 있는 팀원들과 가상 공간에서 함께 일하는 법을 각각 살펴볼 것이다.

조별 활동 활용하기

일단은 참여와 기여를 최대화하기 위해 매우 흔히 사용되는 회의 진행 방식인 조별 활동의 활용 방안부터 살펴보자. 이는 참가자들을 여러 조로 나눠 각자 모임을 갖도록 한 뒤, 각자의 아이디어

차트 전시회

대형 건축 및 엔지니어링 회사인 DLR 그룹의 각 지점은 현재의 주변 환경과 그들의 상황 및 비전을 살펴보기 위한 모임을 가졌다. 이후 전사적 방향 설정을 위해 열린 회의에서, 각 지점이 만들어온 차트를 한데 모은 전시회가 열렸다. DLR 그룹의 경영진들이 차트들을 면밀히 주시하며 주제와 패턴을 탐색하고 있다.

들을 갖고 돌아오도록 하는 것이다. 한 조의 규모는 두어 명부터 수십 명에 이르기까지 다양하게 정할 수 있다. 이미 앞서 2인 1조 포스트잇 활동을 살펴본 바 있다. 대규모 집단일 때 가장 흔히 진행할 수 있는 활동은 각 조에 플립 차트를 나눠주고 각 조당 하나에서 대여섯 개의 플립 차트를 만들어온 뒤 발표하도록 하는 것이다. 누구나 이러한 발표 시간이 그저 지루한 보고 과정이 아닌, 각 조의 모든 결과물을 함께 조망함으로써 보다 고차원적인 이해 패턴을 파악할 수 있는 시간이 되길 바랄 것이다. 불행히도, 플립 차트 접근법은 종종 고되기 그지 없다.

정보가 작고 균일한 덩어리로 제시되어 있을 때, 인간의 뇌는 한 번에 여섯 개 정도 이상을 기억할 수 없다. 그래서 하나의 차트 또는 슬라이드에 예닐곱 개 정도의 말머리 기호가 들어가 있으면 예외 없이 사람들의 표정이 게슴츠레해지는 것을 볼 수 있다. 수백 개의 말머리 기호가 들어찬 수십 개의 차트를 눈앞에 두고선, 실질적 사고 같은 것이 이뤄지리라곤 기대하지 않는 편이 좋다. 사람들은 처음 시작했던 의제로 되돌아가고 말 것이다.

소그룹을 위한 비주얼 미팅

다음은 시각화 기법을 통해 보다 유익한 조별 활동을 진행할 수 있는 몇 가지 방법들이다.

- **플립 차트 템플릿:** 결과 보고 시 일관적이고도 명확한 아주 단순한 형식을 사용하도록 제시한다. 상위 네다섯 개의 항목을 열거하도록 하는 것은 매우 널리 쓰이는 방법이다. 또 다른 방법으로 T자형 도표와 같이 간단한 시각적 틀을 제공하는 것을 들 수 있다. T자형 도표는 어떤 사안에 대한 장점과 단점을 살펴볼 때나, 어떤 작업 과정에서 무엇이 효과가 있었으며 무엇이 개선될 수 있었는가를 살펴볼 때 유용하다. 최근에 나는 참가자 소그룹들에게 그들의 조직을 위한 잠재적 시장을 포스트잇에 적어 한데 모은 뒤 잠재력의 높고 낮음과 시장 진입의 용이성이라는 두 축을 갖는 격자 위에 정리해보도록 지시했던 적이 있다. 각 조를 서로 다른 회의실에 분산시켜도 좋고, 한 회의실 안에 모여 앉힌 뒤 플립 차트를 가져다주고 진행할 수도 있다.

- **그래픽 가이드:** 그로브 그래픽 가이드 템플릿은 소그룹 활동을 보조하기 위해 정교하게 고안된 도표 틀이

다. 5인에서 12인 사이로 구성된 조가 사용하기에 최적화되어 있으며, 손쉬운 보고를 위해 충분한 공간을 제공한다. 조별 활동 후 복귀할 땐 이 도표 한 장만 들고 가면 된다. 이러한 작은 변화가 얼마나 성취감을 고양시키는지 직접 체험해보면 깜짝 놀랄 것이다.

- **주문 제작 대형 템플릿:** 짧은 기간 내에 사람들의 집중을 유도하는 것은 언제나 만만찮은 과제다. 조별 회의실에 들어선 이들이 논의를 요하는 모든 사안과 기록 공간이 제공된 커다란 종이가 벽에 걸려 있는 것을 보게 되면, 이들이 생산적인 논의를 갖게 될 가능성은 꽤 높아진다. 이제 필요한 건 손글씨가 반듯한 기록자 한 명뿐이다. 오른쪽의 예제 템플릿은 전사적 비전에 비춰봤을 때 '대담한 비전이란 무엇인가'를 살펴보고자 했던 어떤 회사의 기획 팀을 위해 디자인된 것이다.

- **테이블용 템플릿:** 조별 활동은 별도의 장소로 이동하는 대신 큰 회의실 안에 마련된 원형 또는 사각 테이블 둘레에서 진행될 수 있다. 이러한 경우 테이블 크기에 딱 맞는 템플릿을 준비해 그 위에 기록하도록 하는 것이 종종 가장 효과적이다. 진행 과정은 동일하나, 물류 측면에서 약간의 차이가 있는 것이다.

- **주제 탐색 활동**Theme teams**:** 싱가포르에서 열린 어떤 회의에서, 한 HR 그룹이 이해관계자들과의 100건이 넘는 인터뷰 내용을 수십 장의 플립 차트에 요약해 이들 모두를 발표하는 시간을 가졌다. 여기에서 끝났다면 이는 그저 강행군이었겠지만, 이윽고 이들은 참가자들을 다섯 조로 나누어 발표 내용으로부터 그들의 비전을 위한 주제를 끌어낸 뒤 각 조당 하나의 차트에 정리해 발표하는 시간을 가졌다.

- **프레젠테이션과 촌극**Skits**:** 각 조에게 어떤 시각적 결과물을 들고 와야 하는가에 대한 지침 이외에, 모든 조원의 참여가 수반되며 템플릿을 제공했을 경우엔 그 템플릿 또한 충분히 활용하는 특별한 프레젠테이션을 준비하라는 지시를 내린다. 이러한 종류의 과제는 프로 수준의 것에서 초보적인 것에 이르기까지 다양할 수 있다. 비전이나 미래로부터의 이야기를 발표해야 하는 경우, 모든 것이 이미 일어난 일인 양 과거형을 사용해 말하도록 지시하라. 이렇게 하면 이야기가 보다 흡인력 있고 생동감 있게 다가올 것이다.

주문 제작형 그래픽 템플릿

첫 전략 세션의 참가자들이 회의 결과가 그다지 대담하지 못하다고 말했을 때, 두 번째 모임에서의 소그룹 활동을 지원하기 위해 기획 팀에서 주문 제작한 특수 템플릿이다. "What does bold look like?", 즉 대담하다는 것이 무엇인가라는 물음을 곧장 던지고 있다.

조별 활동의 유형

- ☐ 상호 이해를 위한 대화 활동

- ☐ 어떤 게임이나 체험에 대한 학습 활동

- ☐ 서로를 파악할 기회를 주기 위한 관계 수립 활동

- ☐ 어떤 주제에 대해서든 다양한 아이디어들을 파악하기 위한 브레인스토밍 활동

- ☐ 협상 시 무엇을 지지할 것인지 결정하기 위한 간부들의 의사결정 활동

- ☐ 활동 제안을 파악하고 구체화하기 위한 제안 작업

- ☐ 일련의 선택지들을 논의하고 순위를 매기기 위한 우선순위 결정 활동

- ☐ 각 조에서 서로 다른 가정을 바탕으로 어떤 상황에 대해 어떻게 반응할지 결정하는 시나리오 기획 과정

- ☐ 가능한 미래 상황에 대해 생각해보도록 하는 비전 수립 활동

- ☐ 각 조에게 그래픽 게임플랜(Graphic Gameplan) 템플릿의 초안을 준비해오도록 하는 식으로 진행할 수 있는 활동 기획

• **슬라이드 템플릿:** 참가자들이 벽에 붙인 차트를 읽을 수 없을 만큼 아주 대규모 회의인 경우엔 프레젠테이션 소프트웨어상에서 간단한 템플릿을 디자인한 뒤 소그룹 활동 보고 시 그 공통 서식을 사용하도록 할 수 있다. 이 과정 동안 그래픽 리코더를 대동해 모든 보고 내용을 하나의 디스플레이에 결합시키도록 할 수 있다.

결과 지향적 집단 과정

지난 수년에 걸쳐 다양한 유형의 소그룹 활동을 진행해봤지만, 내가 조별 활동을 돕기 위한 거의 아무런 지침도 주지 않음에도 그들이 과제를 완수해 차트 프레젠테이션을 수행하는 것을 보면 나는 항상 놀라곤 한다. 나는 이것을 '결과 지향적 집단 과정Output Oriented Group Process'으로 인식하게 되었다. 이를테면 "이 템플릿에 여러분의 최고의 아이디어를 담아 갖고 오세요."라는 말에서처럼 가져올 수 있는 대상을 명확히 정의함으로써, 나는 그들에게 분명한 목표를 제시한 것이다. 이에 그들은 어떻게든 대처하는 것이고.

차트 전시회와 파노라마 디스플레이

소그룹이 성공적으로 시각적 작업을 완수한 상황은 모두가 본 회의실로 돌아와서 자기 조의 포스터를 게시하고 싶어 할 때 만만찮은 문제로 변모한다. 이는 연극 연출가가 하는 만큼이나 무대 연출이라는 측면에서의 심사숙고를 요하는 작업이다. 여러분의 선택은 여러분의 목표가 무엇이며 전체 참가자들이 그 모든 정보를 갖고 무슨 일을 하게 하고 싶은가에 따라 인도되어야 할 것이다. 여러분이 의도하는 바는 광범위하게 나타날 수 있는데, 이는 기본적으로 그들이 어느 정도 수준으로 패턴을 인식하고 논의를 마무리했으면 하고 여러분이 바라는가에 따라 구분될 수 있다. 이 페이지에 나와 있는 조별 활동의 유형 목록을 보면, 본 회의실로 돌아와 모였을 때 활용될 수 있는 각 활동의 결과물이 서로 다르게 나타남을 확인할 수 있다.

　다음 페이지에 수록된 사진은 소그룹 활동 후 모두 모여 정리 시간을 갖고 있는 한 회사의 모습으로, 조별 보고서들은 가장자리에 배치되어 있고 미래로부터의 표제를 담은 대형 테마 차트가 가운데에 세워져 있다. 이 테마는 조별 발표를 통해 취합된 것이다.

조별 활동 뒤에 진행할 수 있는 활동으로 다음과 같은 것들을 들 수 있다.

- **감사의 시간**: 가장 단순하게는 모든 참가자들의 노력에 감사를 표한 뒤 각 조의 발표를 듣고 박수갈채를 보내는 것으로 마칠 수 있다.

- **상위 항목에 대한 플립 차트 배열**: 각 조에게 정해진 수의 항목들만을 플립 차트에 나타내어 발표하도록 하고, 그 결과물을 모두 모아 게시한다. 참가자들은 각 조의 상위 항목들을 훑어보며 자신이 이에 동의하는지 자문하는 시간을 가질 수 있다.

- **말로 하는 클러스터링**Call-out clustering: 한 조에서 어떤 항목을 거론하면 다른 조에서 그에 관련된 제안사항들을 제시하는 식으로, 조별 차트를 바탕으로 전체 항목을 몇 개의 범주로 분류하는 시간을 갖는다. 이 과정에서 조별 응답을 한데 모은 대형 클러스터 도표를 만든다.

- **차트 전시회**Gallery walks: 조별 활동 결과물을 복도나 로비 또는 큰 회의실 벽에 전시하도록 한 뒤, 모든 이들에게 두루 둘러보고 꼼꼼히 읽으며 공통적인 주제나 좋은 아이디어를 찾아보도록 지시한다. 지침은 구체

조별 활동 이후

조별 활동을 마친 소그룹들이 각자 만들어온 차트로 대규모 세션을 열면 공회 스타일의 회의를 위한 아주 활기 넘치는 환경이 조성된다. 이 사진은 DLR 그룹 경영진들이 각 지점에서 만든 비전 테마를 살펴보고 있는 모습이다. 가운데 있는 큰 차트는 소그룹 차트 관람 후 모두의 생각을 모아 만들어진 클러스터 도표다.

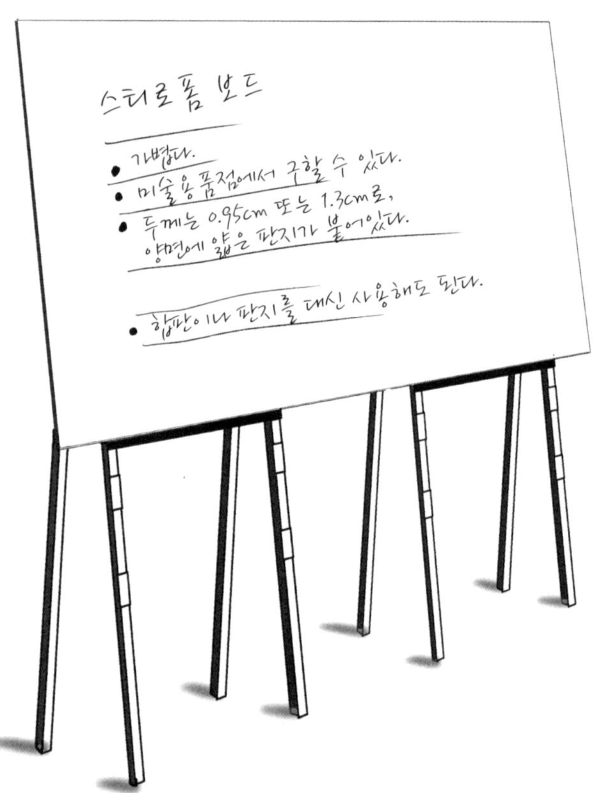

적이든 일반적이든 상관없이, 참가자들이 모든 차트를 읽도록 하는 것이면 된다. 관람 시간이 끝나면 회의실에 다시 모여 무엇을 발견했는지 이야기를 나눈다.

- **디지털 기록**^{Digital capture} : 회의 규모가 아주 커서 소그룹 발표 내용을 종합하기 위한 대형 차트를 보는 데에 참가자들이 어려움을 겪을 수 있는 경우, 보고 내용을 컴퓨터상에 기록해 프로젝터로 여러 개의 대형 스크린에 비추는 방법을 대안으로 삼을 수 있다. 이 방법은 앞선 방법들에 비해 데이터의 시각적 패턴 발견에 충분한 도움을 주지는 못하지만, 어쨌든 조별 활동에 들인 모든 사람들의 노력에 답하는 역할을 한다.

큰 종이 활용 시의 전시 기법

회의실을 설계하는 대부분의 사람들은 시각적 작업이 큰 회의실에선 슬라이드를 프로젝터로 스크린에 비춤으로써, 작은 방에선 화이트보드나 칠판을 사용함으로써 이뤄질 것이라 가정한다. 후자의 경우조차도 회의는 슬라이드로 진행될 것으로 가정하고 있음이 스크린을 전면 중앙에 배치하는 것에서 분명히 드러난다. 이는 시각적 작업에 상호적 요소를 가미하고자 하는 이들이 나름의 창의력을 발휘함으로써 극복해야 할 문제가 되었다. 즉, 벽 공간을 확보하고 거기에 테이프로 큰 종이를 고정시키는 문제에 직면한 것이다. 언뜻 많은 장애물이 존재하는 것처럼 보이지만, 이 모든 문제들에 대한 해결책이 많이 존재한다. 지금부턴 구체적인 문제와 그에 대한 해결 방안을 제시하는 식으로 많은 기술적 세부사항들을 다루고자 한다.

대규모 시각적 작업 시의 난관과 대응책

- **벽면이 매끄럽지 않을 때:** 가장 융통성 있는 접근 방식은 미술용품점에서 파는 스티로폼 보드^{foam core poster boards}(스티로폼 소재의 포스터 보드 – 옮긴이)나 합판, 섬유판 등을 세워 직접 매끄러운 벽을 만드는 것이다. 판 크기를 가로 2.4m, 세로 1.2m로 하여, 같은 크기의 이젤 두 개에 걸쳐 얹으면 된다. 모든 호텔과 컨퍼런스 센터는 디스플레이 거치대^{little prongs}가 달린 이젤을 보유하고 있다. 각 판넬당 같은 크기의 이젤이 확보되도록 유의한다. 바퀴 달린 화이트보드나 휴대용 디스플레이 벽을 사용하는 것 또한 가능하다(www.neuland.biz에서 접어서 갖고 다닐 수 있는 벽에 관한 정보를 참고하라.).

- **벽지에 테이프를 붙이는 것이 금지된 경우:** 많은 호텔에선 벽면의 손상을 염려해 테이프를 붙이는 것을 금하고 있다. 휴대용 벽을 갖고 있지 않다면, 여러분 나름의 독창성을 발휘하라. 내 경우엔 자국이 남지 않는 특수 아티스트 테이프를 사용하고 있다. 테이프와 종이 두루마리만 있으면 아무런 도움 없이 3m 내지 4.5m 넓이의 디스플레이를 설치할 수 있다. 몰딩이나 사진틀, 또는 창과 같이 테이프를 붙여도 상하지 않을 곳에 붙일 수도 있다.

- **차트와 벽 옮기기:** 큰 회의 시엔 조별 차트를 어디에 게시할지와 다른 곳으로 이동해야 할 경우엔 어떻게 옮겨야 할지 등을 미리 계획할 필요가 있다. 이 일을 전담하기 위한 팀을 구성하는 것이 도움이 된다. 스티로폼 보드는 매우 가볍기 때문에 혼자서도 옮길 수 있다. 합판과 화이트보드를 옮기는 데엔 아마 두 사람이 필요할 것이다. 대형 차트를 옮기는 것 또한 두 사람 분의 일이다.

- **전경 훑어보기:** 왼쪽에서 오른쪽으로 글을 읽는 문화권이라면 회의 중에 차트를 작성하거나 배열할 때 그 방향을 따르도록 한다. 이는 조별 차트 전시 시엔 그다지 중요한 문제가 아니다. 이 경우에 필수적인 건 사람들이 어떤 식으로 차트를 볼 수 있도록 하고 싶은지 가늠해보는 것이다. 차트를 본 회의 시 참고해야 하거나 점 투표를 진행하고자 한다면 앞쪽에 게시해야 할 것이다. 차트 전시회만 할 작정이라면 여러 다양한 곳에 게시해도 상관없다. 사람들이 그들 스스로의 사고 범위를 조망하고 가늠할 수 있도록 도울 수 있다면, 그로부터 새로운 의미 패턴이 발견될 가능성은 더 높아질 것이다. 여러분의 전시 아이디어를 테스트해볼 수 있는 방법은 방 안의 제일 구석진 곳으로 걸어가서 여러분이 그곳에 앉아 있는 참가자 중 한 명이라고 상상해보는 것이다. 여러분이 계획한 배치가 그곳의 참가자에게 효과적으로 영향을 미치는가?

- **조별 차트의 제목이 일관적이지 않을 때:** 조별 차트들의 제목이 함께 모아 놓았을 때 훑어보기 용이할 만큼 충분히 크거나 일관적이지 않은 경우가 종종 있을 것이다. 이 문제를 깔끔히 해결하기 위한 방법으로 다음과 같은 것들이 있다.

  ☐ 조별 활동 시작 전에 미리 제목을 붙여둔다.

  ☐ 조별 활동 동안에 남은 시간을 알리러 들어왔을 때 제목을 달아준다.

  ☐ 조별 활동을 마치고 본 회의실에 돌아왔을 때 큰 제목을 추가한다.

큰 제목이 도움이 된다

- 대부분의 글씨 크기는 이러할 것이다.
- 소그룹이 차트를 만들 때 내용에 치중하기 때문이다.
- 큰 제목을 달아 내용 전달에 도움을 주어라.

겹 글씨

- 눈에 띄는 제목을 빠르게 만들려면 서로 다른 색깔의 펜 두 개를 사용한다.
- 아니면 한 글자당 두 번씩 써도 된다.

회의를 위한 튼튼한 그릇을 만드는 작업엔 수
뇌부로 하여금 제약 조건에 대해 합의하고 사
람들이 그 안에 머물러야 한다는 점을 옹호하
도록 하는 과정이 어느 정도 수반된다. 하지만
그릇이란 본질적으로 열린 것이다. 미리 짜인
활동으로만 가득 들어찬 회의는 적극적인 참여
와 창의력의 발현을 이끌어내지 못한다. 제약
조건의 테두리 내에서 상호작용과 즉흥적 창조
를 위한 공간을 마련해 두어야만 하는 것이다.

- **조명:** 많은 회의실 디자이너들은 회의 시 슬라이드를 사용할 것이라 가정하고 앞쪽을 어둡게 만들 수 있도
록 조명을 배치한다. 여러분이 템플릿과 차트를 이용해 작업하고 있다면 이와 반대의 상황을 원하게 될 것이
다. 결국엔 내가 회의실을 미리 확인하거나 의뢰인에게 사진을 보내달라고 요청함으로써 조명이 어떻게
설치되어 있는지 실제로 체크할 수밖에 없는 것 같다는 게 내가 여태까지 내린 결론이다. 너무나도 다양한
경우의 수가 존재하기에 여기서 모두 가늠할 수조차 없지만, 내가 선호하는 몇 가지 대응책은 다음과 같다.
  - ☐ 호텔 또는 컨퍼런스 센터에 투광기를 준비해달라고 요청한다.
  - ☐ 슬라이드쇼를 측면에서 진행할 수 있도록 준비한다.
  - ☐ 프로젝터가 좁은 벽면을 향하도록 두는 대신, 참가자들이 회의실의 긴 벽면을 앞으로 하여 앉도록 한다.
  - ☐ 가능하다면 차트를 창문 맞은편에 붙이도록 한다.

대화의 그릇 만들기

규모를 불문하고 상호적이고 혁신적인 회의를 기획함에 있어 근본적인 목표는 대화를 담기 위한 튼튼한
그릇을 만드는 것이다. '그릇'이란 의제의 형태와 근본적인 규칙 등과 같이 체험의 경계를 제공하는 개념
적 구조 및 회의실 그 자체에 대한 비유적 표현이다. 만약 회의 참가자들이 목적과 목표가 분명하지 않다
고 느끼거나 의제 자체 또는 역할과 근본적 규칙에 대한 혼란을 느낄 경우, 그들은 이러한 것들에 에너지
를 소모하느라 대화로부터 멀어질 것이다. 참가자들이 화장실을 찾지 못해 여기저기 헤매야 한다면 이 또
한 회의에 사용되어야 할 기력을 앗아가는 결과를 초래할 것이다. 12장에서 설명한 OARR 활동이 그토록
중요한 이유가 여기에 있다. 회의를 위한 튼튼한 그릇을 만드는 작업엔 수뇌부로 하여금 제약 조건에 대
해 합의하고 사람들이 그 안에 머물러야 한다는 점을 옹호하도록 하는 과정이 어느 정도 수반된다. 하지
만 그릇이란 본질적으로 열린 것이다. 미리 짜인 활동으로만 가득 들어찬 회의는 적극적인 참여와 창의
력의 발현을 이끌어내지 못한다. 제약 조건의 테두리 내에서 상호작용과 즉흥적 창조를 위한 공간을 마
련해 두어야만 하는 것이다.

"창의적이고 제약 없는 회의를 만들려면 어떻게 해야 하지?" 이런 궁금함을 가진 사람도 있을 것이다.

흥미롭게도, 자유와 제약 간엔 직접적 상관관계가 존재한다. 어떤 형태의 자유는 아무런 통제도 존재하지 않을 때, 즉 개방적이고 누구에게나 허락되는 유희의 장을 제공함으로써 발생한다. 긴 휴식시간이나 열린 공간에서의 특별한 시간, 또는 거의 체계를 갖추지 않은 세션 등이 이러한 유형의 자유를 제공한다. 하지만 주어진 제약 조건을 받아들이고 이에 통달한 데에서 오는 유연성과 성과라는 또 다른 경지의 자유 역시 존재한다. 이는 숙련된 재즈 음악가나 스포츠 팀, 댄스 극단 등이 누리는 자유다. 이들은 창의성 촉진을 위한 구조에 관해 걱정할 필요가 없는 점에서 기인하는 효율성을 향유한다. 이러한 유형의 자유를 제공하려면 여러분의 그릇은 아주 명확하고 설명 가능해야만 할 것이다.

여러분이 바라는 회의 결과를 뒷받침하는 물리적 환경의 조성은 이러한 규율의 일환이다. 오른쪽 그림은 여러분이 택할 수 있는 전형적 테이블 배치 형태들을 보여주고 있다. 이들은 나름대로의 일장일단을 갖고 있다.

- **일자형:** 화면에 집중하기엔 좋지만, 상호작용하기엔 어려움이 있다. 때때로 극장식이라 불린다. 학창 시절에 이런 식으로 앉았던 사람이라면 학교에 온 듯한 기분을 느끼게 될 것이다. 이러한 느낌을 탈피하고 싶다면 다른 배치 형태를 택하라.
- **반원형:** 모든 이들을 바라보며 대화를 나누기가 훨씬 용이해진다. 대화에 최적화된 좌석 배치라 할 수 있다. 한 쪽에 차트를 둠으로써 참가자들이 그들이 이야기하고 있는 내용의 큰 그림을 함께 그려나가도록 할 수 있다.

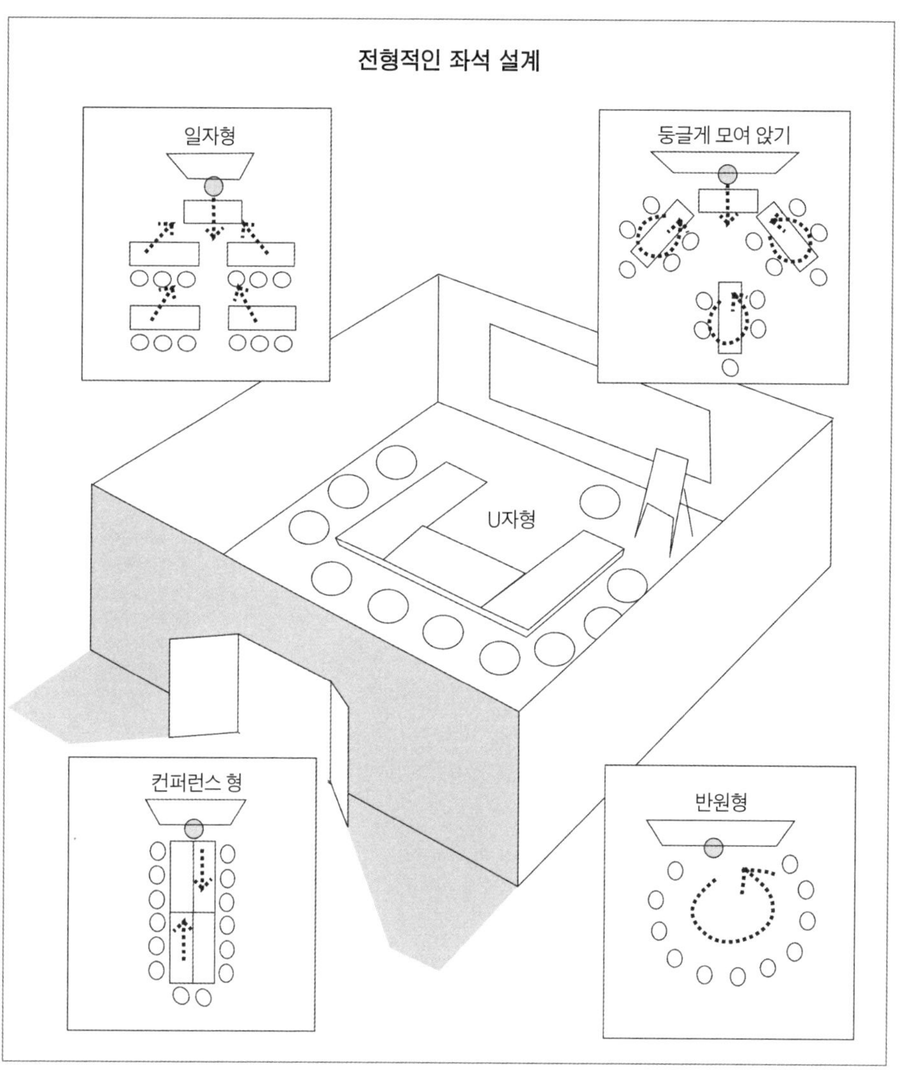

- **조별로 둥글게 모여 앉기:** 조별로 하나의 둥근 테이블 또는 사각형 테이블 주위에 모여 앉도록 하면 테이블별 토론과 전체 토론 사이를 자유롭게 오가며 진행할 수 있다. 이는 워크숍 시의 전형적인 좌석 배치로, 때때로 카페식이라 불린다.
- **회의용 테이블:** 많은 회의실엔 대형 회의 테이블^{Conference Tables}이 설치되어 있다. 여기에 앉으면 모든 참가자들이 서로를 잘 볼 수 있으며, 좁은 끝 쪽에 작은 차트나 스크린을 둘 수 있다. 이는 보다 의례적인 좌석 배치라 할 수 있다.
- **U자형:** 이 좌석 배치는 모든 참가자들이 서로를 잘 볼 수 있게 해줄 뿐만 아니라, 대형 차트를 보기에도 용이하고 테이블 위에서 작업하기도 좋다. 이는 워크숍과 팀 회의, 기획 세션에 모두 적합한 훌륭한 형식이다.

시간과 공간을 넘어 회의하기

다음 두 장에선 다수의 대면 회의에 걸쳐 사용하기 위한 차트 복제법과 가상 환경에서의 시각적 작업 방식에 관해 다룰 것이다. 오늘날 대규모 조직의 경우 많은 팀이 분산된 형태로 일한다. 여러분이 이에 해당하지 않는다면, 이 두 장을 지나 아이디어 실행 과정에 관해 다룰 4부로 넘어가도 좋다.

14. 디지털 기록
시각적 문서화를 통한 회의의 확장

여러분이 기획한 회의가 끝마쳐진 상황을 상상해보라. 그 회의는 보다 큰 팀의 작업 과정이나 프로젝트의 한 부분에 지나지 않을 가능성이 매우 높으며, 궁극적으로 결과를 얻기 위해선 이전 회의에서 합의된 바를 지속적으로 이행하는 것이 필수적이다. 디지털 사진과 이메일의 시대인 오늘날엔 많은 이들이 회의에서 결정된 사안들을 즉각적으로 복습할 수 있도록 회의 내용의 재현물을 회의 다음 날 바로 볼 수 있길 기대한다.

작업 흐름 만들기

시각적으로 일하는 과정에서 여러분은 그림을 그리고 특수한 도표를 제작하게 되며, 나아가 이들을 다양하게 배치하고 제시함으로써 보다 유용하게 발전시킨다. 여러분은 상황에 따른 다양한 대처법을 구사함으로써 보다 더 많은 의견을 얻는 법을 배워야 한다. 여러분이 교사라면 수업과 특별 프레젠테이션을 강화하고자 할 것이다. 판매 상황이라면 적시의 후속 보고를 통해 고객에게 여러분의 관심을 입증하고 싶을 것이다. 컨설턴트라면 이전 회의에서 만들어진 어떤 것에든 가치를 더하고 싶을 것이다. 대형 디스플레이를 재빨리 복제해 다른 미디어에 옮김으로써 이러한 결과를 보다 용이하게 얻을 수 있다. 사람들은 자신이 언제 어떤 일을 하기로 약속했는지 기억할 필요가 있다. 회의 내용 보존 및 재생산의 가치에 관한 오른쪽 체크리스트를 살펴보고, 여러분 스스로에게 왜 이것이 그토록 중요한지 상기시키도록 하라.

회의 내용 보존 및 재생산의 가치

☐ **약속 기억하기:** 회의 후의 사람들은 정보 과부하가 걸려 있는 상태다. 이들이 맡기로 한 일과 활동 계획을 상기시켜주는 것은 선택이 아닌 필수다.

☐ **기억 유지 심화:** 회의로부터 수일 경과 후 받은 차트 사진은 회의 내용에 대한 재검토와 기억하고 있는 바의 심화로 이어진다.

☐ **요약 보조:** 잘 디자인된 보고서는 회의 참가자들이 다른 이들에게 회의에서 어떤 일이 있었는지 쉽게 요약해 전달할 수 있게 해준다.

☐ **후속 회의를 위한 참고 자료 제공:** 시각적 보고서는 사람들이 다시 회의를 가질 때 어디부터 시작해야 하는지를 말 그대로 '볼 수 있게' 해준다.

☐ **실질적인 결과물 만들기:** 관리자들은 집단 과정에 소모된 자원과 시간으로부터 창출된 결과물을 보고 흡족함을 느끼게 마련이다. 내용에 대한 문서는 거의 대부분 환영받는다.

디지털 사진 촬영 팁

- ☐ 회의 진행 중에, 가능한 한 디스플레이를 옮기기 전에 사진을 찍어라. 도움을 받는 것이 좋을 수도 있다.

- ☐ 촬영 시엔, 숨을 참고 두 팔에 단단히 힘을 주어 카메라를 흔들림 없이 쥐도록 한다.

- ☐ 잊지 말고 차트에 번호를 매기도록 한다.

- ☐ 망원 렌즈가 달린 대형 카메라는 테이블 너머에서의 차트 촬영을 도와줄 수 있다.

- ☐ 회의실 조명이 형광등이라면 그에 맞춰 카메라를 설정하도록 한다.

좋은 카메라에 투자하기

디지털 사진술은 거의 대부분의 시각적 화상을 컴퓨터에서 사용하고 처리할 수 있으며, 이메일로 주고받을 수 있는 형태로 변환하기 위한 한 방법으로 자리매김했다. 약간의 시간을 들여 기본사항을 숙지하기만 하면, 디지털 사진은 비주얼 미팅을 진행하는 이에게 다양한 선택의 여지를 주는 유용한 도구로 작용한다. 앞으로의 내용은 디지털 사진의 사용법을 일일이 다루기 위한 것이 아니며, 기본적인 수준에서 여러분이 고려해야 할 몇 가지 내용만을 포함했다.

사진 촬영법 배우기

어떠한 보급형 컴팩트 카메라든지 400만 화소 이상을 지원한다면 차트를 잘 재현해낼 수 있다. 오늘날엔 대부분의 카메라가 그보다 훨씬 높은 해상도를 제공한다. 이러한 표준형 카메라에 달려 있는 플래시 또한 성능이 충분하기에 추가 조명 없이도 2.4m 넓이의 사진을 찍을 수 있다. 물론 보다 전문적인 카메라는 낮은 광량에서도 훌륭히 동작할 것이며 더 높은 해상도를 지원하겠지만, 어느 정도 학습이 필요하다. 어떤 카메라를 사용하든 간에 좋은 사진을 찍기 위해 가장 중요한 건 카메라를 흔들림 없이 쥐는 것이다. 삼각대 사용은 필수는 아니지만, 권장할 만하다. 자동 플래시를 설정한 뒤, 가능한 한 흔들리지 않게 카메라를 쥐고 초점을 맞춰 찍도록 한다. 이제 일단 디지털 이미지를 얻은 뒤엔 무슨 일을 해야 할지 살펴보자.

사진 처리 및 활용

- **컴퓨터에 옮기기**: 촬영된 이미지를 컴퓨터에 옮기기 위한 방법으로는 크게 두 가지가 있다. 하나는 케이블을 사용하는 것이고, 다른 하나는 메모리 카드 리더기를 노트북 옆면에 끼워 사용하는 것인데, 이는 마치 축소판 하드디스크와 같은 역할을 한다.

- **사진 가공:** 대부분의 사진 편집 소프트웨어를 통해 촬영된 이미지로부터 차트만을 잘라내거나, 뒷벽 공간과 사람 그리고 창문을 지우거나, 배경을 하얗게 바꾸는 등 어느 정도의 편집과 조절을 수행할 수 있다. 이것을 자동으로 해주는 특수 프로그램들이 있다. 어도비^{Adobe} 사의 포토샵^{Photoshop}은 전문가들이 선호하는 도구다. 포토샵은 필요하다면 무엇이든 지우거나 재배열할 수 있게 해주는 등 가장 자유롭고 강력한 편집 기능을 제공한다. 어떤 프로그램을 사용하든, 사진을 저장할 땐 다양한 목적에 사용할 수 있도록 여러 크기로 저장하라.

- **하드 카피 복제:** 가로 43cm 및 세로 28cm, 또는 A3 크기(실제 차트 크기에 비례함)의 용지에 차트를 복제하고 싶다면, 차트 이미지를 144dpi 또는 그 이상의 해상도로 저장해야 한다. TIFF 형식으로 저장해 사용하면 JPEG 형식으로 저장했을 때만큼 화질 저하가 일어나진 않을 것이다. 페이지 조판 소프트웨어를 사용하면 사진틀과 설명문, 제목을 만들 수 있다. 차트를 가로 43cm, 세로 28cm로 인쇄해 스프링 제본하면 여러 차트가 전시된 회의실 전경의 느낌을 그대로 간직한 멋진 보고서가 완성된다. 이러한 작업을 여러분의 조직 내에서 해낼 수 없는 경우, 여러분의 디지털 사진을 어떤 크기로든 인쇄해줄 수 있는 여러 종류의 디지털 복사점이 존재한다. 아주 큰 크기의 벽면 차트로도 인쇄 가능하다.

- **슬라이드 프레젠테이션:** 회의 보고서를 빠르게 제작하기 위한 한 방법으로 슬라이드 프레젠테이션에 사진들을 넣는 것을 들 수 있다. 이러한 종류의 프로그램들은 신속히 주석을 달고 조별 작업 과정을 찍은 사진들을 포함하기에 매우 적합하다. 프레젠테이션 파일이 너무 커지지 않도록 하려면 사진 파일의 가로 길이는 25.4cm 이하로, 형식은 저해상도 JPEG(맥의 경우는 96dpi, PC의 경우는 72dpi)로 저장할 필요가 있다. 가독성으로 말할 것 같으면, 내 경험상 2.4m 너비의 차트는 파워포인트^{PowerPoint} 또는 키노트^{Keynote} 프레젠테이션 소프트웨어의 슬라이드 한 장에 아주 읽기 좋게 들어간다. 이메일 보내기 쉽도록 이 파일의 사본을 PDF 형식으로 저장할 수도 있다.

- **웹사이트에 올리기:** 다음 장에서 보게 되겠지만, 웹사이트는 회의 후의 반응을 제공하기 위한 융통성 있는 한 방식으로 부각되고 있다. 차트 사진을 온라인상에서 빠르게 볼 수 있으려면 낮은 해상도의 JPEG 또는 TIFF 형식의 파일이 필요하다. 여러분이 게시하고자 하는 크기를 확인한 뒤 원본 이미지를 그 크기로 저장할 필요가 있다. 썸네일을 클릭하면 확대 버전이 뜨도록 하고 싶다면, 같은 이미지를 두 가지 크기로 저장해야 할 것이다. 길다란 연대기 도표나 정황도의 사진을 게시하고자 할 때, 부분별로 조각조각 올리고 싶지 않을 수 있다. 이땐 사진을 여러 크기로 저장함으로써, 온라인상에서 부분 확대와 전체 보기 링크를 모두 제공할 수 있다.

위와 같은 기본적 선택지엔 다양한 옵션이 존재한다. 이들 중 하드 카피와 온라인 게시에 있어 어떤 선택의 여지가 존재하는지 보다 자세히 살펴보자.

인쇄된 보고서를 통한 집단 기억 보조

회의 후 핵심 차트의 그림을 모두에게 나눠주는 것은 거듭된 회의 간의 연결을 유지하고 사람들이 합의한 내용을 기억하게끔 하기 위해 필수적이다. 이를 위한 가장 유용한 몇 가지 방법이 왼쪽에 나와 있다. 2.4m 길이의 차트 그림을 가로 43cm, 세로 28cm 크기 용지에 인쇄해 나눠주면, 이를 보는 사람들은 회의실 좌석에서 봤던 차트 크기와 거의 정확히 일치하는 크기의 이미지를 보게 될 것이다. 정황 설명을 위해 사진을 몇 장 추가하라. 또한 사람들의 경험과 직결되는 그림을 그려 넣을 수도 있다. 이는 회의 기억의 유지 정도를 크게 향상시키는 역할을 한다. 차트를 글로 풀어 보고서를 작성하면, 이를 받아본 많은 이들은 보고서와 회의 내용을 직접 연결시키는 데에 어려움을 겪을 것이다.

이렇게 복제된 차트 이미지는 그 차트가 만들어지는 과정을 함께했던 이들에겐 큰 의미를 갖겠지만, 참여하지 않았던 이들에겐 그다지 해당되지 않는 이야기다. 회의 참가자들 이외의 사람들에게도 회의 내용을 전달할 필요가 있다면, 차트 그림이 수록된 옆 페이지에 보다 전통적인 방식으로 서술된 회의 결과에 관한 글을 실을 수 있다. 이렇게 하면 문자 기반 표현과 그림 기반 표현의 정수 모두를 취할 수 있다.

온라인 기능 활용

인터넷은 재빠르게 발전하고 있으며 모든 종류의 자료들을 이메일과 회사 웹사이트, 블로그, 소셜 네트워킹 페이지, 팀을 위한 특별 공간 등에 게시하기 위한 도구는 갈수록 사용하기 간편해지고 있다. 시간과 공간을 초월해 생산 과정이 이어지기를 원하는 이들에게 있어, 디지털 기록은 이 모든 커뮤니케이션 통로를 아주 중요한 수단으로 거듭나게 하는 역할을 하고 있다.

다음은 간편한 온라인 커뮤니케이션을 위해 여러분이 택할 수 있는 몇 가지 보편화된 옵션들이다.

- **이메일로 JPEG 파일 보내기:** 차트 이미지를 가공해 저해상도 형식으로 저장한 뒤 참가자들에게 이메일로 전송한다. 회의가 끝난 날 밤에 정리 작업을 하는 경우 적합하다.

- **여러 차트 이미지를 PDF 문서에 합치기:** 잘 알려진 어도비 소프트웨어의 하나인 애크로뱃^{Acrobat} 프로그램은 여러 사진들을 하나의 PDF 문서에 합칠 수 있게 해준다. PDF 문서는 아주 처리하기 쉬운 형태의 파일로 압축될 수 있다.

- **이메일로 주석 달린 슬라이드 보내기:** 차트 이미지에 설명 글이 달린 상태의 슬라이드를 프레젠테이션 프로그램상에서 가로 25cm, 세로 20cm의 JPEG 이미지로 저장한 뒤, 참가자들이 다운로드할 수 있도록 게시하거나 메일로 전송한다. 이는 거의 개별 슬라이드를 전송하는 것만큼이나 빠르지만, 파일 크기가 커서 어떤 사람들은 읽는 데 어려움을 겪을 수도 있다. 프레젠테이션 프로그램은 PDF 형식으로의 저장 기능 또한 지원한다.

- **온라인 사이트에 게시하기:** 슬라이드들을 개별적으로 프로젝트 웹사이트나 일반 사진 사이트에 게시한다. 전용 웹사이트에 게시할 땐 차트 이미지를 두 가지 크기로 만들어라. 이를테면 가로 10cm, 세로 7.5cm의 작은 크기와 40.5cm 넓이의 큰 크기로 말이다. 그리고 이 둘을 '확대하기' 버튼으로 연결하라.

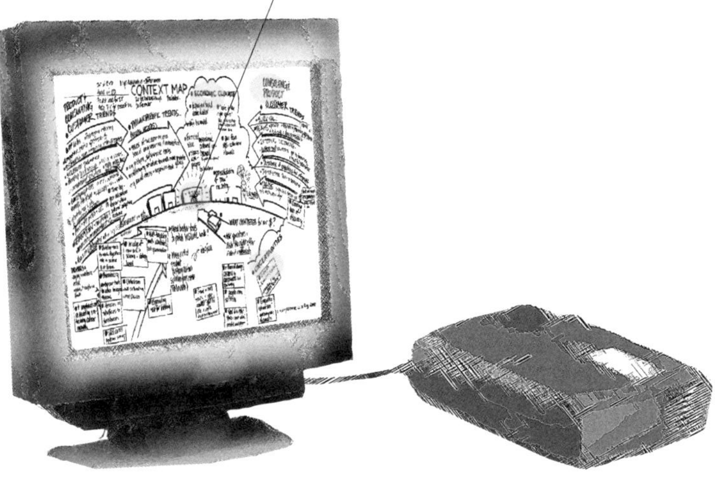

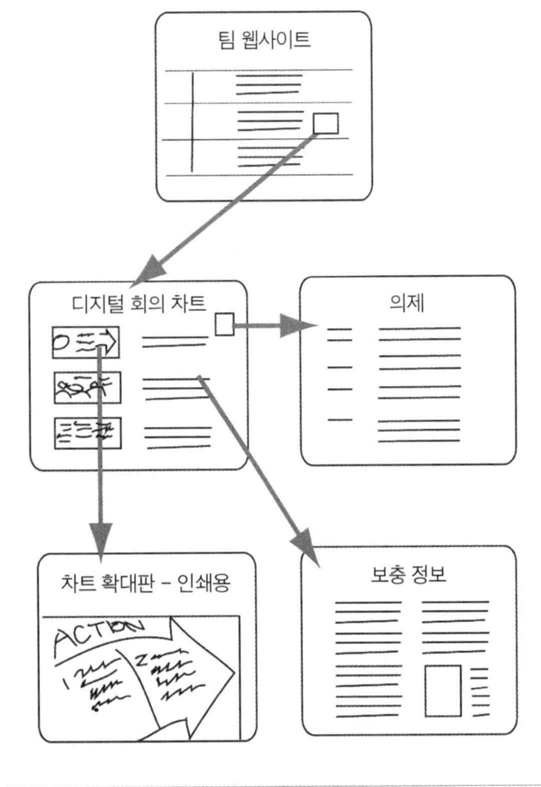

• **웹 서비스를 통해 인쇄 파일 주고받기**: 대용량 파일 전송 기능을 지원하는 웹 서비스에 아주 큰 용량(10MB 이상)의 파일을 올린 뒤, 여러분의 고객이나 회의 스폰서[sponsor]에게 이메일로 비밀번호를 알려준다.

• **인터넷 회의 시 참조하기**: 이전 회의에서 무슨 일이 있었는지 검토하는 시간을 가지려면 프레젠테이션 소프트웨어를 이용해 보고 슬라이드를 제작한 뒤 인터넷 회의 소프트웨어에 올려라. 아니면 여러분이 보고서 작성에 사용한 소프트웨어들을 공유함으로써 회의 동안에 참가자들이 사용할 수 있도록 한다.

추가 데이터 연결

의사소통에 온라인 시스템을 사용하고 있는 경우, 차트 디자인 시 쉽게 읽을 수 있는 부분들로 나뉘어지도록 구성하라. 온라인 참고 자료의 한 가지 이점은 차트에 보충 자료들을 연결함으로써 더 많은 정보를 제공할 수 있다는 것이다. 약간의 가공 과정을 거쳐, 차트 이미지를 조각낸 뒤 클릭하면 보다 상세한 정보를 볼 수 있는 '핫한' 부분들을 만들 수 있다. 여러분이 모든 이들을 위한 공동 준거 체계의 역할을 할 밀도 높은 체계나 지도를 완성한 경우라면 이는 충분히 할 가치가 있는 일이다. 몇몇 시각화 기법 전문가들은 여기서 한발 더 나아가 마우스 커서를 그림 위에 가져가면 그림 위에 바로 정보가 뜨도록 하는 롤오버[Roll-over] 기법을 활용하고 있다. 널리 보급된 소프트웨어들이 점점 더 이러한 유형의 효과들을 지원하고 있다.

왼쪽은 팀 웹사이트에서의 전자 문서 링크 구성 방식을 나타낸 것이다. 여러분의 조직에 인트라넷[Intranet]이 갖춰져 있지 않거나 여러분을 도와줄 웹마스터가 없는 경우라도, 다수의 기존 소셜 네트워킹 프레임워크나 블로그 웹사이트가 이러한 종류의 기능을 지원한다. 이 모든 일을 하는 데엔 분명 시간이 소요되지만, 시각적 형태의 회의 자료는 생산성 향상을 돕고 시간에 걸친 집단의 기억을 유지하기 위한 요소의 한 부분이다. 왼쪽의 페이지 그림들을 보면 하나의 디지털 사진이 두 가지 크기로 저장되어 게시된 것을 확인할 수 있다. 여러분 또한 이렇게 할 필요가 있다는 점을 명심하라. 큰 이미지는 대개 별도의 창에 뜬다.

15. 원격 시각화
인터넷 회의에 태블릿 활용하기

여행 시간과 경비를 절약하기 위해 전화 회의와 인터넷 회의를 활용하는 경우가 점점 늘어나고 있다. 어떤 사람들은 이따금씩 대면 회의를 갖는 것을 제외하면 팀 업무의 상당 부분이 가상 공간에서 이뤄지는 것을 목격하고 있다. 많은 판매 팀들은 넓은 지역에 걸쳐 떨어져 있기에 아예 대면 회의를 갖지 않기도 한다. 한번은 비행기를 타고 아시아 지역으로 가던 길이었는데, 옆자리 사람이 어떤 첨단 기술 회사의 영업직 종사자였다. 그 회사의 영업 팀이 어떻게 돌아가는지 묻자, 그 사람은 거의 대부분의 일이 인터넷과 전화 회의를 통해 이뤄진다고 말했다. "그러면 지금은 왜 출장 중인가요?" 내가 이렇게 묻자, 그 사람은 이렇게 대답했다. "관계를 쌓기 위해선 사람들을 직접 만나야 합니다. 관리자 역할을 맡고 있는 사람으로서는 직접 모습을 드러내는 것만한 방법이 없답니다."

효과적 업무를 위해 대면 회의를 가질 필요가 전혀 없다고 주장하는 또 다른 동료도 있다. 그녀는 캘리포니아에 살고 있고 그녀의 매우 신뢰할 만한 동료들은 영국에 있는데, 그들은 서로 만난 적조차 없다. 원격 커뮤니케이션에 대한 비용 부담을 크게 낮춰준 인터넷 전화와 비디오를 일등 공신으로 하여, 이러한 일이 점점 더 가능해지고 있다.

그럼에도 내가 아는 대부분의 사람들은 사람들을 직접 아는 것이 큰 도움이 되며, 가끔씩 잘 계획된 모임을 갖는 것이 큰 차이를 만든다고 말한다. 나는 직접 만나는 시간을 갖는 것이 종류를 불문한 다문화 간 작업에 특히나 중요하다고 믿는다. 이 경우 사람들은 비즈니스 영어^{business English}를 매우 다른 방식으로 구사하며, 이들의 상이한

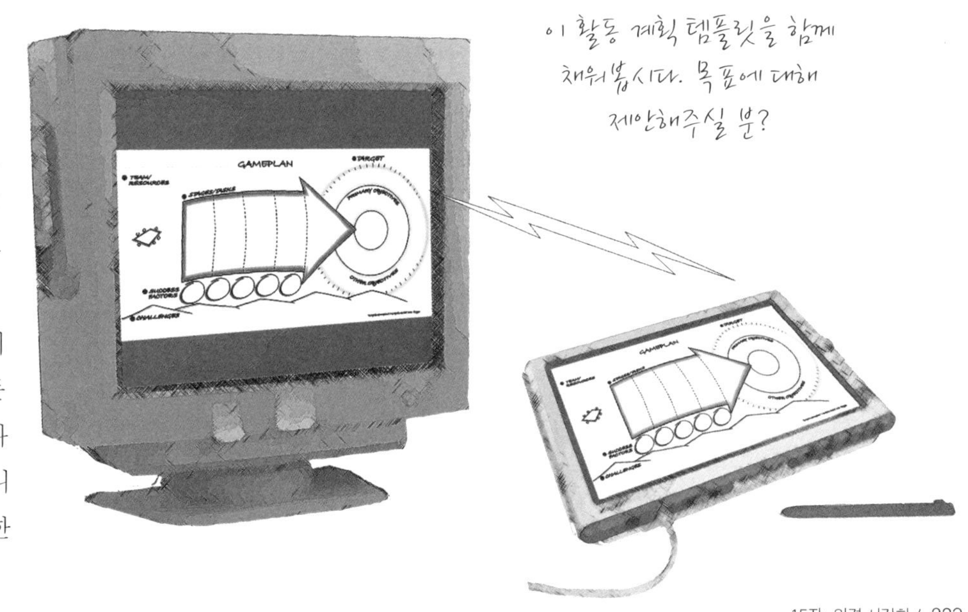

인생 경험은 합작 업무를 이해하기 위해 동원하는 비유 간의 큰 차이로 이어진다. 점점 더 많은 업무가 가상 공간상에서 이뤄지게 됨에 따라, 대면 상황에서든 가상 공간에서든 잘 진행된 회의를 갖는 것이 점점 중요해지고 있다. 여러분이 이제 막 온라인 작업 방식을 익히고 있는 중이라면 스트레스가 크겠지만, 좋은 소식이 하나 있다. 여러분을 도와줄 지원군이 갈수록 늘어나고 있는 것이다.

시각화는 참여를 증대시킨다

어떤 온라인 회의에서든 사람들의 관심을 유지하는 것은 중요한 과제며, 참여에 관한 내용을 다룬 2부에서 살펴봤듯이 활발한 시각화 작업은 이에 대한 직접적 방안으로 작용할 수 있다. 시각 자료를 활용하지 않는 가상 회의 진행자들은 사람들이 한 이야기를 반추하고, 참가자들에게 발언을 요청하고, 모든 참가자들이 한마디씩 하는 시간을 갖고, 참가자들의 지속적 참여를 유도하는 데에 큰 어려움을 겪는다. 예나 지금이나 가상 회의 중인 사람들은 딴짓을 하기 일쑤인 것이다.

최근 어떤 인터넷 회의에 대한 퍼실리테이션을 맡았을 때, 나는 사람들이 언제 회의 창을 띄워놓았으며 또 언제 다른 화면으로 넘어갔는지 보여주는 인터넷 회의 도구를 사용했다. 회의 동안 약 25%의 참가자들은 회의 화면을 맨 위에 띄워놓지 않았다. 이러한 조건하에서 더 높은 참여를 이끌어낼 수 있는 유일한 방법은 관심을 불러일으킬 만큼 충분히 흡인력 있는 회의를 이끄는 것뿐이다. 이는 대면 회의의 경우보다 조금 더 철저한 계획과 규율을 필요로 하는 일이다. 작업을 완수할 시간이 더 짧으며, 사람들이 실제로 어떤 반응을 보이고 있는지에 대한 단서가 훨씬 적기 때문이다.

웹 컨퍼런싱 소프트웨어 사용하기

오늘날 대부분의 대규모 조직이 제각각의 웹 컨퍼런싱 소프트웨어, 즉 인터넷 회의용 소프트웨어를 지원하고 있다. 이들 모두 일정 형태의 화이트보드 기능과 슬라이드 프레젠테이션 및 다른 문서들을 불러와서 볼 수 있는 기능을 갖고 있다. 이러한 슬라이드와 문서들을 여러분이 원하는 대로 얼마든지 시각적으로 작성할 수 있는 것은 물론이다. 이들 소프트웨어가 제공하는 것은 원하는 부분에 동그라미를 치거나 가리

간단한 화이트보드 템플릿

지도(MAPS)
체크 표시, 글 입력, 스탬프 찍기

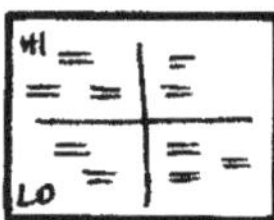

네 상자 격자(4-BOX GRIDS)
데이터 입력, 항목 정리,
범주 채우기

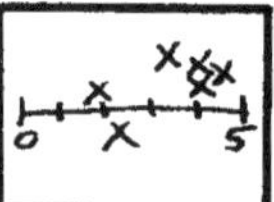

**신뢰지수
(CONFIDENCE INDEX)**
1에서 5 사이에 체크하기

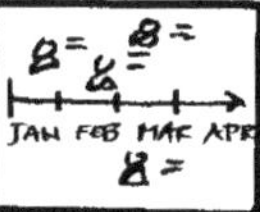

타임 라인(TIME LINES)
정보 입력, 사진 추가

키고, 화살표를 그리거나 그림 위에 글을 입력할 수 있는 추가적 기능이다. 어떤 소프트웨어는 참가자들이 정보를 가리킬 때 자기 이름이 들어간 커서를 사용할 수 있게 한다. 어느 정도 연습을 거치면 이만큼의 활동으로도 꽤 상호적인 비주얼 미팅을 진행할 수 있을 것이다.

서로 잘 모르는 사람들과의 회의를 개시하는 훌륭한 방법은 모든 참가자들에게 자신의 사진 파일을 전송하도록 하여 가상 좌석 차트를 만드는 것이다. 그리고 모두 돌아가며 자기 소개를 하고 앞으로의 협동 업무와 관계 있는 정보를 제공하도록 하는 시간을 갖는다.

사용 중인 소프트웨어가 참가자들이 직접 글을 입력하거나 체크 표시를 하고 간단한 그림을 그릴 수 있는 화이트보드 기능을 지원한다면, 옆 페이지에 나온 바와 같이 간단한 템플릿을 활용할 수 있는 방법이 많다. 내 동료 중 한 명이 인터넷 회의 진행 시 즐겨 사용하는 방식은 참가자들에게 텍스트 도구를 활용해 브레인스토밍을 하도록 한 뒤 간단한 네 상자 모델을 그려주고 거기에 항목을 정리하도록 하는 것이다. 그야말로 커서 전쟁이 벌어지지만 이 또한 재미의 일부이며, 참가자들은 아주 열심히 참여하는 모습을 보인다. 사람들이 네임 스탬프를 사용할 수 있다면, 타임 라인 템플릿을 활용해 자신이 그 프로젝트 또는 조직에 언제 합류했는지 나타내게 하는 것 또한 이러한 상호작용을 이끌어내기에 좋다. 참가자들은 자기들의 일 이야기를 검토하며 주요 사건을 추가할 수 있다.

내 경험상, 웹 컨퍼런싱 소프트웨어의 화이트보드 기능은 많은 글씨 쓰기와 그림 그리기가 요구되는 실시간 그래픽 리코딩과 같은 작업을 수행하기엔 너무 투박하다. 색상과 선 굵기를 바꾸기 위한 메뉴는 실시간 사용에 맞게 디자인되어 있지 않다. 하지만 이젠 오토데스크의 스케치북 프로^{Sketchbook Pro}나 마이크로소프트의 태블릿용 윈도우 저널^{Windows Journal}과 같이 태블릿상에서 자유자재로 실시간 리코딩할 수 있는 그림 그리기 프로그램들이 나와 있다. 이는 웹 컨퍼런싱 소프트웨어에서 제공되는 것 이외의 다른 애플리케이션들을 활용하고 태블릿 사용법을 익히는 '레벨업'을 요하는 작업이다.

거의 모든 웹 컨퍼런싱 소프트웨어가 '애플리케이션 공유'라는 기능을 갖고 있을 것이다. 이 기능은 여러분이 발표자를 맡았을 때 모든 참가자들이 여러분의 작업 화면^{desktop}을 볼 수 있게 해주는 기능인데, 이에 따라 여러분이 실행시킨 모든 애플리케이션들이 모두에게 보여진다. 여러분이 해야 할 일은 스케치 프

온라인상에서 기록하는 것의 이점

활발한 기록 작업은 대면 회의에서 그랬던 것과 마찬가지의 이점을 가상 회의에 가져온다. 구체적으로는 그래픽 퍼실리테이션의 다음과 같은 부분에서 도움을 준다.

☐ 시각적 피드백을 즉시 제공함으로써 사람들의 지속적 관심을 이끌어낼 수 있다. 단, 이것이 말의 흐름을 저해해서는 안 될 것이다.

☐ 템플릿을 미리 그려 회의 전에 배포함으로써 전화 회의 또는 인터넷 회의의 초점을 분명히 할 수 있다.

☐ 그림 일정표는 온라인 작업에 수반되는 한층 증가된 조직화 작업을 도와준다.

☐ 그림과 도표는 결정사항과 제안된 활동에 대한 요약을 가능케 한다.

☐ 활발한 기록은 완성된 작업에 대한 매력적인 문서를 제공하는 효과가 있다.

로그램, 즉 그림 그리기 프로그램을 실행시키는 것뿐이다. 이제 여러분은 펜, 펜슬, 에어브러시, 브러시, 지우개, 하이라이터 등의 도구 일체를 갖고 작업할 수 있게 된다.

태블릿 컴퓨터 활용하기

태블릿 컴퓨터는 여러분이 여러분의 화면들을 비추거나 태블릿 화면을 메인 화면으로 해두는 한 애플리케이션 공유 모드에서 동작한다. 태블릿 컴퓨터의 가격은 일반 컴퓨터와 거의 같은 수준이다. 컴퓨터에 연결해 사용하는 디자이너용 특수 태블릿 또한 그러하다. 출장에 소요되는 비행기 표 값이나 여타 경비를 고려하면 이러한 투자엔 충분한 가치가 있다. 비용보다 더 걸림돌이 될 수 있는 건 이러한 도구들의 사용법을 익히는 데 들여야 할 시간적 투자의 측면일 것이다. 여러분이 가상 회의와 떼려야 뗄 수 없는 관계를 맺고 있는 사람이라면, 태블릿을 사용함으로써 가능해지는 세부 묘사와 세련된 표현은 이러한 투자에 대한 충분한 보상이 되고도 남는다.

애플리케이션 공유 모드에서 스케치 프로그램을 사용하려면 몇 가지 난관이 따른다. 대부분의 웹 컨퍼런싱 소프트웨어는 모든 참가자들로 하여금 누가 온라인 상태로 채팅 창을 보는지 확인하거나, 질문 또는 설문에 응답할 수 있게 해주는 창을 갖고 있다. 이러한 창이 뜰 경우 참가자의 컴퓨터 화면상에선 디스플레이의 일부가 가려지게 된다. 이 창은 최소화될 수 있지만, 모든 참가자들이 어떻게 하는지 숙지하고 있어야 할 것이다. 여러분의 팀원들이 가상 회의에 익숙해져 있다면 이는 대개 문제가 되지 않지만, 가상 회의가 처음이라면 문제가 될 수 있다. 이 경우 스케치 프로그램에서 사용하는 작업 공간이 전체 화면의 2/3 정도를 차지하도록 함으로써 채팅 창이 떠도 가려지지 않게 하는 차선책을 택할 수 있다.

이 책은 가상 공간에서의 작업에 대한 모든 구체적인 사항을 포괄적으로 다루는 것이 아니라, 비주얼 미팅으로 어떤 일이 가능한지에 대한 개요를 제공하는 데 목적이 있다. 따라서 여기서는 웹 컨퍼런싱 소프트웨어와 태블릿, 그리고 여러분의 컴퓨터를 사용하는 방법을 익히는 데 필요한 모든 세부 내용들을 다룰 수 없다. 내가 전달하고자 하는 바는 종국에 어떠한 도구를 택하든 간에, 기술적 문제가 장애물로 작용하지 않도록 사용법을 철저히 숙지할 채비를 갖추라는 점이다. 처음엔 여러분을 기술적으로 도와줄 누군가가 필요할 수도 있다.

스케치 소프트웨어 없이 작업하기

현재 그로브는 그래픽 가이드 시리즈를 파워포인트 형식으로 제공함으로써 태블릿 없이도 애플리케이션 공유 모드에서 사용할 수 있도록 하고 있다. 이렇게 하면 그래픽 리코딩은 가능하지 않겠지만, 파워포인트 사용에 익숙한 사람이라면 사람들이 하는 이야기와 동의하는 바를 입력해 넣을 수 있게 된다. 여러분 스스로 고안해낸 템플릿 또한 이런 식으로 활용될 수 있다. 이러한 작업 방식에 있어 주된 난관은 소프트웨어를 사용함에 있어 사람들과의 상호작용이 원활히 이뤄지기 충분할 만큼 재빨라야 한다는 점이다. 그림이나 도표를 동원한 작업엔 대개 회의 시 사람들이 인내심을 갖고 견딜 수 있는 정도보다 훨씬 오랜 시간이 소요된다. 아주 대규모의 회의에선 사람들의 말을 워드프로세서를 이용해 글로 기록하는 것이 큰 종이에 기록하는 방식의 대안으로 작용한다. 텍스트 형태로 국한되긴 하지만, 이는 어쨌든 발언자들에게 그들의 의견이 경청되었다는 시각적 피드백을 제공한다. 어떤 사람들은 이 역할을 맡은 사람을 '첨단 서기techretary'라 부른다. 첨단 서기의 일은 빠른 타이핑 속도를 필요로 한다.

　1990년대 내내 나는 팔로알토 미래 연구소와 함께 '그룹웨어 유저 프로젝트Groupware Users Project'라는 프로젝트를 함께 진행했다. 이 프로젝트엔 40여 곳의 대규모 조직이 함께했는데, 이들 모두 다양한 종류의 집단 지향 소프트웨어가 그들의 업무에 미칠 영향을 평가하고자 노력하고 있었다. 이들은 P&G, 벡텔, HP, 세계은행World Bank 등의 기업들과 정부 기관들이었다. 우리는 애플, 마이크로소프트, MIT, 애리조나 대학에서 그룹웨어 기능의 현재에 관한 연 2회의 클라이언트 미팅을 갖고 비디오 회의 기법video conferencing, 오디오 그래픽스audiographics, 공유 화이트보드, 인터넷 회의 기법web conferencing, 전화 회의 기법teleconferencing, 협동 그림 그리기collaborative drawing, 팀 공간team rooms 등 당시 발명된 거의 모든 종류의 도구들을 실험해봤다. 대면 회의 시엔 프로젝터와 컴퓨터를 연결한 뒤 다양한 종류의 기록 소프트웨어를 시연했다. 이러한 행사의 수석 퍼실리테이터로서 나는 그 기술 대부분을 활용해볼 수 있었으며, 그 결과 어떠한 결론에 도달하게 되었다.

우리가 종이 위에 하듯 태블릿상에서 그림으로 필기하는 것이 여전히 집단의 사고 활동을 보조하기 위한 최고의 방법이다. 정보 삭제와 변경이 천천히 이뤄지는 것은 사람들의 기억 극장에 해가 되지 않는다.

사람들은 복잡한 무언가를 이해하고자 할 때, 나름대로 정보를 취합해 자기 마음속 또는 내가 '기억 극장memory theater'이라 여기게 된 곳에 놓인 노트에 늘어놓는다. 내가 발견한 바에 따르면, 방의 한 부분에서 차트를 기록했다가 다른 곳으로 옮길 경우 사람들은 그 차트의 정보를 참조할 때 여전히 기록이 이뤄졌던 위치를 가리키며 몸짓을 하곤 한다. 나는 데이터에 내재된 관계와 패턴에 관해 사고하고자 할 경우 이러한 기억 공간이 안정적으로 유지될 필요가 있다는 사실을 깨닫게 되었다. 정보가 여기저기 옮겨지며 상대적 위치가 끊임없이 변하면, 참가자들은 고차원적 패턴 탐색의 장이 되는 자기 나름의 내부 구조를 구축할 수 없게 된다. 다양한 유형의 소프트웨어들 중 여러분이 새로운 정보를 추가했을 때마다 끊임없이 디스플레이 형태가 변하는 어떤 것이든 간에 이러한 내부 구조의 안정성을 저해한다. 이들은 기록용으로는 좋을지 몰라도, 집단의 분석과 패턴 탐색을 돕기엔 좋지 않은 것이다. 우리가 종이 위에 하듯 태블릿상에서 그림으로 필기하는 것이 여전히 집단의 사고 활동을 보조하기 위한 최고의 방법이라 내가 생각하는 이유가 바로 여기에 있다. 정보 삭제와 변경이 천천히 이뤄지는 것은 사람들의 기억 극장을 그다지 망가뜨리지 않는다.

시각적 원격 회의

여러분이 주로 하는 회의가 원격 회의인 경우라도, 집단의 사고를 적절히 보조하는 논의 문서를 제공함으로써 비주얼 미팅을 이끌어갈 수 있다. 이는 지도나 도표, 모형, 목록 등일 수도 있고, 심지어 글로 된 제안서일 수도 있다. 페이지와 문단에 번호가 매겨져 있고 제목과 그림 영역이 명확히 지정되어 있다면, 집단은 원본 문서를 참조함으로써 시각을 동원해 회의에 임할 수 있다. 비교적 소규모의 작업 그룹들은 전화 회의 동안 이메일을 통해 실시간으로 문서를 주고받는 식으로 두 방법을 함께 사용하는 경우가 많다. 이러한 작업 방식은 의제 기획 회의에서 매우 흔하다.

IV. 계획 실행을 위한 그림과 도표

팀, 프로젝트, 결과 성취를 위한 시각 자료

IV. 계획 실행을 위한 그림과 도표

4부에서 여러분은 비주얼 미팅을 통해 계획 실행을 돕는 법과 팀의 성과, 의사결정, 프로젝트 관리, 교육, 혁신, 변화 등의 과정에 관계된 다양한 회의들에 대해 배우게 될 것이다. 이들은 모두 결과를 성취하고 진정으로 생산적이기 위해 필수 불가결한 종류의 회의들이다.

16장: 팀의 성과 뒷받침하기　팀 작업 과정의 단계 및 이행 단계와 높은 성과의 성취를 돕는 종류의 회의들에 대한 개괄

17장: 의사결정 회의　결정 체계의 유형에 대한 개괄, 의사결정 깔때기의 시각적 구축 과정에 있어서의 핵심, 합의 도달을 위한 최고의 시각적 활동들

18장: 프로젝트 관리 회의　로드맵 도표를 통한 팀의 일관된 방향 설정, 프로젝트 관리 소프트웨어 활용하기, 피드백과 체크인의 중요성

19장: 혁신과 변화 촉진하기　새로운 사업 모델 고안하기, 조직의 변화 돕기, P&G 혁신 워크숍, 변화를 뒷받침하기 위한 그로브 스토리 맵의 활용

20장: 트레이닝과 워크숍　학습 지향적 워크숍에서의 시각 자료의 활용, 발견 기반 학습 지도, 시각적 발표 인터페이스

16. 팀의 성과 뒷받침하기
목표, 역할, 활동 계획에 대한 시각화

　사고에서 실행으로의 이동은 체계와 구조에 대한 개념적 관조로부터 시간에 따른 활동 조율로의 이행이라 할 수 있다. 이는 계획과 아이디어에 자원을 투입하기 위한 결정이 내려졌을 때 시작되며, 프로젝트 구성과 이행 단계로 이어진다(때로는 높은 성과로까지 이어진다.). 생산성 높은 조직들은 학습과 인력계발에 또한 투자함으로써 미래의 프로젝트에 도움이 될 경험을 제공한다. 이 과정에서 모든 이들을 돕기 위해 비주얼 미팅으로 할 수 있는 일이 많다. 우선 의사결정과 역할 분담에 시각화 기법을 이용할 수 있으며, 활동 계획 수립 및 프로젝트 관리를 위한 다양한 그림과 도표 형식이 존재한다. 시각화는 궁극적으로 어떤 조직이든 회의로부터 얻고 싶을 훌륭한 결과인 혁신과 배움을 뒷받침하는 역할을 할 수 있다.

　퍼실리테이터, 프로젝트 매니저, 팀장, 판매 팀, 변화 관리자와 계발 전문가들development professionals 모두 시간에 따른 프로젝트의 경과를 예측하고 관리하는 도전에 직면한다. 이 소재를 파고 들어가는 한 방법으로서, 우리는 먼저 어떤 집단이나 팀이든 거치게 되어 있는 작업 과정의 큰 그림을 일반적 수준에서 살펴보고, 여기서 예상 가능한 국면과 단계는 어떤 것들이 있는지 확인해볼 것이다. 그리고 다양한 종류의 비주얼 미팅이 이 자연적인 과정을 어떻게 뒷받침할 수 있는지 보다 자세히 살펴볼 것이다. 이어지는 장들에선 각 단계를 보다 심도 있게 다룰 것이다.

팀이란 무엇인가

팀Team, 또는 협력집단이란 주어진 일을 완수하기 위해 협력해야 하는 모든 집단을 가리킨다. 팀이라고 불리는 작업 집단들이 많이 존재하지만, 이들은 사실 개별적 공헌자들과 관리자의 모임에 지나지 않는다. 이러한 유형의 작업은 콜센터나 고객 서비스, 심지어 교육의 경우에도 중요하다. 하지만 비주얼 미팅은 생산 팀, 변화 팀, 대형 계약 수주를 노리는 영업 팀이나 의료진, 디자이너, 에이전시 디렉터 등

의 전문가 팀과 같이 주어진 일을 해내기 위해 함께 힘을 합쳐야 하는 집단에게 가장 중요하게 작용한다. 어째서일까? 협력해야 하는 팀원들은 누가 어떤 일을 언제 해야 하는지에 대한 공통적인 생각을 공유할 필요가 있는데, 시각적 도구들이 바로 이 부분에 있어 엄청난 도움이 되기 때문이다.

팀 성과의 열쇠는 네 개의 흐름을 관리하는 데 있다

이 책 전반에 걸쳐 나는 만물이 움직이는 방식 그 자체가 그것이 드러나는 형태보다 더 중요하다고 주장해오고 있다. 아이디어 실행의 핵심은 이러한 관점을 바탕으로 모든 것을 시간에 따른 움직임으로 간주하고, 각 요소가 어떻게 자기 역할을 수행하는지에 주목하기 시작하는 것이다.

이 책의 구성 근간을 이루는 학습의 네 가지 단계는 시간에 따라 작용하는 활동의 네 가지 흐름이라는 형태로도 시각화될 수 있다. 이는 음악에 빗대어 말하자면 베이스, 테너, 알토, 소프라노의 구분 관계와 유사하다고 할 수 있다. 그로브는 퍼실리테이터들에게 이들 각각을 어떻게 관리할 것인지에 대해 생각하라고 가르친다.

1. **관심**Attention**의 흐름:** 무슨 일이 벌어지고 있는가에 대한 사람들의 의식과 자각은 언제나 존재하며 움직이고 있다. 이는 감지할 수 없는 대상이지만 팀의 성과에 있어 필수적인 부분이다. 이것은 우리가 어떤 일을 하고 있는 이유와 우리가 성취하고자 의도하는 바(행동을 촉진하거나 저해하는 요소로 작용한다.)에 대한 내면의 이야기다. 이 흐름은 상상과 인식을 통해 다뤄진다.

2. **에너지**Energy**의 흐름:** 이것은 회의 또는 과정 중의 감정적이고도 사회적인 흐름으로, 때로는 집단 역동성group dynamics이라고 불리기도 한다. 참여와 관련된 모든 것들이 이 수준에 관여한다. 이는 관심과 열의의 흐

름이다. 이 흐름을 이루는 요소로는 상호작용의 페이스와 리듬, 세기 같은 것 등이 있다. 느낌을 통해 이 흐름을 직접적으로 체험할 수 있다.

3. **정보**Information **의 흐름:** 이는 우리의 모든 작업 대상을 나타내고 해석하며 상징하는 아이디어, 연구, 분석에 관한 사고와 의사소통의 흐름이다. 정보화 사회인 오늘날엔 갈수록 많은 작업이 이 수준에서 이뤄지고 있다. 여태까지 이 책 전반에 걸쳐 살펴본 바와 같이, 생각이란 정적인 것이 아닌 대상을 탐구하고 패턴을 탐색하며 의미를 부여하는 역동적인 과정이다.

4. **작용**Operation **의 흐름:** 목적과 동기와 아이디어는 실제 활동상의 견인력을 필요로 하며, 더 많은 성취를 위해선 실질적 자원과 메커니즘이 필요하다. 실행 단계엔 추상적인 열망을 실질적인 재정적 결과와 연결시키는 과정이 수반된다. 의사결정과 프로젝트 관리, 조직 변화, 혁신의 흐름은 모두 이 수준에 대한 깊은 이해를 필요로 한다.

이러한 활동의 네 가지 흐름은 아서 영Arthur Young이 그의 과정 이론Theory of Process에서 설명한 네 가지 수준에 해당된다. 그의 연구는 이 흐름을 명확하고도 시각적으로 파악해내는 데에 매우 큰 도움이 되었다! 그는 공간기하학을 이용해 그의 개념을 설명함으로써 단어에 실린 모든 의미들로부터 해방될 수 있었다. 나는 내 개념을 AEIO라는 단어로 전환시킴으로써 여러분이 쉽게 기억할 수 있도록 만들었다. 혹은 '그래픽 퍼실리테이션의 모음vowels'이라 기억해도 좋다. 나머지 'U'가 가리키는 건 바로 여러분이다! 각각을 어떻게 다루는가는 여러분 자신의 스타일에 좌우된다.

만화가들은 이에 관해 알고 있다. 그들은 물리적 실제, 즉 인생의 근본적 전제bottom line이자 실제적 측면operational side을 표현함에 있어 3차원적인 그림을 사용한다. 실체를 가진 것의 그림엔 그림자가 드리워져 있고, 형체와 윤곽이 갖춰져 있으며, 우리가 볼 수 있는 세부적 특징이 나타나 있다. 생각은 2차원적인 개념적 그림, 말풍선, 생각풍선, 도표, 단어 등의 상징적 표현을 통해 재현된다. 움직임과 감정은 색깔과 움직임 선action lines이라는 1차원적 형태로 표시된다. 마지막으로, 만화가들은 상상의 세계에 속한 것을 가리킬 때 빛의 아우라나 후광을 사용함으로써 이들이 아무런 차원도 갖고 있지 않고 전적으로 상상의 산물임을

이러한 활동의 흐름 네 가지는 아서 영이 그의 과정 이론에서 묘사한 네 가지 수준에 해당된다. 그의 연구는 이 흐름을 명확하고도 시각적으로 파악해내는 데에 매우 큰 도움이 되었다! 그는 공간기하학을 이용해 그의 개념을 설명함으로써 단어에 실린 모든 의미들로부터 해방될 수 있었다.

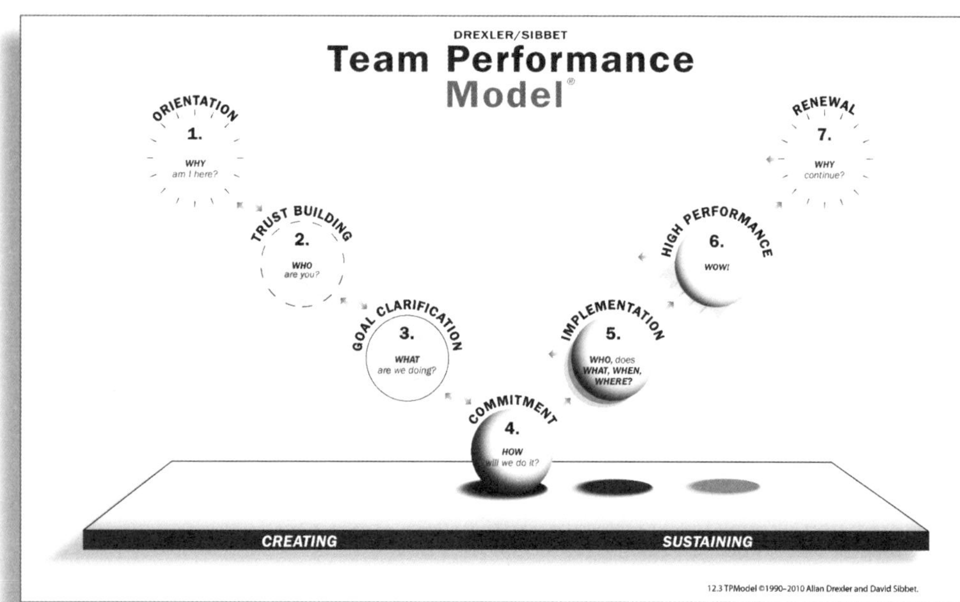

드렉슬러/시베트 협력집단 성과 모델

협력집단 성과 이론을 가르치는 과정에서, 앨런 드렉슬러와 나는 사람들의 장기간적 협력을 이끌어내는 데에 무엇이 수반되는지에 관한 전체상을 가늠할 수 있도록 도와주는 시각적 모델을 구축했다. 이 모델은 현재 팀을 구성하는 단계와 성과 지속에 관련된 단계 모두에 관해 이야기하는 데에 널리 활용되고 있다. 후자는 이 책에서 우리가 '실행(enactment)' 과정이라 부르는 것에 해당된다.

나타낸다. 이러한 규율에 따라 정보를 기록하면 사람들이 그들이 어떤 수준에서의 이야기를 하고 있는지 파악하는 데에 도움을 줄 수 있다. 또한 이 체계는 구체적인 현실을 3차원적으로 인지하며 땅과 동일시하고 상상의 세계를 차원에 구속되지 않은 하늘과 동일시하는 우리의 자연스런 지향성과도 일맥상통한다.

네 가지 흐름의 측면에서 살펴보는 팀의 작업 과정

앞서 설명한 네 가지 흐름을 여기 나온 드렉슬러^{Drexler}/시베트^{Sibbet} 협력집단 성과 모델^{TPM, Team Performance Model}의 기반 원리로 생각할 수 있다면, 왜 이 모델이 단순한 직선 형태가 아닌 V자 모양으로 그려져 있는지 이해될 것이다. 이것은 앨런 드렉슬러^{Allan Drexler}와 내가 과정 이론을 통해 그의 깁스/드렉슬러/와이스보드 모델(4장을 참고하라.)을 발전시킨 결과물이다.

영은 모든 과정이 처음엔 아무런 제약 조건도 없는, 그저 잠재적 에너지와 목적의식에 지나지 않는 상태로부터 출발해 예산이나 실제 인적 자원을 할당하는 시점엔 많은 제약 조건이 부과된 상태가 되어 있다고 주장한다. TPM의 네 번째 단계인 투입^{Commitment}이 이 상태에 해당한다. 계획 실행이란 이러한 제약 조건을 극복하고 높은 성과라는 자유를 되찾는 과정이다. 이는 13장에서 언급한 바 있는 주어진 제약 조건을 받아들이고 이에 통달한 데서 오는 형태의 자유에 해당된다. 이 책은 협력집단 성과 이론에 관한 책이 아니지만(이 분야의 참고 도서를 원한다면 23장에서 『Team Leader Guide』라는 책의 정보를 찾아보라.), 이 이론 체계는 시각화가 어떤 상황에서 효과적인지 이해하는 데 도움이 된다.

이 책의 지금까지의 내용이 이 모델에서 묘사된 팀 작업 과정의 초기 단계와 연결되는 내용이란 점을 알아차린 독자 여러분도 있을 것이다. 상상은 '왜^{WHY}' 여러분이 비주얼 미팅에 관한 책을 읽고 있는지에 관한 답을 제시한다. 참여는 사람들에게 서로가 '누구^{WHO}'인지 알게 해주는 신뢰 구축의 측면을 담당한다.

3부에서 살펴봤듯, 사고는 여러분이 이해하고 명확히 해야 하는 목표와 다른 정보가 '무엇WHAT'인가에 대한 것이다. 의사결정에 관한 다음 장에선 여러분이 '어떻게HOW' 결정을 내리고 팀원들에게 책임을 분담시킬 것인지에 관한 내용에 직접적으로 초점을 맞출 것이다. 책임 분담이 완료되면 이제 이행 과정이 시작될 수 있다. TPM은 학습 주기를 상상의 자유로부터 현실 세계의 제약에 이르렀다가 이행 과정 및 높은 성과와 재개renewal라는 실행 단계의 완수를 통해 다시금 자유를 성취하는 일련의 여정으로 간주함으로써, 이를 시각적으로 이해할 수 있는 또 다른 방법이다.

왜 이 모델이 바닥에 닿았다가 오른쪽의 실행 또는 지속 단계 동안 '튀어 오르는지' 궁금해하는 사람도 있을 것이다. 이는 아이디어나 계획이 실현되기 시작하면 시간적 요소가 중요해진다는 사실에 기인한다. 시간이란 네 가지 흐름 모두에 의해 영향을 받는데, 이 흐름 중 일부가 예측 불가능하다는 점에서 시간은 어느 정도의 불확실성을 갖는 요소이기 때문이다.

이 도표에서 분명히 드러나는 것은 활동 시 네 가지 흐름을 통합할 수 있는 한 방식이다. 컴퓨터 용어를 사용하자면 이는 '디폴트' 방법이라 할 수 있다. 하지만 여러분은 각 단계 사이에서 앞뒤를 가리키는 조그만 화살표들에 주목할 필요가 있다. 이것이 시사하는 바는 실제 팀의 작업 과정에서 각 구성원은 인식 정도와 관심사에 있어 서로 다른 위치에 머물러 있을 것이며, 팀 전체는 다음 단계로 나아갔다가 그들이 놓친 부분을 해결하기 위해 다시 돌아오는 과정을 반복하며 다양한 방향으로 움직이게 될 것이란 점이다. 앞서 설명된 그룹 그래픽스 키보드 모델과 마찬가지로 이 모델을 이루는 요소들은 왼쪽으로 갈수록 보다 근본적 특성을 띠고 오른쪽으로 갈수록 보다 복잡성을 띠도록 배치되어 있으며, 기본 요소들은 이후 단계에 다시 나타난다. 따라서 TPM은 팀 작업 과정에 대한 많은 발견의 기초가 되는 정신적 건반이라 할 수 있다.

활동 중인 팀에 대한 고찰

최근에 우리 그로브 직원들은 올해의 목표 설정을 마쳤으며, 우리의 일차적 목표에 대한 상당한 합의에 도달했다. 하지만 우리의 도전은 시간에 따른 활동의 조율 및 상충하는 요구들 간의 균형 유지라는 영역에 속해 있었지, 목표 그 자체는 큰 문제가 아니었다. 첫 기획 회의 동안 우리는 우리가 만족스러운 수준의 합의에 도달해 있음을 느꼈다. 우리가 타임 라인이 포함된 로드맵을 걸고 구체적 계획을 위한 세부 이정표를 사실상 세우기 시작하자, 대화 양상은 이전과 전혀 다른 수준의 구체성과 원동력을 띠고 있었다. 우리는 실행 단계로 넘어온 것이었다.

비주얼 미팅과 팀의 성과

나는 TPM을 사람들이 갖는 회의의 유형들을 살펴보기 위한 이론 체계로 삼았으며, 반복되는 것들은 팀이 거쳐야 하는 다양한 단계들을 뒷받침하는 것으로 이해될 수 있다는 사실을 깨달았다. 가장 일반적인 수준에서, 전략 형성과 팀의 구성 그 자체 및 기획 과정은 각각 방향 설정^{orientation}과 팀 형성 회의와 프로젝트 기획 회의에 의해 뒷받침된다. 지금까지의 이 책 내용은 여기 표시된 것들을 포함해 이러한 종류의 회의들을 위한 도구들로 채워져 있었다.

옆 페이지에 표시된 실행 단계들은 의사결정 회의, 진행 상황 및 프로젝트 검토, 창의적 혁신 세션 또는 실습^{labs}, 그리고 최종적으로 계발 활동에 의해 뒷받침된다. 오늘날의 디지털 환경에선 이들 모두 온라인상이나 전화상에서 이뤄질 수 있다.

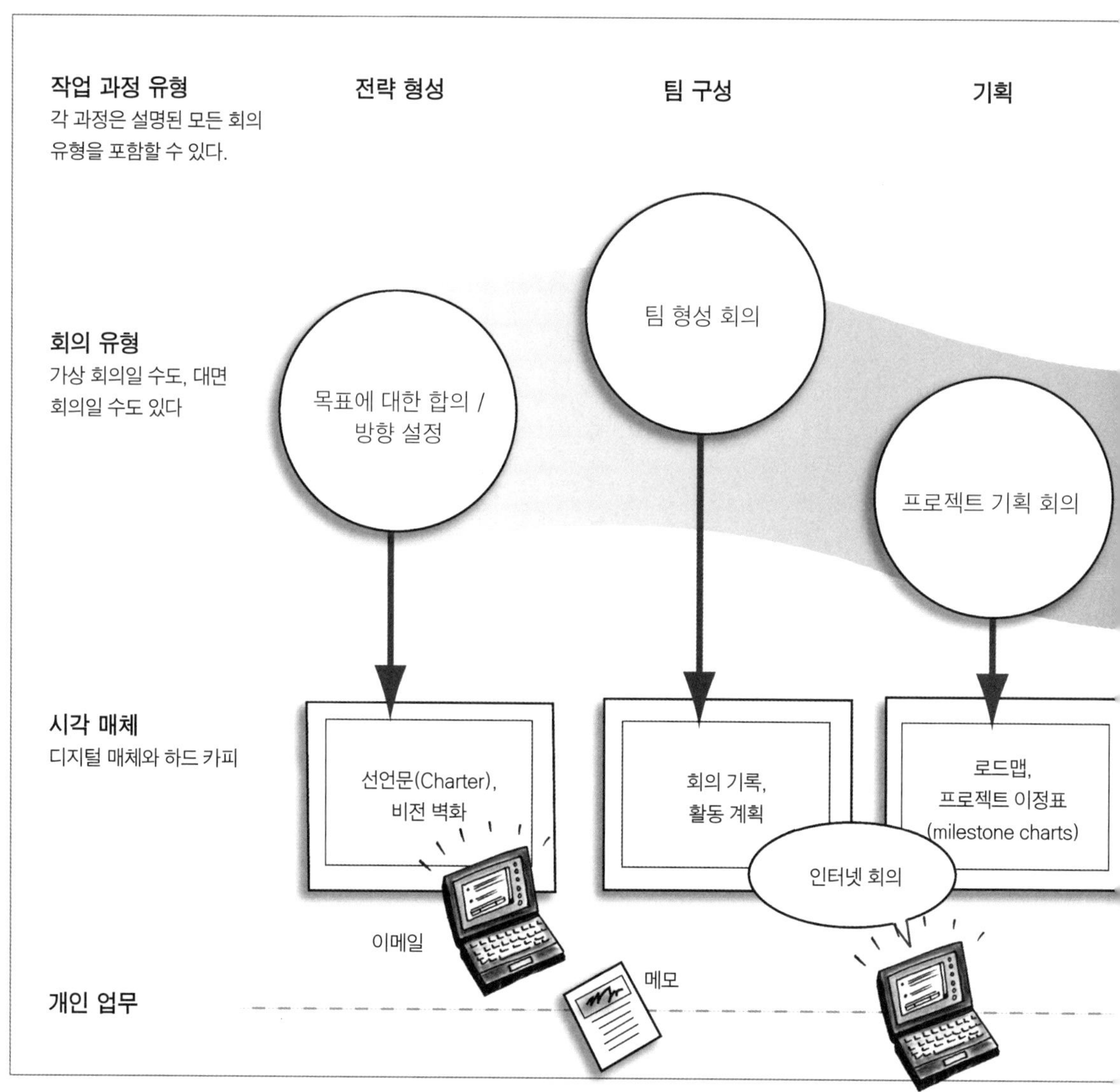

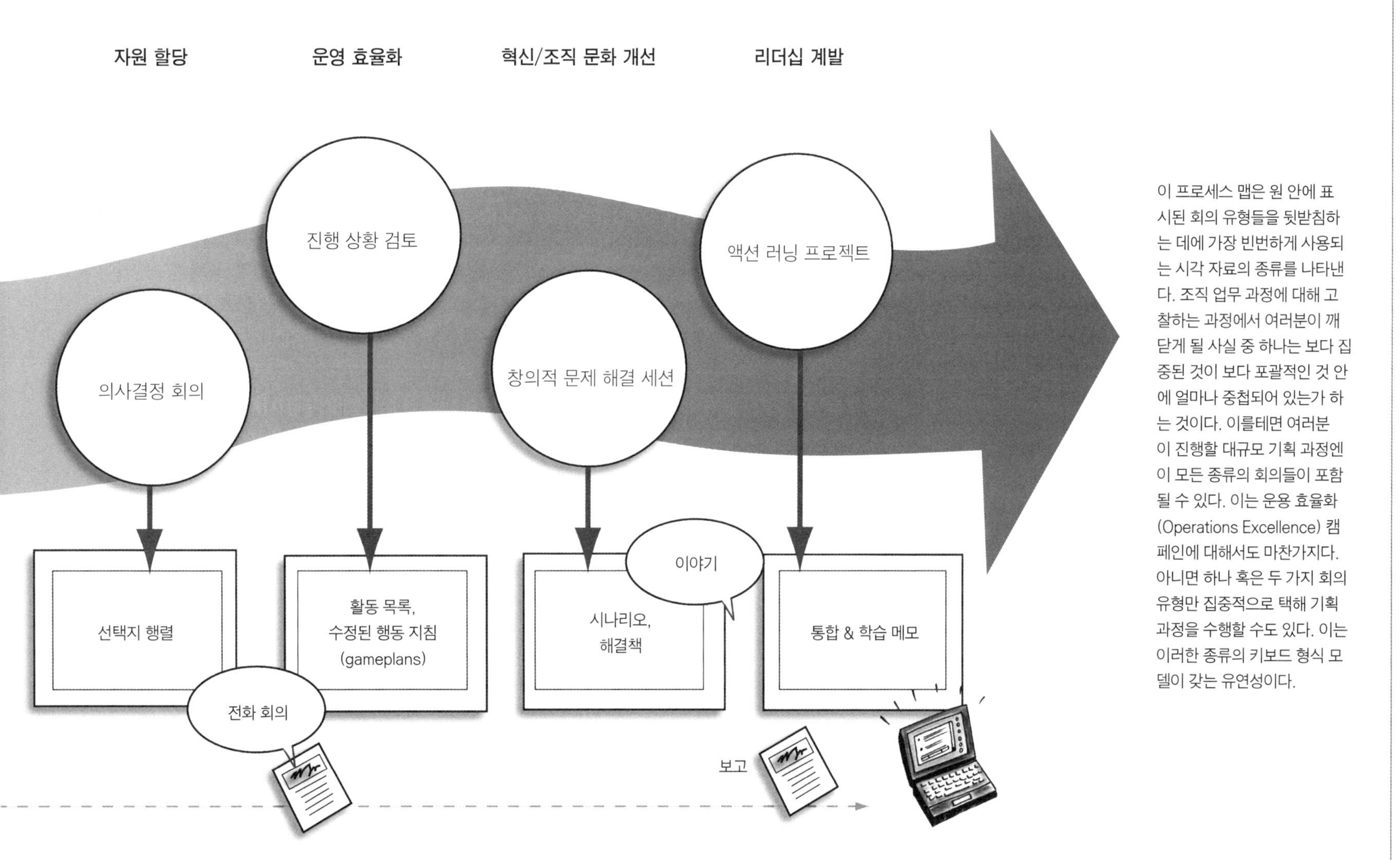

이 프로세스 맵은 원 안에 표시된 회의 유형들을 뒷받침하는 데에 가장 빈번하게 사용되는 시각 자료의 종류를 나타낸다. 조직 업무 과정에 대해 고찰하는 과정에서 여러분이 깨닫게 될 사실 중 하나는 보다 집중된 것이 보다 포괄적인 것 안에 얼마나 중첩되어 있는가 하는 것이다. 이를테면 여러분이 진행할 대규모 기획 과정엔 이 모든 종류의 회의들이 포함될 수 있다. 이는 운용 효율화(Operations Excellence) 캠페인에 대해서도 마찬가지다. 아니면 하나 혹은 두 가지 회의 유형만 집중적으로 택해 기획 과정을 수행할 수도 있다. 이는 이러한 종류의 키보드 형식 모델이 갖는 유연성이다.

최고의 팀 활동

팀을 위한 검증된 비주얼 미팅 기법들 중 다음 몇 종이 이 책의 다양한 부분에 수록되었다.

- **팀 선언문**Team Charters : 스폰서에게 정의된 대로의 모든 팀의 목적과 목표를 보기 쉬운 형식으로 한데 모아라. 이것이 여러분의 팀 선언문이다.
- **팀 프로필**Team Profiles : 약간의 시간을 투자해 팀 구성원들이 팀에 기여할 수 있는 모든 능력과 자원을 차트에 나타내보라.
- **목표 명확화**Goal Clarification : 팀 활동의 구체적인 표적을 설정하는 것은 매우 귀중한 일이다. 그래픽 게임플랜Graphic Gameplan의 중심적 기능이 여기에 있다. 앞서 다룬 몇몇 포스트잇 과정 또한 이 작업에 효과적이다.
- **의사결정**Decision Making : 다음 장에서 우리는 의사결정 깔대기decision funnel를 시각적으로 만드는 방법과 프로젝트 종결closure 및 합의를 향한 일련의 단계를 거쳐 일하는 법을 살펴볼 것이다.
- **활동 계획 수립**Action Planning : 그래픽 게임플랜, 로드맵 또는 이에 상응하는 것들은 활동 과정에서 어떤 팀이 꾸준히 따를 필요가 있는 길잡이 역할을 할 것이다. 이들을 시각적 기법으로 함께 만듦으로써 모두가 현재 어떤 일이 진행되고 있는가에 대한 공통적인 그림을 공유할 가능성이 크게 높아질 것이다. 한 사람에게 기획을 전담시키는 것이 계획을 명문화시키는 측면에선 보다 효율적으로 보일 수도 있겠지만, 모든 팀원들이 그 계획을 이해하지 못하거나 거기에 동의하지 않는다면 결국 이행 과정에서 문제를 초래할 것이다.
- **프로젝트 체크인**Project Check-Ins : 좋은 팀 작업을 위해 필수적인 활동 중 하나로 정기적인 경과 검토 시간을 갖는 것을 들 수 있다. 시각적 행동 지침과 활동 목록은 생산성 향상을 위한 필수적 도구다.
- **사례 연구**Case Studies : 높은 성과를 얻는 데 전념하는 조직은 구성원들이 시간을 들여 지난 프로젝트들과 작업 과정을 검토하도록 후원할 것이다. 그림과 도표를 동원한 사례 연구 활동은 모든 이들로 하여금 그들이 무엇을 배웠는지 보고 공유할 수 있게 해주는 멋진 환경으로 작용한다.

17. 의사결정 회의
합의 도달 및 합의사항에 대한 집단의 헌신 확보

회의는 결정이 내려져야 할 시점이 되면 막다른 곳 또는 전환점에 도달한다. 사람들에게 방향을 제시하고 참여를 유도하며 아이디어를 이끌어내기까지 하는 이 모든 일련의 과정은 합의점을 찾아 추진을 결의해야 하는 단계에 접어들면 정점에 이르게 된다. 이번 장에 제시되는 간단한 가이드라인을 준수한다면 비주얼 미팅은 여러분에게 큰 도움이 될 수 있을 것이다. 모범적인 의사결정 과정은 다음과 같다.

1. 회의에서 의사결정 단계에 접어들기에 앞서 어떤 결정 과정을 사용하고자 하는지 명확히 하라 (여러분의 회의 스폰서와 어떤 의사결정을 택할지 논의할 때 이 페이지에 수록된 삽화를 사용하라.).
2. 프로젝트 종결을 위해 여러분이 취할 일련의 단계들을 나타내는 도표인 '의사결정 깔때기decision funnel'를 만들라.
3. 결정을 내린 뒤 그림과 도표를 동원해 그것을 기념하라.
4. 확신도 검사confidence check를 진행한다.
5. 결정사항을 문서화하고, 회의 후 이메일을 통해 전달한다.

각 단계별로 살펴보며 시각 자료가 어떤 도움을 줄 수 있는지 확인해보자.

선택 가능한 의사결정 유형을 명확히 숙지하자

퍼실리테이터들에게 의사결정 과정을 이끄는 법을 가르치는 과정에서, 나는 관련 문헌 연구를 통해 위와 같이 다양한 의사결정 방식들에 대한 통합적 도표를 만들어냈다. 나는 종종 이 그림을 의뢰인들에게 그

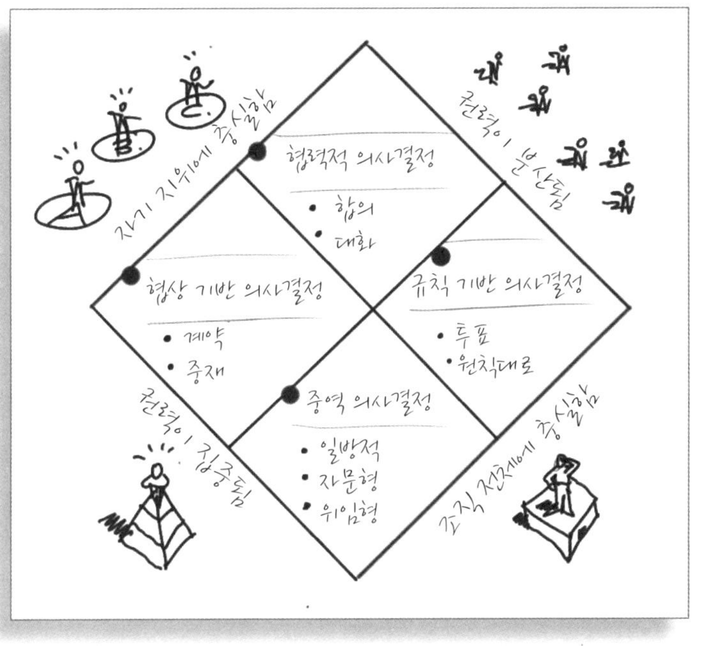

의사결정 과정의 유형

권력 분산 형태와 사람들이 충실히 고수하는 대상은 효과적 의사결정을 위해 어떤 유형의 회의가 요구될 것인가에 대한 두 가지 강력한 결정 인자다. 여기 제시된 네 종류의 의사결정 접근법은 이 격자에 묘사된 조건하에서 가장 큰 위력을 발휘하는 경향이 있다.

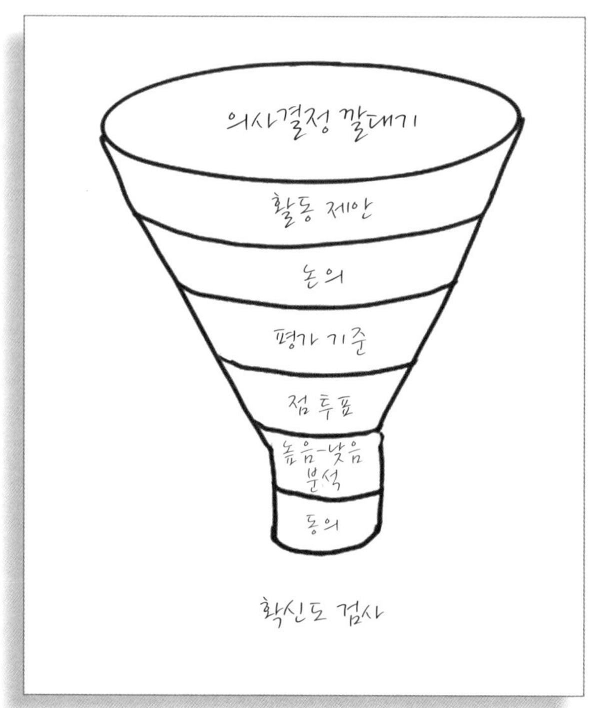

의사결정 깔때기
회의 참가자들이 그들이 동의하는 바를 한 번에 조금씩 볼
수 있게 해주는 일련의 단계들을 제안한다.

려 보여주며 회의의 결정 단계에 도달함에 있어 그들 앞에 놓인 선택지들을 알려주곤 한다. 앞 페이지 그림의 사분면은 권력의 분포 형태와 사람들이 보다 충실히 여기는 대상을 기준으로 만들어진다. 만약 여러분이 이끄는 집단이 부모/교사 관계나 조직 간 모임 또는 컨퍼런스의 경우와 같이 분산된 권력을 갖고 있으며, 사람들이 전체 조직보다는 그들 자신의 관심사와 위치에 더 충실히 행동한다면, 협력적 의사결정 방식이 적합하다. 반면에 군대 조직이나 스포츠 팀 또는 질서정연하게 조직된 회사와 같이 조직 전체에 대한 충성도가 높으며 권력이 상대적으로 집중된 형태의 집단이라면(한 예로 경영 팀을 들 수 있다.), 중역 의사결정 방식을 택할 수 있다.

협상 및 규칙 기반 의사결정법은 이 둘을 보완하는 역할을 한다.

각 접근법은 여러 형태로 변형될 수 있다. 이 책은 의사결정법에 관한 책이 아니라 비주얼 미팅에 관한 책인 만큼, 나는 비주얼 미팅 기법이 어떻게 의사결정 과정을 뒷받침할 수 있는지에 초점을 맞추고자 한다. 시각적 틀을 제공하는 것은 의미 있는 첫걸음이라 할 수 있으며, 사람들은 이 모델을 통해 각 선택지가 의미하는 바에 관해 이야기를 나누고 어떤 방식을 택해야 할지 명확히 인지할 수 있다.

물론 조합 또한 가능하다. 흔한 경우는 팀이 짧은 회의를 갖고 있으며, 재빨리 결정하고 행동에 옮길 필요가 있을 때 발생한다. 또한 팀장이 조직으로부터 전권을 위임받아 팀이 할 일을 결정할 권한을 가졌으면서도, 팀원들로부터 더 많은 의견input을 받아들여 가능한 한 협력적으로 일을 진행하고 싶어 할 수도 있다. 이 경우 회의 개시 후엔 짧은 시간 동안 가능한 한 충분한 합의를 얻음으로써 의견 일치를 이끌어 내고자 하되, 그 시간이 끝나갈 즈음에도 합의에 이르지 못했다면 중역의 권한으로 결정을 내릴 수 있다.

의사결정 깔때기 만들기

사람들의 의견을 단번에 일치시키려 하기보다 일련의 단계를 거쳐 차근차근 합의에 도달케 하는 것과, 회의 진행 과정에서 그들에게 그들이 얼마나 동의하고 있는지 보여주며 헌신으로의 길을 다지는 것은 합의 지향적 회의를 위한 의사결정 기술의 일환이다. 판매 분야의 사람들은 고객에게 시험적 질문들을 던지도록 훈련받는다. 이는 고객이 동의를 표할 간단한 질문들을 의미한다. 이 질문들은 제품 또는 서비스를 구매할 것인지에 대한 궁극적 질문을 향해 꾸준히 나아간다. 그때쯤 되면 그들은 합의의 전체적 패턴이 성립되었음을 깨닫게 된다. 마찬가지의 전략이 회의에서도 효과를 거둘 수 있다.

의사결정 깔때기와 결합될 수 있는 최고의 활동들을 몇 개 살펴보자. 모두 차트에서 작업하면 된다.

1. **활동 제안 만들기**: 사람들에게 각자의 선택을 포스트잇에 기입하게 하거나, 발언토록 하여 이를 큰 차트에 기록한다. 기록엔 주로 리스트 형식이 적합하다.

2. **좋은 선택의 기준 수립**: 대개 평가 기준 리스트의 작성을 의미한다.

3. **토론**: 사람들이 이런저런 제안들을 옹호하면 차트상의 지목된 항목 근처 여백에 메모함으로써, 집단의 관심사가 항목 근처의 메모양이라는 형태로 시각적으로 드러나도록 한다.

4. **점 투표**: 사람들에게 점 스티커를 나눠준 뒤, 차트상의 그들이 선호하는 항목 근처에 붙이도록 한다. 대개 전체 항목 수의 1/3에 해당하는 개수의 스티커를 나눠주는 것이 좋다. 이 활동은 선택을 둘러싼 사회적 상호작용을 돕는 역할을 한다.

5. **중복 투표**: 모든 항목에 번호를 매긴 뒤, 사람들에게 그들이 선호하는 상위 1/3개의 항목들에 대한 목록을 작성하도록 주문한다. 그리고 각 항목마다 손을 들게 하여 득표수를 기록한다. 이 활동은 지도적 위치에 있는 인물의 선호에 따라 표가 몰리는 현상을 방지하는 효과가 있다.

6. **높음-낮음 분석**: 차트를 하나 준비해 위쪽에는 '높음', 아래쪽엔 '낮음'이라 기입한 뒤 사람들에게 그 축을 따라 포스트잇을 정렬하도록 주문한다. '쉬움'과 '보다 어려움'이라는 두 번째 축을 추가할 경우 또 한 번의 정렬이 이뤄질 수 있다.

7. **대표 지지 발언**Leadership Advocacy: 팀장 또는 다른 이들을 불러 그들의 관심사를 나타내도록 함으로써 집단의 결정을 촉진시킨다.

8. **합의 요청**: 집단에게 그들이 합의사항이라 생각하는 것을 말해보도록 한다. 누군가 발언하고 나면, 다음과 같이 물어보며 그것이 정말로 전체적 합의사항인지 확인하도록 한다. "이 합의 내용을 받아들일 수 없는 분 계신가요? 저기 한 분, 두 분, 세 분 계시군요." 이와 같은 공간을 제공하는 것은 모든 이들을 함께 끌

1. 집단이 한 해 목표나 어떤 활동 계획이 겨냥하는 일련의 목표들, 혹은 교육 프로그램의 디자인과 같이 주어진 사안에 대한 합의에 도달한 시점에서 시작한다.

2. 선을 하나 그리고, 그 위에 0점부터 10점까지를 나타내는 열 개의 눈금을 표시한다.

3. 참가자 전원에게 그들이 내린 결정이 좋은 것이라는 데 대해 얼마만큼의 확신을 갖고 있는지 각자 점수를 매겨보도록 한다. 10점은 전적인 확신을, 0점은 확신이 전혀 없음을 의미한다.

4. 모두에게 자신의 점수를 부르도록 하여 알맞은 눈금에 X 표시를 한다.

5. 완성된 도표는 합의사항에 대한 집단의 확신 정도를 나타내는 시각적 표현이 될 것이다.

6. 비교적 낮은 점수를 준 사람들에게 그들이 완전히 확신할 수 있기 위해선 어떤 일들이 일어날 필요가 있는지 말해보도록 한다.

7. 발언자들에게 이러한 종류의 우려를 표하는 것은 결정된 바에 대한 헌신을 강화하는 것은 물론이고 보다 효과적인 이행으로 이어질 수 있다며 감사를 표하도록 한다.

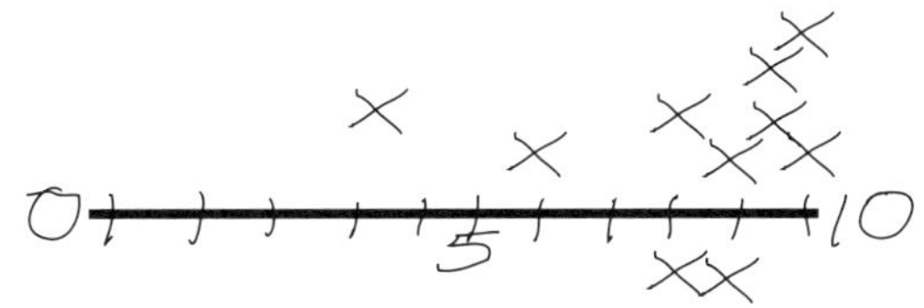

고 가기 위해 필수적이다.

9. 밤새 생각할 시간 주기: 첫날엔 초안만 완성한 뒤, 다음 날에 돌아와 체크한다.

10. 확신도 검사: 앞 페이지의 단계별 안내를 참고하라.

토론 과정을 반복해 추가적 제안을 구하는 단계로 회귀한 뒤 다시 점 투표를 할 수도 있다. 결정된 바에 대한 집단의 합의를 얻고자 한다면, 충분한 시간을 들일 준비를 하라. 의사결정 과정은 천천히 이뤄지는 것이 유익하며, 속도는 이행 과정 동안 올리면 된다.

결정사항에 대한 주인의식 확립 및 전달

일단 결정이 이뤄지면 그것을 시각적으로 못박기 위한 한 방법으로 그것을 비전 또는 전략 계획과 같이 주된 템플릿에 기록하는 것을 들 수 있다. 회의의 결정 단계에선 기록 대상을 사람들이 말하는 모든 내용에서 합의사항만으로 바꾸는 것이 도움이 된다. 여러분은 이러한 변화를 사람들에게 명확히 해둘 필요가 있으며, 이를 시각적으로 형상화하는 것은 모두가 그 변화를 인지하고 뒷받침할 수 있도록 하는 데에 유용하다. 최종 단계는 결정사항이 사람들에게 잘 숙지되어 그들이 그것을 철저히 준수하고 이행할 수 있게 되었는지 분명히 하는 것이다. 때로는 이것이 회의에서 곧바로 이뤄질 수 없지만, 만약에 이뤄진 경우엔 그 사람들의 이름을 차트에 기입하도록 하라.

결정사항을 기념하는 또 다른 방법은 모두에게 각자 결정 차트에 서명하도록 한 뒤, 마지막으로 그 앞에서 단체 사진을 찍는 것이다. 회의가 끝난 뒤 차트의 사본과 단체 사진을 보내면 그것은 합의사항을 강화하는 역할을 한다. 합의된 바에 대한 헌신은 이행 단계에 있어 너무나도 중요한 것이기에, 합의 도출 과정에 많은 시간과 관심을 쏟는 것은 매우 도움 되는 일이다.

좋은 프로젝트 매니저와 팀장이라면 합의 내용과 결정사항을 기록하는 데 그치지 않고, 이를 일종의 형식적 메모 형태로 정리해 그것 또한 회의 후에 보낼 것이다.

18. 프로젝트 관리 회의
그림으로 진행 상황 나타내기

루카스필름^{Lucasfilm}의 계열사인 인더스트리얼 라이트 앤 매직^{ILM, Industrial Light & Magic}은 컴퓨터 그래픽 시각 효과를 개척한 회사로 널리 알려져 있다. 어느 날 나는 그들이 갓 완성한 영화 중 한 편의 제작 보고회에 대한 퍼실리테이션을 의뢰하는 전화를 한 통 받았다. 그 영화의 제작 과정은 도전 그 자체였기에, 그들은 모든 다양한 파트들이 각자 배운 바를 나눔으로써 다음 영화에 도움이 될 수 있길 원했다. 우리는 오른쪽에 나와 있는 바와 같은 템플릿을 고안해 그 모임의 초점으로 삼음으로써, 약 35명에 가까운 전체 인원으로 하여금 그들이 배운 모든 것에 대해 두 시간의 내실 있는 대화를 갖도록 성공적으로 인도할 수 있었다. 이러한 종류의 프로젝트 검토 회의는 프로젝트의 실행 단계에서 아주 귀중한 역할을 한다.

ILM에 갔을 때 나는 견학 기회를 얻었는데, 거기서 그들의 일상적 작업 관리에 핵심적 역할을 하는 또 다른 시각적 도구와 맞닥뜨리게 되었다. 그것은 스튜디오 근처 복도에 걸린 대형 디스플레이 하나로 이뤄져 있었다. 그 디스플레이 위엔 그날 이뤄지는 촬영 분량을 나타내는 카드들이 각 단일 프로젝트별로 다른 색깔을 띤 채 붙어 있었다. 각 카드는 해당 프로젝트와 촬영 유형에 관한 기본적 정보를 포함하고 있었으며, 촬영에 어느 스튜디오가 사용될 것인가에 따라 시각적으로 표시되어 있었다. 그 벽은 시설의 전반적 활용 상태를 한눈에 파악할 수 있게 해주었다. 프로젝트들은 출퇴근 기록 카드 시스템을 활용하는 것과 거의 마찬가지로 그 벽에 로그인하고 로그아웃했다. 디지털 혁명의 중심지인 이곳에서 그러한 디스플레이를 목격하고 나니, 새삼 대형 아날로그 디스플레이의 위력을 실감할 수 있었다!

프로젝트 검토를 위한 시각 자료

주요한 약속과 결정이 이뤄진 뒤 프로젝트 착수 단계로 접어들면, 비주얼 미팅은 다음과 같은 세 가지의

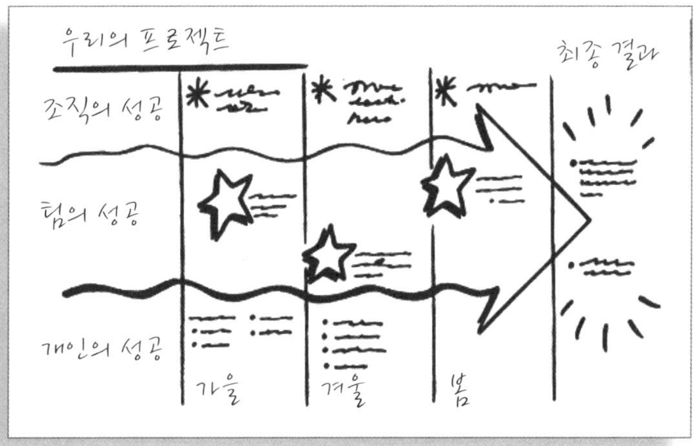

프로젝트 보고 차트

이 템플릿은 한 대작 영화의 완성으로부터 배운 모든 것을 그려보기 위해 고안된 것이다.

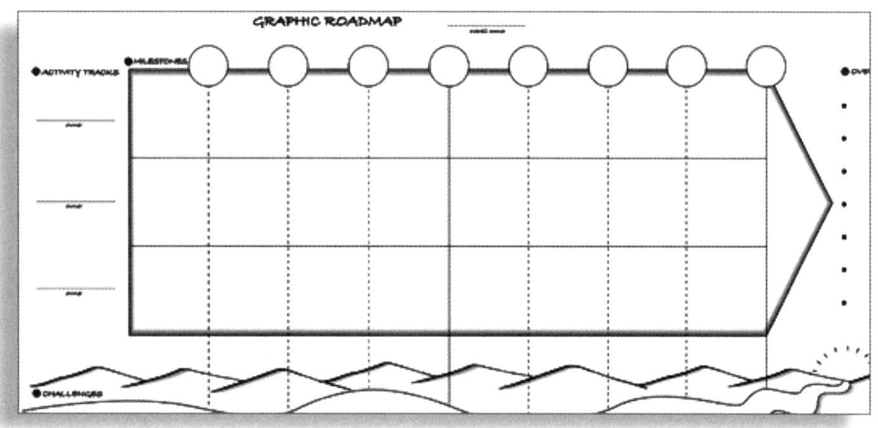

로드맵 도표

프로젝트 팀에게 그들의 과업을 시간에 따라 나타내보
도록 주문하면, 이는 모두를 일반적인 기획 모드와는 사
뭇 다른 활동 모드로 전환시키는 역할을 하게 된다. 이 그
림은 로드맵 작성을 위한 그로브 그래픽 가이드 템플릿
의 모습이다.

일반적 영역에서 제 몫을 하게 된다.

1. **집단 활동 계획 수립**: 이는 팀으로 하여금 힘을 합쳐 해당 프로젝트 또는 프
   로그램을 어떻게 수행해나갈 것인지를 명확히 한 뒤 합의된 바를 타임 라인
   에 나타내게끔 하는 과정을 수반한다. 앞서 살펴본 바 있는 그래픽 게임플랜
   및 로드맵 템플릿 모두 이러한 유형의 시각 자료의 예에 속한다.
2. **시각적 진행 상황 보고**: 일단 프로젝트 계획이 수립되면, 그것을 진행 상황 기
   록에 곁들여 주기적으로 보내질 수 있는 형태로 표현할 수 있다.
3. **프로젝트 검토 및 문제 해결**: 모든 것을 계획된 대로 굴러가게 하기 위해, 또
   는 문제를 해결하기 위해 프로젝트는 빈번한 수정 작업을 필요로 한다.

로드맵 만들기

활동들을 달력 위에 나타내는 작업은 이행 과정이 어떻게 이뤄질 것인가에 대한 시뮬레이션으로 집단을
직접 끌어들이는 역할을 하며, 많은 경우 활동의 실질적 시작으로 작용한다. 로드맵은 논리적으로 함께
가야 하며 리더를 필요로 하는 활동의 흐름들을 시각화한다. 또한 로드맵은 목표와 이정표를 보여준다.
일단 이 틀을 갖추고 난 다음엔 포스트잇의 형태로 활동들을 추가하면 된다.

나는 싱가포르에서 아시아 지역에서의 재능 관리를 위한 비전 및 전략을 수립한 인적자원 관리자들의
그룹과 함께 일한 적이 있다. 그들이 속한 회사는 유럽에 근거지를 두고 있었지만 아시아 지역에서 급속
도로 성장하고 있었으며, 자사의 성공이 아시아인들을 요직에 등용해 그들로 하여금 그 지역에서의 작업
을 이끌도록 하는 데에 좌우될 것이라 믿고 있었다. 아시아 지역의 각 국가들이 그 나라의 제약 조건에 특
화된 전략을 수립하도록 하는 것은 매우 중요한 일이다. 그들은 그들의 계획을 실행하기 위한 첫 단계로
서 각 국가를 위한 로드맵 도표를 완성하기로 결정했다.

일단 이 페이지에 수록된 바와 같은 틀이 제시되자, 중국 팀은 포스트잇을 사용해 함께 활동 계획을 나

타내는 작업을 꽤나 능숙하게 해냈다. 네 명의 팀원들 모두 차트 주위에 둘러서선 의견을 제시하거나 수정을 요구하기에 여념이 없었으며, 약 한 시간 이내에 꽤나 포괄적인 계획의 초안을 완성해냈다.

어떤 조직들은 그들만의 계획을 수립하기 위해 사용하는 프로젝트 관리 소프트웨어를 보유하고 있다. 하지만 내용을 만들어내기 위해 협력하는 데에 비주얼 미팅법을 활용할 경우, 사람들은 수립된 계획에 대한 높은 주인 의식을 갖게 된다. 반면 이 작업을 팀장 또는 프로젝트 매니저 혼자서 특수 소프트웨어상에서 수행한다면, 그 또는 그녀는 모든 이들에게 그 계획의 이점을 납득시키기까지 상당한 시간을 소모하게 되거나 "날 믿어주세요."라는 모드로 후퇴하게 될 것이다.

진행 상황을 보여주기 위한 시각 자료

프로젝트 관리를 위한 표준 도표 형식은 간트 차트^{Gantt Chart}라 불리는 것으로, 이는 그다지 명백한 비유를 포함하지 않은 로드맵의 한 종류다. 간트 차트는 시간에 따른 과업들의 시작 및 종료 시점을 보여주는 간단한 행렬로, 때때로 다른 정보 또한 곁들여지기도 한다. 간트 차트는 프로젝트 관리 소프트웨어가 제공하는 표준 도표에 속하며, 오른쪽에 나와 있는 그림처럼 생겼다. 이러한 유형의 도표들은 일어나야 하는 모든 일들을 상술하는 데에 매우 유용한 역할을 할 수 있다. 여러분이 프로젝트 매니저가 아니라면 살펴보기 버거울 수 있지만, 이들은 사본을 만들어 완성된 작업을 강조함으로써 진척도를 보여주는 데에 활용될 수 있다. 이는 여러분이 사용 가능한 어떤 소프트웨어에서든 수행할 수 있는 작업이다.

ILM엔 스튜디오 사용 현황을 보여주는 큰 벽 외에도 프로젝트 코디네이터가 있었다. 그녀의 사무실엔 비교적 작은 크기의 간트식 차트가 있었는데, 이는 ILM 프로젝트의 예측 가능한 대여섯 단계 각각을 나타내는 색깔 막대기들로 이뤄져 있었다. 각 막대기들은 자석으로 만들어져 있어, 두 달 치 작업량에 해당하는 자석 게시판 위에 붙임으로써 그 기간 동안의 단계별 작업 상황을 보여주는 차트를 완성할 수 있었다. 그녀는 하나, 둘 또는 세 종류의 서로 다른 자석들을 골라 모아 그 단계에 얼마만큼의 시간이 소요될지 보

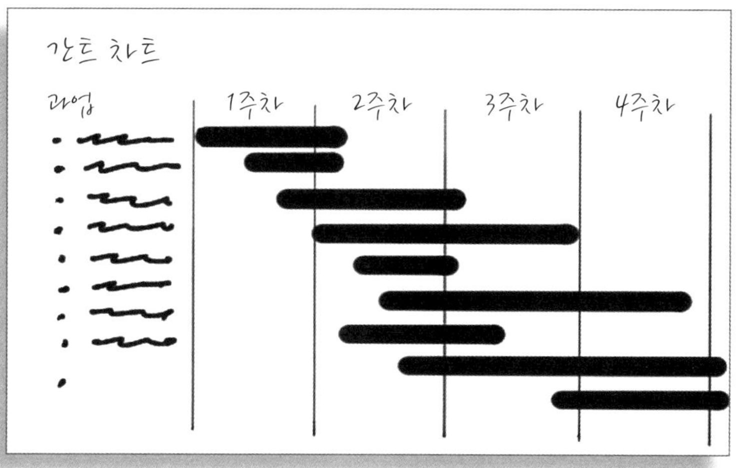

간트 차트
간트 차트는 시작 시점과 종료 시점을 보여줌으로써 과업들을 나타내며, 표준적인 **프로젝트 관리** 도구다.

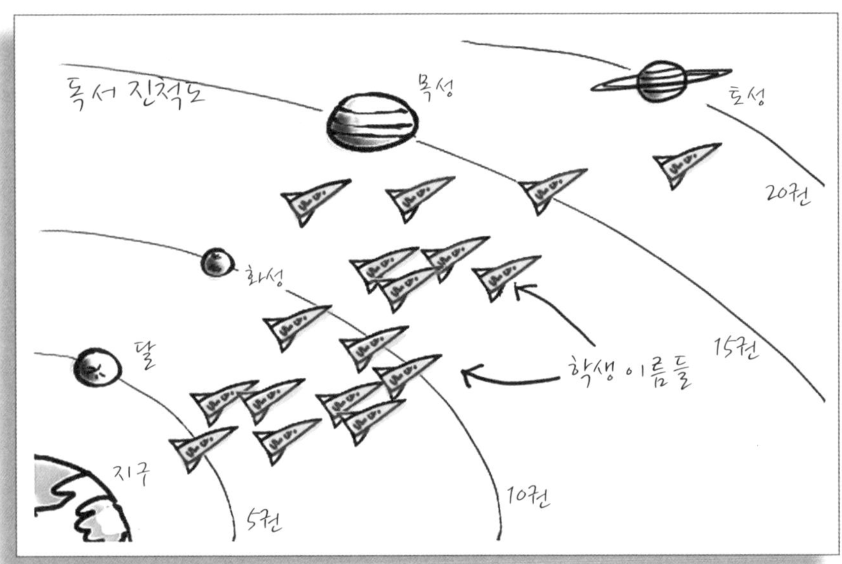

진행 상황 도표

진행 현황에 대한 피드백은 훌륭한 동기부여제로 작용한
다. 이 도표는 내가 6학년이었을 때 우리 반에서 사용한 것
으로, 반 전원의 독서를 장려하기 위해 만들어진 것이었다.

여줄 수 있었다. 이 게시판은 주 단위로 갱신되며 유지하는 데에 많은 시간이
걸렸지만, 모든 구성원들에게 모든 프로젝트가 어느 단계에 있는가에 대한 완
전한 그림을 한눈에 제공하는 역할을 했다.

그로브의 디자인 그룹은 코팅된 행렬식 대형 게시판을 마련해 쉽게 지울 수
있는 보드 마커로 모든 프로젝트들과 각 일자마다 마감 시한인 작업들을 표시
하고 있다. 이 차트는 한 주 단위의 띠들로 이뤄져 있어서, 한 주가 끝나면 그 띠
를 맨 아래로 옮겨 붙이는 식으로 갱신할 수 있다.

온도계와 대시보드

공익 캠페인은 다양한 종류의 온도계[thermometers]와 눈금판[dials]을 마련해 진전이 이
뤄질 때마다 채우는 식으로 진행 상황을 보여주는 데에 시각 자료를 활용한다.
내가 초등학교 6학년이었을 때, 담임 선생님은 태양계 그림을 게시판에 붙이고
반 아이들 각자에게 우주선을 나눠주셨다. 이 우주선들은 해당되는 학생이 책
을 얼마나 많이 읽었는가에 따라 태양계 저 멀리로 나아갈 수 있었다. 우주선들의 항해 상황을 지켜보는
일에 완전히 빠져버린 나는 저 멀리 토성까지 진출하기로 다짐했다(그리고 해냈다!).

종합적 품질 관리에서의 시각적 문제 해결

문제 해결을 위한 시각 자료의 활용 방안을 10장에서 살펴본 바 있다. 여기서 덧붙이고 싶은 것은 품질 향
상 분야에 있어서의 시각 자료의 중요성을 강조하는 P&G에서의 이야기로, 품질 향상은 문제 해결 과정
이 필수적으로 요구되는 분야 중 하나에 속한다. 1980년대에 P&G는 여타 조직들과 마찬가지로 종합적
품질 관리 과정[TQM, Total Quality Management]에 아주 대규모의 투자를 감행했다. 1970년대 들어 급속히 성장한 일
본 기업들의 성공은 이러한 개념의 공으로 받아들여졌다. 그들은 품질 운동의 아버지로 여겨지는 미국의
통계학자 에드워드 데밍[Edward Demming]의 아이디어를 실천하고 있었다. 그는 공정을 기능적 관점이 아닌 전

체적 관점에서 조망함으로써 개선할 수 있으리라 믿었다. P&G의 바람은 TQM의 일반적
원리에 관한 자사의 교육 프로그램을 품질 향상 도구에 관한 실용적 강좌로 보강하는 것
으로, 이로써 공정 개선에 관한 집단 차원의 문제 해결 작업이 지속적으로 뒷받침될 수 있
게 된다. 나는 내부 팀과 함께 강좌 내용을 검토하는 작업을 수행했으며, 그 결과 팀 차원
에서의 문제 해결을 위한 전략의 80%가 시각화 전략이란 사실을 깨달았다! 그중 아직도
기억하는 몇몇은 다음과 같다.

- **빈도 체크리스트**^{Frequency Checklists} : 그저 다양한 문제들의 빈도를 센 뒤 차트 위에 기입한다.

- **산포도**^{Scattergrams} : 간헐천의 분출 지속 시간을 다음 분출까지의 대기 시간에 따라 나타내
  듯이, 어떤 독립 변수의 빈도수를 하나의 종속 변인에 따라 도식화한다.

- **파레토 차트**^{Pareto Charts} : 다양한 문제들을 발생 빈도수에 따라 정렬함으로써 가장 높은 빈
  도수를 가진 문제가 시각적으로 드러나도록 한 뒤, 각각의 비율을 퍼센트로 나타낸다. 이
  는 20%의 원인이 80%의 문제들을 야기한다는 80/20 개념으로 이어진다.

- **원인과 영향 또는 물고기 뼈 도표**^{Fishbone Diagram} : 앞서 설명했던 것들이지만 다시 살펴보
  자. 이 도표는 물고기의 머리 부분에 문제를 위치시킨 뒤 그 문제에 기여하는 '뼈'들을 파
  악하는 과정을 거쳐 완성된다.

- **도수분포표**^{Histograms} : 일정한 기준에 따라 겹침 없이 나열된 다양한 사건들의 발생 빈도
  수를 나타낸다.

- **순서도**^{Flow Chart} : 주어진 공정의 처음부터 끝까지를 나타내는 시각 자료로, 공정의 각 단계
  와 마름모꼴로 표현되는 서로 다른 선택 지점들을 보여준다.

- **관리도**^{Control Charts} : 주어진 공정의 성능상 통계적 변이를 평균 기준으로 도식화한다. 한계
  치 바깥의 사례들은 문제 해결의 표적이 된다.

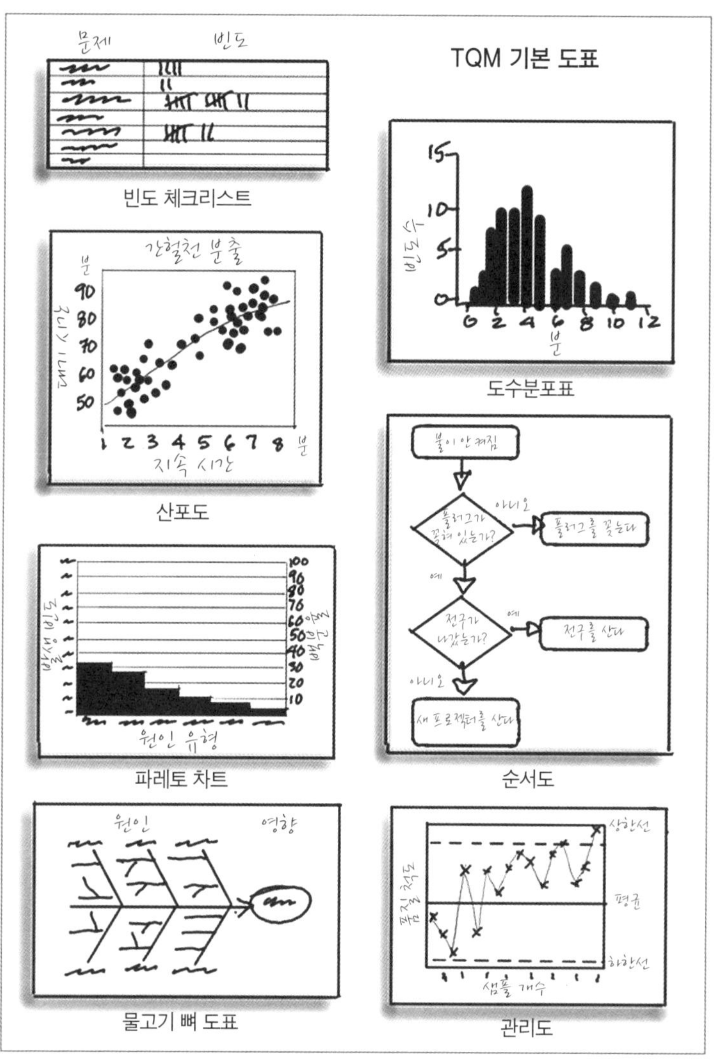

나와 함께 일했던 P&G 사람들이 비유적으로 설명해준 이야기에 따르면, 데밍은 사람들에게 야구 경기를 외야 펜스에 작게 뚫린 구멍 너머로 바라보지 말고, 대신 경기 전체를 하나의 완전한 과정으로 볼 것을 주문했다고 한다.

TQM 기법들은 다수의 측정치와 통계치를 수반할 수 있지만, 이들은 시각화를 거쳐 팀 전원이 공정 전반에 걸친 이들의 패턴을 인식할 수 있게 되지 않는 한 실질적 의미를 갖지 못한다. 나와 함께 일했던 P&G 사람들이 비유적으로 설명해준 이야기에 따르면, 데밍은 사람들에게 야구 경기를 외야 펜스에 작게 뚫린 구멍 너머로 바라보지 말고, 대신 경기 전체를 하나의 완전한 과정으로 볼 것을 주문했다고 한다. 집단으로 하여금 그들이 하고 있는 일을 분석하고 시각화하게끔 이끄는 일이야말로 이러한 접근법의 핵심이라 할 수 있었다!

TQM에 관심 있는 여러분이라면, 이 단어를 웹에서 검색했을 때 등장하는 연관 이미지들을 살펴보라. TQM은 발전을 거듭해 6시그마Six Sigma나 균형 성과표 작성법Balanced Scorecard practices 등으로 세분화되어 왔다. 시각적 모형들은 이들 각각의 접근법에 상응한다. 이는 시스템적 사고와 시각적 사고가 동일한 것이나 마찬가지라는 내 주장을 뒷받침하는 것이라 여겨진다.

피드백의 중요성

진행 상황에 대한 피드백은 집단으로 하여금 프로젝트 동안 스스로를 조절케 하기 위한 가장 중요한 방법 중 하나다. 나는 사업 진행 상황을 한눈에 보여주는 시각적 대시보드를 만들고자 하는 수많은 시도에 동참해왔다. 가장 성공적인 것들은 단순하며 수치들이 항상 같은 자리에 배치되어 있는 보고서와 같이 반드시 도표 형태가 아니라도 일관적이며 시각적인 것들이었다. 동일한 테두리 판과 서로 다른 측정치에 대한 적절한 제목은 이러한 도구들이 보다 쉽게 이해되도록 만드는 효과를 가져온다.

보다 덜 복잡하게는 과업 유형과 팀원 명을 두 축으로 갖는 간단한 활동 행렬이나 주 단위의 작업 과정 검토 또한 팀의 생산성에 상당한 도움이 된다. 이러한 종류의 시각화는 상형문자와 표의문자에 관한 것이 아닌, 진행 상황의 척도가 되는 수치나 여타 표시에 대한 것이다.

19. 혁신과 변화 촉진하기
프로토타입의 활용

가장 까다로운 종류의 실행 작업은 전체 시스템을 새로운 기능의 수준으로 이행시키는 것이다. 이는 보다 혁신적이거나 효율적으로 거듭나고자 하는, 또는 기본 사업 모델을 바꾸고자 하는 바람일 수 있다. 조직 컨설턴트로 일해온 지난 수년의 경험은 새로운 정보를 사람들 앞에 제시한다고 해서 그들의 변화를 이끌어낼 수 없다는 데 대한 확신을 내게 심어주었다. 그들에게 필요한 것은 현 상황이 올바르지 않다는 점과 변화가 요구된다는 점을 본능적으로 체감하는 것이다. 이렇게 전해지는 위기감과 혹자의 표현을 빌자면 '불타는 발판'을 보는 듯한 느낌은 감정의 영역에 속하는 것이다. 변화할 필요를 느껴보지 못한 집단은 변하지 않을 것이다. 성공을 거둔 회사들이 신기술이 등장했을 때 그토록 곤란을 겪는 이유가 여기에 있다. 해묵은 성공 습관이 너무나도 깊숙하게 뿌리박혀 있는 것이다.

　나는 진정으로 새로운 사고가 집단 내에서 떠오르길 원한다면 몰입적인 실제 체험이 필요하다는 확신을 갖게 되었다. 이는 프로토타입Prototypes과 시뮬레이션의 활용이 혁신 활동 수행을 위해 그토록 큰 인기를 끌게 된 이유이기도 하다. 변화를 요구하는 도전이 일반적으로 어떤 양상을 띠는지 살펴보는 것부터 시작해보자.

우리에겐 새로운 사업 모델이 필요해!

2008년의 경제 붕괴 이래로 많은 조직들이 그들의 전통적 업무 방식에 대한 전면적 재고를 요구받고 있다. 어느 날 내게 걸려온 한 통의 전화는 비영리 단체에 대한 조직적 지원을 업으로 하는 30년 역사의 한 기업에 관한 내용이었다. 그 회사는 다문화 간 커뮤니케이션, 임직원 간 관계, 리더십, 전략, 인재 관리 등의 다방면에 걸친 서비스 제공뿐만 아니라 교육에 있어서도 큰 성공을 거둬왔다. 하지만 그들의 이러한 '사업 모델'은 더 이상 통하지 않았으며, 이는 곧 전통적 방식으론 입에 풀칠조차 못하고 있음을 의미했다.

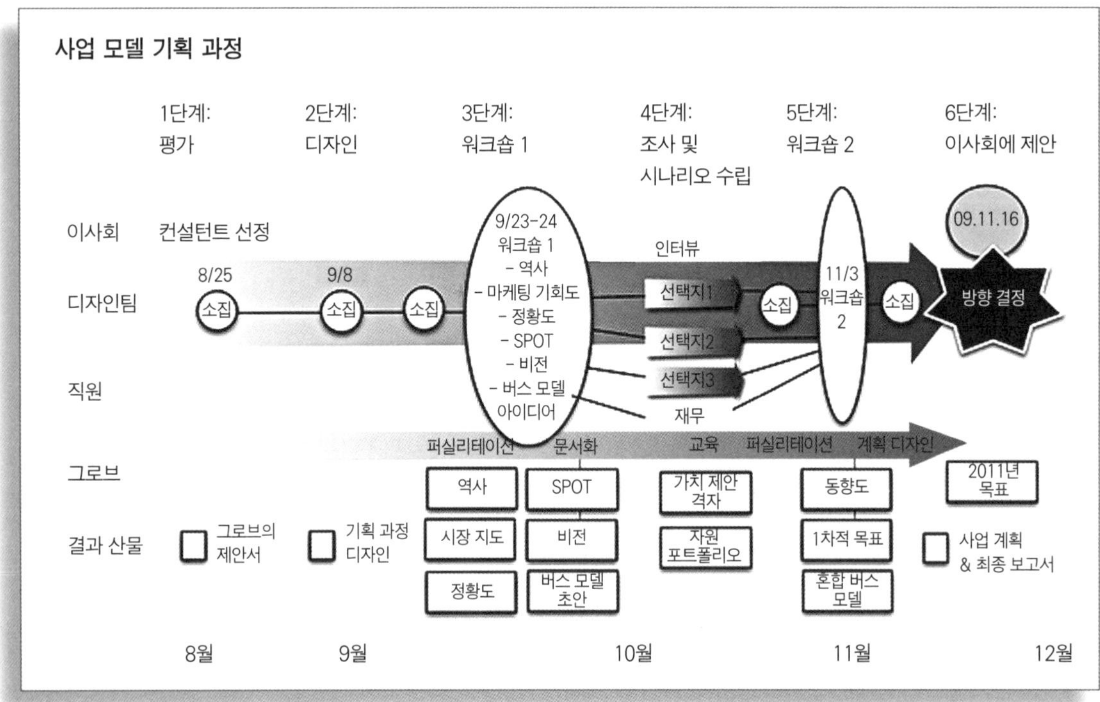

이사회는 유수의 비영리 조직 경영 개선 경험을 갖춘 새로운 임원을 맞아들인 상태였으며, 전체 시스템을 스스로의 재창출에 할애해야만 했다.

우리는 몇 차례에 걸친 전화 및 인터넷 회의를 통해 앞으로 진행할 기획 과정을 디자인했다. 기실은 그것이 조직 변화 과정이어야 한다는 점을 염두에 둔 채로.

기획 과정 전반에 걸쳐 우리는 시각화 기법을 전략적으로 활용했다. 왼쪽의 도표는 전체적 수준에서의 그 기획 과정과 모든 결과물들을 나타내고 있다. 이 도표를 제작하는 협력 작업은 내부 디자인 팀으로 하여금 우리가 따르게 될 과정에 대한 합의에 도달토록 하는 데 있어 필수적이었다. 도표에 언급된 결과물 중 많은 것들이 이 책에서 다뤄진 템플릿과 서식들의 이름임을 볼 수 있을 것이다.

변화 과정 도표

이 도표는 조직 변화를 목표로 4개월에 걸쳐 진행된 기획 과정을 보여주고 있다. 원은 회의를, 사각형은 각 단계에서 완성될 결과 문서들의 유형을, 그리고 큰 화살표들 각각은 프로젝트를 나타낸다. '소집(call)'이라 표시된 것들은 인터넷 회의를 의미하는데, 이러한 회의를 진행할 때 나는 태블릿 컴퓨터를 사용해 아이디어들을 스케치하고 대화를 기록했다.

새로운 경험은 마음가짐을 변화시킨다

아이디어들을 그려보는 것은 참가자의 감정을 불러일으키는 건설 활동의 한 종류다. 밴쿠버 시를 탈것에 비유해 그려보라는 지시를 받았을 때의 밴쿠버 시 공무원들이 그러했듯이, 집단은 어떤 이미지를 함께 구축해가는 과정에서 새로운 경험을 하게 된다. 이는 정보를 그저 듣기만 하는 것과는 다르다. 영업 그룹 사람들이 제 기능을 못하고 있는 조달 과정의 부분 부분에 포스트잇을 붙인 뒤 그들이 발견한 패턴에 관해 논의할 때, 그들의 관심과 참여는 지적인 차원에서만이 아닌 감정적으로도 우러나는 성질의 것이다. 내가 최고 경영진 태스크포스 팀을 위해 벽 하나를 가득 채우는 공급망 그림을 만들자 그들은 35개의 상충하는 프로젝트들이 관심과 자원을 놓고 다투고 있음을 보았고, 이로써 그들은 단순히 문제에 관해 고찰하는 차원을 넘어 이를 직접 체험할 수 있었다.

나는 그 회사의 임직원들이 그들의 사업 방식에 관한 내부적 이야기에 깊이 빠져든 뒤 그것을 해체하고, 새로운 이야기를 함께 만들어나갈 기회를 가질 필요가 있다는 점을 알고 있었다. 이를 위한 핵심적 전략은 그들에게 그림과 도표를 활용하도록 하는 것이었다. 우리가 수행해 매우 흡인력 있는 효과를 얻었던 활동들은 다음과 같다.

- **조직의 역사**: 우리는 4.8m 너비의 그림 차트를 놓고 그 회사에 관한 이야기를 나누었다. 사람들이 입사한 시점을 차트 위에 표시했고, 어떻게 그 회사가 당시 의 모습에까지 이르렀는지에 관한 모든 이야기들을 주고받았다. 조직에 합류한 지 비교적 얼마 되지 않은 사람들 중 다수는 그들의 관점과는 상이한 기존 조직원들의 가치와 전략이 어디 에 뿌리를 두고 있는 것인지 생각해볼 기회가 지금껏 없었다.
- **정황도 작성**: 우리는 모든 임직원들이 함께 모여 변화의 원동력을 나타내는 지도를 만들어내도록 했다. 우리는 이 정황도가 변화에 대한 진정한 지지로 이어질 수 있도록 이 활동을 여러 번에 걸쳐 수행했다.
- **시장 분석**: 소그룹 단위로 간단한 네 상자 모델에 포스트잇을 사용해 서비스 및 제품 수익을 위한 유망한 기회들을 파악했다.
- **SPOT 분석**: 직원들이 미리 전 부서에 걸쳐 강점과 약점, 그리고 기회와 위기에 대한 상당한 조사를 해온 상태였다. 우리는 이를 하나의 차트 위에 시각화함으로써, 그들이 이 모든 요소들을 시스템 전체의 관점에 서 조망할 수 있도록 했다.
- **비전 수립**: 우리는 전 조직원이 소그룹 단위로 콜라주 및 커버스토리 비전 템플릿을 활용해 그들의 조직을 위한 새로운 이야기를 만들어내도록 했다.
- **사업 모델 캔버스**Business Model Canvas: 이 템플릿은 그들이 어떤 서비스나 제품을 누구에게 얼마를 받고 제공할 것인지, 또한 그로부터 기대되는 수익은 어느 정도인지, 그리고 어떤 지원과 기술이 필요한지 등을 나타내

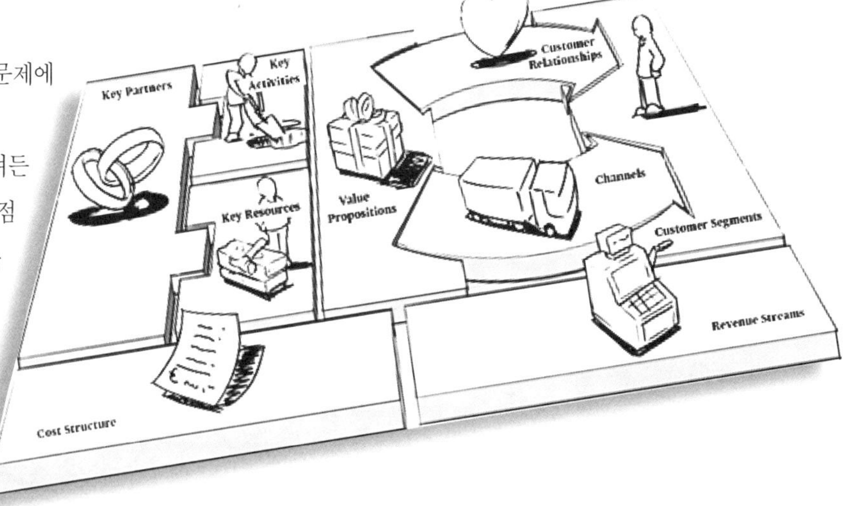

사업 모델 캔버스

이 템플릿은 사업 모델 수립에 관한 책인 『비즈니스 모델 의 탄생(Business Model Generation)』에 수록된 것이 다(보다 자세한 정보는 23장을 참고하라.). 이 책은 전 세 계 45개국의 전문가 470명이 온라인상에서 협력함으로 써 완성되었다. 핵심 저자들 중 한 명은 그로브의 시각적 접근 방식에 상당한 영향을 받았다. 이 책은 시각화 전략 이 어떻게 사업 모델 수립에 적용될 수 있는지 보여주는 멋 진 사례다.

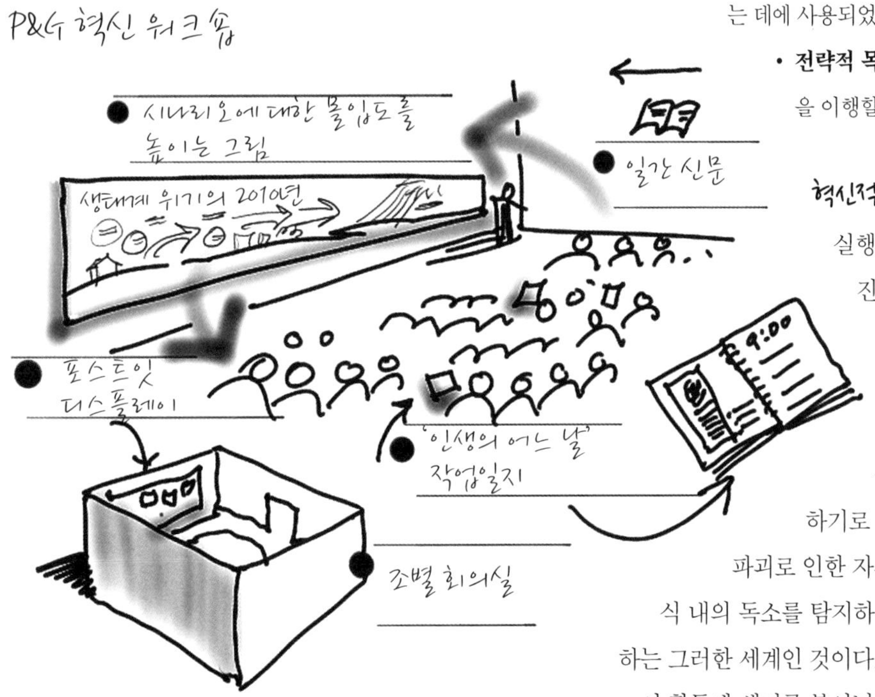

는 데에 사용되었다. 보다 자세한 설명은 앞 페이지의 그림을 참고하라.

- **전략적 목표 나타내기:** 사업 모델 기획의 맥락에서, 이사진들이 만나 다음 해에 어떤 계획들을 이행할 것인지에 대한 목표에 합의했다.

혁신적 사업 아이디어의 모색

실행 단계의 목적이 반드시 체제 차원에서의 조직 변화일 필요는 없다. 혁신을 촉진하는 데에 주안점을 둘 수도 있는 것이다. 여태까지 내가 이끌어본 가장 흥미로운 혁신 세션 중 하나는 신제품 아이디어 개발을 맡은 한 그룹의 P&G 사람들과 함께한 것이었다. 이는 비주얼 미팅이 어떻게 사람들을 한 주제에 너무나도 완전히 빠져든 나머지 그것을 거의 현실처럼 여기도록 몰입시킬 수 있는지 보여주는 훌륭한 사례다. 이때 우리는 시나리오 접근 방식을 사용하기로 결정하고, 전 세계가 '생태계 위기'에 직면한 상황을 상상해봤다. 즉, 오존층 파괴로 인한 자외선 피해를 막기 위해 모든 이들이 특수한 옷과 화장품을 사용해야 하고, 음식 내의 독소를 탐지하기 위한 특수 장비가 필요하며, 제한된 에너지 공급과 같은 상황에 대처해야 하는 그러한 세계인 것이다.

이 활동에 생기를 불어넣기 위해 우리는 전체 세션을 크게 세 부분으로 구성했다. 첫 주말 동안 사람들은 이 가상 상황에 완전히 빠져들었다. 이어진 주 중엔 소그룹 단위로 신제품 아이디어에 대한 브레인스토밍을 수행했다. 마지막 주말엔 각 조별로 최고의 아이디어들을 전시함으로써 이 모든 아이디어들을 한데 모았다. 이 과정을 보조하기 위해 우리가 사용한 핵심 도구는 '인생의 어느 날^{Day in the Life}'이라는 이름의 작업일지로, 하루의 각 부분에 해당되는 페이지가 마련되어 있었다. 본문과 삽화는 사람들이 일어날 때, 아침을 먹을 때, 출근하거나 탁아소에 들를 때 직면할 생태계 위기 상황을 묘사했다. 우리는 사람들이 각 상황에서 어떻게 반응할지와 그 상황에 대처하기 위해 어떤 종류의 제품들을 사용했는지에 대한 아이디어를 기록할 수 있도록 많은 공간을 남겨두었다.

전체 행사는 참가자 전원이 한데 모여 생태계 위기에 처한 세계가 어떤 모습일 것인가에 대한 거대 벽화를 만드는 것으로 시작되었다. 우리가 몇몇 가정과 설명을 뿌려두긴 했지만, 그것에 생명을 부여한 것은 참가자들 간의 대화였다. 나는 60명의 참가자들이 만들어내는 이야기들을 일일이 기록했다. 그리고 매일 아침 우리는 참가자들이 상상하고 있는 세계의 이야기들을 담은 신문을 발간했다.

우리는 소그룹들이 포스트잇이나 여타 시각적 매체를 활용해 브레인스토밍을 수행한 뒤 다음 주말에 돌아와 최고의 아이디어들을 발표하도록 장려했다. 그들은 빼곡히 채워진 작업일지와 함께 커다란 디스플레이들을 들고 돌아왔으며, 우리는 이들을 커다란 회의실 둘레에 걸어 가능성 전시회를 열었다.

이 워크숍에서 나온 새로운 아이디어들이 너무나도 무궁무진했기에, 내부 사업단이 이들을 바탕으로 일하는 데에만도 상당한 시간이 걸렸다!

만약 앨런 케이가 말한 대로 '관점엔 IQ 점수 80만큼의 가치가 있다.'는 것이 사실이라면, 그리기, 시뮬레이션, 시나리오, 모형 제작 등의 방식을 통해 사람들이 새로운 관점을 접하도록 하는 것은 그들을 변화시키는 방법이 된다. 바로 이것이 캘리포니아 과학 아카데미^{California Academy of Sciences}의 의뢰를 받은 디자인 업체들이 21세기형 자연사 박물관을 설계하기 위해 일한 방식이다. 이는 오토데스크^{Autodesk}가 자사의 디자이너들에게 장려하는 바이며, 실리콘밸리의 디자인 기업인 아이디오^{IDEO}가 일하는 방식이기도 하다. 또한 이는 혁신적 아이디어를 모색하는 의뢰인들을 만났을 때 그로브가 조직하는 활동이다. 인간은 변화로의 큰 걸음을 성큼 내딛기에 앞서 이야기를 하고, 모형을 만들고, 시뮬레이션을 통해 대상을 탐구할 필요가 있다.

변화를 뒷받침하기 위한 전체상 그림의 활용

이해관계자들의 참여를 유도하고 이행되어야 할 새로운 아이디어들을 심사숙고하는 일련의 작업을 잘 수행해 왔다면, 이제 여러분을 기다리고 있는 것은 보다 넓은 조직 차원에서 그 아이디어들을 받아들이도록 이끌기 위한 도전이다. 여기엔 의사결정과 행동을 통해 변화의 필요성을 역설하고 이를 뒷받침하는 수뇌부의 노력이 거의 틀림없이 요구될 것이다. 우리 그로브는 이러한 유형의 커뮤니케이션을 보조하기

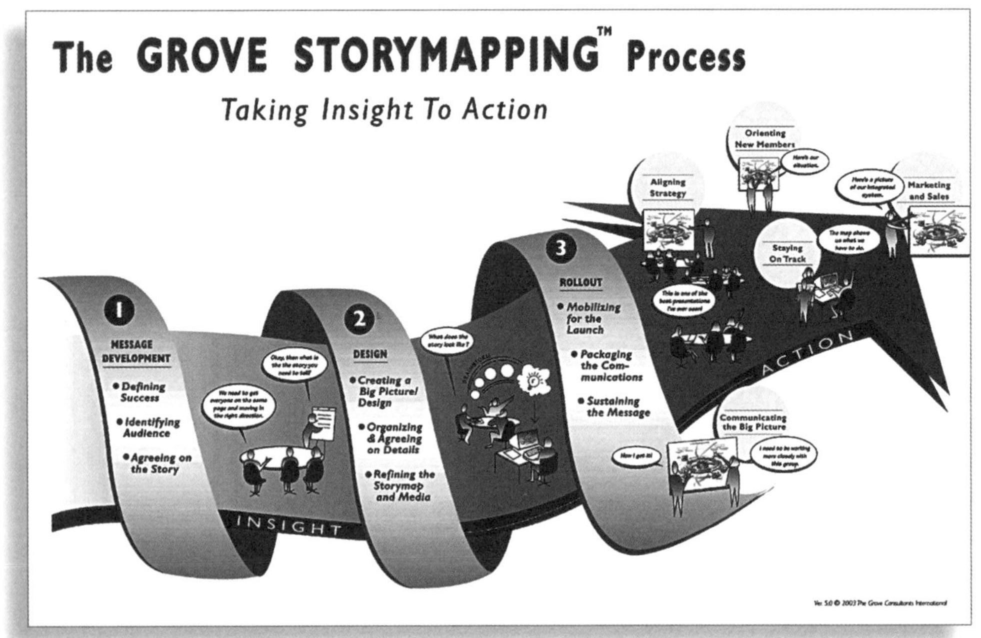

스토리 맵 제작 과정

이것은 스토리 맵에 관한 스토리 맵이다! 중앙의 큰 화살표는 통찰에서 행동으로 이어지는 고객의 움직임이다. 이 화살표에 감겨진 나선은 메시지, 디자인, 출시 계획을 명확히 하는 스토리 맵 제작 과정이다. 맨 오른쪽에 이점들이 나와 있다.

위한 방법론을 개발해 '스토리매핑Storymapping'이라는 이름으로 브랜드화했다. 이는 말 그대로 '이야기 지도'를 만드는 과정이다. 넓이 2.4~7.3m, 높이 90~120cm의 대형 그래픽 디스플레이 위에 이야깃거리를 펼쳐 놓음으로써 누구나 그 지도의 도움을 받아 이야기를 전달할 수 있도록 하는 것이다. 우리의 가정은 대형 그림 그 자체가 아닌 리더들이 앞에 나와 이야기를 전달하는 것이 변화를 주도하는 핵심 요소라는 것이다. 모든 주요 정보들을 한 자리에 모아놓는 것은 도움이 된다. 이는 지도부 사람들이 슬라이드 프레젠테이션에서 벗어나 사람들의 참여를 직접적으로 고취시키는 데에 또한 유용하다. 대형 디스플레이를 통해 이것이 가능한 이유는 전체를 이리저리 오가며 즉흥적 발표가 가능하고, 또한 모든 정보가 디스플레이 위에 머물러 있기에 사람들이 말 그대로 정보를 '흡수'할 수 있기 때문이다. 발표 이후 소형 스토리 맵을 만들어 배부하면, 사람들은 전달된 이야기의 상당 부분을 기억하게 될 것이다.

이러한 유형의 이야기 벽화는 집단 학습을 위한 아이디어 맵과도 어느 정도 유사하며 실제로도 그렇게 사용될 수 있지만, 기본적으론 발표 목적으로 고안된 것이다.

스토리 맵을 성공적으로 활용하고 있는 조직들

스토리 맵을 통해 훌륭한 결과를 성취한 몇몇 조직들의 사례는 다음과 같다.

- 내셔널 세미컨덕터는 1990년대 초반 전 세계적으로 혁신 비전turnaround vision 을 공유했으며, 4년 내에 전사적으로 95%의 비전 인지도를 기록했다(오른쪽 그림의 설명을 참고하라.).

- HP 연구소^{Hewlett Packard Labs}는 최고 경영진에게 신규 사업 아이디어를 제시할 때 슬라이드 대신 플로터로 만든 벽화를 사용했다.

- 랠리^{Raley}의 최고 경영진은 자사의 역사와 미래 비전, 식료 잡화점 운영 전략을 매니저들과 함께 공유했다.

- 레드우드 지키기 연맹^{Save the Redwoods League}은 그들의 비전과 전략 및 목표를 별도의 5개년 계획 수립 과정을 통해 모든 이해 당사자들과 함께 나누었다.

- 비자^{VISA} 사는 신입사원 오리엔테이션 때 대형 연대기 도표를 사용한다(지금까지 총 3회 갱신되었다.).

- 어도비 시스템즈^{Adobe Systems}는 어도비^{Adobe}와 매크로미디어^{Macromedia}가 합병할 때 두 회사 각각의 연대기 도표를 만들었다.

- RE-AMP 연합은 중서부 북부에서 열린 연례 회의에서 120개의 환경 지향적 비정부 조직들과 15개의 조직

내셔널 세미컨덕터 사의 비전 지도

1993년에서 1994년에 걸쳐 길 아멜리오가 이끈 내셔널 세미컨덕터(National Semiconductor)의 전환기 동안 나는 변화에 대한 그들의 비전을 이 대형 스토리 맵에 담았다. 모든 최고 경영진이 이 벽화를 배경 삼아 비전에 관해 이야기할 수 있었다. 포괄적 비전은 맨 오른쪽에 표시되어 있으며, 왼쪽에 표현된 역사는 조립되지 않은 우주선으로 대표되는 현 상황으로 이어진다. 중대한 사업상 문제들이 우주선 앞에 놓여 있다. 우주선의 창문은 핵심적 가치를 형상화한 것이며, 말풍선 안에 든 것은 마케팅 메시지다. 우주선 위쪽은 새로운 조직을 나타낸다. 앞으로 가는 길엔 의도적으로 물음표가 붙어있는데, 이는 조직의 나머지 구성원들로 하여금 다시 디자인하게 만들고자 하는 아멜리오의 뜻에 따른 것이었다. 1994년에 이뤄진 설문조사에서 95%의 직원들이 이 비전을 인식했다고 응답했다.

들을 대상으로 그들의 시스템이 어떻게 돌아가는지 설명했다. 또한 그들은 에너지 업계의 지구 온난화 오염 물질들을 제거한다는 목표를 향한 진척도를 표현하는 데에 대형 도표를 사용했다.

- 나이키Nike는 대형 스토리 맵을 재무 부서를 위한 비전 전달에 활용했으며, 이후엔 IT 부서에도 적용했다.

- 국립 교육 재단National Academy Foundation은 고교 학습 아카데미를 설립하기 위한 과정을 나타내는 대형 스토리 맵을 디자인했다.

- 오티스 스펀크메이어Otis Spunkmeyer는 조직 전반에 걸쳐 자사의 역사와 비전을 비롯해 갓 구운 빵과 과자의 생산 및 판매 사업을 성공적으로 이끌기 위한 전략을 설파했다.

- 네트워크 솔루션 제공 업체인 주니퍼 네트웍스Juniper Networks의 프로젝트 책임자들은 대규모 데이터 프로젝트를 위해 합의된 목표와 이행 일정을 나타내는 대형 도표를 디자인했다.

- 샌프란시스코 영화 협회San Francisco Film Society는 대형 스토리 맵을 보다 성공적이며 포괄적 편의를 제공하는 영화 예술 조직으로 거듭나기 위한 5개년 사업 계획의 상징적 이미지로 삼았다.

큰 그림을 통한 커뮤니케이션의 용도

- ☐ 조직 역사 및 문화에 대한 안내
- ☐ 변화의 필요성 설파
- ☐ 업계의 원동력 이해
- ☐ 고객의 필요 이해
- ☐ 새로운 비전과 전략 전파
- ☐ 이행 계획의 전달
- ☐ 새로운 작업 과정 디자인 전달

20. 트레이닝과 워크숍
액션 러닝의 활용

1990년대 동안 나는 어느 대형 소비재 업체가 전 세계 지점을 대상으로 진행한 내부 퍼실리테이션 교육 프로그램의 디자인에 참여했다. 이 프로그램의 목적은 회의 진행법과 팀을 이끄는 법, 그리고 조직 변화를 주도하는 법을 3일간에 걸쳐 한 번에 교육하는 데에 있었다. 우리는 교육 과정을 조직함에 있어 협력집단 성과 모델, 즉 팀이란 사실 조직을 이루는 분자이며, 회의의 가장 중요한 목적은 이들이 결과를 성취할 수 있도록 돕는 데 있다는 설명 틀을 따랐다. 이러한 관점에서 조직 변화란 곧 팀이 번창할 수 있는 환경을 조성하는 작업이라 할 수 있었다.

결국 이 회사의 모든 인사과 사람들과 IT 직원들이 유럽, 북미, 아태 단위로 열린 이 교육 프로그램을 이수하게 되었다. 우리가 만들어낸 이 프로그램은 수년 내에 전적으로 내부 직원들에 의해 진행될 수 있었으며, 오늘날에도 발전된 형태로 계속되고 있다. 시각화 기법이 중추적 역할을 수행했다. 기대치 못했던 이익이 하나 있었는데, 이러한 시각적 작업 방식이 이 회사가 진행하고 있었던 많은 다른 프로그램들로 확산된 것이었다. 이 프로그램은 경험적 액션 러닝action learning을 통해 교육훈련 담당자들을 가르친 훌륭한 사례였다.

학습 지향적 워크숍에서의 시각 자료 활용

교육 워크숍에서 시각 자료를 필수 요소로 활용하기 위한 몇 가지 방법들을 소개하고자 한다. 이 사례들 중 대다수는 이미 설명된 것들이다.

- **결과 & 안건 도표:** 3부에서 살펴본 OARR 도표(결과Outcomes, 안건Agenda, 역할Roles, 규칙Rules을 의미)는 이 퍼실

시각 자료로 워크숍 보조하기
이 사진 속의 퍼실리테이션 숙련 워크숍에서 우리는 자기 소개에 커다란 사람 그림을, 필기를 위해 일기장을, 그리고 문서화를 위해 디지털 카메라를 각각 활용했다.

영어는 널리 퍼진 다문화 언어이지만, 영어의 사용은 영어가 자국어가 아닌 모든 이들을 불리한 위치로 몰아넣는 결과를 초래한다. 슬라이드 프레젠테이션은 종종 너무 빠르게 진행된다. 이 책에서 여러 번에 걸쳐 강조했듯이, 대화형 시각 매체와 프레젠테이션 벽화를 기반으로 하는 작업은 색다른 에너지와 참여 수준을 불러일으킬 수 있다.

리테이션 교육 프로젝트의 산물이었다. 어떤 회의나 교육 또는 워크숍에서든 이를 방향 제시를 위한 표준 방식으로 사용하라.

- **자기 소개 도표**: 조별로 좌석 배치도를 만들도록 한다. 이때 포스트잇을 사용해 교육 과정 동안 유용할 정보들을 공유케 한다.

- **모형**Models**과 틀**Frameworks: 학습 경험을 통합하는 핵심적 모형이 실린 대형 포스터를 사용하라. 대부분의 교육 프로그램은 대형 서식에 시각화되어 일정 내내 길잡이용 그림으로 전시될 수 있는 나름의 틀을 갖추고 있다.

- **내용 제시용 벽화**Content Presentation Murals: 주요 내용을 제시할 때 슬라이드 대신 벽화를 사용하라. 정보가 벽화에 지속적으로 전시되어 있으면, 참가자들은 되풀이해 핵심 아이디어들을 참고할 수 있게 됨에 따라 이들을 진정으로 흡수하게 된다.

- **활동 지령**Activity Instructions: 각 소그룹 활동별로 플립 차트에 기대되는 결과와 지침을 열거함으로써 안건 도표를 만든다.

- **훈련 피드백**Coaching Feedback: 소그룹들에게 과제 수행 후 "무엇이 효과적이었는가?"와 "내가 바라는 것은…"에 대한 의견을 플립 차트 또는 카드에 기록하도록 한다. 교육훈련 담당자들이 각 참가자들에게 서면 피드백을 제공하면, 이 또한 아주 도움이 된다는 사실을 관찰할 수 있다.

- **시각적 작업일지 및 안내서**: 교육 안내서의 글을 보충하고 내용을 설명하기 위해 그림과 도표가 동원되면, 참가자들은 자료를 더 많이 기억할 수 있게 된다.

- **작업 용지**^{Worksheets} : 개인 활동 시 참가자
  들이 배운 내용을 요약하고 계획 및 활용
  아이디어를 구상하며 최고의 기법을 공유
  할 수 있도록 소형 템플릿과 작업 용지를
  제공한다.

그림과 도표는 문화를 넘어 통한다

나는 세계 각지에서 다양한 문화권의 사람들
이 참여한 교육 워크숍을 이끌어봤다. 이는 대
개 비즈니스 영어로 진행되지만, 통역이 필요
한 경우도 가끔 있다. 나는 언어 문제를 겪는
이들로부터 시각적 접근법에 큰 고마움을 표
하는 피드백을 지속적으로 받고 있다. 이 방식
에 힘입어 그들이 듣는 것뿐 아니라 읽기도 할
수 있다. 두 경로로 취합된 정보 간의 비교는
보다 깊은 이해로 이어진다. 영어는 널리 퍼진
다문화 언어이지만, 영어의 사용은 영어가 자

국어가 아닌 모든 이들을 불리한 위치로 몰아넣는 결과를 초래한다. 슬라이드 프레젠테이션은 종종 너무
빠르게 진행된다. 이 책에서 여러 번에 걸쳐 강조했듯이, 대화형 시각 매체와 프레젠테이션 벽화를 기반
으로 하는 작업은 색다른 에너지와 참여 수준을 불러일으킬 수 있다. 이 생각을 염두에 두고 이 책을 다시
훑어보면 어떤 아이디어들을 교육에 적용할 수 있을지 보일 것이다.

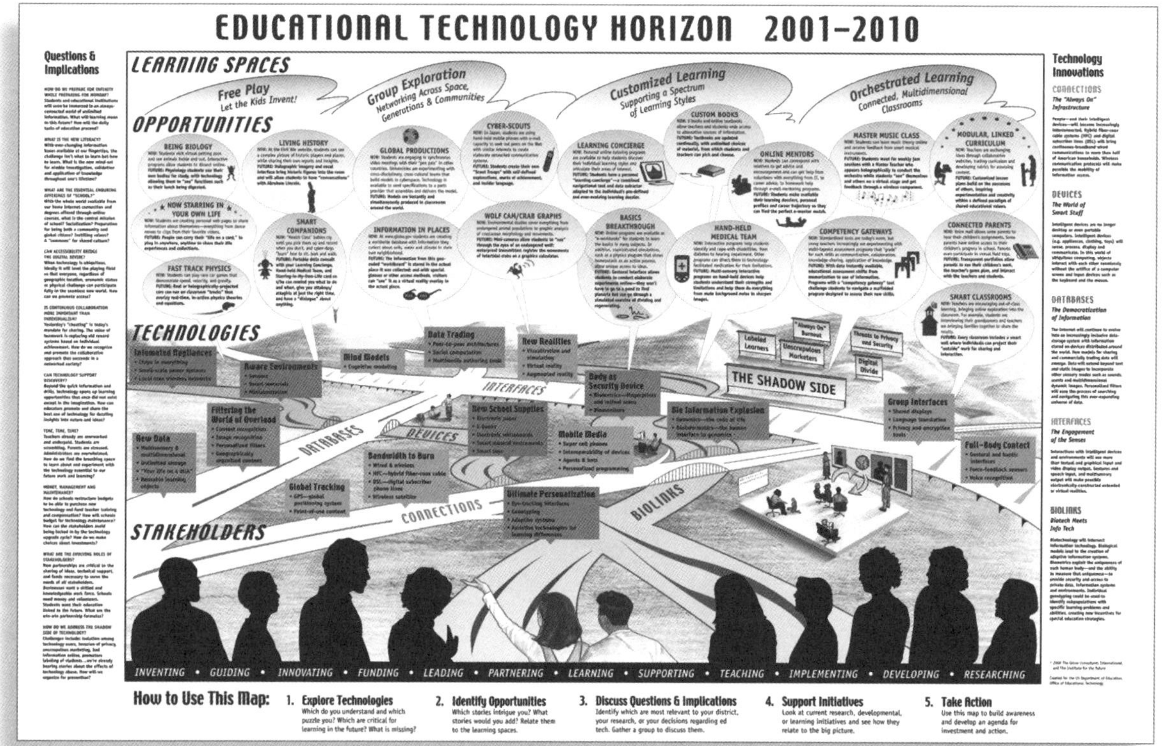

교육 기술 지평도

이 지도는 집단 지향적이고 자기 주도적인 발견 학습을 위
해 고안된 도표의 한 예로, 아래쪽을 따라 열거된 다섯 가
지 학습 활동을 보조하는 데 사용되었다.

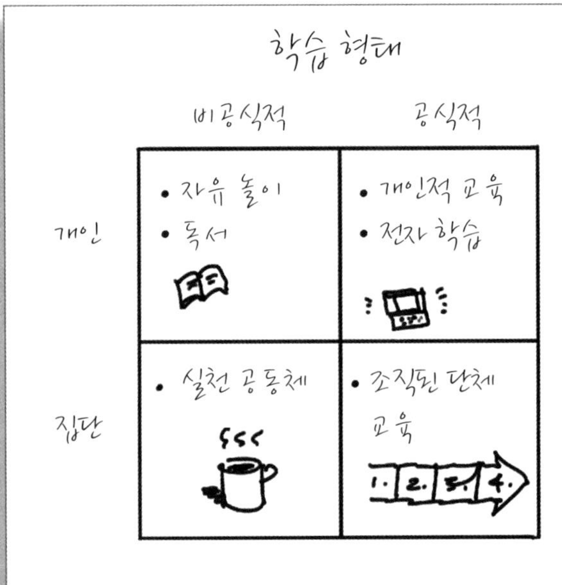

IRL 학습 형태 모델

IRL은 제록스 산하의 연구 기관으로, 업무 상황에서 사람들의 학습 방식에 관한 연구를 주도했다. 그들은 위의 삽화에 나온 바와 같이 개인적, 집단적, 공식적, 비공식적 학습의 조합으로 나타나는 네 가지 학습 형태가 존재한다는 사실을 발견했다. IRL은 더 이상 존재하지 않지만 IRL의 연구는 연방 연구 기관이자 실천 공동체 네트워크인 웨스트에드(WestEd)를 통해 이어지고 있다.

발견 기반 학습 지도의 활용

학습 상황에서 집단과 함께할 수 있는 활동 중 하나로 그들이 습득해야 할 정보의 그림 지도를 만드는 것을 들 수 있다. 이때 정보 조각들이 함께 연결되어야만 하는 큰 틀을 의도적으로 구축한 뒤, 소그룹들에게 지도를 정보의 근간으로 하여 서로 다른 대상들을 파악하도록 지시한다. 2000년 미 교육부The U.S. Department of Education는 우리 그로브와 미래 연구소Institute for the Future의 지속적 공조를 통해 교육 기술 지도를 완성했다(앞 페이지에 실려 있다.). 이 지도는 학교 이사진 및 교사들과 교육 기관들에 의해 활용될 수 있었다.

이 형식은 읽기엔 너무 상세하지만, 전반적인 디자인 차원에선 발견 기반 학습을 위한 지도를 어떻게 만들어야 할지 잘 보여주고 있다. 이는 사람들이 어떤 지식 및 활용 분야를 이해할 수 있게 하기 위한 목적으로 고안된 도표의 한 예에 해당될 것이다. 이 도표는 아무런 제약 없이 다량의 관련 정보들을 그저 나란히 늘어놓는다. 여기선 교육 기술의 지평이 어지러이 뻗은 도로로, 그 기술들의 활용 기회는 길 위에 떠있는 말풍선들로 표현되어 있다. 우리의 원래 디자인은 훨씬 단정했지만, 기술의 풍경을 말끔히 조직된 환경으로 보여주는 건 매우 부정확할 것이라는 게 국립 과학 재단 포커스 그룹의 의견이었다. 떠오르는 교육 기술의 세계는 혼돈 그 자체이며 역동적인 것이다! 그래서 우리는 그들의 의견에 따랐다. 오른쪽 경계 옆엔 기술의 다섯 범주 각각이 무엇을 포함하고 있는지에 대한 설명이 나와 있다.

이 풍경 위로 나열된 20개의 말풍선 각각엔 그 기술들을 통해 이뤄질 수 있는 일들에 대한 작은 비전이 담겨 있었다. 각 풍선은 실제로 진행되고 있는 이야기와 전망적 이야기를 하나씩 담고 있었는데, 후자의 경우는 굵은 글씨체로 인쇄되었다. 이들은 그 주제에 친숙한 선구적 교육 사상가들이 특별 디자인 워크숍을 통해 파악한 것들이었다.

이 아이디어들은 차트 위쪽을 따라 네 개의 범주하에 느슨하게 묶여 있었는데, 이들 범주는 본디 제록스의 싱크탱크였다가 국립 비영리 교육 연구개발 조직인 웨스트에드WestEd에 합병된 학습 연구소IRL, Institute for Research on Learning에 의해 기술된 인간의 네 가지 학습 유형을 가리키는 것이었다. 그들은 인간이 적응한 네 가지 교육 유형에 대한 멋진 모델을 수립했다. 우리는 그 네 가지를 각각 '자유 놀이', '집단 탐색', '맞춤형 학습', '조직적 학습'이라 불렀다.

차트 왼쪽엔 연관된 도전 과제들이 열거되어 있었다. 우리는 사람들이 지도를 활용해 수행할 수 있는 다섯 종의 서로 다른 과제를 설계한 뒤 이들을 차트 아래쪽을 따라 설명했다. 이 정보들 중 아무것도 서로 연관되어 있지 않기에, 이는 집단 논의에 대한 훌륭한 자극인 퍼즐 같은 상황으로 작용한다.

내가 이러한 유형의 시각적 기법에 관해 처음 들은 것은 내셔널 세미컨덕터National Semiconductor의 비전 이행을 위해 이와 같은 형태의 도표를 만들던 무렵이었다. 나는 이 과정을 교육받은 경험이 있는 동료 한 명과 함께 일하고 있었다. 그녀는 볼보Volvo에서 영업 사원들에게 새 차에 관해 교육시키기 위해 제작한 지도를 보여주었다. 거기엔 모형 보트나 자동차 조립 안내서에서 볼 수 있는 형태의 분해도가 실려 있었지만, 그 어떤 부품에도 이름이 붙어있지 않았다. 대신 이름들은 모서리 둘레를 따라 열거된 채 놓여 있었다. 영업 사원들은 그들의 지도를 사용해 모든 이름들을 모든 부품들과 연결해야만 했다. 한 시간에 걸친 작업이 끝날 즈음엔 모두가 그 새로운 차에 익숙해졌다.

시각적 발표 인터페이스

컴퓨터가 그래픽 유저 인터페이스를 사용하기 시작할 즈음, 인터넷이 폭발적으로 성장했다. 발표자들과 교사들은 도표 벽화를 통해 동일한 기법을 이용할 수 있다. 내가 이 개념을 처음 접한 것은 한 동료가 홀마크 카드Hallmark Cards 사의 어떤 연사에 관한 이야기를 해줬을 때였다. 그는 빨랫줄이 사이에 걸린 의자 두 개를 들고 무대 위에 올라, 20여 장의 다양한 그림 카드를 줄 위에 걸었다고 한다. 각 카드 뒤엔 홀마크 사와 홀마크 사의 사업 방식에 관한 각각의 이야기가 숨어있었고, '이제 그만 말하시오.'라는 말이 적힌 카드도 한 장 있었다. 이윽고 그는 청중들에게 카드를 골라달라고 요청한 뒤, 어떤 카드가 선택되든 그 방향을 따라 이야기를 이끌어갔다. 그리고 누구라도 '그만 말하시오.'라고 적힌 카드를 고르는 사람이 나오면 그는 이야기를 마치고 무대에서 걸어나가는 것이다.

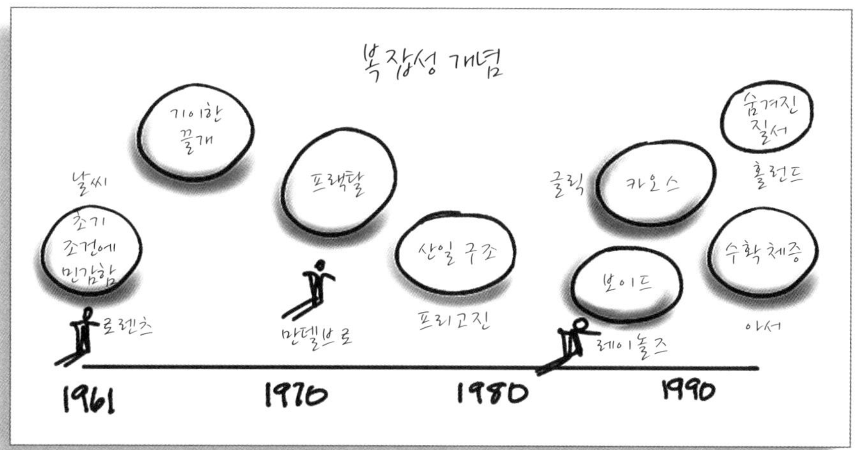

대화형 프레젠테이션 벽화

때때로 복잡계라 불리기도 하는 '살아있는 계'에 관한 연구엔 시각화 기법이 광범위하게 사용된다. 이 벽화는 이 주제에 관한 대화형 질의 응답 프레젠테이션을 보조하기 위해 사용된 것이다. 사람들이 어떤 주제를 '클릭'하면 내가 그 개념이 무엇인지 요약하는 식으로 말이다.

이 아이디어에 깊은 감명을 받은 나는 이를 미래 연구소 직원들에게 복잡계 이론에 관해 설명하는 데에 활용하기로 결정했다. 때는 '살아있는 계$^{living systems}$'(개방적으로 주변 환경과 상호작용하며 자기 조직적 특성을 갖는 '살아 움직이는' 시스템의 총칭 - 옮긴이)에 관한 연구가 이제 막 알려지며 광범위한 관련 도서들이 쏟아지고 있었던 1990년대 후반이었다. 1987년에 출간된 제임스 글릭$^{James Gleick}$의 『카오스: 현대 과학의 대 혁명$^{Chaos: Making a New Science and Complexity}$』은 세계적 베스트셀러가 되었다. 1992년엔 미첼 월드롭$^{Mitchell Waldrop}$이 『카오스에서 인간생명으로$^{Complexity: The Emerging Science at the Edge of Order and Chaos}$』를 통해 조직에 대한 복잡계 이론의 적용에 전념하고 있는 산타페 연구소$^{Santa Fe Institute}$를 집중 조명했다. 이러한 일련의 흐름에 나는 크나큰 희열을 느꼈는데, 특히 나를 흥분시킨 것은 이 새로운 과학 분야에서 이뤄진 발전의 80%가 컴퓨터로 카오스 과정을 시각화함으로써 거기 내재된 시각적 질서를 발견한 데서 기인한 것이라는 글릭의 말이었다.

나는 2차 방정식을 이용해 날씨 패턴을 연구했던 에드워드 로렌츠$^{Edward Lorenz}$가 첫 실험을 수행한 1961년부터 1990년대 중반까지의 연대기를 보여주는 벽화를 만들었다. 타임 라인을 따라 주요 개념들의 창시자를 나타내는 조그만 사람들과 그들의 아이디어를 의미하는 동그라미를 그려 넣었다. 이를테면 베누아 만델브로$^{Benoît Mandelbrot}$라 이름 붙은 사람 위에 프랙탈^{fractal}(언제나 부분이 전체를 닮는 자기 유사성$^{self-similarity}$과 소수^{小數} 차원을 특징으로 갖는 형상을 말하며, 베누아 만델브로는 프랙탈이라는 용어를 처음 사용한 사람이다. - 옮긴이)이라 쓰인 동그라미가 떠있는 식이다. 이 밖에도 기이한 끌개$^{Strange attractor}$(수도 꼭지에서 떨어지는 물방울과 같이 예측 불가능한 현상을 시각화했을 때 만들어지는 일관적 패턴)에 관해 연구한 캘리포니아 대학교 산타크루즈 캠퍼스와 인공 생명 프로그램인 '보이드^{Boids}'를 만든 크레이그 레이놀즈$^{Craig Reynolds}$ 등이 타임 라인 위에 등장했다.

우리는 이 도표를 각자 싸온 점심을 먹는 시간 동안 걸어둔 뒤 사람들에게 어떤 주제에 관한 이야기를 듣고 싶은지 골라달라고 요청했다. 이 세션은 즉시 열렬한 호응을 얻었으며 아주 재미있게 진행되었다. 이러한 형식은 사람들에게 주어진 개념들에 관해 골똘히 생각하다가 이리저리 넘나들기를 거듭하며 전체적으로 탐험할 수 있는 기회를 준다. 이는 우리가 어떠한 새로운 주제에 대해서든 탐구하는 일상적 방식을 모사한 것이며, 새롭고도 색다른 방식이다.

V. 이 모두가 한데 어우러지는 모습을 지켜보기

비주얼 미팅에 완전히 빠져버린 사람들을 위한 도구 모음

V. 이 모두가 한데 어우러지는 모습을 지켜보기
비주얼 미팅에 완전히 빠져버린 사람들을 위한 도구 모음

5부에선 비주얼 미팅을 한 차원 발전시키는 한편, 이러한 작업 방식을 일상 속에 자리매김하기 위한 방법들을 살펴보고자 한다. 앞으로 이어질 장들은 이러한 작업 방식이 발전함에 따라 어떤 일이 가능한가에 대한 내 생각과 더불어, 이것이 오늘날 그토록 신나고도 중요한 발전인 이유에 대한 느낌을 여러분에게 심어줄 것이다.

21장: 시각적 역량으로의 길 시각적 기법 전문가로서 능숙해지는 법을 익히는 데 있어 유용한 단계, 여러분이 이끄는 집단으로부터 배우는 법

22장: 이젠 미래가 보인다! 비주얼 미팅이 어디로 향하고 있는가에 대한 나의 개괄적 생각, 이 지극히 아날로그적인 작업 방식과 새로운 디지털 혁명과의 결합이 갖는 잠재력

23장: 참고 자료 및 관련 단체 이 주제에 관한 여러분의 학습을 진척시키는 데에 활용할 수 있는 다양한 책, 안내서, 관련 단체, 소모품에 대한 참고 자료

21. 시각적 역량으로의 길
여러분이 이끄는 집단으로부터 배워라

나는 종종 대화형 미디어로서의 시각화에 관한 글을 쓰는 것이 말하기에 관한 글을 쓰는 것과 다소 비슷하다고 느낀다. 시각화는 거의 구어만큼이나 폭넓은 표현력을 갖춘 언어이며 아마 여러분이 지금까지 이 책을 읽으며 내렸을 결론과 일맥상통하게, 구어와 동일한 방식으로 습득되고 널리 구사될 수 있다. 나는 더 이상 그림 그리기와 그림으로 의사소통하는 행위를 특수한 별개의 무언가라고 생각하지 않는다. 이는 그들의 조직과 업무를 이해하고자 고군분투하는 어떤 집단에 의해서든 행해질 수 있는 일상적 거래의 일부인 것이다. 시각적 언어의 구사는 일상생활의 영역으로도 전파될 수 있다. 내 생각이 글과 그림 모두의 형태로 반영된 나의 일기장은 내 이야기 상대가 되어주기도 하고 가르침을 주기도 하는 내 친구와도 같은 존재다.

능력 발달 연속체

그로브의 퍼실리테이션 교육에서, 우리는 수잔 베일리Suzanne Bailey와 내가 캘리포니아 교사들에게 시각적 작업 방식을 가르치던 시절 함께 개발한 능력 발달 연속체competency development continuum를 사용한다. 이 진행 과정은 그룹 그래픽스 키보드Group Graphics Keyboard, 드렉슬러/시베트 협력집단 성과 모델Drexler/Sibbet Team Performance Model과 마찬가지로 과정 이론Theory of Process으로부터 영감을 받은 것이다. 이 모델에 따르면, 단순한 초기 단계에서 여러분은 상당한 자유도를 가지며 이는 보다 복잡한 기술의 기초가 된다.

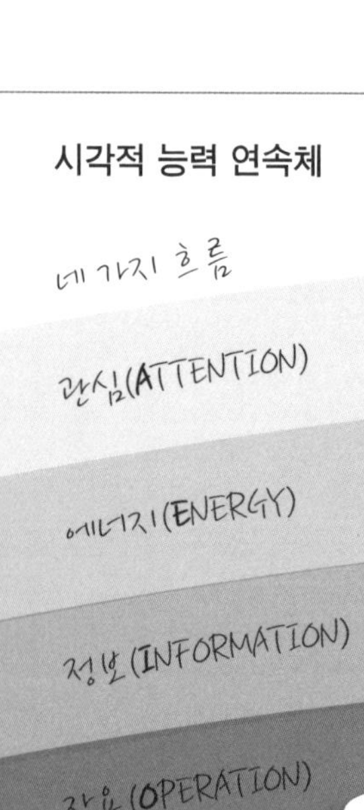

1. 내면의 이미지 활용하기

☐ 성공한 모습을 상상하기

☐ 자신의 꿈 기록하기

☐ 명상

☐ 구름 모습과 낙서로부터 그림 떠올리기

☐ 사람들이 하는 이야기 속의 이미지에 귀 기울이기

☐ 개인적 계획에 대해 활발히 상상해보는 연습

☐ 자유 연상

2. 자유롭게 표현하는 연습하기

☐ 빈 스케치북에 회의 기록 작성하기

☐ 개인적인 시각적 일기 쓰기

☐ 낙서

☐ 자기만의 아이디어를 가지 뻗은 아이디어 맵 형태로 도표화하기

☐ 속성 스케치와 몸짓 그림 그려보기

☐ 색연필과 창의적 미디어의 사용

☐ 아주 큰 그림 활용해보기

☐ 픽셔너리 게임 해보기

☐ 대형 디스플레이 용지 활용하기

3. 발표용 차트 만들기

☐ 회의 안건, 환영 표시, 테마 포스터, 체크리스트, 모델 등을 미리 차트로 만들기

☐ 활자체와 제목 쓰기 연습하기

☐ 십여 종 정도의 간단한 기본 도형/아이콘 습득하기

☐ 색깔 분필 파스텔 사용하기

☐ 만화와 스케치 따라 그리기 연습을 통한 간격 분배 및 디자인에 관한 감각 배양

☐ 그룹 그래픽스 키보드를 공부해 디스플레이 형식 익히기

최고의 기법들

여기 수록된 최고의 기법들(best practices)은 네 가지 흐름 모델(Four Flows model)(16장 참고)에 따라 나열되어 있어 왼쪽에 위치한 근본적인 것들이 오른쪽을 이루는 기초로 작용한다. 이 페이지에 나와 있는 첫 세 단계는 시각적 작업법과 여러분 간의 연결 고리를 일깨워줄 것이며, 이 책에 수록된 기법 대부분을 적용하기에 충분한 구조를 제공할 것이다. 옆 페이지에 나와 있는 단계들은 여러분이 시각적 작업 방식을 집단을 이끌기 위한 일차적 방법으로 삼고자 할 때 고려해볼 수 있는 종류의 기법들이다.

4. 시각적으로 기록하기

☐ 한 사람의 상대를 인터뷰하며 시각적으로 기록하기

☐ TV, 비디오, 라디오 등에서 나오는 프레젠테이션 기록하기

☐ 의식적으로 다양한 디스플레이 형식을 활용하도록 연습하기

☐ 직원 회의 기록하기

☐ 퍼실리테이터와 함께 하루 종일 열리는 회의 기록하기

☐ 사람들에게 기록 내용이 정확한지 확인받고 피드백을 요청하는 법 배우기

5. 시각적으로 퍼실리테이션하기

☐ 퍼실리테이터로서 자기 소개 활동을 시작한 뒤 참가자들이 소개하는 동안엔 기록을 맡는다.

☐ 회의를 진행하며 집단을 이끄는 일과 시각적 기록 모두를 맡는다.

☐ 팀 창단 과정이나 기획 회의를 직접 퍼실리테이션한다.

☐ 소그룹 활동에 그래픽 템플릿을 사용한다.

☐ 보고서 및 디스플레이 재생산을 통해 회의 내용을 보존하고 참가자들에게 상기시킨다.

6. 시각적 작업 과정 디자인하기

☐ 안건 디자인 회의를 이끌며 그림과 도표를 활용하는 작업 과정을 제안한다.

☐ 변화를 위한 노력에 대형 프로세스 맵과 스토리 맵을 활용한다.

☐ 시각적 비유와 사고의 기저 구조에 대한 집단의 탐구를 돕는다.

☐ 원형과 문화적으로 내재된 화상의 역할을 인지한다.

7. 다른 이들을 가르치기

☐ 동료들과 함께하는 공동 그림 그리기 세션을 진행한다.

☐ 대규모 회의에 대한 보조 활동의 일환으로 한 그룹의 퍼실리테이터들과 리코더들을 이끈다.

☐ 학습자들에게 집단의 에너지를 직관적으로 유용하도록 가르친다.

☐ 비주얼 미팅과 그래픽 퍼실리테이션에 관한 워크숍을 진행한다.

이 최고의 기법들은 세계 각지에서 그래픽 퍼실리테이션을 교육하고 비주얼 미팅을 주도한 지난 38년간의 경험으로부터 온 것이다. 이 목록은 결코 완전한 것이 아니니, 여러분만의 기법을 몇 개 추가하라. 이 연속체는 왼쪽에서 오른쪽으로 갈수록 복잡도와 도전의 정도가 뚜렷이 증가하는 모습을 보인다. 키보드 모델에선 오른쪽 요소들의 안쪽에 왼쪽 요소들이 층층이 포개져 나타남을 명심하라. 따라서 4번부터 7번은 네 가지 흐름 모두를 포함하는 것이다.

　　보다 다양한 기술을 습득해 나갈수록 자유도는 감소하며, 이것이 극에 달하는 지점은 회의에서 여러분 앞에 어떤 것이 던져지든 적절한 형식으로 기록하는 법을 배우는 단계다. 이를 마스터하면 여러분의 눈앞엔 시각적 퍼실리테이터^{visual facilitator}와 시각적 작업 과정 디자이너^{visual process designer}를 거쳐 궁극적으론 집단의 표현을 위한 창의적 통로라는 꽤나 신나는 역할을 맡을 수 있는 사람으로의 길이 펼쳐지게 된다. 비주얼 미팅으로부터 많은 가치를 얻기 위해 반드시 이런 식의 발전 경로를 따라야 하는 것은 아니다. 특히나 여러분이 여러분을 도와줄 사람들을 끌어들이는 데에 능숙해지면 말이다. 하지만 여러분이 그동안 좌뇌와 우뇌의 통합적 활용을 꿈꿔왔으며 이러한 작업 방식이야말로 거기에 부합하는 바라는 느낌을 받고 있다면, 이것에 능숙해지기 위해 헌신적 노력을 기울일 가치는 충분할 것이다.

'다음에 일어날 일' 즐기기

전통적 학교 교육으로부터 살아남은 우리들 중 대부분은 무언가를 하는 방법에 있어 어떤 것이 옳고 또 어떤 것이 그른지에 대한 굳건한 감각을 갖고 있다. 물론 우수성의 기준이란 것은 분명 존재하며 어떤 결과는 다른 것들에 비해 더 높은 평가를 받지만, 비주얼 미팅만큼이나 유연하고 광범위하게 적용 가능한 방법론과 함께라면 올바른 방식으로 일하고자 하는 이러한 충동은 장애물로 작용할 수도 있다.

　　퍼실리테이터로서 나는 다른 틀을 선호한다. 나는 회의가 일단 시작되면 사람들과 함께 가치 있을 것이라 생각되는 그 어떤 것이든 계획하고 이행하는 데 최선을 다한 뒤, 무슨 일이 일어나든 완전히 받아들이는 것을 좋아한다.

　　받아들인다는 것은 곧 너무 판단하지 말고 그저 만들어지는 것들을 기대하는 한편, 그 활동이 집단과 여러분을 어디로 이끌고 가는지에 집중하는 것이다. 항상 그다음에 이뤄질 수 있는 일들이 있으며, 바로 그것이 내가 집중하고자 하는 방향이다. 이러한 '예/그리고' 방향성을 갖는 것은 좋은 즉흥 창조의 열쇠이며, 집단의 높은 참여도와 혁신을 이끌어내기 위한 실마리다. 그러니 비주얼 미팅 진행법을 배우는 동안엔 '옳음/그름'이라는 여러분의 감각을 서랍 안에 넣어두고, 몇 가지 시도를 해보라. 그리곤 일어난 일과 그다음에 일어날 수 있는 일들에 관해 맹렬하게 습득하라.

나는 회의가 일단 시작되면 사람들과 함께 가치 있을 것이라 생각되는 그 어떤 것이든 계획하고 이행하는 데 최선을 다한 뒤, 무슨 일이 일어나든 완전히 받아들이는 것을 좋아한다.

시각적 퍼실리테이터로 일한 지 얼마 지나지 않았을 무렵, 한 캐나다 대기업과의 회의에서 아주 노련한 전략 컨설턴트와 함께 일한 적이 있다. 우리는 다양한 사업 분과의 CEO들로 하여금 그들의 모임을 학습 공동체로 간주케 하는 한편, 그들의 상이한 사업 영역을 초월해 상호 협력하도록 이끌고자 노력하고 있었다. 이는 그들에게 있어 어려운 일이었으며, 우리에게 역시 만만치 않은 일이었다. 나의 동료가 된 그는 오랜 세월 동안 그 CEO들의 전략 컨설턴트로 일해왔기에 그들을 잘 알고 있었다. 그의 스타일은 일련의 개념과 틀을 도입한 뒤 그들이 그것을 붙들고 분투하도록 하는 것이었다. 이때 일반적으로 그는 잘 짜인 슬라이드 프레젠테이션을 수행했다.

전체 회의의 중추적 역할을 할 저녁엔 그가 만들어온 비디오의 특별 상영 시간을 가질 예정이었는데, 이 비디오에 담긴 팀과 커뮤니케이션 과정에 관한 내용은 그들의 공통 언어로 자리매김할 수 있을 것이었다. 잠시 술잔을 주고받은 우리는 마침내 저녁 식사 후에 한데 모였다. 분위기는 대체로 우호적이었다. 쇼를 시작한 지 얼마 지나지 않아, 그는 어떤 이유에선지 모든 슬라이드들이 뒤죽박죽되어 있는 것을 발견했다. 그는 쇼를 멈추고 순서를 바로 잡으려 노력했다. 그러자 이번엔 프로젝터가 제대로 돌아가지 않았다. 그는 유머 감각이 좋은 친구였기에 이 모든 과정 동안 쉴 새 없이 재잘거리며 분위기를 가라앉히지 않으려 노력했지만, 기본적으로 쇼의 모든 구성이 망가진 상태라 더 이상 진행할 수 없었다. 하지만 그가 이와 같이 일을 망친 모습을 본 것이 결과적으로 그 CEO들을 활짝 열어젖히는 결과를 가져왔다. 조롱과 웃음이 유쾌하게 울려 퍼졌으며, 그들이 아무런 매체도 없이 실질적으로 관여하게 됨에 따라 대화는 완전히 새로운 수준의 깊이로 진행되었다.

이와 같이 회의 일정이 통제 범위를 벗어나버린 상황이 진정한 참여와 진전의 시간으로 거듭나는 경우를 나는 반복적으로 목격해왔다. 여러분이 지향하는 바가 리더십의 출현에 힘을 실어주고 뒷받침하는 데에 있다면, 사실 집단을 '옳은' 방향으로 이끄는 방식은 과대 평가된 전략이라 할 수 있다. 다양한 시도를 감행해보고 별난 일들을 해보라. 그리고 여러분이 했던 모든 일로부터 무엇이 효과적이었는지, 그리고 다음 번엔 다르게 어떤 일을 해볼 수 있을지에 관해 배워라.

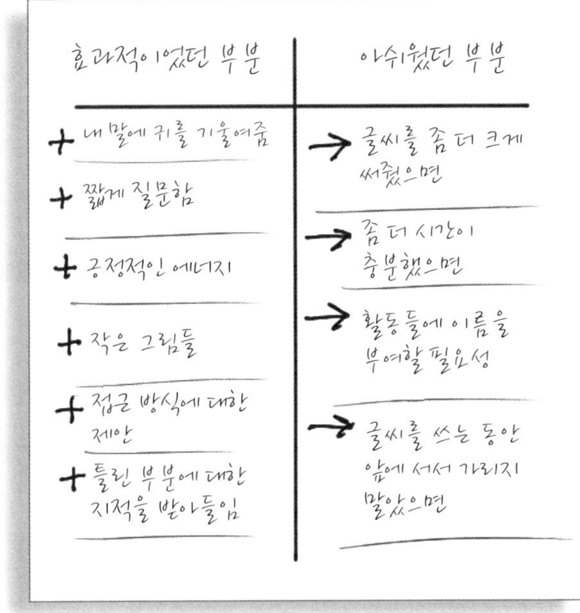

효과적이었던 부분/아쉬웠던 부분

회의 마지막에 5분 또는 10분 정도를 들여 되돌아보게끔 하는 이 간단한 활동은 시간이 지나도 회의가 제 기능을 크게 발휘하도록 하는 한편, 여러분에게도 많은 가르침을 줄 것이다.

실질적 배움에 도움이 될 형태로 여러분이 한 일을 평가하는 습관을 들인다면, 여러분의 발전엔 가속이 붙기 시작할 것이다. 여러분이 함께 일한 사람들이야말로 여러분이 시도한 일들로부터 무엇을 얻었고 또 무엇을 얻지 못했는가에 대한 최고의 스승이기 때문이다. 이는 플립 차트를 걸어놓고 "무엇이 효과적이었는가?"와 "무엇이 좀 더 개선될 수 있었는가?"에 관한 이야기를 해달라고 요청하는 것만큼이나 간단한 일이다. 진정으로 귀를 기울이고자 한다면 펜을 다른 이에게 넘겨도 좋을 것이다.

지금까지 내가 맡아본 가장 힘든 퍼실리테이션 과제 중 하나는 내 맏아들이 고등학교에 다닐 적에 그의 보이스카우트 대의 대장 일을 인수한 것이었다. 나는 대원들의 존중을 받지 못했던 선임 대장의 뒤를 이었다. 대원들은 어떠한 권위자들이 무슨 내용을 제안하든 간에 무조건 무시하는 버릇에 빠져 있었다. 나는 완전히 난관에 빠져버렸다고 느꼈다. 그들이 내게 가장 원하는 건 야영을 나갈 때 운전기사 노릇을 하는 정도란 것을, 그리하여 그들을 괴롭히는 모든 것으로부터 벗어날 수 있게 되는 것이란 점을 나는 깨달았다. 그리하여 나는 운전대를 잡고 캠프 길에 올랐다. 우리의 첫 야영지는 저 멀리 포인트 라이스^{Point Reyes} 근처의 캘리포니아 해안이었다. 그곳에 진입하기 위해 우리는 13km에 걸쳐 하이킹을 했다. 이는 짐 조절과 신발, 혹은 물에 관련된 어떤 문제든 간에 크게 불거지기에 충분할 만큼 긴 거리다. 준비되지 않은 야영길에 오른 결과 몇몇 대원들은 다소 고생스러운 시간을 보냈다.

다음 모임에서 나는 간단한 제안 한 가지를 했고 이는 실제로 효과가 있었다. 나는 이렇게 말했다. "이것은 여러분의 캠프입니다. 이것이 어떻게 진행되든 나는 크게 개의치 않겠지만, 아마 여러분은 여러분의 캠프가 가능한 한 즐겁고 유용하길 바랄 것이라 생각합니다. 이 차트에 여러분이 다음 번에 다시 하고픈 활동과 바뀌었으면 하는 활동들을 기입해주길 바랍니다." 나는 펜을 넘겨주곤 뒤로 물러났다. 나는 이후의 야영 세 번에 걸쳐 대원들이 스스로 훈련하는 것을 봤다. 손위 형제로부터 스카우트 활동에 관해 많이 배운 몇몇 대원들이 있어 다른 이들을 가르칠 수 있었던 것이다.

한 일이 한 가지 더 있다. 만약 대원들이 캠핑 요령을 진정으로 습득한다면 여름에 그들을 1주일간 하이시에라^{High Sierras}로 데려가 주기로 약속한 것이다. 이 제안은 그들을 알아야 할 것들을 익히는 데에 아주 진지하게 매진하도록 이끈 매우 먹음직스러운 '당근'으로 작용했다. 마침내 우리는 그곳에 갔고, 이렇게 높은 산에 올라보는 것이 처음인 대원들이 많았기에 우리는 굉장한 시간을 보냈다. 모두 대학에 진학해 뿔뿔이 흩어진 그들은 다음 여름에 다시 돌아와선 내게 다시 한 번 대장을 맡아줄 수 있는지 부탁했다. 나는 수락했다. 그때 이래로 그 소년들은 어른이 된 지 한참 지난 지금까지도 매년 산으로 야영을 떠나고 있다.

　　대부분의 집단은 일반적으로 인식되는 수준보다 훨씬 더 풍부한 자원을 갖고 있으며, 여러분은 그들에게 적절한 도구와 신뢰를 제공함으로써 이러한 자원들을 끌어내어 여러분의 발전에 기여하도록 할 수 있다.

22. 이젠 미래가 보인다!
회의에서의 진정한 혁명의 씨앗

공상과학 소설가 닐 스티븐슨Neal Stephenson은 가상 현실에 관한 그의 상징적 소설 『스노크래시Snowcrash』에서 다음과 같은 말을 남겼다. "미래는 이제 여기에 있다. 다만 고르게 퍼져 있지 않을 뿐이다." 헬리콥터나 인터넷, 또는 컴퓨터 칩과 같이 우리가 혁신적 기술 발전이라 여기는 것들을 살펴보면, 이들 모두 일상생활로 전파되기까지 그 전조가 되는 오랜 발전 역사를 갖고 있음을 알 수 있다.

시각화는 유구하고 풍부한 역사를 갖고 있다. 지금까지 내가 이 책에서 나눈 아이디어들의 대부분은 건축가와 디자이너, 교사, 엔지니어들에 의해 수 세기간 어떤 형태로든 활용되어온 것들이다. 사실, 시각적 언어란 자연스러운 것이며 우리의 몸과 몸짓에 내장되어 있는 것이라는 나의 주장은 참으로 아주 오래된 이 의사소통 방식을 되찾자는 주장과 다름없다.

우리는 정보 시대에 산다

전자 매체의 폭발적 발전과 증가 일변도를 달리는 정보의 창조 및 공유에 기반한 사회의 출현은 오늘날의 새로운 경향이다. 디지털 도구는 우리가 이제 막 발견하기 시작한 방식으로 커뮤니케이션을 증대 및 변모시키고 있다. 하지만 나는 미래가 이미 우리 곁에 있으며, 식별될 수 있다고 믿는다. 이 씨앗들이 어떻게 자랄 것인지 감히 예측할 순 없지만, 그들은 어떤 형태로든 모두 꽃을 피울 것이다. 미래의 회의 진행 방식에 혁명적인 영향을 미치리라 생각되는 다섯 개의 발전에 관해 고찰해보는 것으로 비주얼 미팅에 대한 우리의 탐험을 끝맺도록 하자.

1. 멀티터치 벽Multitouch Walls과 태블릿Tablets

2. 비디오Video

아날로그-디지털 세계

이 사진은 내 PC에서 재생되고 있는 비디오 영상을 디지털 카메라로 찍은 것이다. 영상 속엔 손으로 그린 차트와 템플릿들이 담겨 있다. 여러분이 디지털과 아날로그라는 이 다른 세계 간의 연결을 탐구하면 이들은 서로를 확장시킬 것이다.

3. 객체 지향 디자인 도구^{Object Oriented Design Tools}

4. 협력 소프트웨어^{Collaboration Software}

5. 3차원 및 가상 환경^{3-D and Virtual Environments}

멀티터치 벽과 태블릿

테드^{TED} 컨퍼런스는 기술^{Technology}, 엔터테인먼트^{Entertainment}, 디자인^{Design} 분야의 최고 권위자들과 명석한 인재들이 한 자리에 모이는 연례 행사이며, 꽤나 놀라움을 주는 행사로 자리매김했다. 테드의 모토는 '좋은 아이디어들을 널리 퍼뜨리자^{Ideas Worth Spreading}.'이며, 그들의 사업 모델은 컨퍼런스 참가에 많은 비용을 부과한 뒤 거기서 나온 50종이 넘는 18분짜리 프레젠테이션 영상을 웹상에 무료로 제공하는 것이다. 그들은 이 모임을 테드엑스^{TEDx} 컨퍼런스라는 형식으로 모사하는 법을 떠올려낸 뒤, 세계 각지의 뜻있는 이들에게 이 형식의 사용 허가를 내어줌으로써 유사한 형태의 좋은 아이디어의 전파에 동참시켰다.

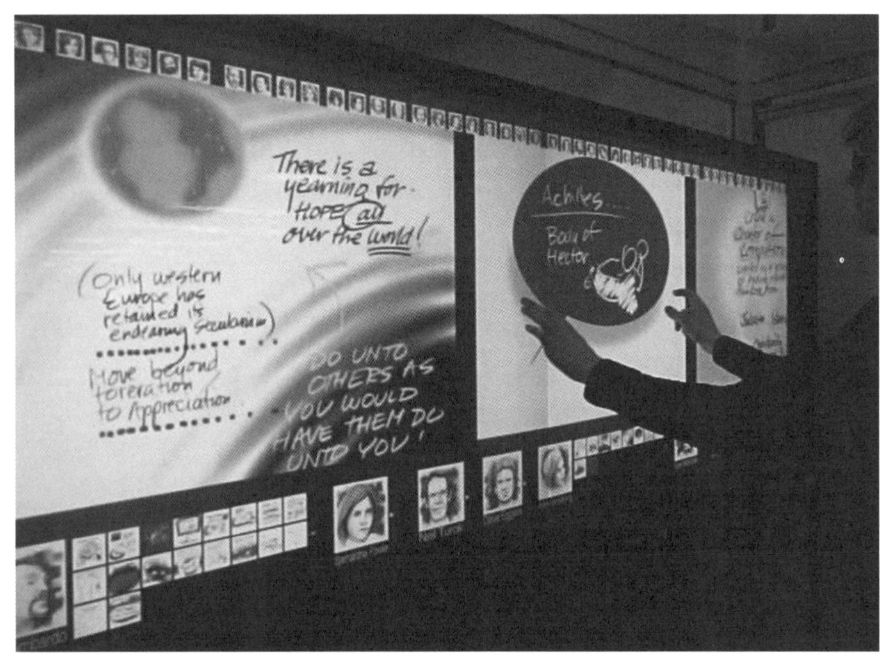

빅 비즈

2008년 테드 컨퍼런스에서, 나는 오토데스크와 퍼셉티브 픽셀(Perceptive Pixel)이 공동 개발한 빅 비즈라는 이름의 멀티터치 벽에 연결된 와콤 신티크(Wacom Cintiq) 태블릿 상에서 전체 행사를 기록했다. 하단의 작은 그림들은 각 연사들의 초상화이며, 상단의 큰 그림들은 각 연사의 프레젠테이션 내용과 관계된 것으로서 원하는 연사의 얼굴을 터치해 접근할 수 있었다.

멀티터치 벽이라는 새로운 매체에서의 시각화에 깊이 관여한 오토데스크 사의 선임연구원 톰 우젝^{Tom Wujec}은 2008년 테드 컨퍼런스에서 '빅 비즈^{Big Viz}'라는 이름의 대형 멀티터치 벽을 시연했다. 동시방송실 중 한 곳에서 열린 이 시연 행사에서, 나는 오토데스크 사에서 온 또 다른 시각화 전문가와 함께 각 프레젠테이션의 주요 개념을 나타내는 페이지들을 그렸다(나중에 보니 대략 프레젠테이션 하나당 여덟 장 정도였다.). 우리의 모든 작업물은 빅 비즈 벽 위에 띄워진 미리 준비된 각 연사의 조그만 초상에 곧바로 연결될 것이었다. 이 벽에 다가간 사람들은 일렬로 나열된 우표 크기의 초상화들을 보게 되며, 그중 아무것이나 터치해 그 연사의 모습이 우리가 그리고 있었던 그림들과 함께 화면 한가운데에 확대되어 나타나도록 할 수 있었다. 관람자는 벽 위에서 손을 휘젓는 것만으로 그림 크기를 조절하거나, 회전시키거나, 무리 지은 뒤 원하는 어떤 조합으로든 저장할 수 있었다. 이는 마치 거대한 아이폰과도 같았다.

이러한 멀티터치 벽의 개념은 '마이너리티 리포트Minority Report'라는 영화에서 잘 묘사된 바 있다. 이제 이 기술은 스마트폰과 태블릿에 힘입어 대중문화에 도입되고 있다. 당시 우리가 사용한 벽을 제작하고 프로그래밍하는 데엔 10만 달러가 훌쩍 넘는 비용이 들었다. 이 벽의 크기는 가로 3.6m에 세로 1.05m였으며, 내장된 소프트웨어는 사실상 그 행사를 위해 만들어진 것이었다. 오늘날 이러한 종류의 벽은 TV 방송국에서 정치나 날씨 등 여러 소재에 관한 보도에 사용되고 있으며, 이젠 전통적인 회의실로 향하고 있다. 이는 궁극적으로 조직 데이터베이스로의 창으로서 기능하게 될 것이다.

대형 멀티터치 벽은 대규모 조직에서 기획과 회의가 수행되는 방식을 변혁시킬 수 있을 것이다. 이들이 널리 보급될 수 있을까? 이들의 변형판이라면 그럴 수 있으리라는 징후가 여러 가지로 나타나고 있다. 애플의 아이패드와 HP에서 새로 나온 슬레이트Slate엔 이러한 멀티터치 기술이 내장되어 있어, 화면상의 아이템을 터치함으로써 이동시키고 크기를 조절할 수 있다. 컴퓨터를 프로젝터에 연결해 화면을 크게 비출 수 있으므로, 이러한 유형의 인터페이스는 소규모 집단뿐만 아니라 대규모 집단에서도 활용할 수 있을 것이다. 나는 이미 멀리 떨어져 있는 의뢰인들을 위한 그래픽 퍼실리테이션을 수행하는 데에 태블릿을 사용하고 있다. 캐나다의 스마트 테크놀로지SMART Technologies 사는 터치에 민감한 화이트보드 표면을 개발해 스마트 보드Smart Boards란 이름으로 상품화했다. 이 칠판 위에서의 터치는 키보드나 마우스로 컴퓨터에 입력하는 것과 마찬가지인 효과가 있어, 그렇게 칠판 위에서 그린 그림이 컴퓨터에 입력된 뒤 프로젝터를 통해 칠판 위에 투영되는 식으로 작동한다.

이 책의 서두에서 내가 큰 그림을 통한 사고의 중요성을 역설했던 것과 동일한 이유하에, 이 영역으로 진입하고 있는 많은 기술들이 존재한다. 여기서 유일한 차이는 내용이 아닌 표현 매체에 있다. 시각적 경험은 여전히 일반적 종이를 사용할 때 더 뛰어나지만, 디지털 매체는 캡처, 저장, 공유 기능과 조작 용이성에 힘입어 성장할 수밖에 없다는 것이 내 믿음이다. .

비디오는 공통의 언어가 되고 있다

휴대폰이 일반화된 이후에 태어난 소위 '디지털 원주민digital natives'들에게 있어, 비디오의 사용은 거의 전

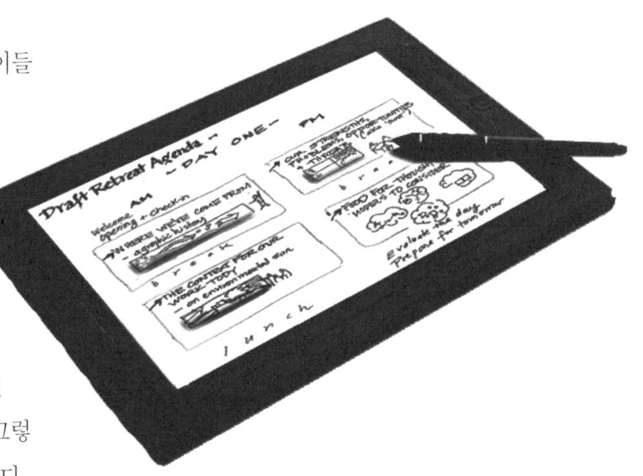

원격 회의 일정 수립 회의

위의 태블릿 화면은 어떤 그로브 고객과의 인터넷 회의에 사용된 회의 일정 디자인 스케치의 실제 사본이다. 사람들이 이야기하는 동안 나는 태블릿상에서 아이디어를 지우거나 개선하는 작업을 우리 모두가 합의할 수 있을 때까지 계속했다.

화를 거는 것만큼이나 자연스러운 일이다. 대부분의 보급형 자동 카메라들이 비디오 촬영 기능을 제공한다. 스카이프Skype 비디오의 품질은 소규모 회의용으로 사용하기에 충분할 만큼 양호하다. 최근엔 멀리 떨어진 회의 참가자들을 바로 테이블 맞은 편에 앉아 있는 것처럼 보이게 해주는 최첨단 비디오 시스템이 등장하고 있다. 점점 더 많은 팀들이 서로 다른 장소에 위치하게 되고 출장 경비는 점점 줄어들고 있는 상황에서, 비디오는 멀리 떨어진 사람들의 참여를 가능케 할 것이다. 나는 이로써 무슨 일이 가능할 것인가에 대한 전조를 오토데스크와 함께한 지속 가능한 디자인에 관한 회의에서 봤다. 회의 내용은 기밀이지만, 회의 과정에 대해선 이야기할 수 있다. 산 라파엘San Rafael에 위치한 중앙 그룹은 대형 벽 그림을 사용했으며, 두 위성 그룹이 스카이프로 연결되었다. 우리는 움직일 수 있는 비디오 카메라를 준비해 담당자로 하여금 우리가 벽 차트에 무엇을 만들고 있는지 멀리 떨어진 동료들에게 보여주도록 했다. 원격 그룹들은 개별 논의 시간을 가진 뒤, 그들의 생각을 태블릿상에 한 스케치나 미리 촬영해둔 프레젠테이션의 형태로 보내주었다. 두 명의 인턴이 그 기술을 도입했다. 서로 다른 장치와 시각화 기법을 사용하고 있었지만 우리는 진정으로 하나의 회의를 함께했으며, 내키는 대로 유연하게 진행해나갈 수 있었다. 이러한 작업 방식은 비교적 대규모의 분산된 조직에서 꽤나 흔해질 것이며, 공통의 시각적 언어는 이것이 가능해지도록 도울 것이다.

객체 지향 디자인 도구

내가 시각적으로 일하기 시작했던 1970년 초반에, 스탠포드 출신의 선견지명을 갖춘 예술가 겸 발명가인 프레드 래킨Fred Lakin은 왼쪽의 스케치를 통해 왜 그래픽이 컴퓨터에 그토록 중요해질 것인가를 역설했다. 비트와 바이트는 일반적 숫자로 표현될 수 있으며 숫자는 글자의 일종이고, 또한 글자란 것은 사실 그래픽 디스플레이의 일부이기에, 그는 그래픽 유저 인터페이스와 객체 지향 언어가 미래의 컴퓨터 작업 방식이 될 것이라 믿었다. 여전히 코딩은 언어 및 숫자 기반으로 대개 이뤄지고 있지만, 그가 예언한 바는 거의 현실이 되고 있다. 이젠 다양한 기능들의 아이콘을 마우스로 끌어

그래픽 컴퓨팅 옹호론

아래 그림은 프레드 래킨이 1972년에 그린 스케치를 나타낸 것으로, 그래픽을 위한 컴퓨터를 디자인함으로써 모든 다른 언어들을 다룰 수 있으며, 따라서 앞으로의 컴퓨터는 그래픽적인 방향으로 발전할 것이라는 그의 주장을 담고 있다. 그래픽 유저 인터페이스가 등장하기 전의 일이었다.

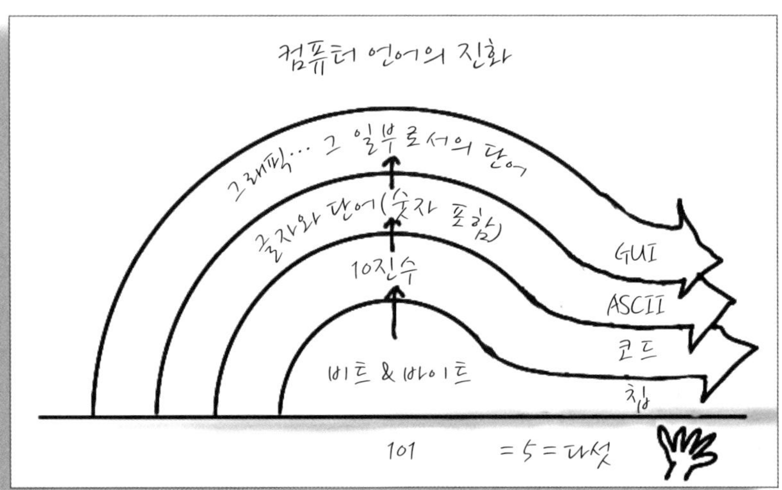

모으는 과정을 통해 디자인할 수 있는 지시식 디자인instructional design 방식의 프로그램들이 존재한다. 블로그 템플릿이나 웹사이트 템플릿, 또는 소셜 네트워킹 페이지를 이와 마찬가지로 디자인할 수 있다. 사용자들이 선택 가능한 옵션들과 레이아웃에 대한 그래픽 메뉴 및 원하는 요소를 마우스로 끌어다가 추가할 수 있는 기능을 활용해 그들의 사이트를 디자인할 수 있도록 하고 있는 것이다.

전문가 대상의 기술 측면에서 살펴보면, 건축 디자인에서 건축 정보 모델링BIM, Building information modeling은 이 업계에 일대 혁신을 일으키고 있다. 이것은 컴퓨터를 이용한 3차원 디자인 시스템과 상당한 유사성을 띠는데, 유일한 차이점은 모델링되는 모든 창문과 문 및 여타 부분들이 그들의 가격과 단열 특성, 에너지 사용, 소재, 강도 등에 관한 소위 '메타데이터metadata'라는 것을 함께 지닌다는 점이다. 결과적으로 이러한 건물 모델은 잘 신경 써서 만들어질 경우 건물 전체의 가격 및 에너지 효율 등에 대한 추정치를 제공할 수 있다. 이 시각적 모델은 말 그대로 디자이너들을 위한 계산기이자 인터페이스다. 이러한 발달에 힘입어 엔지니어들과 건축가들은 디자인 과정에서 전례 없는 수준으로 긴밀히 협력하게 되었으며, 기계 도면의 해외 생산이나 고차원적 모듈 방식 설계와 같이 지속 가능한 디자인을 향한 진정한 도약이라 할 수 있는 것들의 가능성이 활짝 열렸다.

이 모든 도구들은 그래픽 인터페이스가 직관적이기만 한 것이 아니라, 여전히 모든 컴퓨터 작업의 기반을 이루고 있는 이진 코드를 형성하는 문자와 숫자들을 포괄하는 것이라는 점을 가정하고 있다. 다른 분야에서 이러한 새로운 도구들이 등장했을 때 알아보고 가져다 쓸 수 있게 된다는 점에서, 나는 디자인에서의 객체 지향성의 미래를 이해하는 회사가 뚜렷한 이점을 가질 것이라 생각한다.

정보 그림과 지도를 보다 대규모의 정보 집합체로서 활용하는 선도적 사례로 웹사이트에서의 '마우스 오버' 그래픽을 들 수 있다. 이는 시각적 디스플레이상의 특정 부분을 클릭했을 때 나타나는 2차적 정보 층을 의미한다. 여러 가지 의미에서 웹사이트를 위해 고안된 '파고 들어가기drill down' 식 탐색 시스템은 이러한 유형의 시각적 연결 고리가 어떻게 성립되는지 보여주고 있다. 조직의 미래 또는 새로운 작업 과정을 나타내는 개념도를 이러한 방식으로 구축하는 것이 오늘날엔 기술적으로 가능하다.

『LEADING BUSINESS TEAMS』
애디슨웨슬리 조직 개발 시리즈의 일환으로 발간된 이 책은 그룹 지향적 소프트웨어, 1990년대 당시의 용어를 빌자면 '그룹웨어(groupware)' 분야를 규정한 최초의 도서 중 하나다. 나도 이 책의 저자 중 한 명이었으며 이 분야를 기술하는 데 사용된 시각적 틀의 디자인을 도왔다. 이 책을 가득 채우고 있는 정보는(그리고 그림 및 도표는) 여전히 아주 유용하다.

협력 소프트웨어와 소셜 미디어

1990년대 전반에 걸쳐 나는 캘리포니아 주 팔로 알토 소재의 미래 연구 기관인 미래 연구소[Institute for the Future]와 함께 그룹웨어 유저 프로젝트[Groupware Users' Project]에 참여했다. 우리는 집단 업무와 협력을 뒷받침하는 것을 목표로 하는 소프트웨어의 발전을 추적했다. 이러한 아이디어들의 씨앗은 그때 이래로 20년간 재빠르게 자라 싹을 틔워왔다. 이 중 비주얼 미팅에 가장 큰 영향을 미친 것은 채팅, 설문조사, 질문, 전화 회의 기능뿐만 아니라 공동 화이트보드와 슬라이드쇼 등 어떤 종류의 시각적 문서까지도 거의 예외 없이 활용 가능한 웹 컨퍼런스 소프트웨어의 발전이다. 비주얼 미팅의 확산과 함께 작업에 태블릿을 사용하는 그래픽 퍼실리테이터들의 무리 또한 증가 추세를 보이고 있다. 앞서 설명했듯이 PC에서 실행 가능한 어떤 프로그램이든 발표자의 데스크톱 화면을 공유할 수 있는 웹 컨퍼런스 소프트웨어의 기능을 통해 모든 참가자들에게 보여질 수 있다. 이는 원격 기록이나 디자인 또는 프레젠테이션 주해[presentation annotation]를 당장 가능케 한다! 심지어 스카이프조차도 화면 공유 기능을 갖고 있다.

또 다른 씨앗은 인터넷상에서 단일 참고 지점으로서 존재하는 가상 팀 공간에 대한 아이디어다. 오늘날엔 아주 상세한 프로젝트 관리 플랫폼부터 팀의 사용에 맞게 개조된 소셜 네트워킹 프로그램에 이르기까지 여러 형태가 나와 있다. 이들 대부분은 시각적 매체와 여타 문서를 저장하고 보여주는 기능을 제공한다. 주해 도구는 여전히 개발 중이지만, 머지않아 등장할 것이다. 미래에 사람들은 시각적 위키 환경(다수의 사람들이 정보를 입력할 수 있는 사이트를 의미한다. 가장 잘 알려진 예로 위키피디아[Wikipedia]가 있다.)에서 공동으로 그림을 그릴 수 있게 될 것이다. 초기의 사례로 단체 사람들이 회원들의 위치를 협력적인 방식으로 시각화할 수 있게 해주는 구글 지도[Google maps]와 관련 매시업[mash-up] 서비스를 들 수 있다. 오늘날엔 비전 지도나 여타 시각 자료에도 이러한 메타데이터를 추가하는 것이 가능하며, 이는 조직 플랫폼이 보다 정교하게 발전됨에 따라 더 널리 퍼질 것이다.

3차원 및 가상 환경

컴퓨터가 조직에 널리 보급된 이래로 사람들은 계속 완전히 사실적인 가상 환경을 마음속에 그려왔다. 초기의 가상 환경은 꽤나 단순하고 조잡했지만, 그럼에도 흡인력이 있었다. 이제 우리에겐 3차원 그래픽 기술이 있다. 3D로 제작된 영화인 '아바타Avatar'는 당시 최고의 수익을 기록한 영화가 되었으며, 이 박스오피스 기록을 곧이어 개봉한 '이상한 나라의 앨리스Alice in Wonderland'가 따라잡고 있다. 논평자들은 창조적 작업을 위한 새롭고도 짜릿한 장르로서의 3D의 도래를 알리고 있다. 세컨드 라이프Second Life나 월드 오브 워크래프트World of Warcraft와 같은 미국 서비스들이 제공하는 몰입적이고 상호적인 3차원 가상 환경 속엔 수백만 명의 사람들이 말 그대로 살고 있다. 이 모든 발전이 이뤄지는 방식은 수많은 변수에 종속되어 있지만, 우리의 시각 기술이 매우 사실적인 표현을 해낼 수 있으며, 이 모든 것이 회의가 열릴 수 있을 만큼 매우 시각적인 가상 환경의 창출에 이바지할 수 있다는 점에는 의심의 여지가 없을 것이다!

2006년에 나는 대규모 협력을 위해 활용될 수 있는 가상 환경으로 막 부각되고 있었던 세컨드 라이프를 둘러보았다. 계기가 되었던 것은 뉴 미디어 컨소시엄NMC, New Media Consortium의 후원을 받은 세컨드 라이프의 예술가들이 연 심포지엄으로 초대하는 초대장이었다. NMC는 전국의 단과대학 및 종합대학들이 교육 보조 수단으로서의 멀티미디어 활용 방안을 이해할 수 있도록 돕는 단체였다. NMC는 여러 학교들을 위한 실험실을 세우고 그들로 하여금 그들만의 가상 환경을 구축할 수 있도록 돕는 식으로 세컨드 라이프에 열심히 참여하고 있었다. 내 새로운 아바타를 이용해 그 첫 번째 심포지엄에 '날아갔던', 그리곤 마치 '스타워즈Star Wars'에 나오는 스페이스 바에 있는 것만 같은 느낌을 강하게 받았던 그 순간이 아직도 기억난다.

나는 실로 이것이야말로 시각화의 미래에 대한 전조라 느꼈으며, 여기서 어떤 일이 가능할 것인지 탐험을 개시했다. 우리의 '실제 삶'과 가상 세계 간의 관계를 탐구하는 것을 목적으로 하는 '써드 라이프Third Life'란 이름의 심sim(현실 세계의 '섬island'에 대응될 수 있는 가상적 모사물)을 만든 뒤, 나는 샌프란시스코 프레시디오Presidio에 있는 그로브 본사를 본뜬 또 다른 심을 건설하고 사람들에게 파노라마적 시각화와 템플릿, 리코딩 등 이 책에서 설명된 모든 시각화 기법을 통해 어떤 일을 할 수 있는지 3차원적으로 보여주는 학

SUNSEED @ NMC 심포지엄

이것은 뉴 미디어 컨소시엄(NMC) 세컨드 라이프 캠퍼스에서 열린 내 생애 최초의 가상 현실 심포지엄에 참석한 내 아바타다. NMC의 광활한 캠퍼스에 방문하려면 세컨드 라이프에서 NMC를 검색하라. 우리 그로브의 작업에 관한 풍부한 시각 자료를 접하고자 한다면 'The Grove'를 검색하라.

습 센터와 전시 공간을 구축했다.

나는 이러한 인터페이스가 일반인들이 가상 회의를 갖고 협력하기 위한 도구로 활용되기엔 너무 배우기 어렵다는 사실을 발견했다. 하지만 IBM과 같은 회사들은 그러한 기술적 어려움을 느끼지 않는 고객들을 대할 경우 그들이 구축하고 있는 컴퓨터 시스템을 보여주기 위해 가상 현실을 활용할 수 있다는 사실을 발견했다. 비교적 어린 학생들과 함께 일하는 교육자들은 그곳에서 온갖 종류의 모임을 갖고 있다. 대화를 통한 집단 지성의 고취를 지향하는 월드 카페 네트워크World Café network는 세컨드 라이프상에서 대화를 진행하는 실험을 진행 중이다. 발달 장애를 가진 이들을 대상으로 일하는 조직들은 놀랍고도 창의적인 플랫폼을 만나게 되었다.

나는 회의실에 세컨드 라이프 화면을 프로젝터로 비춤으로써 사람들에게 무슨 일이 가능한지 보여주는 측면에서 놀랍도록 유연한 발표 플랫폼을 확보할 수 있다는 사실을 발견했다. 나는 확대하거나 전체를 보여주거나 순간 이동하거나 슬라이드 프레젠테이션을 진행하거나 애니메이션을 작동시키는 등의 모든 작업을 동일한 환경에서 수행할 수 있다. 이는 자기 서재나 작업실에 찾아온 사람을 대상으로 설명할 때 가질 수 있는 종류의 융통성으로, 대화는 여러 주제를 자유자재로 넘나들며 진행될 수 있으며 필요에 따라 서가와 선반에서 전시물과 예제를 뽑아올 수 있다.

컴퓨터의 계산 능력이 계속 배가됨에 따라 이러한 유형의 3차원 시각적 인터페이스는 널리 퍼져 일반화될 것이며, 점점 더 교육에 활용될 것이라 나는 믿어 의심치 않는다. 리더십 계발 분야에선 이미 우리 고객 중 많은 이들이 재무, 의사결정 및 기획 분야의 정교한 기술을 쌓기 위한 한층 더 흥미롭고 경험 기반적인 방식으로서의 시뮬레이션 쪽으로 움직이고 있다.

세컨드 라이프 속의 그로브 학습 센터
'더 그로브(The Grove)'라는 이름의 세컨드 라이프 심의 갤러리 층에, 회의 보조에 사용될 수 있는 온갖 종류의 그림 및 도표의 예시로 가득 찬 완전한 학습 센터가 자리잡고 있다. 이곳은 정문이다.

게임은 여전히 우리 머릿속에서 진행된다

기술이 제아무리 혁신적으로 진보하더라도, 인간과의 연결은 여전히 인간의 감
각과 뇌를 통해 이뤄진다. 3차원적 표현에서조차, 여전히 인간은 한 번에 한 부
분만을 본 뒤 마음속에서 완전한 형상으로 조립할 수밖에 없다. 3차원에서의 복
잡한 데이터 시각화 기법은 사용하기 매우 어려운 것으로 판명되어 왔다. 엑스
레이^{X-ray}나 자기 공명 영상^{MRIs, Magnetic resonance imagery}, BIM 등의 복잡한 시각화 결과
물을 해석하는 법을 익히는 데엔 집중적인 교육이 요구된다. 이러한 이유로 나
는 그룹 그래픽스 키보드^{Group Graphics Keyboard}에서 묘사된 원형의 형태로 대변되는
시각적 이해의 기본적 구성 요소가 시각적 언어의 '문장 구조' 역할을 지속적
으로 수행할 것이라 믿는다. 인간, 그리고 인간들이 함께 일하는 방식, 또한 인
간이 자연과 조화를 이루는 방식이 지속 가능한 체제의 근간을 이룬다는 점을
우리가 깨닫게 됨에 따라, 기술은 생물학과 휴먼 인터페이스에 대한 새로운 관

가든 룸 시뮬레이션

그로브의 실제 회의실은 '가든 룸(Garden Room)'이라
불리며, 이와 같이 생겼다. 위 스크린샷은 그로브 글로
벌 네트워크 센터(Grove Global Network Center) 세컨
드 라이프 지부에서 전략적 비전 수립 과정이 모사되고
있는 모습이다(저기 잘 차려 입은 사람은 누구냐고? 물
론 나다.).

심과 함께 보다 통합적인 관점 쪽으로 엄청나게 집중하게 될 것이다. 이것이 그룹 그래픽스 키보드에 대
한 내 비전이다.

　다니엘 핑크^{Daniel Pink}는 그의 저서 『새로운 미래가 온다^{A Whole New mind}』를 통해 점점 더 많은 기계적 업무가
기계에 의해 수행될 수 있는 세계에선 우뇌와 화상과 창의성에 기반을 둔 사고가 점점 더 유리하게 작용
할 것이라 주장한다. 나는 이성적인 것과 직관적·창의적인 것이 반대 개념이거나 양립 불가능한 것이라
고는 믿지 않는다. 나는 질 볼트 테일러^{Jill Bolte Taylor}와 마찬가지로, 인간이 훌륭한 능력을 갖고 태어났으며
다양한 선택 가능성과 융통성을 개발할 수 있다고 믿는다. 하지만 선진 세계의 관심이 인간의 '필요'에 부
응하기 위해 물리적 세계를 조작하고 또 조작하는 데에 쏠려 있는 가운데, 우리는 객관적이고 이성적이고
기계적인 것이 너무 지나치게 강조되어온 시대에 살고 있다. 비주얼 미팅은 이러한 상황의 균형을 맞추기
위한 길을 여는 역할을 한다. 정밀하고 논리적인 것을 부정하거나 평가절하하지 않은 채, 시각화는 화상
과 비유와 움직임 모두를 회의 과정에 되돌려 놓는다.

　새로운 젊은 세대가 멀티미디어와 화상을 말하고 글을 쓰는 것만큼이나 유창하게 활용하는 것을 보며, 나는 우리가 향하고 있는 방향에 대한 희망을 느낀다. 나는 물질적으로 나타나는 거의 모든 것들이 아이디어를 가진 누군가에 의해 글과 그림의 형태로 표현되는 단계를 거친다고 단언할 수 있다. 그림을 그리고 스스로를 시각적으로 표현하는 능력을 되찾음으로써 우리가 함께 나눌 수 있는 아이디어의 수는 크게 증가할 것이다. 비주얼 미팅법을 보다 광범위하게, 그리고 자주 활용함으로써 우리는 우리의 모든 역량을 동원해 도전에 대처할 수 있는 능력을 확장시킬 수 있음은 물론이고, 이 유동적인 시대에 우리에게 필요할 꿈을 꿀 수 있게 될 것이다.

RE-AMP 연례 회의

RE-AMP는 미국 중서부 북부의 지구 온난화 오염 물질을 제거하기 위해 노력하고 있는 120곳의 비정부 기관과 15곳의 재단들이 수립한 컨소시엄이다. 위의 사진은 RE-AMP의 초기 주창자인 릭 리드(Rick Reed)가 한 해의 계획과 RE-AMP를 뒷받침하는 전체적 시스템을 보여주는 대형 스토리 맵을 이용해 모든 참가자들에게 연례 회의를 안내하는 모습이다. RE-AMP의 모토인 '체계적으로 사고하고 협력적으로 행동하자.'는 설립 당시부터 비주얼 미팅을 통해 분명히 드러나왔다.

23. 참고 자료 및 관련 단체

이 책은 연구 논문이 아니라, 다양한 의뢰 조건 및 조직을 대상으로 한 지난 38년간의 시각적 작업 경험의 나눔이다. 이 참고 자료 파트엔 이 책에서 언급된 모든 책과 저자들에 대한 정보에 더해, 지난 세월 동안 영향력 있었던 다른 저서 및 저자들에 대해서도 담겨 있다. 또한 추가적 정보를 찾아볼 수 있는 웹사이트와 관련 단체에 관한 정보도 포함되어 있다.

조직 및 웹사이트

다음은 비주얼 미팅과 퍼실리테이션, 화상을 통한 조직적 업무에 대한 여러분의 이해를 증진하기 위해 참고할 수 있는 몇몇 온라인 소스들이다.

☐ **그로브 컨설턴트 인터내셔널**: 그로브는 조직 개발 전반에 걸쳐 서비스를 제공하는 컨설팅 및 출판 기업으로, 샌프란시스코 프레시디오에 자리잡고 있다. 이 책의 저자인 나에 의해 1977년에 설립된 이래로 그로브는 비주얼 미팅을 위한 도구들을 제공해오고 있다. 그로브는 효과적인 집단 작업을 필요로 하는 모든 이들을 위해 광범위한 그래픽 가이드Graphic Guides 템플릿과 그 자매품인 회의 진행자 안내서Leader's Guides 및 개인적 비전 수립·퍼실리테이션·집단 성과·시각적 기획 등에 관한 책을 제공한다. 그로브는 정기적으로 그래픽 퍼실리테이션의 원리와 전략적 비전 수립, 협력집단 성과 모델에 대한 교육 프로그램을 후원하고 있으며, 수성 차터스Charters 마커와 대형 용지, 포스트잇과 흰 테이프 등 비주얼 미팅에 필요한 모든 소모품들 또한 취급한다(www.grove.com).

☐ **아서 M. 영/과정 이론**: 이 웹사이트는 발명가이자 우주론자인 아서 M. 영Arthur M. Young의 연구에 관해 총망

그로브

이것은 나의 회사인 **그로브**의 웹사이트 메인 화면이다. 그로브는 변화를 시각화하는 사람들과 자원의 네트워크에서 중추적 역할을 맡고 있다. 우리는 전 세계적으로 협력의 기술을 변모시키고자 하는 바람에서 우리의 아이디어를 공유하기 위해 전심전력을 다하고 있는 중이다! www.grove.com을 방문해보라. 이곳엔 글과 블로그, 그리고 여러분의 비주얼 미팅을 효과적으로 진행하기 위해 필요할 대부분의 것들에 대한 링크가 준비되어 있다.

라되어 있는 곳이다. 과정 이론Theory of Process과 사고의 본질에 관한 그의 저서는 그로브의 작업에 중대한 영향을 미쳐왔다(www.arthuryoung.com).

□ **오토데스크:** 오토데스크Autodesk는 건축, 엔지니어링, 컴퓨터 그래픽, 애니메이션을 위한 2D 및 3D 디자인 소프트웨어 분야를 선도하고 있다. 이 회사의 웹사이트는 전문가들이 사용하는 시각화 도구에 관한 포럼 및 정보를 제공하고 있다(usa.autodesk.com).

□ **그래픽 퍼실리테이션 센터:** 그래픽 퍼실리테이션 업체 알파침프Alphachimp의 피터 듀란Peter Durand이 만든 블로그로, 그래픽 퍼실리테이션에 관한 내용에 전적으로 초점을 맞추고 있다. 이 분야에서의 모든 종류의 참고 자료에 대한 훌륭한 링크들이 가득하다(www.graphicfacilitation.com).

□ **코그니티브 엣지:** 인지과학의 최첨단에 관심 있는 여러분이라면, 데이비드 스노우덴David Snowden이 이끄는 네트워크인 이곳으로부터 이 분야에서의 최고의 생각을 어느 정도 접할 수 있을 것이다. 2005년에 설립된 이래로 코그니티브 엣지Cognitive Edge는 조직들이 진정으로 복잡한 문제들과 기회에 대처할 수 있도록 돕기 위한 새로운 기법들과 도구들을 개발하는 데 초점을 맞추고 있다(www.cognitive-edge.com).

□ **코로 공공 업무 센터**Coro Centers for Public Affairs**:** 코로는 그룹 그래픽스Group Graphics의 밑거름이 된 곳이며, 1948년에 설립된 이래 경험 기반의 공공 서비스 교육의 선구자 중 하나로 자리매김했다. 일곱 곳의 도시에 센터가 존재하니, 타의 추종을 불허하는 리더십 개발 방식에 관심 있는 여러분이라면 한번 체크해보라(www.coro.org).

□ **크로울리 & 컴퍼니**Crowley & Company**:** 디어드리 크로울리Deirdre Crowley는 그로브에서 7년간 일한 뒤 자신의 고향인 동부 해안으로 돌아가서 워싱턴 DC와 유럽에서 활약했다. 그녀는 그 자체로 깊이 있는 참고 자료다

(www.crowleyandco.us).

□ **데이비드시베트닷컴**^{DavidSibbet.com} : 나는 비주얼 미팅이나 조직 개발, 인지, 자기 계발, 정보 디자인 등에 관련된 여타 분야에 관해 내가 발견하는 온갖 종류의 것들을 정기적으로 블로그에 포스팅하고 있다(www.davidsibbet.com).

□ **디지털로암**^{DigitalRoam} : 매우 큰 성공을 거둔 책인 『생각을 쇼^{SHOW}하라: 아이디어를 시각화하는 6가지 방법 Back of the Napkin: How to Visually Problem Solve with Pictures』의 저자인 댄 로암^{Dan Roam}은 훌륭한 아이디어들로 가득 찬 웹사이트와 블로그를 운영하고 있다(www.digitalroam.com).

□ **미래 연구소**: 미래 연구소^{IFTF, Institute for the Future}는 1970년에 랜드 연구소^{Rand corporation}로부터 분리 독립한 비영리 연구 단체다. IFTF는 모든 종류의 조직들과 함께 일하며 이들이 미래에 대해 보다 정보에 근거해 더 나은 결정을 내릴 수 있도록 돕는다. 이러한 선견지명은 행동으로 이어질 수 있는 통찰의 밑바탕이 된다. 1990년대 동안 지속된 IFTF와 그로브의 협력 관계를 통해 IFTF는 지도 기법을 비롯한 여타 시각화 전략에 크나큰 도움을 주었다(www.iftf.org).

□ **인터랙션 어소시에이츠**: 인터랙션 어소시에이츠^{Interaction Associates}의 공동 설립자 데이비드 스트라우스^{David Straus}와 마이클 도일^{Michael Doyle}은 단체 작업 과정과 퍼실리테이션 및 협력 문화 구축에 관한 책인 『회의 성공의 Key^{How to Make Meetings Work}』를 함께 저술했다. 그들은 일찍이 내게 퍼실리테이션을 가르쳐준 스승이며, 마이클과 나는 오늘날에도 여전히 활용되고 있는 다수의 시각적 전략을 창안했다. 그들의 전략과 리더십 개발, 퍼실리테이션 교육은 단연 최고다(www.interactionassociates.com).

□ **국제 시각화 기법 전문가 포럼**^{International Forum of Visual Practitioners} : 1995년에 소수의 그래픽 리코더들이 아이디어

를 공유하고 서로를 돕기 위한 컨퍼런스를 개최했다. 이 단체가 성장해 오늘날엔 그래픽 리코더와 퍼실리테이터, 그리고 비주얼 미팅의 뒷받침에 흥미를 갖고 있는 디자이너들의 전 세계적 네트워크로 자리매김했다. 그들의 웹사이트는 이 네트워크에 속한 모든 이들이 하고 있는 일들을 보여주는 예시로 가득 차 있다(www.ifvp.org).

☐ **아이씨 시스템즈**Isee Systems : MIT와 연계한 컨설턴트들에 의해 개발된 시스템 도표 작성 도구를 이용하고자 한다면, www.iseesystems.com을 살펴보라.

☐ **메이크 유어 마크**Make Your Mark : 크리스티나 머클리Christina Merkley가 영주권을 갱신받지 못해 그로브에서 계속 일할 수 없게 되었을 때, 그녀는 고향인 캐나다로 돌아가 그래픽 퍼실리테이션 교육 및 정보로 돌풍을 불러일으켰다. 그녀의 웹사이트는 훌륭하다(www.makemark.com).

☐ **뉴랜드**: 그로브는 독일 시장에 템플릿을 보급하기 위해 뉴랜드Neuland와 협력 관계를 체결했다. 뉴랜드는 시각적 기법 전문가들로부터 직접적으로 영감을 받아 개발된 휴대용 대형 벽을 비롯한 모든 종류의 회의 장비를 제작하는 업체다(www.neuland.biz).

☐ **조직 개발 네트워크**Organization Development Network : 나는 1970년대에 이곳을 통해 조직 개발에 관한 가르침을 얻었으며, 그때의 배움이 오늘날까지도 시사하는 바가 있음을 계속 발견하고 있다. 조직 개발 네트워크의 기법은 개방적인 시스템적 사고와 조직을 살아있는 계로 취급하는 관점에 뿌리를 두고 있다(www.odnetwork.org).

☐ **레조넌스**Resonance : 파이어호크 헐린Firehawk Hulin과 펠르 루즈Pele Rouge는 지구의 지혜를 우리 시대에 전하는 데에 전념하고 있다. 파이어호크는 재능 있는 비디오 촬영가이자 사람의 마음을 끄는 화상의 위력을 보여주

는 멋진 예다(www.resonance.to/index.html).

□ **조직 개발 협회**SoL, Society for Organizational Learning: SoL은 1991년부터 1997년까지 존속된 MIT 조직 개발 센터의 연구를 이어받기 위해 1997년 4월에 설립되었다. 『제5경영The Fifth Discipline: The Art and Practice of the Learning Organization』의 저자인 피터 센게Peter Senge는 SoL의 설립 협회장이다. 시스템적 사고의 형태를 띤 시각적 사고는 이 조직의 중추적 접근 방식이며, 이들의 네트워크는 풍부한 자료의 원천이다(www.solonline.org).

□ **테드**TED: 기술Technology, 엔터테인먼트Entertainment, 디자인Design의 교집합을 탐구하고 있는 이 네트워크는 그들의 모토인 '좋은 아이디어들을 널리 퍼뜨리자Ideas Worth Spreading.'에 충실한 활동을 벌이고 있다. 테드는 커뮤니케이션에 대면 회의와 비디오, 온라인 미디어를 통합적으로 활용하는 최고의 사례 중 하나다. 테드 연례 컨퍼런스의 상징적 형식인 18분 길이의 프레젠테이션은 항상 잘 디자인되어 있으며 종종 숨막힐 정도의 놀라움을 불러일으키곤 한다(www.ted.com).

□ **톰 우젝**Tom Wujec **블로그:** 오토데스크의 선임 연구원인 톰은 시각적 협력 작업에 오랜 경력을 갖고 있다. 그의 블로그는 시각화, 도구, 테드TED를 비롯한 여러 다양한 주제들로 꽉 차 있다(www.tomwujec.com).

□ **토니 부잔**Tony Buzan: 마인드 맵 기법의 창시자인 부잔은 우리 업계의 거물이다. 저술가이자 강연자로서 왕성하게 활동 중인 그는 디자인 분야 외에서 시각적 사고의 활용을 대중화하기 위해 내가 아는 그 어느 누구 못지않게 많은 일을 해온 인물이다(www.thinkbuzan.com/uk).

□ **시각적 언어를 위한 시각적 문법:** 프레드 래킨Fred Lakin은 1970년 중반 이래로 그래픽 리코더들에 의해 활용되는 기호와 같은 시각적 언어의 기저 구조를 탐구해오고 있다. 그가 자비를 들여 출간한 이 책은 고무적인 정보들로 채워져 있다(www.visualgrammarsforvisuallanguages.com).

□ **비즈씽크**: 비즈씽크^{VizThink}는 엑스플레인^{XPLANE} 사의 회장인 데이브 그레이^{Dave Gray}에 의해 창설되었다. 시각적 커뮤니케이션의 오랜 지지자였던 그는 시각적 사색가들의 세계적인 공동체의 설립을 구상했다. 2006년에 엑스플레인은 마드리드 소재의 벤처 기업 육성 업체인 디지털 애셋 디플로이먼트^{Digital Assets Deployment}의 로돌포 카핀티어^{Rodolfo Carpintier}를 새로운 파트너로 맞이해 유럽으로 사업을 확장했으며, 그가 이러한 데이브의 비전에 자금을 지원함으로써 탄생한 것이 바로 비즈씽크다. 비즈씽크는 현재 아주 활발한 소셜 네트워킹 웹사이트를 운영하고 있으며, 세계 각지에서 시각적 사색가들을 위한 컨퍼런스, 논문, 온라인 웹 세미나^{webinar}를 후원하고 있다(www.vizthink.com).

참고 문헌

다음은 이 책에 언급된 출판물과 몇몇 유용한 도서들의 목록이다.

Boulding, Kenneth. The Image: Knowledge in Life & Society. Minneapolis: University of Michigan, 1956.

Brookes, Mona. Drawing for Older Children & Teens. New York: Jeremy P. Tarcher/Putnam, 1991.

Buzan, Tony. The Mind Map Book : Unlock Your Creativity, Boost Your Memory, Change Your Life. New York: Pearson BBC Active, 2010. (『토니 부잔의 마인드 맵 북』, 배리 부잔 & 토니 부잔, 권봉중, 비즈니스맵, 2010-03-30)

Christensen, Clayton M. The Innovator's Dilemma: When New Technologies Cause Great Firms to Fail. Cambridge, MA:Harvard Business School Press, 1997. (『혁신기업의 딜레마: 미래를 준비하는 기업들의 파괴적 혁신 전략』, 클레이튼 크리스텐슨, 이진원, 세종서적, 2009-06-25)

Doyle, Michael. How to Make Meetings Work. New York: Penguin Putnam, Inc., 1976. (『회의 성공의 Key』, 데이비드 스트라우스 & 마이클 도일, 오수담, 하서출판사, 2004년 10월 20일)

Durate, Nancy. slide:ology: The Art and Science of Creating Great Presentations. Sebastopol, CA: O'Reilly Media, Inc., 2008. (『slide:ology 슬라이드올로지: 위대한 프레젠테이션을 만드는 예술과 과학』, 낸시 두아르떼, 서환수, 한빛미디어, 2010-03-02)

Friedhoff, Richard Mark and William Benzon. Visualization: The Second Computer Revolution. New York: Harry N. Abrams, Inc., 1989.

Frost, Seena B. SoulCollage®: An Intuitive Collage Process for Individuals and Groups. Santa Cruz. CA: Hanford Mead Publishers, Inc., 2001.

Gardner, Howard. Frames of Mind: The Theory of Multiple Intelligences. New York: Basic Books, Inc. Publishers, 1985.

Gleick, James. Chaos: Making a New Science. New York: The Penguin Group, 1987. (『카오스: 현대 과학의 대혁명』, 제임스 글릭, 박배식 & 성하운, 누림, 2006-02-01)

Gordon, William J.J. Synectics, The Development of Creative Capacity. New York: Harper, 1961.

Hoffman, Donald D.. Visual Intelligence: How We Create What We See. New York: W.W. Norton & Co., Inc., 1998.

Hollman, Peggy and Tom Devane and Steven Cady. The Change Handbook, Second Edition The Definitive Resource on Today's Best Methods for Engaging Whole Systems. San Francisco: Berrett-Koehler Publishers, Inc., 2007.

Horn, Bob. Visual Language: Global Communication for the 21st Century. Bainbridge Island, WA: 1998.

Johansen, Bob. Leaders Make the Future: Ten New Leadership Skills for an Uncertain World. San Francisco:

『The Change Handbook, Second Edition』에는 내가 저술한 두 장이 수록되어 있으니 한 번 읽어 보길 바란다. 하나는 41장, '전략적 비전 수립: 통찰을 실행에 옮기기'이고, 다른 하나는 낸시 마글리스(Nancy Margulies)와 함께 쓴 61장, '시각적 기록법과 그래픽 퍼실리테이션: 사람들이 그들이 의미하는 바를 볼 수 있도록 돕기'다.

Berrett-Koehler Publishers, Inc., 2009.

_____. Get There Early: Sensing the Future to Compete in the Present. San Francisco: Berrett-Koehler Publishers, Inc., 2007.

Kleiner, Art. The Age of Heretics: A History of the Radical Thinkers Who Reinvented Corporate Management. San Francisco: Jossey-Bass, 2008.

Lakoff, George. Don't Think of an Elephant!: Know Your Values and Frame the Debate—The Essential Guide for Progressives. White River Junction, VT: Chelsea Green Publishing Company, 2004. (『코끼리는 생각하지 마: 미국 진보 세력은 왜 선거에서 패배하는가』, 조지 레이코프, 유나영, 삼인, 2006-04-14)

Lakoff, George and Mark Johnson. Metaphors We Live By. Chicago: The University of Chicago Press, 1980. (『삶으로서의 은유(수정판)』, 조지 레이코프 & 마크 존슨, 나익주 & 노양진, 박이정, 2006-11-25)

Margulies, Nancy. Visual Thinking: Tools for Mapping Your Ideas. Norwalk, CT: Crown House Publishing Company LLC, 2005.

McCloud, Scott. Understanding Comics: The Invisible Art. New York: Harper Collins Publishers, Inc., 1993. (『만화의 이해』, 스콧 맥클라우드, 김낙호, 비즈앤비즈, 2008-07-01)

McKim, Robert H. Experiences in Visual Thinking. Monterey, CA: Brooks/Cole Publishing, 1980.

Morgan, Gareth. Images of Organization. Thousand Oaks, CA: Sage Publications, Inc., 1997. (『조직의 8가지 이미지』, 가레쓰 모르간, 박상언, 지샘, 2004-03-30)

Nachmanovitch, Stephen. Free Play: The Power of Improvisation in Life and the Arts. New York: G.P. Putnam's Sons, 1990. (『놀이, 마르지 않는 창조의 샘』, 스티븐 나흐마노비치, 이상원, 에코의서재, 2008-07-10)

Osterwalder, Alexander and Yves Pigneur. Business Model Generation. A Handbook for Visionaries, Game Changers, and Challengers. Amsterdam: Self published (see www.businessmodelgeneration.com), 2010. (『비즈니스 모델의 탄생: 상상과 혁신 가능성이 폭발하는 신개념 비즈니스 발상법』, 알렉산더 오스터왈더 & 예스 피그누어, 유효상, 타임비즈, 2011-11-01)

Pink, Daniel H. A Whole New Mind: Why Right-Brainers Will Rule the Future. New York: The Penguin Group, 2005. (『새로운 미래가 온다: 미래 인재의 6가지 조건』, 다니엘 핑크, 김명철, 한국경제신문사, 2012-03-15)

Raymond, Larry. Reinventing Communication: A Guide to Using Visual Language for Planning, Problem Solving, and Reengineering. Milwaukee, WI: ASQC Quality Press, 1994.

Roam, Dan. The Back of the Napkin: Solving Problems and Selling Ideas with Pictures. New York: The Penguin Group, 2008. (『생각을 쇼(Show)하라: 아이디어를 시각화하는 6가지 방법』, 댄 로암, 정준희, 21세기북스(북이십일), 2009-03-31)

Rowland, Regina. Mapping the CoConstruction of Meaning: Interactive Graphic Facilitation And Collaborative Visual Mapping, In Polycultural Small Group Environments. Saarbrücken, Germany: LAP - Lambert Academic Publishing, 2009.

Rudebeck, Ulric. Strategic Vision Work: Create an Organization that Works for You. Stockholm: Urvision AB, 2008.

Schrage, Michael. Serious Play: How the World's Best Companies Simulate to Innovate. Cambridge, MA: Harvard Business School Press, 2000. (『초일류기업의 성공비밀, 시리어스 플레이』, 마이클 슈레이즈, 신동기, 세종서적, 2001-09-20)

Senge, Peter. The Fifth Discipline: The Art and Practice of the Learning Organization. New York: Currency Doubleday, 1990. (『제5경영』, 피터 센게, 안중호, 세종서적, 1996-03-01)

Senge, Peter, Art Kleiner, Charlotte Roberts, Rick Ross, Bryan Smith. The Fifth Discipline Field Book: Strategies and Tools for Building a Learning Organization. New York: Doubleday, 1994. (『학습조직의 5가지 수련』, 피터 센게, 21세기북스(북이십일), 1996-04-01/『학습하는 조직』, 피터 센게, 강혜정, 에이지21, 2014-10-06)

Sibbet, David. Best Practices for Facilitation. San Francisco: The Grove Consultants International, 2002.
______. Graphic Facilitation, Transforming Group Process with the Power of Visual Listening. San Francisco: The Grove Consultants International, 2006.
______. Principles of Facilitation: The Purpose and Potential of Leading Group Process. San Francisco: The Grove Consultants International, 2002.
______. Strategic Visioning Agenda Planning Kit. San Francisco: The Grove Consultants International, 2009.
______. Team Leader Guide: Strategies and Practices for Achieving High Performance. San Francisco: The Grove Consultants International, 2006.
______. Visual Intelligence: Using the Deep Patterns of Visual Language to Build Cognitive Skills . Theory Into Practice journal, Volume 47, Number 2 —Digital Literacies in the Age of Sight and Sound. Ohio, Ohio State University, 2008.

Taylor, Jill Bolte. My Stroke of Insight: A Brain Scientist's Personal Journey. New York: Viking Penguin, 2008. (『긍정의 뇌: 하버드대 뇌과학자의 뇌졸중 체험기』, 질 볼트 테일러, 장호연, 윌북, 2010-12-20)

Tufte, Edward. Visual Explanations: Images and Quantities, Evidence and Narrative. Cheshire, CT: Graphics Press, 1997.

Waldrop, Michael. Complexity, The Emerging Science at the Edge of Order and Chaos. New York: Simon and Schuster, 1992. (『카오스에서 인공생명으로』, 미첼 월드롭, 김기식 & 박형규, 범양사, 2006.08.23)

Wenger, Etienne. Communities of Practice: Learning, Meaning & Identity. Cambridge, MA: Cambridge University Press, 1998.

Woolsey, Christina Hooper and Scott Kim and Gayle Curtis. VizAbility:Learn to Communicate Visually (paperback & CD ROM). Florence, KY; Course Technology, 2004.

Wujec, Tom and Sandra Muscat. Return on Imagination: Realizing the Power of Ideas. New York: Penguin, 2003.

Young, Arthur M.. Reflexive Universe. San Francisco: Robert Briggs & Associates, 1974. Cambria, CA: Anados Foundation, 1999 Revised Edition.

______. The Geometry of Meaning. New York: Delacorte Press/S. Lawrence, 1976.

이 책에 대해

이 책은 그래픽 제작 도구가 얼마나 진화했는지 보여주는 증거다. 나는 의지와 흥미를 가진 이들에겐 무엇이든 가능함을 보여주기 위해 언제나 주위에서 쉽게 얻을 수 있는 도구들을 갖고 작업해왔다. 첫 맥 SE 이래로 나는 완벽히 유려한 텍스트-그래픽 저작 작업을 꿈꿔왔는데, 이 책을 통해 그 꿈이 이뤄졌다.

나는 와콤 신티크 태블릿(Wacom Cintiq tablet)을 연결한 내 맥북 프로(MacBook Pro)로 이 책을 썼다. 이렇게 하면 그리는 일과 쓰는 일 모두를 마음껏 할 수 있어서, 원하는 대로 텍스트와 그래픽을 통합할 수 있었다. 이 작업이 끝난 후에 어도비 인디자인(Adobe InDesign)이 깔린 내 신형 아이맥(iMac)으로 파일들을 전송해 이리저리 배열하며 페이지를 구성해봤다. 그러곤 내가 상상하는 바를 얻을 때까지 다시 쓰거나, 다시 그리거나, 또는 약간의 수정을 가하는 작업을 수행할 수 있었다. 이 모든 과정이 실시간으로 이뤄졌다. 내게 디자인과 저술을 모두 맡겨준 와일리의 융통성 있는 태도에 감사를 표하는 바다.

대부분의 그림은 내가 직접 그린 것이고, 나머지는 허락하에 삽입되었다. 열성적 학습자의 전형을 보여준 서니 브라운에게 고맙다는 말을 하고 싶다. 한때 나의 조수였으며 지금은 브라이트스팟 컨설팅(Brightspot Consulting)에서 일하는 그녀는 예나 지금이나 배움에 열심인 사람이다.

감사의 말

내 인생의 동반자이자 시인/교사인 수잔^{Susan}, 그리고 그로브 컨설턴트 인터내셔널의 작업 팀으로부터 받은 놀라운 후원이 없었더라면 이 책은 이 세상에 나올 수 없었을 것이다. 집필 기간 동안 업무를 병행해야 했던 나를 위해 온갖 귀찮은 일을 도맡아준 내 조수 메건 힌클리프^{Megan Hinchliffe}, 지난 수년에 걸쳐 내 심미안에 깊은 영향을 미친 디자이너 바비 파디니^{Bobby Pardini}와 티파니 포너^{Tiffany Forner}, 동료 컨설턴트이자 노련한 시각화 전문가인 로리 더널^{Laurie Durnell}과 토미 나가이로스^{Tomi Nagai-Rothe}, 어떤 방식이 통하는가에 대한 고객들의 피드백을 담당해준 우리 고객 지원 팀의 노엘 스노우^{Noel Snow}와 앤드류 언더우드^{Andrew Underwood}, 기술에 대한 통찰력의 소유자 에디 파머^{Eddie Palmer}, 트레이닝에서 통하는 방식에 대한 이해를 갖춘 도나 라파이에트^{Donna Lafayette}, 그리고 진정한 출판 및 도구 회사를 만드는 여정에 처음부터 함께한 내 파트너 톰 시베트^{Thom Sibbet}에게 감사를 표하는 바다.

만약 내가 인터랙션 어소시에이츠^{Interaction Associates}의 공동 창업자 마이클 도일^{Michael Doyle}의 가르침을 받지 않았다면, 또는 1970년대에 시각화 혁명이 일어날 것을 예견한 그룹 그래픽스^{Group Graphics}의 두 창업자 제프 볼^{Geoff Ball}과 프레드 래킨^{Fred Lakin}으로부터 영감을 받지 않았더라면 나는 지금 이 분야에 몸담고 있지도 못할 것이다. 이 책에 소개된 많은 기법들을 개발하던 초기에 나와 함께 했던 두 동료 제니퍼 해몬드 랜다우^{Jennifer Hammond Landau}와 하월 토마스^{Howell Thomas}는 이러한 접근 방식이 다른 분야에도 적용될 수 있다는 강한 확신을 갖고 있었다. 또한 그 시절 우리는 이미지 익스체인지 그룹^{Image Exchange group}이라는 조직을 통해 웨스트 코스트 지역에서 발달된 모든 시각화 전략들을 열심히 발굴했는데, 이때 우리와 함께 했던 이들로 데이비드 리어든^{David Reardon}과 러니어 그레이엄^{Lanier Graham}, 캐롤 샌포드^{Carol Sanford}, 제프 볼, 샌드라 플로슈테트^{Sandra Florstedt}, 셰린 베넷^{Sherrin Bennett}, 에드 바이엘러^{Ed Beyeler} 등이 있었다. 이 중 특히 감사를 표하고 싶은 대상은 제프와 샌드라로, 이들은 1980년에 대중을 대상으로 처음 열린 그룹 그래픽스 워크숍^{Group Graphics Workshop}에서 나와 함께 강단에 섰다. 샌드라는 내게 조직 개발 네트워크^{Organizational Development Network}를 소개시켜준 인물이기도 하다. 또한 시각적 일기 쓰기에 대한 내 관심을 북돋아준 러니어에게도 감사를 표하는 바다.

1980년대와 1990년대에 들어서 그로브의 사업이 확장됨에 따라, 우리 컨설턴트 동료들 또한 다방면으로 뻗어나갔다. 수년간 나와 가까이서 일해온 수잔 오터Suzanne Otter, 조앤 매킨토시Joan McIntosh, 다이애나 알시니언Diana Arsenian, 크리스티나 머클리Christina Merkley, 디어드리 크로울리Deirdre Crowley, 케일라 커쉬Kayla Kirsch가 이때 그로브를 떠나 자신의 전문 시각화 기법 업체를 세워 성공적으로 이끌어가고 있으며, 이들 중 대다수는 제휴 업체로서 그로브와 계속 함께했다. 그들은 내게 상당한 가르침을 준 매우 재능 넘치는 집단이었다. 그림을 잘 못 그리는 이들을 위한 그래픽 가이드의 개발 필요성을 역설한 에드 클라센Ed Claassen, 내게 전략적 기획을 가르쳐준 롭 에스크리지Rob Eskridge와 데이비드 카우드David Cawood, 문화 간 적용법을 개발한 메리 오하라 데브로Mary O'Hara Devereaux와 메리엠 르 사제Meryem Le Saget 등 나의 전략 컨설턴트 동료들에게 깊은 고마움을 느낀다. 이 밖에도 가까이서 시각화 업계의 커뮤니티를 함께 이루고 있는 그로브의 옛 동료들, 특히 톰 벤틴Tom Benthin, 스티븐 라이트Steven Wright, 빌 밴크로프트Bill Bancroft, 콘래드 넬Konrad Knell, 마케타 윌본Maketa Wilborn, 셰릴 니그로Cheryl Nigro, 수 넨먼Sue Nenneman, 캐런 스트랫버트Karen Stratvert, 엘리스카 마이어스Eliska Meyers, 테리 켄트Teri Kent, 에밀리 셰퍼드Emily Shepard, 스캇 윌러Scott Wheeler, 서니 브라운Sunni Brown에게 또한 감사하고 싶다. 특히 최근까지 그로브의 마케팅 부장직을 역임하며 그로브가 좀 더 적극적으로 이 업계에서 혁신을 주도하는 데 기여한 캐라 니콜스Kara Nichols에게 깊은 감사를 표한다.

비주얼 미팅이 이룰 수 있는 결과에 대해 내가 알고 있는 바의 상당 부분은 나의 고객들로부터 온 것인데, 이들은 때때로 함께 회의 방법론을 고민하는 동료 역할을 자임하곤 했다. 애플 유니버시티Apple University를 만들었던 1980년대의 경험과 1990년대까지 미래 연구소에서 그룹웨어 유저 프로젝트에 참여했던 일, 내셔널 세미컨덕터National Semiconductor(이하 NSC)에서 국제 컨설팅 팀을 이끌었던 1990년대 초반의 일, 전 세계의 마스Mars 직원들에게 그래픽 퍼실리테이션 기법을 가르쳤던 일, 그리고 1990년대에 HP와 함께 일한 것은 나의 방법론 체계 구축에 특히 중요했던 경험으로, 이 자리에서 언급할 가치가 있는 것들이다.

존 스컬리John Sculley(펩시콜라의 사장을 거쳐 1983년 4월부터 1993년까지 애플의 최고경영자를 역임한 미국의 실업가 - 옮긴이)가 제멋대로인 애플의 조직 문화에 사업 마인드를 정착시키려 애쓰기 시작할 무렵, 나는 래니 라일리Ranny Riley, 짐 쿠제스Jim Kouzes와 함께 외부 컨설턴트로 일하고 있었다. 우리는 우리와 가장 가까이서 일했던 내부 인사 담당자인 도로시 라게이Dorothy Largay, 수 쿡Sue Cook과 함께 애플 리더십 익스피리언스Apple

Leadership Experience를 만들었으며, 그 과정에서 온갖 종류의 시각화 기법을 실험해봤다. 바로 여기서 나는 내 친한 친구이자 동료인 코비전CoVision의 설립자 레니 린드Lenny Lind를 만나게 된다. 훗날 그는 우리 그로브 사람들과 사무실을 함께 썼으며, 우리에게 멀티미디어 사진술과 비디오 제작 및 의사결정 지원 소프트웨어가 어떤 일을 할 수 있는지 처음 가르쳐주었다. 우리 팀의 다른 멤버였던 짐 유잉Jim Ewing과도 현재까지도 좋은 친구로 지내고 있는데, 그는 리더십 평가 및 전략 수립을 위한 훌륭한 시각적 도구를 다수 제작했다. 나중엔 애플 첨단기술 연구소Apple Advanced Technology Labs의 크리스티나 후퍼Christina Hooper와 짐 스포러Jim Sporer가 멀티미디어 사고와 지리 데이터 표시법에 관해 알려주었다.

NSC 유니버시티National Semiconductor University의 학장이었던 케빈 윌러Kevin Wheeler는 NSC 비전 수립 및 변화 주도 프로그램National's Vision and Leading Change program을 위한 길이 7.3m짜리 첫 스토리 맵Storymap의 제작을 후원했다. 이는 16개가 넘는 부서가 참여한 4년간의 작업으로 이어졌으며, 모든 부서들은 성공적인 조직 개혁을 위해 시각적 계획 수립 기법을 활용했다. 직원들 중 특히 시각적 계획 수립에 능숙해진 데이비드 커자소프David Kirjasoff와 캐시 우리다Kathy Ureda, 섀러던 스미스Sharadon Smith는 리엔지니어링과 전 직원 간 목표 일치화goal alignment, 직원 교육 및 프로세스 개선 등에 시각적 계획 수립을 적용하는 작업을 우리와 함께 했다. 내셔널 세미컨덕터는 최초의 퍼실리테이터 트레이닝 매뉴얼의 제작을 협찬했는데, 이는 훗날 그로브가 자랑하는 가이드북 『그래픽 퍼실리테이션Graphic Facilitation』이 된다. 1985년에 그래픽 퍼실리테이션 교육을 위해 나를 HP로 초빙해준 패트리샤 무어Patricia Moore에게 감사의 뜻을 전한다. 그때 교육받은 이들 중 비비안 라이트Vivian Wright는 능숙한 내부 전문가가 되었으며, HP 연구소 전략 총괄 책임자 스리니바스 스쿠마르Srinivas Sukumar와 연구소 인사 담당자 바바라 워Barbara Waugh는 첨단 기술 혁신을 위한 비주얼 미팅법의 적용이라는 획기적인 프로젝트에 일부 동참했다. 이는 대형 그래픽 템플릿을 이용하는 상당한 양의 작업으로 이어진 것이었다.

마스에서 나는 조앤 스캐럿Joan Scarrott, 아일린 매튜스Eileen Matthews와 긴밀히 협력해 전 세계 직원 대상의 퍼실리테이션 트레이닝 프로그램을 만들어냈다. 그들은 모두 공인 트레이너가 되었으며, 탁월한 비주얼 미팅법의 전파에 크게 기여했다. 이들에게 교육받은 잉그릿 우든Ingrid Uden과 캐서린 우즈Katherine Woods 역시 공인 트레이너가 되었으며, 이후 런던 기반의 컨설팅 회사 미팅 매직Meeting Magic을 설립하기에 이른다. 미팅 매직은 비주얼 미팅법의 전파에 전념하고 있으며, 그로브와 긴밀한 협력 관계를 맺고 있다.

1990년대 내내 그로브는 팔로알토 미래 연구소^{Institute for the Future in Palo Alto}와 전략적 제휴 관계를 맺고 집단 지향 기술의 범위와 그것이 조직에 미칠 영향에 관해 연구했다. 프로젝트 동안 비주얼 미팅 기술이 너무나도 성공적으로 활용되었기에, 이는 이후 연구소의 트레이드마크가 되었다. 프로젝트 초반기를 함께 하며 그룹웨어에 대한 핵심 아이디어를 함께 구상한 동료들인 밥 요한슨^{Bob Johansen}, 폴 사포^{Paul Saffo}, 스테파니 쉑터^{Stephanie Schacter}, 로버트 밋맨^{Robert Mittman}, 메리 오하라 데브로^{Mary O'Hara Devereaux}, 안드레아 사베리^{Andrea Saveri}의 공로를 이 자리를 빌어 언급하고 싶다.

지난 15년간 성장해온 시각적 퍼실리테이터들의 커뮤니티인 국제 시각화 기법 전문가 포럼^{International Forum of Visual Practitioners}은 회의에 대한 시각화 기법이 얼마나 광범위하게 적용될 수 있는가에 대한 끊임없는 영감의 원천이 되었다. 여기 속한 내 가까운 친구들과 동료들을 모두 언급하자면 끝도 없겠지만, 이 커뮤니티의 설립자인 레슬리 서먼 주^{Leslie Salmon Zhu}, 수잔 켈리^{Susan Kelly}, 린 커니^{Lynn Kearny}는 언급하지 않을 수가 없다. 고든 루도^{Gordon Rudow}와 에밀리 셰퍼드^{Emily Shepard}는 시각화 작업으로부터 영감을 받아 설립된 커뮤니케이션 컨설팅 회사 본파이어^{Bonfire}에서 비주얼 미팅의 가능성을 보여주었다. 크리스틴 발렌자^{Christine Valenza}는 이 분야의 성장 과정을 기록하는 데에 상당한 기여를 했다. 린 캐루터스^{Lynn Carruthers}는 시나리오 및 전략 컨설팅 분야의 세계적 선두 주자인 글로벌 비즈니스 네트워크^{Global Business Network}의 시나리오 기획 과정에 그래픽 리코딩 기법을 도입했다. 지금 이 글을 쓰고 있는 순간에도 뛰어난 실력을 갖춘 여러 그래픽 퍼실리테이터들이 이 분야를 한 차원 더 높은 수준으로 이끌어가고 있다. 이 중 1990년대에 스웨덴에 전략적 비전 수립을 도입하는 데 함께한 울릭 루드벡^{Ulric Rudebeck}과 조나스 키에스트랜드^{Jonas Kjestrand}, 로이 바틸슨^{Roy Bartilson}, 덴마크 진출 파트너였던 뱅 스트랭가드^{Vagn Strangaard}와 올레 큐비스트 소렌슨^{Ole Qvist Sorenson}에게 특히 감사한다. 라틴 아메리카 또한 우리를 기다리고 있음을 일깨워준 가브리엘라 멜라노^{Gabriella Melano}, 태국 진출을 도와준 APM 그룹의 애리냐 탤렁스리^{Arinya Talerngsri}, 비주얼 미팅이 일본 문화권에서 얼마나 위력적일 수 있는지에 대한 확신을 심어준 타미오 나카노^{Tamio Nakano}와 그의 회사 하쿠호도 오리지널 워크샵 그룹^{Hakuhodo Original Workshop group}에게 또한 감사를 표하는 바다.

그룹 그래픽스 키보드Group Graphics Keyboard의 핵심 아이디어를 구상하는 동안 나의 스승인 아서 영Arthur M. Young과 의식 연구소Institute for the Study of Consciousness의 과정 이론Theory of Process 연구 그룹에게 헤아릴 수 없을 만큼의 은혜를 입었다. 나는 1970년대 후반 6년이 넘는 세월에 걸쳐 잭 살로마Jack Saloma, 프랭크 바Frank Barr, 잭 잉스트롬Jack Engstrom, 크리스 페인Chris Payne, 마이클 뷔헬레Michael Buchele, 그리고 조안 슈라이처Joan Schliecher와 함께 과정 이론 연구에 참여했다. 그들은 과정 이론과 그 활용 가능성에 대한 내 이해를 심화시켜주었다.

내가 몸담고 있는 분야의 일반적 범주라 할 수 있는 시각적 사고 분야에 있어, 나는 인포메이션 매핑Information Mapping 사의 창업자이자 1960년대 이래로 시뮬레이션 및 시각적 사고 기법을 꾸준히 연구해온 내 좋은 친구인 밥 혼Bob Horn에게 지속적인 영감을 받아왔다. 이 책에 대한 그의 자문은 큰 도움이 되었다. 디자이너에서 미 육군의 걸출한 커뮤니케이터로 거듭난 짐 섀넌Jim Channon은 그의 3차원 어드밴스드 시각적 언어3D Advanced Visual Language로 2차원적 사고에 갇힌 나를 구해주었다. 그래픽 뉴스 네트워크Graphic News Network의 스튜어트 실버스톤Stewart Silverstone은 정보 디자인 세계로의 귀중한 길잡이가 되어주었다. 최근에는 디자인 소프트웨어 업체 오토데스크Autodesk의 선임 연구원인 톰 우젝Tom Wujec과 시각적 디자인에 기반한 컨설팅 업체 엑스플레인XPlane의 설립자 데이비드 그레이David Gray가 비즈니스계에서 시각적 사고가 일으키고 있는 혁명적 변화를 실증하는 일에 큰 영향을 끼쳤다.

지난 세월 동안 나는 가상 회의와 심층 대화 작업deep dialogue work에 몰두해왔으며, 이들 모두가 비주얼 미팅의 가치에 대한 내 확신을 굳히는 역할을 했다. 나를 〈세컨드 라이프Second Life〉로 이끈 뉴 미디어 컨소시엄New Media Consortium에게 감사한다(지금 그로브는 그 안에 섬을 하나 갖고 있다.). 그리고 이 책을 쓰는 것에 대해 시종일관 지지를 보내준 컨설턴트 친구 펠르 루즈Pele Rouge, 파이어호크 헐린Firehawk Hulin, 디에고 나바로Diego Navaro, 개리 메릴Gary Merrill, 미셸 파라디Michelle Paradis, 셰릴 드샌티스Cheryl DeSantis, 아미 렌조Amy Lenzo, 피터 간Peter Garn, 수잔 크리스티Susan Christy, 바바라 워Barbara Waugh, 브라이언 도드Brian Dowd에게 고맙다는 말을 전하고 싶다.

마지막으로 감사하고픈 사람은 내 편집자 리처드 내러모어다. 그가 없었다면 나는 와일리 출판사와 책을 내지 않았을 것이다. 회의를 진행하는 이라면 누구나 비주얼 미팅 기법을 활용할 수 있도록 해보자는 그의 비전에 힘입어 나는 이 책을 쓰게 되었다.

찾아보기

ㄱ

가든 룸 시뮬레이션 281
가지 뻗기 패턴 154
간단한 그래픽 템플릿 74
간트 차트 245
강제적 비유 167
개리 브리지스 118
객체 지향 디자인 도구 276
건축 정보 모델링 277
격자 63, 152
고속도로 107
곡선 54
골치 아픈 문제들 170
과녁 78
과녁 도표 159
과정 이론 160, 283
과제 지향 37
관리도 247
관심사 인터뷰 115
교육생 선발 과정 96
구획도 110
국제 시각화 기법 전문가 포럼 285
그래픽 가이드 194
그래픽 리코딩 92
그래픽 템플릿 67
그래픽 퍼실리테이션 센터 284
그로브 컨설턴트 인터내셔널 283
그룹 그래픽스 키보드 143
그룹웨어 유저 프로젝트 278

그림
　기능 64
　예시 157
　준비운동 50
기록 효과 92
기본 도형
　의미 63
기본 팔 젓기 56
기본 형식 62
길리안 바튼 137

ㄴ

나선 54, 61
나이키 256
날씨 안내 시간 91
낸시 두아르떼 22, 101
네 개의 흐름 232
네 상자 모델 77, 153
노트 필기 70
높음-낮음 격자 107, 170
뉴랜드 286
뉴 미디어 컨소시엄 279
능력 발달 연속체 265

ㄷ

다니엘 핑크 281
다섯 번의 "왜?" 168
다이너북 36
다이어그램 63, 154
단일 이미지 포스터 147

단체 낙서 벽 196
대형 차트 111
대화형 프레젠테이션 벽화 261
댄 로암 22
더글라스 엥겔바트 44
데이브 그레이 288
데이비드 스트라우스 285
데이비드시베트닷컴 285
도수분포표 247
드렉슬러/시베트 협력집단 성과 모델 234
디어드리 크로울리 284
디자인 샤렛 176
디지털로암 285
디지털 애셋 디플로이먼트 288

ㄹ

래니 라일리 33
랠리 255
레고 138
레드우드 지키기 연맹 111, 255
레조넌스 286
레지나 롤랜드 46
로그인 91
로돌포 카핀티어 288
로드맵 도표 244
로리 더널 129
롭 에스크리지 193
리스트 63, 148
리처드 핵본 158

ㅁ

마빈 와이스보드 88
마이클 도일 132, 285
마인드 맵 69, 184
마케팅 기회 격자 122
만다라 64, 158
말로 하는 클러스터링 211
멀티터치 벽 274
명시적 집단 기억 44
모나 브룩스 52
모래 상자 작업 136
몸짓 언어 47
무의식적 그림 그리기 68
무의식적 글쓰기 69
물고기 뼈 도표
　문제 해결에의 활용 167
　제작법 155
미 교육부 260
미국 프로 골퍼 연맹 117
미래 연구소 285
밀기/당기기 모델 101

ㅂ

바바라 워 190
발견 기반 학습 지도 260
밥 20
방법 124
버지니아 해밀턴 45, 135
벅민스터 풀러 171

베누아 만델브로 262
벤 다이어그램 76
변화 과정 도표 250
볼티모어 수족관 132
봉우리&골짜기 그림 34
브레인스토밍
    과정 168
    규칙 168
    브레인스토밍을 위한 아이디어 맵 185
    비눗방울 브레인스토밍 73
브리스톨 워크숍 190
비유
    열린 비유를 통한 비전 수립 104
    예시 163
비유의 렌즈 163
비유적 그림 71
비자 255
비전 수립 도표 151
비주얼스스피크 134
비즈씽크 175, 288
빅 비즈 274
빈도 체크리스트 247

ㅅ

사업 모델 249
사업 모델 캔버스 251
사후 통찰력 195
산포도 247
삼각형 53, 61
상형문자 58
샤렛 176
서니 브라운 65
선
    의미 61

종류 52
선 긋기 49
세컨드 라이프 279
속 빈 화살표 53, 61
손그림 87
수용성 99
수평선 61
순서도 247
스캇 스팬 172
스탠포드 연구소 117
시각적 발표 인터페이스 261
시스템 주도 인자 173

ㅇ

아서 영 160, 233
아이디오 136, 253
아이씨 시스템즈 286
알파침프 284
애질런트 테크놀로지 132
애플 31
애플 리더십 원정대
    봉우리&골짜기 도표의 활용 34
    비전 이야기 나누기 35
    시각적 요소의 활용 33
    연대기 도표의 활용 196
앨런 드렉슬러 88, 234
앨런 케이 36
어도비 시스템즈 255
얼굴 낙서 68
에드워드 데밍 246
에드워드 로렌츠 262
에드 클라센 98, 193
여정 비유 157, 163
역사 스토리 맵 197

연대기 도표 195, 196
오마르 엘 살웨이 196
올드 네이비 96
올레 큐비스트 소렌슨 46
운동감각성 모델링 138
원 54, 62
원격 회의 228
웬디 웡 75
웹 컨퍼런싱 소프트웨어 224
윌리엄 고든 166
유사도 도표 107, 151
의사결정 행렬 170
이시카와 도표 167
인간 그래프 98
인과 고리 도표 161, 172
인더스트리얼 라이트 앤 매직 243
인지 과정 143
인터랙션 어소시에이츠 285
일반 체계 이론 135

ㅈ

작업 흐름 217
작전 계획 도표 191
잡지식 칼럼법 70
장 루이 가세 34
잭 깁 88
전략적 비전 수립 모델 193
전시 기법 212
점 61
점 투표
    문제 해결에의 활용 170
    방법 124
    예시 127
    팁 125

정사각형 61
정황도 116
제5경영 25, 180
제임스 글릭 262
제프 볼 44
조별 활동
    유형 210
    조별 활동을 위한 비주얼 미팅 기법 208
    지침 208
조엘 번바움 189
조지 레이코프 60
조직 개발 네트워크 286
조직 개발 협회 287
조직도 155
존 듀이 41
존 워드 46, 138
좌석 배치도 50, 90
주니퍼 네트웍스 256
주문 제작형 그래픽 템플릿 209
주제 탐색 활동 209
주차장 리스트 149
줄리 게이스케 46
즉흥 그림 60
직사각형 61
질 볼트 테일러 95
집단 복습용 템플릿 75

ㅊ

찬성반대 도표 74
창조적 과정 143
책임 도표 153
초강력 샷 벽화 118
촌극 209
쵸감 트룽파 린포체 99

ㅋ

칼 융 137
캐라 니콜스 138
캘리포니아 과학 아카데미 176
커버스토리 콜라주 131
케네스 볼딩 135
코그니티브 엣지 284
코로 공공 업무 센터 284
코로 공공 업무 펠로십 85
콜라주 129
콜라주 연대기 197
콜린 웨어 37
콩 세기 실험 43
크레이그 레이놀즈 262
크로울리 & 컴퍼니 284
크리스티나 머클리 286
크리스틴 마텔 134
큰 종이
    붙이는 법 56
    이점 56
    전시 기법 212
클라센 118
클러스터
    만드는 법 71
    말로 하는 클러스터링 211

ㅌ

타임 라인 76
타임 블록 일정표 77
탈것 비유 157, 164
태블릿 컴퓨터 226
테드 182, 274, 287
테마 및 제목 포스터 147

테이블용 템플릿 209
토니 부잔 184, 287
토미 나가이로스 46, 177
톰 우젝 274, 287
티스 스펀크메이어 256
팁 125

ㅍ

파레토 차트 167, 247
파워포인트 101
파이어호크 헐린 286
펠트 루즈 286
포스터 63
표의문자 58
풍경화법 70
프레드 래킨 276, 287
프로젝트 보고 차트 243
피터 듀란 284
피터 센게 161, 181, 287
픽셔너리 87

ㅎ

하농 연습곡 142
학습 연구소 260
학습 조직의 5대 원칙 180
학습 주기 39
학습 형태 모델 260
현 상황도 114
형태의 의미 60
화이트보드 템플릿 224
확신도 검사 241
환경 탐사 198
회의 개시 지침 194
회의 기획 세션 125

효과 146
흔적 그리기 69

A

Adobe Systems 255
Agilent Technologies 132
Alan Drexler 88
Alan Kay 36
Allan Drexler 234
Alphachimp 284
angle 61
Arthur M. Young 160

B

Barbara Waugh 190
Basic strokes 56
Benot Mandelbrot 262
Big Viz 274
BIM, Building information modeling 277
Bob Horn 20
branching patterns 154
Buckminster Fuller 171

C

Carl Jung 137
CAS, California Academy of Sciences 176
Casual loop diagrams 161
Chogyam Trumpa Rinpoche 99
Christina Merkley 286
Christine Martell 134
Cluster 63
Colin Ware 37
context map 116
Control Charts 247

효과 146
흔적 그리기 69

Coro Fellowship for Public Affairs 85
Craig Reynolds 262
Crowley & Company 284

D

Daniel Pink 281
Dan Roam 22
Dave Gray 288
David Straus 285
Decision Matrix 170
Deirdre Crowley 284
Diagram 63
Digital Assets Deployment 288
DigitalRoam 285
Dot Voting 170
Douglas C. Englebart 44
Drawing 64
Dynabook 36

E

Ed Claassen 98, 118, 193
Edward Demming 246
Edward Lorenz 262
Explicit Group Memory 44

F

Firehawk Hulin 286
Fishbone Diagram 167, 247
Flow Chart 247
Forced Metaphor 167
Fred Lakin 276
Frequency Checklists 247

G

Gary Bridges 118
General System Theory 135
Geoff Ball 44
George Lakoff 61
Gillian Barton 137
Graphic Guides 194
Grid 63
Group Graffiti Wall 196
Groupware Users' Project 278

H

Hanon's Exercises 142
Hi-Lo Grid 170
Histograms 247
History Storymaps 197
HP 고객 발견 워크숍 119

I

IDEO 136, 253
ideographs 58
ILM, Industrial Light & Magic 243
International Forum of Visual Practitioners 285
IRL, Institute for Research on Learning 260
Ishikawa Diagrams 167

J

Jack Gibb 88
James Gleick 262
Jean Louis Gassee 34
Jill Bolte Taylor 95
Joel Birnbaum 189
John Dewey 41

John Ward 46, 138
Julie Geisike 46

K

Kara Nichols 138
Kenneth Boulding 135
kinesthetic modeling 138

L

Laurie Durnell 129
Learning cycle 39
List 63

M

Mandala 64
Marvin Weisbord 88
Meeting Startup Guide 194
Michael Doyle 285
Mind Mapping 184
Mona Brookes 52

N

Nancy Duarte 22, 101
National Academy Foundation 256
National Park Service 109
NMC, New Media Consortium 279

O

OARR 194
Old Navy 96
Ole Qvist Sorenson 46
Omar El Salway 196
Organization Development Network 286
Otis Spunkmeyer 256

P

Pareto Charts 167, 247
Pele Rouge 286
Peter Durand 284
Peter Senge 161, 181, 287
Pictionary 87
pictographs 58
POSTERS 63

R

Raley 255
Ranny Riley 33
RE-AMP 프로젝트 126
Regina Rowland 46
Resonance 286
Richard Hackborn 158
Rob Eskridge 193
Rodolfo Carpintier 288

S

San Francisco Film Society 256
Save the Redwoods League 255
Scattergrams 247
Scott Spann 172
Second Life 279
Skits 209
SoL, Society for Organizational Learning 287
SPOT 행렬 199
SRI, Stanford Research Institute 117
Sunni Brown 65
SWOT 분석 199

T

TED 274
The U.S. Department of Education 260
Tomi Nagai-Rothe 46, 177
Tom Wujec 274
Tony Buzan 184
TQM, Total Quality Management 246
T도표 74

V

Virginia Hamilton 45, 135
VisualsSpeak 134
VizThink 175

W

Wendy Wong 75
William J. J. Gordon 166

Z

zoning map 110

번호

5하 원칙 167

에이콘출판의 기틀을 마련하신 故 정완재 선생님 (1935-2004)

비주얼 미팅

그림, 포스트잇, 아이디어 맵과 함께하는 신나는 회의 이야기

인 쇄 | 2015년 10월 22일
발 행 | 2015년 10월 30일

지은이 | 데이비드 시베트
옮긴이 | 유 승 연

펴낸이 | 권 성 준
엮은이 | 김 희 정
　　　　전 도 영
　　　　오 원 영
표지 디자인 | 한국어판_이승미
본문 디자인 | 김 연 옥

인쇄소 | (주)갑우문화사
지업사 | 한승지류유통

에이콘출판주식회사
경기도 의왕시 계원대학로 38 (내손동 757-3) (16039)
전화 02-2653-7600, 팩스 02-2653-0433
www.acornpub.co.kr / editor@acornpub.co.kr

한국어판 ⓒ 에이콘출판주식회사, 2015, Printed in Korea.
ISBN 978-89-6077-776-7
ISBN 978-89-6077-120-8(세트)
http://www.acornpub.co.kr/book/visual-meeting

이 도서의 국립중앙도서관 출판시도서목록(CIP)은 서지정보유통지원시스템 홈페이지(http://seoji.nl.go.kr)와
국가자료공동목록시스템(http://www.nl.go.kr/kolisnet)에서 이용하실 수 있습니다.(CIP제어번호: CIP2015028876)

책값은 뒤표지에 있습니다.